■ 江西省高校人文社会科学重点研究基地
■ 南昌大学客赣方言与语言应用研究中心
■ 南昌大学国家211工程重点学科“赣学”
■ 江西省社会科学规划项目(2005)

基金共同资助

铅山太源畲话研究

YANSHAN TAIYUAN SHEHUA YANJIU

胡松柏　胡德荣　著

中国社会科学出版社

图书在版编目（CIP）数据

铅山太源畲话研究／胡松柏等著．—北京：中国社会科学出版社，2013.2
ISBN 978－7－5161－1963－1

Ⅰ．①铅…　Ⅱ．①胡…　Ⅲ．①畲族－民族语－研究－江西省
Ⅳ．①H289

中国版本图书馆 CIP 数据核字（2012）第 308048 号

出 版 人　赵剑英
责任编辑　任　明
责任校对　王兰馨
责任印制　李　建

出　　版　中国社会科学出版社
社　　址　北京鼓楼西大街甲 158 号（邮编 100720）
网　　址　http：//www.csspw.cn
　　　　　中文域名：中国社科网　　010－64070619
发 行 部　010－84083685
门 市 部　010－84029450
经　　销　新华书店及其他书店

印　　刷　北京奥隆印刷厂
装　　订　北京市兴怀印刷厂
版　　次　2013 年 2 月第 1 版
印　　次　2013 年 2 月第 1 次印刷

开　　本　710×1000　1/16
印　　张　21.5
插　　页　2
字　　数　380 千字
定　　价　68.00 元

凡购买中国社会科学出版社图书，如有质量问题请与本社联系调换
电话：010－64009791

《江西方言、文学与区域文化研究丛书》

序

南昌大学客赣方言与语言应用研究中心于2002年整合学科力量组建，2003年批准为江西省普通高校人文社会科学重点研究基地。2006年，通过省教育厅的首轮评审验收。2010年，遴选进入“优秀重点研究基地”行列。

作为学校内独立建制的实体研究单位，南昌大学客赣方言与语言应用研究中心一直以其所凝练的学科方向参与并承担南昌大学“211工程”重点学科的建设任务。2003年，“客赣方言研究”列为南昌大学“211工程”第二期建设重点项目“赣学”的子项目之一。2008年，“赣学”重点项目第三期建设启动，根据“赣学”学科的发展构想和所依托的学科力量情况，本研究中心所承担的研究方向拓展为“江西方言、文学与区域文化”，再次确定纳入南昌大学“211工程”“赣学”重点项目的子项目之列。

已经获得国家立项批准的“赣学”重点项目的《“211工程”三期重点学科建设项目申报书》关于“江西方言、文学与区域文化”方向有如下表述：

> 本方向包括方言与区域文化、文学与区域文化两个方面的研究。
>
> 江西方言与区域文化研究是在“十五”项目赣客方言研究基础上的拓展。从时间和空间上，由研究赣客方言的现状拓展到对赣客方言历史开展研究，由研究江西省境内的赣客方言拓展到对由江西向省境外发展的赣客方言开展研究，同时也对文化生存状态融入赣地主流文化的江西省境内的其他方言开展研究。从研究对象和研究方法上，由单纯研究赣客方言拓展到对与方言密切联系的经济社会和文化相结合开展研究，由主要采用描写语言学方法拓展到与社会语言学方法相结合开展研究。
>
> 江西文学与区域文化的研究，立足于江西历史上颇具特色的地域性文学流派、文艺形式、家族文学研究，将其置于区域社会文化变迁的大背景下进行探讨，把文献整理与区域文化相结合，从大量的史料中梳

理、提炼带规律性的理论观点，立足江西区域特色，坚持考证求实的学风，开阔视野，力求创新。

围绕上述目标，近年来我们所着力开展研究的项目主要有：赣客方言单点的深入研究，赣客方言的地理语言学研究，近代江西赣客方言方言史研究、近代赣客方言历史文献资料整理，江西畲族语言研究、江西闽方言研究、江西吴方言研究、江西徽州方言研究，江西省境内社区语言状况调查研究、江西省境内普通话现状调查研究；江西诗派与区域文化研究，宋以来江西家族文化研究，明清江西文人别集文献研究，江西地方戏曲（赣剧、采茶戏、傩戏等）的全方位和新角度（如舞台音韵）研究等。

在“211 工程”第二期建设阶段，本研究中心曾组织编纂出版了《客赣方言研究系列丛书》（一套十二种，中国社会科学出版社出版）。进入第三期建设阶段以来，我们继续以“凝聚力量、锻炼队伍、多出成果、提高水平”为宗旨，组织本研究中心的专职和兼职研究人员，以项目组队伍，以项目促成果，从上述研究项目成果中择优编成本研究中心所组织编写的第二套系列研究丛书《江西方言、文学与区域文化研究丛书》。这套丛书的编纂出版，体现了各位著者的辛勤劳动，得到了中国社会科学出版社的大力支持，也得到了江西省高校人文社会科学重点研究基地和南昌大学“211 工程”重点学科“赣学”的基金资助，我们在此表示衷心的感谢。

胡松柏

二〇一一年十月六日

目　录

前　言

地理上称作“赣东北”的江西省东北部地区，包括今上饶、景德镇、鹰潭三个设区市所辖15个县、市（县级市）和4个区。赣东北地区居民语言状况非常复杂，特别是在其与皖、浙、闽三省相交接的东部，在这片东西宽约100公里、南北长约200公里的略呈长方形区域，分布有汉语的赣语、吴语、徽语、闽语、客家话和官话等多种方言。

对于作为语言学工作者的我们来说，赣东北的语言现状和历史无疑是一份珍贵的资源。“赣东北不唯有人文荟萃的历史（如朱熹的思想、辛弃疾的词章）和红色斗争的历史（如方志敏的革命、‘上饶集中营’的英烈），而且有着对我而言非常宝贵的语言矿藏。它是一片可以供我永远勘探、开掘的富矿区。”①一位著名的前辈学者就把赣东北喻为“中国的高加索”，充分肯定了赣东北的语言资源的学术价值。②

2000年，本书作者以赣东北方言为题申报国家社会科学基金项目获得立项批准；项目研究于2003年完成并通过结项；项目终结性成果《赣东北方言调查研究》于2009年出版。③ 这样，作者就赣东北方言的调研总算完成了一份阶段性的成果，为学术界提供了关于赣东北方言的较为全面的报告。

不过《赣东北方言调查研究》一书调查的方言代表点共有35处，所作考察还是比较概要性的。为了更为深入地展示赣东北方言的面貌，在前述项目结项后，本书作者开始选择数处代表方言点作单点的深入调研。已经完成的单点调研的专书有《铅山方言研究》④。本书则是另一处单点调研的成果。

---

① 拙著《赣东北方言调查研究》，江西人民出版社2009年版，第599页。

② 这位先生曾先后审阅过本书作者的项目申报和相关成果材料，故有此评说。

③ 项目名称：赣语、吴语、徽语、闽语、客家话在赣东北的交接与相互影响；项目批准号：00BYY004；结项证书号：20030744。项目成果《赣东北方言调查研究》（胡松柏等著），列入江西社会科学文库出版，获江西省社会科学研究优秀成果一等奖（2011）。

④ 胡松柏、林芝雅：《铅山方言研究》，中国社会科学出版社2008年版。

在赣东北诸种居民语言中，有一种居民语言具有较特殊的情况，这就是畲族居民的语言。畲族是我国南方一个重要的少数民族，在其漫长的民族发展历史中，与汉民族发生着密切的互动，其语言与汉语包括客家方言在内的多种东南方言发生着深刻的语言接触。因此，对畲族居民语言现状和历史的调查研究，不仅为国情调查所需要，而且对我国少数民族语言研究、语言接触研究和汉语历史研究及汉语方言研究，都有着重要的学术价值。

2000 年开始，本书作者为完成所承担的国家社会科学基金项目对赣东北各地方言开展了全面调查，铅山县太源畲族乡畲族居民所使用的畲话列入了赣东北 35 个方言（语言）调查点之一。在前期异地调查的基础上，于 2002 年 4 月底、5 月初首次赴太源作实地田野调查，所获太源畲话的材料收入项目成果之中。2005 年，本书作者以畲话专项研究为题申报江西省社会科学规划研究项目，获江西省社会科学规划办公室批准立项。① 此后，本书作者又先后 4 次赴铅山太源作调查。2008 年，本书的写作列为江西省高校人文社会科学重点研究基地南昌大学客赣方言与语言应用研究中心组织的“江西方言与区域文化研究丛书”项目之一。2009 年，本书初稿作为省社会科学规划研究项目的主要成果申请结项，获得批准并鉴定为“优秀”等级。

本书作者原计划接着开展对江西省更多地点的畲族居民语言的调查（实际已经开始了若干点的初步调查），然后完成一部全面反映江西省境内畲族居民语言状况的容量更大的书稿。然而因为 2010 年本书作者关于“江西徽语”的国家社科基金项目申报获批②，项目完成的时间要求使得畲族语言的新的调研计划只能后推了。又因为“江西方言、文学与区域文化研究丛书”③ 出版计划需要按时履行，于是 2012 年初开始修改充实作为铅山太源畲话单点专项研究成果的本书书稿，3 月，在最后校核书稿之际，又再次赴铅山调查，复核全部材料。

关于江西畲族语言的后续研究，本书作者将作江西省境内畲族居民语言的全面考察。本书是作者关于江西省畲族居民语言研究的阶段性成果。这份先行的语言调研报告，希望能为读者提供一个语言单点的详细信息，江西省畲族语言的面貌可以从中得见一斑。

---

① 项目名称：江西省畲族语言研究；项目编号：05WX18。

② 项目名称：语言地理学视角下江西徽语现状及历史调查研究；项目批准号：10BYY021。

③ 该丛书一套共 12 种，2011 年开始由中国社会科学出版社陆续出版。

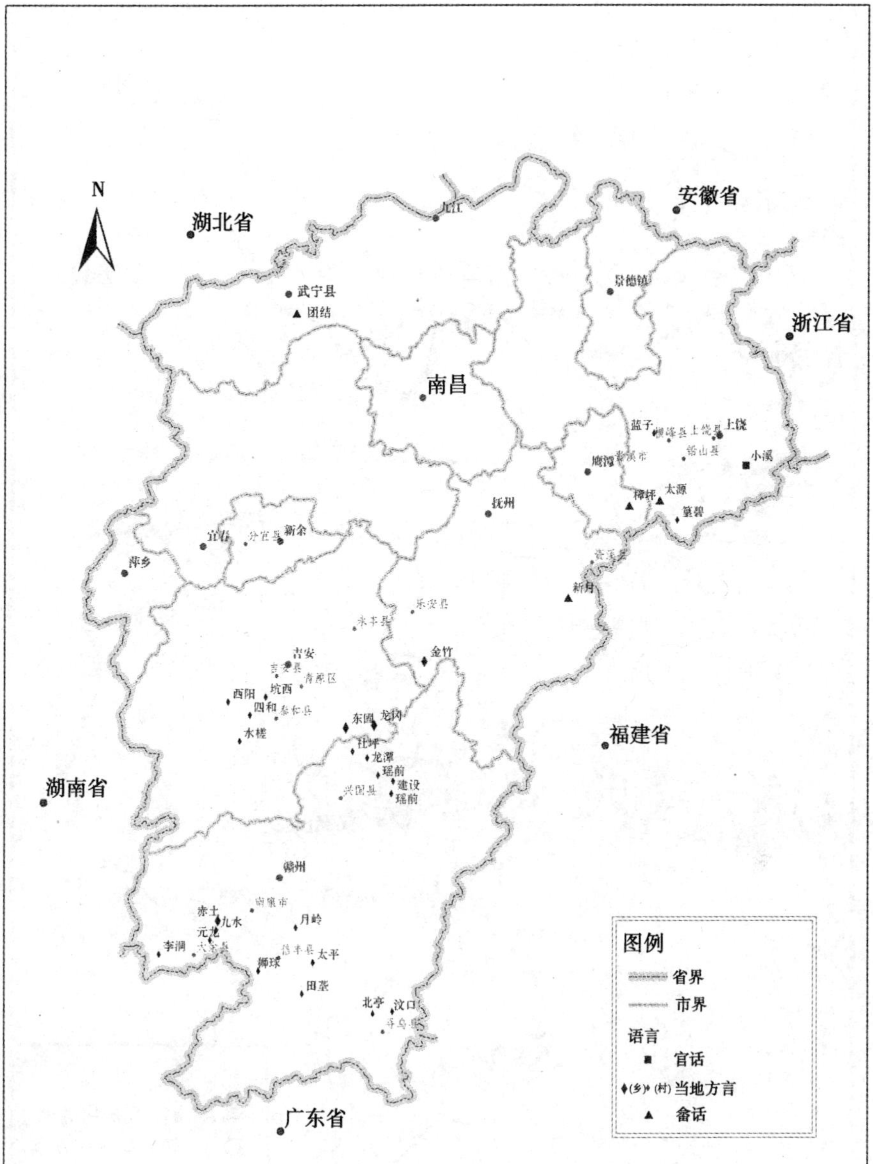

江西省畲族居民和畲族语言分布图

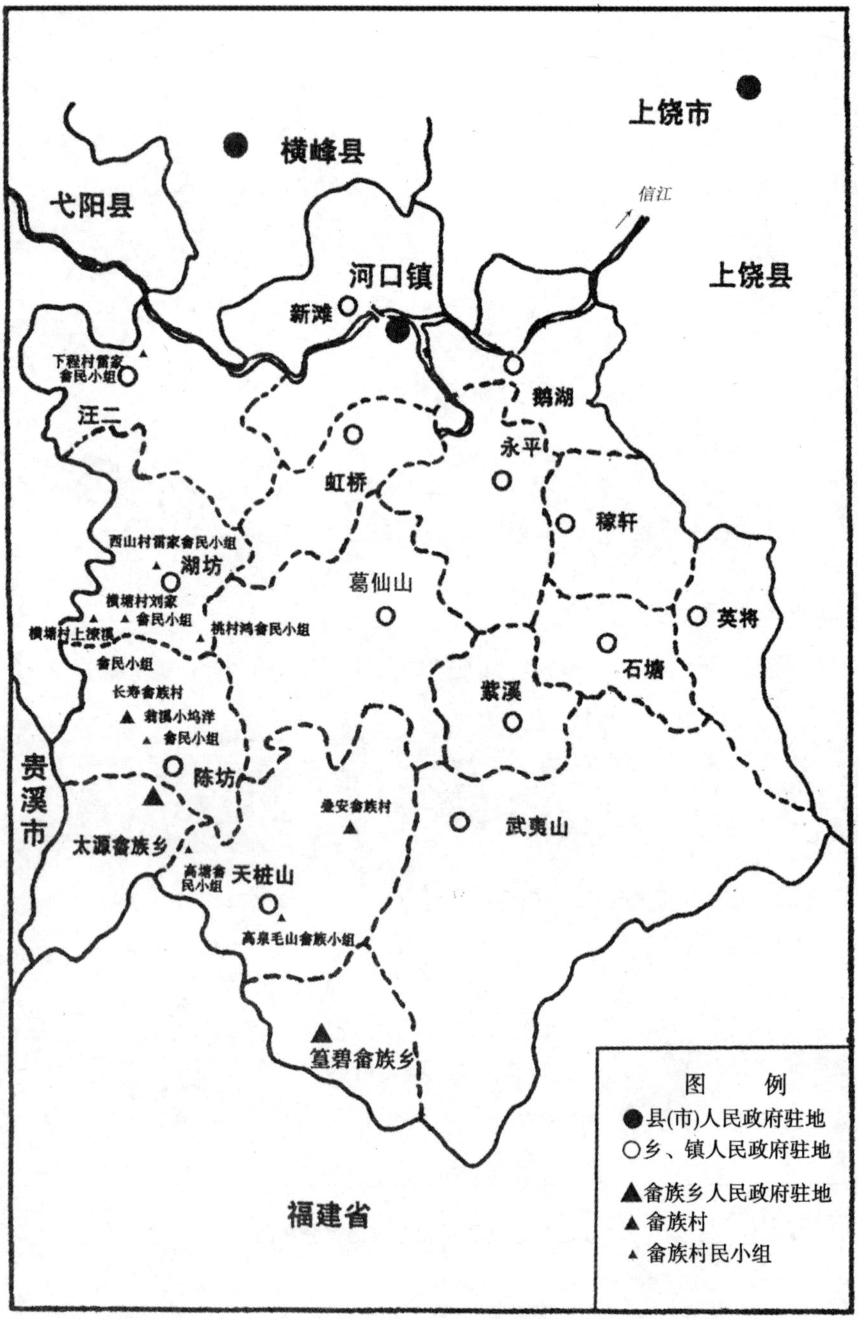

上饶市
横峰县
弋阳县
信江
河口镇
上饶县
新滩
下程村雷家
畲民小组
鹅湖
汪二
永平
虹桥
稼轩
西山村雷家畲民小组
湖坊
葛仙山
横塘村刘家
畲民小组
英将
挑村鸿畲民小组
石塘
畲民小组
长寿畲族村
紫溪
畲民小组
贵溪市
陈坊
叠安畲族村
武夷山
太源畲族乡
高塘畲
民小组
天柱山
高泉毛山畲族小组
篁碧畲族乡
福建省
图　例
县(市)人民政府驻地
乡、镇人民政府驻地
畲族乡人民政府驻地
畲族村
畲族村民小组

铅山县畲族居民分布图

第一章　导论

一　畲族及其语言概况

（一）畲族分布概况

畲族是我国东南地区一个重要的少数民族，人口较少，分布地域广，是一个典型的散居民族。当代畲族居民主要分布于福建、浙江、江西、贵州、广东、湖南、湖北、安徽八省的一百余个县（市）。根据2000年第五次全国人口普查统计，在普查时点，我国畲族人口总数为709592人。其中：福建省375193人，占全国畲族人口52.8%；浙江省170993人，占全国畲族人口24.1%；江西省77650人，占全国畲族人口10.9%。闽、浙、赣三省合计畲族人口数为623836人，占全国畲族人口87.9%。其余分布有千人以上畲族人口的省份是：贵州省（44926人）、广东省（28053人）、湖南省（2891人）、湖北省（2523人）、安徽省（1563人）。

畲族居民分布具有“大散居、小聚居”的特点。就全国而言，浙江省景宁畲族自治县是最大的畲族居民聚居地，是我国唯一的县级畲族自治区域。景宁位于浙江西南部，丽水市下辖，总人口17.3万，其中畲族人口17383人，占全县总人口10.0%①。

江西是仅次于福建、浙江畲族人口分布的第三大省份。畲族是江西省人口最多的少数民族，其人口数占全省少数民族人口总数（10936人）61.8%；也是具有最多规模聚居地的少数民族。根据江西省民族宗教事务局提供的最新资料统计，全省8个少数民族乡中有7个是单一的畲族民族乡（称“畲族乡”）②：

上饶市辖：

---

① 1990年第四次全国人口普查统计数字。

② 另有一个称“民族乡”的峡江县金坪民族乡，其居民成分包括京族、侗族、傣族、瑶族、壮族、苗族、彝族、畲族8个少数民族。

铅山县太源畲族乡　　　铅山县篁碧畲族乡

鹰潭市辖：

贵溪市樟坪畲族乡

吉安市辖：

青原区东固畲族乡　　　永丰县龙冈畲族乡

抚州市辖：

乐安县金竹畲族乡

赣州市辖：

南康市赤土畲族乡

建制在乡级以下的，江西全省有70多个畲族行政村①和400多个畲族村民小组。畲族行政村名单见本节正文后附录《江西省畲族村（行政村）、社区名录》。

从人口分布上看，江西省畲族居民主要分布在赣南的赣州市、赣中的吉安市和赣东北的上饶市，其中赣州市52698人，吉安市9841人，上饶市8176人。此外，九江、抚州等市也有少量畲族居民分布。

赣南地区畲族人口众多。根据2000年全国第五次人口普查统计，江西省畲族人口5000人以上的县（市）都在赣南，其中南康市9269人，信丰县6844人，兴国县6215人，大余县5635人。此外，本文作者在田野调查中了解到，寻乌县畲族人口实际也超过了5000人（第五次人口普查统计数据为3285人）。

赣东北地区多数县份都有畲民分布，但形成聚居的只有上饶、横峰、玉山、贵溪、铅山5县。其中上饶、横峰、玉山只有个别村落为畲民聚居，例如上饶县铁山乡小溪村的中小溪蓝家，横峰县姚家乡蓝子村的楼底蓝家、蓝子畈、乌石塘等自然村。贵溪县畲民聚居地范围较大，县内樟坪畲族乡31个自然村共有畲民1085人。铅山县畲民人口2600余人，在省内数量不算最多，但其聚居规模则为最大，县辖2个畲族乡、2个畲族行政村和8个畲族村民小组。

（二）畲族语言概况

语言是民族历史和民族文化的重要成素和特征。畲族的形成发展有其不同于其他民族的特点，因而在民族语言方面也有其独特表现。到目前为止，

① 根据江西省民族宗教事务局截至2009年底的资料统计，在畲族村以外，江西省还有3个瑶族村、2个黎族村、1个回族村和2个包含多个少数民族居民的“民族村”。

学术界对于畲族语言现状的描写还不太够，对其性质的认识也还不尽一致，有待进一步开展调查研究从而能有更全面深入的认识。

1. 关于畲族语言的名称和性质

各地畲族居民称说自己所使用的语言有各种不同的说法。畲族语言的学术名称，学术界的一般看法则有“畲语”和“畲话”两种。

关于“畲语”，《中国语言文字学大辞典》称：“畲语　属汉藏语系苗瑶语族畲语支。……使用畲语的仅有1000多人，居住在广东莲花山区的海丰、惠东和罗浮山区的博罗、增城等县的十多个小山村。”①《中国语言地图集》称：“畲语　畲族……绝大部分使用汉语，只有广东的惠东、博罗等4个县约1000多人使用本民族语言。”②

关于“畲话”，《中国语言学大辞典》在“畲话”条下称：“畲话，畲族所说的客家话。畲族居住于闽、粤、赣、浙、皖五省的部分山区。畲族绝大多数人口使用客家方言。”③

根据以上表述，可以认为：畲族居民所使用的语言有畲语和畲话两种，其中只为极少数畲族居民使用的畲语是畲族本民族的语言即“畲族语言”，而绝大多数畲族居民使用的畲话属于汉语的客家方言。

学术界另有一类观点不认同上述看法。这一类观点认为：畲族使用两种畲语，即前述畲语和畲话都属于畲族本民族的语言即“畲族语言”。其中后一种畲语（即前述畲话）与汉语的客家方言接近，是畲族与汉族的客家民系融合同化的结果，但将其视为汉语客家方言的一种次方言是不合适的。

因此，畲族语言的性质，畲语与畲话的关系，畲话与汉语客家方言的关系，显然是我国少数民族语言研究和汉语方言史、方言融合史研究的极具学术价值的研究课题。本书的研究也旨在为这一课题研究提供一个语言点的个案材料和由此而获得的认识。

2. 江西省畲族语言概况

限于本书研究的容量，本书只将对畲族语言的考察范围定于江西省境内。

---

① 唐作藩主编：《中国语言文字学大辞典》，中国大百科全书出版社2007年版，第517、518页。

② 《中国语言地图集》（中国社会科学院、澳大利亚人文科学院，香港朗文出版（远东）有限公司1987）“C6中国南方少数民族语言分布图”文字说明。

③ 陈海洋主编：《中国语言学大辞典》，江西教育出版社1991年版，第561、517页。

考察江西省畲族语言的情况，本书首先区别“畲族语言”与“畲族使用的语言”这两个概念。

畲族居民以“大散居、小聚居”的方式散布各地，各个相对集中居住的小片区域的畲民聚居地总是为汉族居民所居住的大片区域所包围。“畲族使用的语言”指的是各个畲民聚居地的畲族居民所使用的语言。就江西省而言，目前各地畲民使用语言有两类情况：一是使用“畲民居住地周边的本地汉语方言”，即呈包围态势的汉族区域的汉民作为主要交际用语的汉语方言；二是使用有别于“畲民居住地周边的本地汉语方言”的作为畲民内部交际用语的畲民自己的语言，即“畲族语言”，这种畲族语言即前述畲话①，可以称作“江西畲话”。江西省绝大多数畲民聚居地，畲民在语言运用方面都已经为本地汉语方言所同化，没有了可以区别于本地汉语方言的本民族的畲族语言。这些地区的畲民，所使用的语言因其所在汉语方言区域的不同大致可分为赣方言（如赣中泰和、乐安等县的畲民和赣东北弋阳、横峰等县的畲民）、客家方言（主要为赣南畲民）、吴方言（赣东北上饶县的畲民）和徽州方言（赣东北德兴市的畲民）。

根据本书作者所作调查，目前江西省仅有少数畲民聚居地的畲族居民在使用江西畲话，其人口数远低于全省畲族人口的10%。在江西省，畲族人口数与使用畲族语言的人口数两个数字极为悬殊。因此，有必要对学术界关于畲族语言使用人口数的一般性说法作必要的修正。这一说法是：除了广东惠东、博罗等4个县的使用属于汉藏语系苗瑶语族的畲语的极少数人口（不足畲族总人口数的5‰）以外，其他地区占总人口数99%以上的畲族居民都说畲话。实际情况是，仅在江西省，就有不少于7万的畲族居民都不使用畲话（更不使用畲语），而是在使用各地的不同的汉语方言了。其他有畲民分布的省份，不管是畲民人口较少的湖南、安徽等省，还是畲民人口最多的福建、浙江两省，应该都会有畲民弃用畲族语言而转用本地汉语方言的情况。尽管因为资料缺乏和调查不足，我们对畲族居民这一语言演变还未能有更多更全面的了解，但这种语言转用现象的发生对于与汉语有着密切语言接触关系的畲族来说，可以推知是肯定存在并且是会越来越多的。本书作者认

---

① 本书从社会功能和历史文化背景角度考虑，采用“畲话属于畲族民族语言”的观点。但从语言系统特征上考察，畲话的性质还是可以作进一步探讨的，故仍分别使用“畲话”、“畲语”两个概念，即“畲话不同于畲语”。

为，有关畲族居民使用语言的情况，确切的说法应该是：广东惠东、博罗等4个县的不足畲族总人口数5‰的畲族居民使用属于汉藏语系苗瑶语族的畲语，其他地区占总人口数99%以上的畲族居民除了转用周边的本地汉语方言的以外基本上都使用畲话。

就江西省的情况看，因移民历史的不同，部分畲民还在使用的江西畲话有两种情况。

江西畲话由宋元以后相邻的福建、浙江两省的畲民迁入定居而形成的。根据已有的资料和调查所知，这些入赣畲民移民活动发生的时间，较早的在明代，最晚的则在当代建国后。江西省使用畲话的畲族居民，大部分属于明清时期由福建迁入的早期入赣畲民。建国后迁入的晚近入赣畲民是20世纪50年代、60年代来自浙江淳安、遂安等地的新安江水库移民[①]。因此，按照畲族移民源出地的不同，江西省畲话实际上可以分为“闽籍畲话”和“浙籍畲话”两类。贵溪市樟坪畲族乡和铅山县太源畲族乡的畲民所使用的畲话即属于闽籍畲话，武宁县新宁镇团结民族村[②]和资溪县乌石镇新月畲族村的畲民所使用的畲话则属于浙籍畲话。

关于畲族居民的用语，江西省还有一种非常特殊而罕见的情况。上饶县铁山乡小溪畲族村的畲民使用一种称之为“官话”的语言。这种“小溪畲民官话”与本地汉族居民使用的“上饶话”（属于吴方言）有别，是畲族居民内部交际的用语。小溪畲民官话显然不是畲话，可以肯定是一种汉语型语言，其语言特征也表现出基本上属于官话方言的性质。正因为此，本书作者前述修正了的有关畲族居民使用语言情况的说法中，“其他地区占总人口数99%以上的畲族居民除了转用周边的本地汉语方言的以外基本上都使用畲话”，“基本上”一语的加入也就是非常必要的了。

对于小溪畲民官话，本书作者曾作简略报道[③]，并从语言形成发展的角度初作考察[④]，推断小溪畲民的先祖清初入赣之前在闽北崇安、建阳、浦城

① 江西省接受安置了大量的新安江水库移民，畲族移民只是其中一部分。

② 本文作者曾撰《江西武宁畲话述略》（第二届濒危方言学术研讨会，湖南吉首，2011）一文报道武宁县新宁镇团结民族村的浙籍畲话概况。

③ 参见胡松柏、林芝雅《江西上饶县铁山乡多方言情况考察》，《双语双方言》（七），香港汉学出版社2001年版，第39—48页。

④ 参见胡松柏《江西上饶小溪畲族双语制下语言替换历程的考察》，《双语双方言》（八），香港汉学出版社2005年版，第144—153页。

辗转迁徙过程中发生并完成以官话替换畲话的语言转用。畲族居民不使用畲语、畲话，也不使用居住地周边的本地汉语方言，却使用其他类型的汉语方言，小溪畲民官话以外尚未见有其他案例报道，即本书作者所调查得知的也仅此一处。这就使得小溪官话的形成在畲族语言的演变历史上有着不同一般的类型学上的特殊意义。

综上所述，江西省的“畲族使用的语言”就有 4 种类型：闽籍畲话，浙籍畲话，各畲民居住地周边的本地汉语方言，小溪畲民官话。前两类畲民用语属于“畲族语言”，后两类畲民用语不属于“畲族语言”。能够作为江西省的畲族语言代表的是闽籍畲话。闽籍畲话与浙籍畲话相比较，不仅仅因使用人口多，更因为其在数百年间与周边的本地汉语方言发生了深刻的语言接触从而形成了与福建、浙江、广东等其他省份的畲话有较大差异的特点。

本书考察研究江西畲话中的闽籍畲话。就目前所知，闽籍畲话主要通行于赣东北的两个畲族乡：贵溪市樟坪畲族乡和铅山县太源畲族乡。关于贵溪樟坪的畲话，刘纶鑫著有《贵溪樟坪畲话研究》[①] 一书。本书研究选择铅山太源的畲话作单点考察，就其语音、词汇、语法面貌和特点作出描写和归纳。本书与《贵溪樟坪畲话研究》共同构成江西畲话中闽籍畲话调查研究的姊妹篇，为学术界提供关于江西畲话研究的较全面的信息。

二　太源畲族与太源畲话

（一）太源畲民源流与分布

铅山县太源畲族乡位于县境西南部，地处赣、闽两省边界，武夷山北坡山区。乡境面积 78.5 平方公里，山地占总面积 98% 以上，平均海拔 635 米，境内最高峰海拔 1329 米，山高壑深，竹木丰茂。乡境西邻贵溪市樟坪畲族乡，南接福建省光泽县，东、北两面分别与本县天柱山乡、陈坊乡毗连。乡人民政府驻地太源村，东北距县城河口镇 59 公里。

太源畲族乡辖境自南唐保大十一年（公元 940 年）建立铅山县起，即为铅山县属地。因地处县境边鄙，虽历代建置迭经变革，辖境基本上一直置于相对稳定的行政单位之内。建国后，1954 年即设立畲族自治乡，1955 年改称太源畲族乡，是江西省最早建立的畲族乡。目前，全乡辖太源、西坑、马鞍和畲族村 4 个行政村，42 个自然村。

---

① 刘纶鑫《贵溪樟坪畲话研究》，中国社会科学出版社 2008 年版。

太源畲民自称“山客［$san^{44}xaʔ^{4}$］”、“山客人［$san^{44}xaʔ^{4}ȵin^{212}$］”或“山客崽［$san^{44}xaʔ^{4}tsɔi^{325}$］”，非畲民的本地居民没有合适的称呼畲民的他称①。建国之初，县人民政府定太源畲族为“苗族”（1952 年在狐狸岩兴办的小学便命名为“苗民小学”）。1953 年，中南区民族访问团的一个访问组到太源访问，经随团专家考察，认定太源的这一部分少数民族居民实属于畲族。翌年，省人民政府批准将太源乡境的行政区划名称改为“畲族自治区”，再后改称“畲族乡”。至此，太源畲民的民族身份得以最终确认。

太源乡境内畲、汉两族居民共居。根据现有资料可知②，太源的居民历史始于唐末。太源最大的自然村水美，“唐末许姓始居，明洪武间（1368—1398），福建蔡姓迁此，至今 24 代。”畲民迁入太源定居，最早的是在明代，“石潭坞……明代蓝姓从福建汀州迁此已 18 代。”不过移民活动最集中的时期是清代，有近 30 个自然村均建村于从顺治（1644—1661）到宣统（1909—1911）这两百多年间。

太源乡境内的居民，畲民与汉民大体各占半数。到目前止，太源全乡人口约 2000 人，其中畲民约 900 余人③。全乡 42 个自然村中，纯畲民村有 13 个，畲民与汉民混居的有 11 个，另有四五个自然村也有零星的畲民。以下是根据《江西省铅山县地名志》材料编绘的“太源畲族乡畲民村落一览表”：

自然村	畲民人数	姓氏	迁入时间或定居代数	畲民前居地	备注
太源	？（105）④				畲汉混居
水美	23（253）				畲汉混居
子田	8	蓝	清宣统间（1909—1911）	贵溪樟坪	
垄耕坞	51	雷	清康熙间（1662—1722）	福建汀州	

① 旧时有以“野人”、“野牯崽”、“野人婆”相称的，但这只是明显带歧视意味的蔑称而非正式称谓。

② 参见《江西省铅山县地名志》（铅山县地名办公室编，1985 年内部刊行），第 167—171 页。

③ 铅山县人民政府统计部门提供数字：截至 2005 年底，太源全乡人口 1986 人；《铅山畲族志》（92 页）载：1994 年，太源畲族乡畲族人口 865 人，其中男 468 人，女 397 人。本书作者向太源畲族乡政府办公室了解的 2006 年全乡畲民人口数是 980 人。

④ 注明“畲汉混居”的自然村，括号前的数字是畲民人数，括号内的数字是总人口数。请注意地名志材料中的人口数字存在较大的问题，与注③中的总人数不相符合。注③的数字应该是确切的。

续表

自然村	畲民人数	姓氏	迁入时间或定居代数	畲民前居地	备注
化烟岭	?（25）				畲汉混居
岭脚	8	雷	13 代	福建汀州	
毛桐树坪	4	雷	1932 年	福建上杭	
中畈	8（29）				畲汉混居
东贵屋	11				
半岭	23	雷	14 代	福建建阳	
狐狸岩	64	雷	13 代	福建汀州	
赵仕田	18	雷	14 代	福建建阳	
聂家庄	17	雷	1946 年	本乡筲箕坞	
天柱山	4（14）				畲汉混居
下查家岭	53	雷	10 代	本乡高港	
大西坑	33	雷	14 代	福建汀州	
棉花地	8（30）				畲汉混居
烂泥垄	21	蓝	清光绪间（1875—1908）	弋阳桃坪	
显阳坪	29（56）	雷		福建汀州	畲汉混居
将阳坑	9（17）	雷	清康熙间（1662—1722）	福建汀州	畲汉混居
石潭坞	46（72）	蓝	明代，18 代	福建汀州	畲汉混居
木勺坞	6（10）	蓝	15 代	福建汀州	畲汉混居
蓝家	14		清康熙间（1662—1722）	福建	
排上	9（11）		清乾隆间（1736—1795）	本乡水美	畲汉混居

可以看出，太源畲民有蓝、雷两姓，主要聚居在狐狸岩、垄耕坞、岭脚、半岭、赵仕田、聂家庄、下查家岭、大西坑、烂泥垄、木勺坞等自然村，显阳坪、将阳坑及太源等自然村的畲民则与汉民混居。

太源畲民的先祖大部分在清初康熙、乾隆年间由闽西汀州和闽北建阳迁入，如垄耕坞、岭脚、狐狸岩、大西坑、将阳坑、木勺坞等自然村的畲民来自汀州，定居已有 13—15 代，迁来时间约在康熙（1622—1722）年间，赵仕田、半岭的畲民来自建阳，定居已 14 代。子田、烂泥垄的畲民于清末光绪、宣统年间从邻近的贵溪县樟坪、弋阳县桃坪迁入，而在此之前也都经历了由福建汀州迁来贵溪、弋阳阶段[①]。可见太源畲民的先祖都属于由福建迁入的早期入赣畲民。

（二）太源畲话概况

铅山县境大部分区域通行统称为“铅山话”[②] 的赣方言，《中国语言地图集》把铅山县划归赣语区鹰弋（鹰潭、弋阳）片。本书作者把赣语鹰弋片（称“赣东北赣语区”）分为北、西南、东南三小片，铅山和相邻的弋阳、横峰三个县同为东南小片。[③] 另外，铅山县境东北青溪镇全部和鹅湖镇大部分区域通行吴方言（属于吴语处衢片）。县境东部和南部十多个乡镇还分布有俗称“福建话”的属于闽南片的闽方言方言岛。[④] 畲话则以方言岛的方式分布在县境西南部。

铅山县有太源和篁碧 2 个畲族乡，长寿（陈坊乡）、叠石（天柱山乡）、篁碧 3 个畲族村，小坞洋（陈坊乡翁溪村）、毛山（天柱山乡高泉村）、高塘（天柱山乡佛寨村）、雷家（湖坊镇西山村）、刘家（湖坊镇横塘村）、上濠溪（湖坊镇横塘村）、桃树坞（湖坊镇沙溪村）、雷家（汪二镇下程家村）8 个畲族村民小组。不过并非所有的畲族乡、村、组的居民都使用畲话。铅山县境内畲族居民使用畲话的情况如下：

太源乡境内的畲族居民都使用畲话。太源以外的畲族乡、村和村民小组中，使用畲话的有：长寿、叠石两个畲族村的畲民（人数分别为 182 人、350 人），高塘、刘家、上濠溪、桃树坞 4 个畲族村民小组（自然村）的畲民（人数分别为 20 人、68 人、51 人、87 人）。篁碧畲族乡（居住于篁碧畲族村）的畲民[⑤]（608 人）以及其他畲族村、组的畲民都不使用畲话。

根据以上材料，可以统计出铅山县的畲民（2600 余人）中，使用畲话的约为 1700 人（其中太源 980 人，太源以外 730 人）。

因为畲话的分布，在铅山县西南部的太源和陈坊、天柱山、湖坊这几个乡镇境内，所通行的语言便有两种：畲民所使用的畲话和畲民居住地周边的

---

① 参见《铅山畲族志》，方志出版社 1999 年版，第 84 页。

② 铅山建县千余年来一直以永平镇为治所，建国前夕才移至河口镇，故铅山话一般以永平镇的“永平话”为代表。

③ 参见胡松柏《赣东北方言调查研究》，江西人民出版社 2009 年版，第 13 页。

④ 参见胡松柏《铅山方言研究》，中国社会科学出版社 2008 年版，第 9、10 页。

⑤ 篁碧的雷姓畲民于清雍正戊申年（公元 1728 年）由福建宁化迁来定居，为避免遭歧视自称汉族，并自称“天雷”以与畲族雷姓（称其为“地雷”）相区别。1984 年，篁碧雷姓恢复畲族民族身份。

汉民所使用的"铅山话"。畲话中一般不使用本族语的专门称谓，只称本族的语言运用为"讲山客［$kɔŋ^{325}$ san^{44} $xaʔ^{4}$］"①，也有人仿照汉民"某某话"的格式使用"山客话"的说法，但并不普遍。本地汉民有称畲民的用语为"蓝雷话"的，因为蓝姓、雷姓是畲民蓝、雷、盘、钟四姓中的主要姓氏，赣东北地区的畲民只见蓝、雷二姓。建国后，政府确认了畲民的"畲族"名称，畲民和汉民也有用"畲族话"来称呼畲话的。至于"畲话"的说法，实未见于畲民和周边汉民的表述。

本书为了与学术界的一般表述保持一致，对江西省（包括铅山县）的畲族语言还是使用"畲话"的称谓。在考察铅山县的畲话的时候，对分布在铅山县西南县境以太源为主要分布地的畲话以"太源畲话"来统称。② 从对畲民源流情况的描述来看，太源畲话属于前述的闽籍畲话。

以方言岛方式分布的太源畲话，属于方言岛中"斑点状—群岛型"的一类。"此类方言岛面积很小，在语言地图上呈斑点状，好像大海中的群岛……散落在相对集中的地区"③。在周边强势的语言（方言）包围之下，这一类方言岛的居民都是双语人群。铅山县境内的畲民，是使用畲话和铅山话的双语者。在纯畲族村落和畲民家庭中，畲民相互间说畲话，在汉族地区和畲、汉杂居村落，畲民对汉民则说铅山话。由于受铅山话的强势影响，畲话已有衰颓的趋势。在畲、汉杂居村落，在年轻畲民群中，畲话的运用已逐渐减少。

三 太源畲话的研究与本书调研情况

在学术界对畲族所开展的研究中，语言方面的研究是相对薄弱的，而江西省畲族语言的研究则更显不足。就本书作者所知，游文良所著《畲族语言》（福建人民出版社，2002）只考察了贵溪樟坪的畲语（列入全国畲语13个考察点之一）。刘纶鑫所著《贵溪樟坪畲话研究》当是江西省畲族语言研究的第一本专著。关于太源畲话，最早的研究成果是1999年出版的《铅山畲族志》中的"第十三章 语言"一章（曾健雄撰）。

---

① 称汉民的语言运用为"讲若落［$kɔŋ^{325}$ $lɔʔ^{2}$ $lɔʔ^{4}$］"。若落［$lɔʔ^{2}$ $lɔʔ^{4}$］：哪里，引申为"本地"的意思；若落崽［$lɔʔ^{2}$ $lɔʔ^{4}$ $tsɔi^{325}$］：畲话称本地汉民。

② 太源乡境以外的畲话，有一部分就是由太源畲民向山外移民形成的，例如陈坊乡长寿畲族村和湖坊镇横塘村上濠溪的畲民祖上就是清光绪年间由太源狐狸岩迁出的，湖坊镇横塘村刘家的畲民祖上则又是由长寿再迁出的。

③ 游汝杰：《汉语方言学导论》，上海教育出版社2000年版，第61页。

近年来，本书作者完成了以太源畲话为主的江西畲话的研究成果有：

1. 论文《赣东北铅山县太源畲话记略》（胡松柏、孙刚），《客赣方言研究　第五届客方言暨赣方言首届研讨会论文集》（香港霭明出版社，2004）。

2. 论文《江西上饶铁山小溪畲民官话的形成与发展》（胡松柏），《双语双方言（八）》（香港汉学出版社，2005）。

3. 论文《江西铅山太源畲话动词动态体貌的考察》（胡松柏、胡德荣），《赣学》第2辑（江西教育出版社，2009）。

4. 论文《铅山太源畲话动词动态体貌研究》（胡德荣），南昌大学硕士学位论文，2009。

5. 论文《江西武宁畲话述略》（胡松柏），第二届濒危方言学术研讨会（湖南吉首），2011。

6. 专著《赣东北方言调查研究》（胡松柏等），江西人民出版社，2009①。

7. 专著《赣文化通典·江西方言》（胡松柏主编），江西人民出版社，即出②。

本书研究所作调查前后延续整整十年。2000年开始，本书作者开始对赣东北方言的全面调查，铅山县的方言包括赣语铅山话和太源畲话都列入调查范围。2002年5月，首次赴太源作初步实地调查。其后于2005年10月、2006年5月、2008年1月、2008年5月相继多次赴太源作深入调查。2012年3月，在最后完成校核本书书稿之际，又再次赴铅山调查，复核材料。

在多次实地田野调查过程中担任发音任务的发音合作人有：

雷申有，男，1946年生，小学文化，太源畲族乡查家岭自然村居民，曾长期担任村干部；

雷化，男，1978年生，大学本科文化，雷申有之子，原太源民族学校教师，现任教于陈坊中心小学；

雷天辉，男，1974年生，大学专科文化，太源民族学校教师，家住太源畲族乡赵仕田自然村；

雷水花，女，1958年生，小学文化，太源畲族乡太源自然村居民；

蓝小梅，女，1964年生，初中文化，太源畲族乡太源村居民。

---

① 太源畲话列入书中考察的赣东北31个地点方言之一。

② 太源畲话列入书中考察的江西省32个地点方言之一。

由于移民前居地和定居地的不同，畲民不同居住地与汉民接触状态的差异，乃至畲民个人文化、职业等方面情况的差异，太源畲话内部也存在着差异，本书所调查描写的是雷申有居住的太源畲族乡西坑行政村下查家岭自然村的畲话。雷申有系本书主要的发音合作人。

四 本书中音标符号及其他

本书采用国际音标和汉语方言研究通用符号。所用辅音、元音见以下辅音表和元音表：

（一）辅音表

发音方法＼发音部位			双唇	唇齿	舌尖前	舌尖中	舌叶	舌面	舌根	喉
塞音	清	不送气	p			t			k	ʔ
		送气	pʻ			tʻ			kʻ	
塞擦音	清	不送气			ts		tʃ	tɕ		
		送气			tsʻ		tʃʻ	tɕʻ		
鼻音			m			n		ȵ	ŋ	
边音						l				
擦音	清			f	s		ʃ	ɕ	x	
	浊			v						

说明：零声母用［∅］表示。［m］、［n］、［ŋ］还可以自成音节，写作［m̩］、［n̩］、［ŋ̍］。

（二）元音表

	舌尖元音	舌面元音				
	前	前		央	后	
	不圆唇	不圆唇	圆唇	不圆唇	不圆唇	圆唇
高	ɿ	i	y		ɯ	u
半高		e			ɤ	o
中				ə		
半低		ɛ			ʌ	ɔ
次低		æ				
低		a		A	ɑ	

（三）声调符号

调值符号采用五度制标记法，用 1、2、3、4、5 分别表示低音、半低音、中音、半高音、高音，记在音节音标的右上方。轻声调值数字标为 0 。例如：

细［sai^{44}］　　日头［ȵiʔ^{2}t‘ɛu^{212}］　　乌□鱼［vu^{44} li^{0} ȵiu^{212}］

（四）其他符号

［　］方括号。国际音标在专列表格中不加方括号，夹杂在正文中时外加方括号表示，例如：

囥［k‘ɔŋ^{44}］（藏）　　畏跌鼓［vui^{44}tiɛʔ^{4}ku^{325}］（怕丑）

/　//　单斜线和双斜线。斜线把可供选择的语言片段隔开。单斜线“/”表示其前后词语可以互换（必要时在可以互换的词语下分别画单横线“____”），双斜线“//”表示其前后句子可以互换。例如：

你晓得/晓呣晓得？

佢应呣应该来？// 佢应该来呣来？// 佢应该来□未？

~　省字符号。在词语的例子中代替词语所用的汉字，一个词语不论几个音节都只用一个省字符号。例如：

被~迫　　髀大~：大腿

街喎 tɕiai^{44} tɛ^{0}：~两边都是店

（　）圆括号。在记录词语时加于词语中的某些汉字和音标之外，表示括号内的成分可以略去。例如：

昨日（晡）ts‘ɑuʔ^{2} ȵiʔ^{2}（pu^{42}）　昨天

﹏字下单浪线。有音无字的词语，有时以下加单浪线的同音字代替。一般都随注音标。例如：

羊那 na^{42} （母羊）

字下双浪线。有音无字的词语，个别的考虑书面理解的方便以训读字（取汉字的字义而赋予方言的读音）记录，训读字下画双浪线“ ”。例如：

拿 nan^{44}

□ 方框号。有音无字的词语，特别是无合适同音字或近音字的，以方框号代替汉字。方框号后一般都随注音标。例如：

屎□ nau^{42} $kɔi^{44}$ 粪勺

（五）有关的文字说明

小于正文字号（5 号字）的小号字（小 5 号字或 6 号字），表示对前面正文字号内容的注释。所注的“白”、“文”、“又”等字分别表示“白读音”、“文读音”、“又读音”，下画横线表示。例如：

佢还了偃斤半谷。他还了我一斤半谷子 哗让牛止步的口令

变白 梨文 火又

附 录：江西省畲族村（行政村）、社区名录（75 个）

赣州市辖（30 个）：

兴国县：古龙冈镇建设畲族村 古龙冈镇瑶前畲族村

枫边乡社坪畲族村 崇贤乡龙潭畲族村

于都县：宽田乡上堡畲族村 梓山乡梓山畲族村

瑞金市：泽覃乡安治畲族村

上犹县：平富乡信地畲族村 平富乡横坑畲族村

崇义县：乐洞乡高洞畲族村 聂都乡竹洞畲族村

长龙镇沈埠畲族村

大余县：青龙镇元龙畲族村 黄龙镇黄龙畲族村

池江镇九水畲族村 内良乡李洞畲族村

信丰县：安西镇田垅畲族村 正平乡球狮畲族村

嘉定镇月岭畲族村　古陂镇太平畲族村

龙南县：黄沙乡畲族村

安远县：龙布镇新村畲族村　高云山乡圩岗畲族村

会昌县：筠门岭镇上增畲族村　筠门岭镇龙头畲族村

洞头乡洞头畲族村

寻乌县：澄江镇北亭畲族村　澄江镇汶口畲族村

赣　县：古田乡尧口畲族村

宁都县：田埠镇乡龙下畲族村

吉安市辖（25个）：

吉水县：丁江镇铅坊畲族村　丁江镇袁家畲族村

乌江镇凫冲畲族村　水南镇沙田畲族村

永丰县：君埠乡山岭畲族村　上溪乡礼坊畲族村

潭头乡卧龙畲族村　潭头乡潭头畲族村

泰和县：水槎乡水槎畲族村　水槎乡坑西畲族村

水槎乡四和畲族村　水槎乡西阳山畲族村

中龙乡周溪畲族村

万安县：涧田乡晓东畲族村　涧田乡里仁畲族村

枧头乡龙头畲族村　宝山乡安长畲族村

遂川县：汤湖乡油湖畲族村　大汾镇和坪畲族村

吉安县：天河镇长林畲族村

吉州区：长塘乡荷洁畲族村

永丰县：上固乡汉下畲族村

安福县：洲湖镇北山畲族村

永新县：三湾乡高车畲族村

井冈山市：睦村乡河桥畲族村

上饶市辖（11个）：

信州区：茅家岭乡车头畲族村　茅家岭街汪家园畲族社区

上饶县：铁山乡九狮畲族村　铁山乡小溪畲族村

高洲乡船坑畲族村

铅山县：陈坊乡长寿畲族村　天柱山乡叠石畲族村

横峰县：姚家乡兰子畲族村

弋阳县：葛溪乡雷兰畲族村

德兴市：香屯镇兰村畲族村

三清山管委会：引浆畲族村

抚州市辖（4个）：

资溪县：乌石镇新月畲族村

乐安县：招携镇东炉畲族村

宜黄县：中港乡何坊畲族村

崇仁县：桃源乡王沙塘畲族村

九江市辖（5个）：

武宁县：罗坪镇漾都畲族村　　东林乡山头畲族村

船滩镇河潭畲族村　　新宁镇团结民族村[①]

永修县：梅棠镇新庄畲族村

① 新宁镇团结民族村有畲、土家、苗、佤、回5个少数民族居民，其中畲族居民占绝大多数，故列入畲族村计算。

第二章　太源畲话语音

语音是表达意义的声音，是语言的物质外壳。语音的考察包括对语音成分及其结构方式的考察。本章描写太源畲话的语音系统，录列太源畲话的同音字汇，并从比较的角度考察太源畲话语音的特点。

第一节　语音系统

语音系统是语言中的音素以及它们的组合规则，包括全部声母、韵母、声调和声韵调相互配合构成音节的拼合关系以及音节的结构类型。以下从声韵调和它们之间的配合关系两方面对太源畲话的语音系统作描述和分析。

一　太源畲话的声韵调

（一）声母

太源畲话共有 24 个声母，包括零声母在内：

p	布帮笔飞	p‘	怕偏盘饭	m	门忙篾尾	f	付化冯佛	v	乌话王镬
t	都胆点搭	t‘	土贪同道	n	糯内年纳	l	路流冷腊		
ts	纸糟姐节	ts‘	粗车晴雀			s	三双线削		
tʃ	嘴砖张斤	tʃ‘	出昌床近			ʃ	水船顺勺		
tɕ	主见姜决	tɕ‘	抽欠强结	ȵ	鱼眼浓弱	ɕ	书去兄血		
k	高跟公甲	k‘	可抗葵共	ŋ	鹅牙昂月	x	贺咸开灰		
ø	岸烟羊药								

说明：

1. 有［v］声母。但新派口音中［v］的摩擦色彩已经比较轻微。
2. ［n］、［l］不混。
3. 舌根音声母［x］发音时部位靠后，接近于喉音部位的［h］。
4. 舌叶音声母［tʃ］、［tʃʻ］、［ʃ］略接近舌面前音。
5. ［Ø］表示零声母，即音节没有辅音声母。

（二）韵母

太源畲话共有64个韵母，包括鼻辅音充当的韵母［m̩］和［ŋ̍］：

ʅ	字纸世粗	i	皮耳肺驴	u	布土火过	y	珠树句余
a	爬蛇花嫁	ia	爹写斜夜	ua	瓜挂寡垮		
ɛ	世舐而饵	iɛ	挤溪契靴				
o	破禾左鹅	io	茄梳	uo	戈果科课		
ai	排米矮帅	iai	芥街鸡快	uai	块筷拐坏		
ɔi	杯回戴来						
				ui	尾退碎归	yi	饥气墟
au	包饱袍教						
ɑu	宝老高牛	ɑu	庙料消妖				
ɛu	漏照舅后	iɛu	表叫桥腰				
		iu	流修去油				
an	板慢年减	ian	点尖眼烟				
ʌn	半岸短甘			uʌn	专船官宽	yʌn	软阮冤远
ɛn	兵灯声云	iɛn	面连肩言				
en	魂村证绳	in	林人精英	uen	盆门军顺	yen	匀永熨运
ɑŋ	冷生醒坑	iɑŋ	饼名岭兄				
ɔŋ	忙黄讲康	iɔŋ	两墙香阳	uɔŋ	光框狂矿		
		iuŋ	浓荣勇用	uŋ	农从熊空		
m̩	呣：不						
ŋ̍	吴五午悟						
aʔ	百腊尺客	iaʔ	壁迹雀嚼	uaʔ	刮括		
ɔʔ	末落捉角	iɔʔ	略脚虐药				
ɛʔ	北踢贼克	iɛʔ	灭列热缺				
ɤʔ	读禄湿十						
eʔ	佛突直食	iʔ	笔敌翼吉	ueʔ	猝橘出骨	yeʔ	入役

续表

		iuʔ	六玉育狱	uʔ	目屋足熟		
aiʔ	篾铁切发	iaiʔ	绝血	uaiʔ	刮国月豁	yaiʔ	决掘约越
ɔiʔ	□：杀						
ɑuʔ	叠接杂盒	iɑuʔ	叶页				

说明：

1. [ɛ]、[ɛn]、[iɛn]、[ɛʔ]、[iɛʔ]、中的 [ɛ] 舌位略高，实际音值接近中元音 [ᴇ]。[en]、[uen]、[yen]、[eʔ]、[ueʔ]、[yeʔ] 中的 [e] 舌位略高，实际音值接近高元音 [i] 和半高元音 [e] 之间的 [ɪ]。[o]、[io]、[uo] 中的 [o] 舌位略低，实际音值接近中元音。

2. [uŋ]、[iuŋ] 的韵腹舌位略低，是高元音 [u] 和半高元音 [o] 之间的 [ʊ]，韵母实际音值为 [ʊŋ]。

3. 有 [-n] 尾韵和 [-ŋ] 尾韵，无 [-m] 尾韵。[ʌn] 在与一些声母拼合发音时，前鼻音韵尾 [-n] 部位后移近似于后鼻音韵尾 [-ŋ]。

[ɔŋ]、[iɔŋ]、[uɔŋ] 发音时，鼻音韵尾 [-ŋ] 可有 [-ŋ]、[-n] 的自由变读。

4. 有撮口呼韵母，有舌尖元音韵母 [ɿ]。

5. 有纯鼻辅音韵母 [m̩]、[ŋ̍]，发音时声带振动，气流由鼻腔持续流出。

6. 塞音韵尾只有一个闭塞较弱的喉塞音 [-ʔ] 尾。

(三) 声调

太源畲话有 6 个单字调：

调类	调值	例 字
阴平	[44]	高猪天婚 暖近 坐 醉布怕岁
阳平	[212]	平堂神寒扶 鹅人云
上声	[325]	纸走口草好 女网
去声	[42]	厚社 盖正抗世 共大饭岸帽
阴入	[4]	竹出七黑湿百切削
阳入	[2]	月药 杂白合舌

说明：

1. 调类和调型

平、上、去、入四声齐备。上声、去声只有一类，平声、入声分阴阳。阴入、阳入有混一的趋势。

阴平是较高的平调，去声是降调，上声是略曲折的高升调，阳平是较低的平调而略呈曲折。入声是短促调，阴入较高，阳入较低。

2. 连读变调和轻声

作连读前字的阳平字和上声字会发生变调的语音变化。阳平字在连字组中作前字，调值由单字调的 212 变读为 24；上声字在连字组中作前字，调值由单字调的 325 变读为 35。例如：

寮顶［lau$^{212\longrightarrow24}$ tin^{325}］　　行路［xaŋ$^{212\longrightarrow24}$lu^{42}］

起身［tɕʻi$^{325\longrightarrow35}$sen^{44}］　　稳当［ven$^{325\longrightarrow35}$tɔŋ^{42}］

太源畲话中的这种变调与普通话中上声字变调由 214 变读为 21（如“好［xau$^{214\longrightarrow21}$］听”）的情况相似，即变调并不改变字的调类归属，而没有普通话中上声字变调由 214 变读为 35（如“好［xau$^{214\longrightarrow35}$］酒”，变读为阳平）的情况。

太源畲话中还有轻声现象。一些词语中的后缀成分和结构助词、语气词往往读一种既轻又短的调子，例如：

夜［tɛ^{0}］㖞$_{夜晚}$　　你个［kɛ^{0}］$_{的}$书　　食诶［ɛ^{0}］$_{了}$饭

做得［tɛ^{0}］好

总的来看，太源畲话的变调和轻声现象还是简单而不丰富的。

二　太源畲话的声韵调配合关系

（一）声韵配合关系

为了分析的方便，太源畲话中 24 个声母可以按照声母的发音部位即发音器官形成气流通道阻碍的部位分为［p　pʻ　m］、［f　v］、［t　tʻ　n　l］、［ts　tsʻ　s］、［tʃ　tʃʻ　ʃ］、［tɕ　tɕʻ　ȵ　ɕ］、［k　kʻ　ŋ　x］和［Ø］8 组。64 个韵母按照韵母开头音素的特点分为开口呼、齐齿呼、合口呼和撮口呼 4 类。

太源畲话中声母与韵母的配合关系列成下表。表中上面第一行所列是韵母的类别，左起第一、二列是声母及其类别；“＋”号表示该类声母和韵母全部或部分能够相拼，“－”号表示不能相拼。

太源畲话声母韵母配合表

声母＼韵母		开口呼	齐齿呼	合口呼	撮口呼
双唇音	p、pʻ、m	+	+	+	−
唇齿音	f、v	+	−	+	−
舌尖中音	t、tʻ、n、l	+	+	+	−
舌尖前音	ts、tsʻ、s	+	+	+	−
舌叶音	tʃ、tʃʻ、ʃ	+	−	+	−
舌面音	tɕ、tɕʻ、ȵ、ɕ	−	+	−	+
舌根音	k、kʻ、ŋ、x	+	−	+	−
零声母	ø	+	+	+	+

1. 从声母的角度看，太源畲话中声母与韵母的配合关系有以下一些特点：

（1）［p］组双唇音声母能拼开口呼韵母、合口呼韵母和齐齿呼韵母，不拼撮口呼韵母。

（2）唇齿音声母［f、v］能拼开口呼韵母和合口呼韵母，不拼齐齿呼韵母和撮口呼韵母。

（3）［t］组舌尖中音声母中能拼开口呼韵母、齐齿呼韵母和合口呼韵母，不拼撮口呼韵母。

（4）［ts］组舌尖前音声母能拼开口呼韵母、齐齿呼韵母和合口呼韵母，不能拼撮口呼韵母。

（5）［tʃ］组舌叶音声母能拼开口呼韵母和合口呼韵母，不拼齐齿呼韵母和撮口呼韵母。

（6）［tɕ］组舌面音声母能拼齐齿呼韵母和撮口呼韵母，不拼开口呼韵母和合口呼韵母。

（7）［k］组舌根音声母能拼开口呼韵母和合口呼韵母，不拼齐齿呼韵母和撮口呼韵母。

［k］组声母与［tɕ］组声母在与韵母的配合上是互补的。

（8）零声母［Ø］能拼全部四呼韵母。

上述全部声母中，能拼开口呼韵母和合口呼韵母的最多，能拼齐齿呼韵母的次之，能拼撮口呼韵母的声母最少。除了零声母以外没有一个声母能拼全四呼韵母。

2. 从韵母的角度看，太源畲话中声母与韵母的配合关系有以下一些特点：

（1）开口呼韵母和合口呼韵母能与除［tɕ］组舌面音声母以外的所有声母相拼。齐齿呼韵母能与除唇齿音声母［f、v］、［tʃ］组舌叶音声母和［k］组舌根音声母以外的其他声母相拼。撮口呼韵母只能与［tɕ］组舌面音声母和零声母相拼。

（2）舌尖元音韵母［ɿ］和舌面元音韵母［i］都能拼舌尖音声母［ts、ts‘、s］，都不与［tʃ］组舌叶音声母和［k］组舌根音声母相拼。舌面元音韵母［i］还拼［p］组唇音声母、［t］组舌尖中音声母、［tɕ］组舌面音声母和零声母。

（6）［m̩］、［ŋ̍］都是自成音节的韵化辅音，只能拼零声母。

（二）太源畲话音节表

以下是反映太源畲话声母韵母声调配合关系的《太源畲话音节表》。表中上面第一、二行所列是韵母和声调，左起第一列所列是声母。每个声母、韵母、声调相拼合的音节以一个例字表示。无字可写的音节或所记字需作音义说明的用数字表示，并在表下加注。

太源畲话音节表（01）

	ɿ				i				u				y				a			
	阴平 44	阳平 212	上声 325	去声 42	阴平 44	阳平 212	上声 325	去声 42	阴平 44	阳平 212	上声 325	去声 42	阴平 44	阳平 212	上声 325	去声 42	阴平 44	阳平 212	上声 325	去声 42
p					碑	(1)	比	臂	布		补	怖					疤		把	霸
p‘					批	皮	痞	备	簿	蒲	谱	步						爬		怕
m						迷	美	寐		摹	母	墓					妈	麻	马	骂
f									夫	胡	斧	付						华		画
v									乌	无	武	务					洼	哗	瓦	话
t							抵	(2)	都		赌						(13)			
t‘					梯	题	体	替	(4)	图	土	度					他			
n								(3)		奴	努	怒								
l						厘	礼	利		炉	卤	路			(11)		拉			

续表

	ɿ				i				u				y				a			
	阴平44	阳平212	上声325	去声42	阴平44	阳平212	上声325	去声42	阴平44	阳平212	上声325	去声42	阴平44	阳平212	上声325	去声42	阴平44	阳平212	上声325	去声42
ts	支		纸	痣	祭		姐	际	著		褚						遮		(14)	诈
ts‘	雌	瓷	耻	次	妻	徐	取	聚	(5)	(6)	础	(7)					车	茶	扯	岔
s	师	时	屎	事	须	随	死	四	苏		(8)	素					沙	蛇	耍	社
tʃ																				
tʃ‘																				
ʃ																				
tɕ					基		己	继					猪		举	句				
tɕ‘					欺	骑	启	器					区	垂	署	住				
ȵ					你	疑	耳	二						愚		(12)				
ɕ					希		喜	戏					输		鼠	树				
k									姑		鼓	过					加		贾	嫁
k‘									箍	(9)	(10)	库								
ŋ																	(15)	牙	(16)	(17)
x																	花	蛤		下
ø					医	姨	椅	意					迂	余	羽	裕	阿			

(1) □ pi^{212}　肉

(2) 帝 ti^{44}　文读

(3) 呶 nu^{44}　～ni^{42}：呼猪声

(4) 吐 $t‘u^{44}$　呕～

(5) 粗 $ts‘u^{44}$　又音

(6) 锄 $ts‘u^{212}$　又音

(7) 助 $ts‘u^{42}$　又音

(8) 数 su^{325}　～一下

(9) 跍 $k‘u^{212}$　蹲

(10) 苦 $k‘u^{325}$　又音

(11) 缕 ly^{325}　又音

(12) 玉 $ȵy^{42}$　又音

(13) □ ta^{44}　攥，～拳头；捻

(14) □ tsa^{325}　婆婆引称

(15) 桠 $ŋa^{44}$　又音

(16) 瓦 $ŋa^{325}$　又音

(17) 亚 $ŋa^{42}$　又音

太源畲话音节表（02）

	ia				ua				ε				iε				o			
	阴平 44	阳平 212	上声 325	去声 42	阴平 44	阳平 212	上声 325	去声 42	阴平 44	阳平 212	上声 325	去声 42	阴平 44	阳平 212	上声 325	去声 42	阴平 44	阳平 212	上声 325	去声 42
p																	波			
p‘																	破	婆		
m									(4)						(15)		摸	魔		
f																			(17)	货
v																	窝	禾	(18)	
t	爹												(16)				多		朵	
t‘										(5)							拖	驼	妥	舵
n									(6)								呶	挼		(19)
l									(7)								啰	罗	裸	(20)
ts											者				挤		做		左	
ts‘		斜		谢								舐			且		搓		错	措
s	泻	(1)	写						世		(8)	(9)					梭		锁	
tʃ																				
tʃ‘																				
ʃ																				
tɕ																				
tɕ‘		茄											溪							
ȵ		(2)	惹																	
ɕ	(3)	瑕											靴							
k					瓜		寡		(10)		(11)						歌			(21)
k‘					夸		垮	跨	(12)								(22)		可	
ŋ										(13)								鹅		饿
x									(14)								(23)	何		贺
ø	丫	爷	野	夜						儿	饵		耶							

（1）邪 sia^{212}　又音

（2）娘 ȵia^{212}　母亲

（3）□ ɕia^{44}　鸡～泥：鸡扒食

（4）娶 mε^{44}　母亲面称

（5）□ t‘ε^{44}　突出

（6）□ nε^{44}　细～：婶婶

（7）□ lε^{44}　舔

（8）舍 sε^{325}　～弃

（9）麝 sε^{42}　又音

（10）饺 kε^{44}　打～：打嗝

（11）□ kε^{325}　鸡～：鸡冠

（12）□ k‘ε^{44}　蹭，边缘或表面的刮擦

（13）蜈 ŋε^{212}　～蚣：蜈蚣

（14）墟 xε^{44}　集市

（15）□ miε^{325}　竹～：竹膜

（16）爹 tiε^{44}　又音

（17）火 fo^{325}　又音

（18）喽 vo^{325}　叫，喊

（19）糯 no^{42}　又音

（20）□ lo^{42}　～tɕ‘io^{325}：蜘蛛

（21）个 ko^{42}　文读

（22）□ k‘o^{44}　～p‘aʔ^{4}：曾祖母

（23）荷 xo^{44}　有

太源畲话音节表（03）

	io				uo				ai				iai				uai			
	阴平44	阳平212	上声325	去声42	阴平44	阳平212	上声325	去声42	阴平44	阳平212	上声325	去声42	阴平44	阳平212	上声325	去声42	阴平44	阳平212	上声325	去声42
p									拜		摆									
p‘										排		派								
m										埋	买	卖					(14)			
f									(3)	怀		坏								
v									歪											
t									低		底	(4)								
t‘									梯	抬	睇	大								
n									(5)	泥	乃	奈								
l									(6)	犁		(7)								
ts									斋		宰	再								

续表

	io				uo				ai				iai				uai			
	阴平 44	阳平 212	上声 325	去声 42	阴平 44	阳平 212	上声 325	去声 42	阴平 44	阳平 212	上声 325	去声 42	阴平 44	阳平 212	上声 325	去声 42	阴平 44	阳平 212	上声 325	去声 42
ts‘									猜	柴	采	(8)								
s									西		洗	赛								
tʃ																				
tʃ‘																				
ʃ																				
tɕ		(1)											街		(13)					
tɕ‘																				
ȵ																				
ɕ	梳												快							
k					锅		果	(2)	皆		(9)	届					块	(15)	拐	(16)
k‘					科			课	揩		凯	溉								筷
ŋ									挨	崖	(10)	外								
x									(11)	鞋	蟹	械						(17)		(18)
∅									埃		蔼	(12)								

（1）茄 tɕ‘io^{212} 又音

（2）过 kuo^{42} 又音

（3）快 fai^{44} 又音

（4）戴 tai^{42} 又音

（5）奶 nai^{44} 老～：干妈

（6）□ lai^{44} 舌头伸

（7）赖 lai^{42} 又音

（8）蔡 ts‘ai^{42} 又音

（9）该 kai^{325} 这，～落：这里

（10）矮 ŋai^{325} 又音

（11）解 xai^{44} 晓，会

（12）艾 ai^{42} 又音

（13）□tɕiai^{325} 山间生长的蛙类的统称

（14）□muai^{44} 不会，“唔解”的合音

（15）□ kuai^{212} ～骨：颧骨

（16）怪 $kuai^{42}$　又音

（17）怀 $xuai^{212}$　又音

（18）坏 $xuai^{42}$　又音

太源畲话音节表（04）

	ɔi				ui				yi				au				ɑu			
	阴平 44	阳平 212	上声 325	去声 42	阴平 44	阳平 212	上声 325	去声 42	阴平 44	阳平 212	上声 325	去声 42	阴平 44	阳平 212	上声 325	去声 42	阴平 44	阳平 212	上声 325	去声 42
p	杯			(1)	飞			贝					包		饱		褒		宝	豹
p‘	胚	陪	(2)	配									抛	袍	跑	炮				爆
m	妹	梅	每	昧	尾												毛	茅	(9)	帽
f	灰	(3)	悔	汇	非	肥	毁	废												
v	爱				危	围	委	味												
t	堆				(5)												刀		岛	
t‘	推	台	腿	袋	褪		(6)										滔	桃	讨	套
n				内													矛		脑	闹
l		来	吕	泪				(7)									捞	牢	老	
ts	栽		崽	载	醉												遭		早	躁
ts‘	菜	才		罪	催			翠									操	曹	草	造
s	蓑		洒	税	衰	随		碎									骚	韶	嫂	邵
tʃ			嘴		追															
tʃ‘	吹		揣			锤		坠												
ʃ	睡		(4)			谁	水													
ʨ									饥											
ʨ‘																				
ȵ																				
ɕ									墟											
k	该		改		归		鬼	桂					(8)				高		搞	告
k‘	概			刽	亏	葵	傀	柜									敲		考	靠
ŋ		呆		碍													吆	牛	咬	傲
x	开	回	海	害				贿									蒿	豪	(10)	孝
ø	哀																坳		袄	奥

（1）辈 $pɔi^{42}$：又音　　（2）□ $p‘ɔi^{325}$：$ts‘ɛn^{44}$ kan^{44} ~，臭虫

（3）回 $fɔi^{212}$：又音　　（4）水 $ʃɔi^{325}$：又音

（5）碓 tui²⁴⁴：又音　　（6）退 t‘ui³²⁵：又音

（7）泪 lui⁴²：又音　　（8）教 kau⁴⁴：～书

（9）卯 mɑu³²⁵：又音　　（10）好 xɑu³²⁵　～坏

太源畲话音节表（05）

	iɑu				ɛu				iɛu				iu				an			
	阴平 44	阳平 212	上声 325	去声 42	阴平 44	阳平 212	上声 325	去声 42	阴平 44	阳平 212	上声 325	去声 42	阴平 44	阳平 212	上声 325	去声 42	阴平 44	阳平 212	上声 325	去声 42
p	(1)								标		表						班		板	扮
p‘	票	嫖	(2)	(3)					飘				(20)	浮	萢		攀	爿		盼
m	猫	描	渺	妙		(15)	(16)	(17)		苗	秒	庙				谬		蛮		慢
f							否													
v																				
t	雕			掉	兜		抖	逗					丢				癫			
t‘	(4)	(5)		跳	偷	头		透								(21)		甜		
n						谋	亩	茂									(26)	年		
l	(6)	疗	了	料		楼	篓	漏					(22)	刘	柳	(23)				
ts	焦		剿		周		帚	奏							酒	绉	煎		剪	溅
ts‘	悄	樵		鞘	抽	愁	丑	臭					秋	(24)		就	千	残	浅	暂
s	消				收		手	受					修	囚		秀	山		筅	疝
tʃ																				
tʃ‘																				
ʃ																				
tɕ	娇		缴	(7)					叫				锯		九	救				
tɕ‘	(8)	乔	巧	窍						桥		轿	(25)	求		旧				
ȵ	(9)		绕	(10)										鱼	女					
ɕ	(11)		(12)	(13)							晓		休		朽					
k					沟		(18)	够									艰		减	(26)
k‘					丘			扣											砍	嵌
ŋ							藕											颜		雁
x					(19)	猴	口	后										咸	喊	限
ø	妖		(14)	耀	欧		呕		腰	摇	舀		忧	由	有	又				晏

（1）滮 piɑu⁴⁴　液体细小而急速地喷射

（2）漂 p‘iɑu³²⁵　～衣服

（3）漂 p‘iau^{42}　～亮
（4）挑 t‘iau^{44}　～担，又音
（5）调 t‘iau^{212} ～和
（6）缭 liau^{44}　手执针缝合衣片
（7）较 tɕiau^{42}　比～，文读
（8）敲 tɕ‘iau^{44}　又音
（9）猫 ȵiau^{44}　又音
（10）尿 ȵiau^{42}：文读
（11）□ ɕiau^{44}　鸡～袋：鸡嗉子
（12）晓 iau^{325}：又读
（13）校 ɕiau^{42}　～对
（14）扰 iau^{325}：又读
（15）谋 mɛu^{212}　又音
（16）亩 mɛu^{325}　又音
（17）茂 mɛu^{42}　又音
（18）狗 mɛu^{325}　又音
（19）咻 xɛu^{44}　牵～：哮喘
（20）□ p‘iu^{44}　新～：儿媳妇
（21）透 t‘iu^{42}　又音
（22）溜 liu^{44}　～冰
（23）溜 liu^{42}　滑
（24）囚 ts‘iu^{212}　又音
（25）抽 tɕ‘iu^{44}　又音
（26）□ nan^{44}　又音

太源畲话音节表（06）

	ian				ʌn				uʌn				yʌn				ɛn			
	阴平 44	阳平 212	上声 325	去声 42	阴平 44	阳平 212	上声 325	去声 42	阴平 44	阳平 212	上声 325	去声 42	阴平 44	阳平 212	上声 325	去声 42	阴平 44	阳平 212	上声 325	去声 42
p	(1)				般			(5)									兵			进
p‘					潘	盘		叛									(10)	彭		(11)
m						瞒	满	漫									(12)	萌	猛	孟
f					帆	凡	皖	犯										弘		

续表

	ian				ʌn				uʌn				yʌn				ɛn			
	阴平 44	阳平 212	上声 325	去声 42	阴平 44	阳平 212	上声 325	去声 42	阴平 44	阳平 212	上声 325	去声 42	阴平 44	阳平 212	上声 325	去声 42	阴平 44	阳平 212	上声 325	去声 42
v					弯	顽	碗	万										云		
t	店		点		单		胆	旦									灯		等	瞪
t‘	添	填	舔	殿	贪	谈	毯	炭										藤		邓
n					暖	男		(5)										能	(13)	
l					懒	篮	览	乱									扔	(14)		
ts	尖				赞												沾		展	战
ts‘	签	全		(2)	汆	蚕	惨	錾									(15)	层		赠
s	仙		选		三		伞	(6)									声	蝉	闪	善
tʃ									砖		卷	倦								
tʃ‘									川	权	犬	串								
ʃ										船										
tɕ	见		捡	剑																
tɕ‘	欠			(3)																
ȵ	黏		眼	验									软	(9)	阮					
ɕ	宣	舷	险																	
k					甘		敢	赣	官		管	罐					跟		耿	(16)
k‘					刊			(7)	宽		款								垦	
ŋ					(8)	元		愿												
x					欢	含	反	汗		桓							亨	痕	狠	恨
ø	烟	(4)	演	厌	安			暗					冤	员	远	院	恩			

(1) 边 pian^{44}　又音

(2) 旋 ts‘ian^{212}　~风

(3) 渐 tɕ‘ian^{42}　又音

(4) 还 ian^{212}　~价

(5) 难 nʌn^{42}灾~

(6) 散 sʌn^{42}　分~，又音

(7) 撳 k‘ʌn^{42}　拎、提（篮、桶等）

(8) 頷 ŋʌn^{44}　~头：点头

(9) 元 ȵyʌn^{212}　又音

（10）喷 pʻɛn^{44}　~火

（11）喷 pʻɛn^{42}　~香

（12）蒙 mɛn^{44}　~眼

（13）□ nɛn^{325}　乳房，奶水

（14）仍 lɛn^{212}　又音

（15）□ tsʻɛn^{44}　~kan^{44} pʻɔi^{325}：臭虫

（16）更 kɛn^{42}　~加

太源畲话音节表（07）

	iɛn				en				in				uen				yen			
	阴平 44	阳平 212	上声 325	去声 42	阴平 44	阳平 212	上声 325	去声 42	阴平 44	阳平 212	上声 325	去声 42	阴平 44	阳平 212	上声 325	去声 42	阴平 44	阳平 212	上声 325	去声 42
p	编		贬	(1)					冰		丙	殡	奔		本					
pʻ	篇	(2)		骗					拼	贫	品	聘		盆		笨				
m	(3)	棉	免	(4)						民	敏			门		闷				
f					昏	魂	(8)	奋												
v					温	文	稳	运												
t	颠		典	掂	墩		礅	顿	丁		顶	订								
tʻ	(5)		舔	(6)	吞	屯		钝	汀	廷	挺	锭								
n									(11)						(15)	嫩				
l		莲	脸	练		仁	(9)	刃		林	(12)	另		轮		论				
ts				荐	珍		枕	证	精		(13)	进								
tsʻ	笺	潜		践	村	陈	逞	阵	亲	秦	寝	静								
s				羡	森	神	沈	胜	心	巡		性								
tʃ													军		准	郡				
tʃʻ													春	群	蠢	俊				
ʃ													薰	纯		顺				
tɕ	肩		茧	舰					金		紧	境								
tɕʻ	牵	钳	遣	件					钦	琴	顷	庆								
ȵ		严	研	念					(14)	人	忍	认								
ɕ	掀	贤	显	县					欣	形		幸								
k					跟								棍		滚					
kʻ													昆	裙	捆	困				
ŋ																				
x																				
ø	冤	炎	(7)	焰				(10)	音	吟	引	印						匀	允	运

（1）变 pian⁴² 文读

（2）便 p‘iɛn²¹² ～宜

（3）面 miɛn⁴⁴ ～前

（4）面 miɛn⁴² ～条

（5）添 t‘iɛn⁴⁴ 又音

（6）垫 t‘iɛn⁴² 又音

（7）掩 iɛn³²⁵ 又音

（8）粉 fen³²⁵ 又音

（9）忍 len³²⁵ 又音

（10）应 en⁴² 答应，白读

（11）□ nin⁴⁴ ～nuŋ⁴⁴～nuŋ⁴⁴：嘟哝

（12）领 lin³²⁵ 衣～

（13）尽 tsin³²⁵ ～话：总说，一直说

（14）□ ȵin⁴⁴ 扭曲

（15）□ nuen³²⁵ 用拇指和食指来回捻

太源畲话音节表（08）

	ɑŋ				iɑŋ				ɔŋ				iɔŋ				uɔŋ			
	阴平 44	阳平 212	上声 325	去声 42	阴平 44	阳平 212	上声 325	去声 42	阴平 44	阳平 212	上声 325	去声 42	阴平 44	阳平 212	上声 325	去声 42	阴平 44	阳平 212	上声 325	去声 42
p				(1)	(6)		饼		帮		榜	棒	(15)							
p‘					(7)	平		病		旁		胖								
m						名		命		忙	莽	(9)								
f									方	房	纺	(10)								
v									汪	王	枉	忘								
t			打	(2)					(11)		党	(12)								
t‘	听			定					汤	堂	躺	烫								
n										囊										
l	冷				岭				(13)	郎		浪	(16)	粮	(17)	亮				
ts	争		井						脏			葬	浆		奖	(18)				
ts‘	撑	晴	请	(3)					仓				枪	墙	抢	匠				
s	甥		醒						桑		磉		箱		想	(19)				
tʃ									章		掌	壮								

续表

	aŋ				iaŋ				ɔŋ				iɔŋ				uɔŋ			
	阴平 44	阳平 212	上声 325	去声 42	阴平 44	阳平 212	上声 325	去声 42	阴平 44	阳平 212	上声 325	去声 42	阴平 44	阳平 212	上声 325	去声 42	阴平 44	阳平 212	上声 325	去声 42
tʃ‘									昌	床	厂	畅								
ʃ									伤	常	爽	尚								
tɕ					京		茎						姜							
tɕ‘					轻								羌	(20)	(21)					
ȵ					(8)								(22)	(23)	仰	让				
ɕ					兄								乡		享	向				
k	耕								刚		讲	虹					光		广	
k‘		(4)							康		(14)	抗					框	狂		矿
ŋ				硬						昂										
x	坑	衡		(5)					糠	航		项								
ø						嬴			肮				央	羊	痒	样				

（1）□ paŋ^{42}　揪，扯，拉

（2）□ taŋ^{42}　拽，捏

（3）□ ts‘aŋ^{42}　~饭粿：一种饭食

（4）□ k‘aŋ^{212}　遮盖，罩住

（5）行 xaŋ^{42}品~

（6）柄 piaŋ^{44}　白读

（7）拼 p‘iaŋ^{44}　~凑

（8）暎　tȵiaŋ^{44}　望，~牛：放牛

（9）望 mɔŋ^{42}　白读

（10）放 fɔŋ^{42}　文读

（11）当 tɔŋ^{44}　应~

（12）当 tɔŋ^{42}　上~

（13）□ lɔŋ^{44}　衣物洗好再入水清一下

（14）□ k‘ɔŋ^{325}：咳嗽

（15）放 piɔŋ^{44}　白读

（16）两 liɔŋ^{44}　~斤

（17）两 liɔŋ^{325}　二~

（18）将 tsiɔŋ^{42}　~帅

（19）相 siɔŋ^{42} 宰～

（20）强 tɕʻiɔŋ^{212} ～大

（21）强 tɕʻiɔŋ^{212} 勉～

（22）□ ȵiɔŋ^{44} tʻai^{44}～：忘记

（23）娘 ȵiɔŋ^{212} 姨～：姨母

太源畲话音节表（09）

	uŋ				iuŋ				m̩				ŋ̍			
	阴平 44	阳平 212	上声 325	去声 42	阴平 44	阳平 212	上声 325	去声 42	阴平 44	阳平 212	上声 325	去声 42	阴平 44	阳平 212	上声 325	去声 42
p	枫			（1）												
pʻ	蜂	朋	捧	（2）												
m		蠓	懵	梦												
f	丰	红	讽	凤												
v	蕹			瓮												
t	东		懂	冻												
tʻ	通	同	统	洞												
n	哝	农		（3）												
l		龙	拢	弄												
ts	棕		总	粽												
tsʻ	匆	丛														
s	送			宋												
tʃ	钟		肿	众												
tʃʻ	充	虫	宠	（4）												
ʃ	凶	熊														
tɕ																
tɕʻ																
ȵ						浓										
ɕ																
k	公		巩	贡												
kʻ	（5）		孔	控												
ŋ																
x	（6）	（7）														
ø					拥	荣	勇	用		（8）				吴	五	误

（1）□ puŋ^{42}　暖～～：暖洋洋　（2）碰 p‘uŋ^{42}　又音
（3）弄 nuŋ^{42}　又音　（4）重 tʃ‘uŋ^{42}　轻～
（5）空 k‘uŋ^{44} ～虚　（6）轰 xuŋ^{44}　又音
（7）弘 xuŋ^{212}　又音　（8）呣 m̩^{212}　不

太源畲话音节表（10）

	aʔ		iaʔ		uaʔ		ɔʔ		iɔʔ		ɛʔ		iɛʔ	
	阴入 4	阳入 2	阴入 4	阳入 2	阴入 4	阳入 2	阴入 4	阳入 2	阴入 4	阳入 2	阴入 4	阳入 2	阴入 4	阳入 2
p	百		壁				博				北		鳖	
p‘	劈	白					（9）	薄			拍		撇	别
m		麦					莫	抹				墨		灭
f		伐						勿			（13）	获		
v							握	（10）				（14）		
t	答										得		跌	谍
t‘	塔	碟					托	夺			踢			列
n		纳						诺				（15）		
l		蜡					乐	落		略		勒		
ts	摘	（1）	迹				作				责		爵	
ts‘	擦	（2）	雀	嚼			撮	（11）			侧	贼	妾	捷
s	楔	石					缩		削		色	舌	薛	
tʃ							捉	琢						
tʃ‘							戳	浊						
ʃ							勺							
tɕ									脚				结	
tɕ‘									却				劫	杰
ȵ										弱			业	热
ɕ													蝎	协
k	甲				（7）		各				革			
k‘	（3）				（8）		磕				刻			
ŋ	押						（12）	岳			扼	额		
x	吓	狭					霍	学			黑	（16）		
ø	（4）		（5）	（6）				讹	约	药	呃		咽	液

（1）闸 tsaʔ^{2}　又音　（2）席 ts‘aʔ^{2}　草～

（3）□ kʻaʔ^4　压
（4）鸭 aʔ^4　又音
（5）擨 iaʔ^4　手抓取，拿
（6）□ iaʔ^2　滑
（7）刮 kuaʔ^4　又音
（8）括 kʻuaʔ^4　~号
（9）泼 pʻɔʔ^4　~辣
（10）镬 vɔʔ^2　锅
（11）凿 tsʻɔʔ^2　文读音
（12）恶 ŋɔʔ^4 凶~
（13）□ fɛʔ^4　屎~：屁股
（14）□ vɛʔ^2 ~人：腻人
（15）□ nɛʔ^2　用拇指和食指的指甲掐
（16）核 xɛʔ^2　审~

太源畲话音节表（11）

	ɤʔ		eʔ		ueʔ		yeʔ		iʔ		uʔ		iuʔ	
	阴入 4	阳入 2	阴入 4	阳入 2	阴入 4	阳入 2	阴入 4	阳入 2	阴入 4	阳入 2	阴入 4	阳入 2	阴入 4	阳入 2
p									笔		不			
pʻ									匹	（4）	扑			
m									蜜	密		木		
f			窟	佛							福	服		
v			（1）	物							屋			
t	秃	读							滴		督			
tʻ			（2）	特					剔	敌	凸	毒		
n									力	立				
l	鹿	禄		肋								陆	六	陆
ts			汁						积		足			
tsʻ		族	斥	直	猝				七	习	促	（6）		
s	湿	十	失	食					息	（5）	粟	续		
tʃ					橘						竹			
tʃʻ					出						触	轴		
ʃ					述						叔	熟		
tɕ									急					
tɕʻ									乞	及				
ȵ									日	逆				玉
ɕ									吸					
k					骨						谷			
kʻ											哭			
ŋ														
x						（3）								
ø								入	一	翼			育	狱

（1）□ veʔ^{2}　熨　　（2）□ tʻeʔ^{4}　凹陷

（3）核 xueʔ^{2}臊～崽：睾丸　　（4）鼻 pʻiʔ^{2}　又音

（5）席 siʔ^{2}　主～　　（6）族 tsʻuʔ^{4}　又音

太源畲话音节表（12）

	aiʔ		iaiʔ		uaiʔ		yaiʔ		ɔiʔ		ɑuʔ		iɑuʔ	
	阴入 4	阳入 2	阴入 4	阳入 2	阴入 4	阳入 2	阴入 4	阳入 2	阴入 4	阳入 2	阴入 4	阳入 2	阴入 4	阳入 2
p	八								(4)					
pʻ		拔												
m	袜	篾												
f		滑												
v		活												
t												叠		
tʻ	铁	踏												
n		捺												
l		辣								(5)				
ts	节										接			
tsʻ	切	杂		绝								杂		
s	雪	铡												
tʃ														
tʃʻ														
ʃ														
tɕ							决							
tɕʻ							却	掘						
ȵ								(1)						
ɕ			血	穴			(2)							
k	割				国									
kʻ														
ŋ	押	啮				月								
x	法	狭			豁							盒		
ø							(3)	悦			鸭			叶

（1）月 ȵyaiʔ^{2}　又音　　（2）□ ɕyaiʔ^{4}　～ɑu^{44}：大雁

（3）约 yaiʔ^{4}　又音　　（4）□ pɔiʔ^{4}　鞋～：鞋楦

（5）□ lɔiʔ^{2}　杀，～猪；锄，～草

第二节 同音字汇

本节系太源畲话同音字汇。字表收字4100多个（多音字以读音计数）。字表按韵母分类并按韵母次序（韵母次序见本章第一节“太源畲话音系”所列韵母表）排列。同韵母的字按声母次序（声母次序见本章第一节“太源畲话音系”所列声母表）排列。同韵母、声母的字按声调次序排列：阴平［44］、阳平［212］、上声［325］、去声［42］、阴入［4］、阳入［2］、轻声［0］（以数字所标示调值表示）。部分字后附小号字。小号字是对前字的注释，或作释义，或举出用例，或兼举例和释义，注释中的“～”代替被注字，例如：“徛$_{\text{站}}$”、“假$_{\text{真～}}$”、“磡$_{\text{铁～:铁砧}}$”。或以下画横线的“白”、“文”、“又”等字注明读音的性质（“白”为“白读音”、“文”为“文读音”、“又”为“又音”），例如：“变$_{\underline{\text{白}}}$”、“梨$_{\underline{\text{文}}}$”、“火$_{\underline{\text{又}}}$”。字表收录了口语中有音义而无合适的字可写的音节，以方框号“□”代替，例如：“□$_{\text{肉}}$”、“□$_{\text{鸡～:鸡冠}}$”。

ɿ	
tsɿ	［44］租娄$_{\text{女阴}}$□$_{\text{撕}}$知蜘支枝肢栀资姿咨脂至兹滋之芝走$_{\underline{\text{文}}}$□$_{\text{叠:～～碗}}$［325］祖组阻紫纸只$_{\text{～有}}$姊$_{\underline{\text{又}}}$旨指子梓滓止址趾□$_{\text{～在:地方}}$［42］制智致稚至$_{\underline{\text{又}}}$置志痣
ts‘ɿ	［44］粗雌痴疵嗤［212］锄池驰瓷迟雉慈磁辞词祠持［325］楚此齿耻［42］醋助刺赐翅次自$_{\underline{\text{又}}}$字$_{\underline{\text{又}}}$祀巳寺嗣饲痔治厕
sɿ	［44］苏斯厮撕施私师狮尸司丝$_{\underline{\text{又}}}$思柿诗［212］匙豉时［325］屎使史驶始［42］数$_{\text{算～,}\underline{\text{又}}}$世$_{\underline{\text{又}}}$势誓逝是氏示视嗜伺似祀士仕事试市恃侍

i	
pi	［44］蓖闭碑卑髀$_{\text{大～:大腿}}$痹［212］□$_{\text{肉}}$［325］彼俾比秕［42］篦$_{\underline{\text{又}}}$蔽臂滗
p‘i	［44］蓖$_{\underline{\text{又}}}$批披被$_{\text{被子}}$［212］皮疲□$_{\text{匹,片}}$脾枇琵［325］痞［42］被$_{\text{～迫}}$庇敝弊币毙鐾避痹$_{\underline{\text{又}}}$屁譬备鼻□$_{\text{闻,嗅}}$篦
mi	［212］迷谜糜弥眉$_{\underline{\text{白}}}$［325］靡美［42］媚寐喂$_{\underline{\text{白}}}$□$_{\text{抿}}$□$_{\text{黄～:蜻蜓}}$
ti	［325］抵底$_{\underline{\text{文}}}$［42］帝$_{\underline{\text{又}}}$
t‘i	［44］□$_{\text{筛子}}$梯$_{\underline{\text{文}}}$涕［212］堤题提蹄啼［325］体［42］帝$_{\underline{\text{又}}}$替屉第递地
ni	［42］□$_{\text{啾～:呼猪声}}$
li	［212］驴雷$_{\text{～公,}\underline{\text{白}}}$黎离篱璃梨$_{\underline{\text{文}}}$厘狸鲤［325］旅礼李里理［42］虑$_{\underline{\text{又}}}$滤$_{\underline{\text{又}}}$例厉励丽隶荔履利痢吏
tsi	［44］祭［325］姐姊［42］际济

续表

ts'i	[44] 蛆妻栖 [212] 徐齐$_{\text{文}}$脐 [325] 取娶 [42] 聚自字
si	[44] 绪须需犀丝虽 [212] 随 [325] 死髓 [42] 细$_{\text{文}}$四隧穗
tɕi	[44] 稽计寄饥肌基箕记几$_{\text{～乎}}$几$_{\text{茶～}}$机讥饥□$_{\text{山～崽:山柿}}$ [325] 己纪$_{\text{姓}}$几$_{\text{～个}}$ [42] 继系$_{\text{～鞋带}}$髻寄$_{\text{文}}$冀纪记$_{\text{文}}$忌$_{\text{文}}$既□$_{\text{nan42～:丝瓜}}$
tɕ'i	[44] 溪$_{\text{文}}$徛$_{\text{站}}$欺气汽□$_{\text{陡}}$□$_{\text{悔～:后悔}}$ [212] 荠$_{\text{～菜}}$奇骑岐祁鳍其棋期旗祈 [325] 启企起杞岂 [42] 契技妓伎器弃忌气$_{\text{文}}$汽$_{\text{文}}$
ȵi	[44] 你 [212] 倪宜仪尼疑 [325] 蚁耳拟 [42] 艺刈谊义议二贰腻毅 [0] 呢$_{\text{—点儿}}$
ɕi	[44] 奚兮牺嬉$_{\text{文}}$熙希稀 [325] 喜 [42] 去$_{\text{～年,文}}$系戏嬉
i	[44] 翳伊医衣依 [212] 移夷姨饴沂遗 [325] 倚椅矣已以 [42] 艺$_{\text{文}}$缢仪义易肄意异毅$_{\text{文}}$忆亿
u	
pu	[44] 布$_{\text{棉～}}$妇$_{\text{～娘}}$ [325] 补 [42] 布$_{\text{～告}}$怖埠$_{\text{文}}$
p'u	[44] 铺$_{\text{～床}}$簿潽 [212] 蒲菩浦脯捕 [325] 谱普甫脯$_{\text{杏～}}$辅 [42] 铺$_{\text{店～}}$部步埠醭讣□$_{\text{～咕鸟:布谷鸟}}$
mu	[212] 磨$_{\text{～刀}}$模$_{\text{～板}}$摹 [325] 母拇 [42] 磨$_{\text{石～}}$暮慕墓募幕
fu	[44] 呼夫肤麸敷俘孵$_{\text{文}}$□$_{\text{捉蒙～:捉迷藏}}$ [212] 乎胡湖糊狐$_{\text{文}}$壶符扶芙浮$_{\text{喉～咙,白}}$ [325] 火伙苦虎浒府腑俯斧釜抚腐殕 [42] 裤戽户沪互护付赋傅赴讣$_{\text{文}}$父附富副妇文负阜□$_{\text{～lʌn325:芋头}}$
vu	[44] 乌污巫诬 [212] 蜈$_{\text{文}}$狐吾梧无 [325] 坞伍午武舞侮鹉 [42] 恶$_{\text{可～}}$误悟务雾戊
tu	[44] 都嘟 [325] 堵赌肚$_{\text{猪～}}$
t'u	[44] 吐$_{\text{呕～}}$ [212] 徒屠途涂$_{\text{～油}}$图 [325] 土吐$_{\text{～痰}}$兔 [42] 杜度渡镀踱
nu	[212] 奴 [325] 努 [42] 糯怒
lu	[212] 卢炉芦鸬庐驴$_{\text{文}}$如 [325] 鲁橹虏卤儒乳 [42] 路赂露鹭□$_{\text{～禾:耘田}}$
tsu	[44] 租$_{\text{文}}$猪$_{\text{文}}$著 [325] 祖$_{\text{文}}$组$_{\text{文}}$褚阻$_{\text{文}}$
ts'u	[44] 粗$_{\text{文}}$初$_{\text{文}}$ [212] 锄$_{\text{文}}$厨$_{\text{文}}$ [325] 楚$_{\text{文}}$础杵 [42] 助$_{\text{文}}$
su	[44] 苏酥疏蔬舒$_{\text{文}}$枢 [325] 数$_{\text{～—下}}$ [42] 素诉塑嗉数$_{\text{少～}}$庶恕
ku	[44] 姑孤故固顾枯句□$_{\text{磨损钝秃}}$ [325] 裹$_{\text{白}}$古估牯股鼓 [42] 过锢雇顾$_{\text{文}}$

续表

k'u	［44］箍［212］跍$_{\text{蹲}}$［325］苦$_{\text{文}}$［42］库
	y
ly	［325］缕$_{\text{文}}$
tɕy	［44］猪诸居车$_{\text{~马炮}}$诛蛛株朱硃珠铸拘驹□$_{\text{筛}}$［325］煮举拄主矩［42］著据聚驻注$_{\text{~解}}$注蛀俱句具剧$_{\text{文}}$
tɕ'y	［44］趋柱区驱炊$_{\text{文}}$［212］除储厨瞿垂捶□$_{\text{直拳打}}$［325］处$_{\text{相~}}$暑署取$_{\text{文}}$娶$_{\text{文}}$［42］苎箸处$_{\text{~所}}$驻趣住惧剧
ȵy	［212］鱼$_{\text{文}}$愚［42］玉$_{\text{文}}$
ɕy	［44］书舒墟$_{\text{文}}$虚嘘须$_{\text{文}}$需$_{\text{文}}$输殊竖［325］暑$_{\text{文}}$鼠署许［42］恕薯树税$_{\text{文}}$睡瑞
y	［44］於淤吁迂［212］如鱼$_{\text{文}}$渔余儒于盂榆逾愉愚虞娱［325］语与乳雨宇禹羽［42］御誉预豫遇寓芋$_{\text{文}}$愈喻裕欲$_{\text{文}}$浴$_{\text{文}}$
	a
pa	［44］巴芭疤爸□$_{\text{~嘴:嘴干涩发苦}}$［325］把［42］霸把$_{\text{柄}}$坝罢
p'a	［212］爬耙［42］怕耙稗□$_{\text{酒~:盛酒器}}$□屎$_{\text{~:粪坑}}$［0］琶杷
ma	［44］蟆妈［212］麻［325］马码［42］骂
fa	［212］华划$_{\text{~船,文}}$铧［42］化又桦画话$_{\text{文}}$
va	［44］蛙$_{\text{文}}$洼哇［212］哗$_{\text{让牛止步的口令}}$［325］瓦桠［42］话
ta	［44］□$_{\text{搡,~拳头;捻}}$
t'a	［44］他
la	［44］拉□$_{\text{~谷:搅动晒的稻谷}}$
tsa	［44］渣榨借遮蔗炸揸$_{\text{抓}}$［325］□$_{\text{婆婆引称}}$［42］诈乍
ts'a	［44］叉杈差$_{\text{~错}}$车［212］茶搽查［325］扯□$_{\text{浸泡(衣服等)}}$［42］岔
sa	［44］莎沙纱赊佘［212］蛇□$_{\text{~iɛu325:蛔虫}}$［325］、舍傻耍［42］洒射麝赦社舍
ka	［44］家$_{\text{~庭}}$加痂嘉驾枷佳［325］家$_{\text{~具}}$假$_{\text{真~,放~}}$贾［42］架嫁价
ŋa	［44］桠$_{\text{文}}$［212］牙芽衙挨涯［325］哑$_{\text{文}}$瓦$_{\text{文}}$［42］亚$_{\text{文}}$研$_{\text{白}}$

续表

xa	［44］花虾霞［212］蛤划~船［42］下夏厦化
a	［44］阿鸦
	ia
tia	［44］爹
ts‘ia	［212］斜邪［42］谢
sia	［44］泻［212］邪又［325］写
tɕ‘ia	［212］茄揳拿，举，驮
ȵia	［212］娘母亲［325］惹
ɕia	［44］□~泥：鸡扒食［212］虾又霞又瑕又暇
ia	［44］鸦丫［212］伢爷［325］雅亚哑也野［42］砑文夜
	ua
kua	［44］瓜挂卦［325］寡剐
k‘ua	［44］夸［325］垮［42］跨
	ɛ
mɛ	［44］娑母亲面称
tɛ	［0］嘚街~：街上
t‘ɛ	［212］□突出
nɛ	［44］□细~：婶母
lɛ	［44］□舔［0］里市~：城里
tsɛ	［325］者［0］子钩~
ts‘ɛ	［42］舐□滑
sɛ	［44］奢世□~屎窟：揩屁股［325］舍~弃［42］麝又
kɛ	［44］餘打~：打嗝［325］□鸡~：鸡冠［0］个你~：你的

续表

k'ε	[44] □蹭，物体边缘或表面的刮擦 □扑克牌"A"的读音
ŋε	[212] □~蚣：蜈蚣，又
xε	[44] 墟集市，白
ε	[212] 儿而 [325] 耳又饵
iε	
miε	[325] □竹~：竹膜
tiε	[44] 爹又
tsiε	[325] 挤
ts'iε	[325] 且
tɕ'iε	[44] 溪契
ɕiε	[44] 靴
iε	[44] 耶
o	
po	[44] 波菠坡玻播
p'o	[44] 颇破 [212] 婆
mo	[44] 摸 [212] 魔摩馍
fo	[325] 火又伙又 [42] 货祸
vo	[44] 倭窝屙蜗 [212] 禾 [325] 唩叫，喊
to	[44] 多□蠓~：蠓虫 □狗~：狗窝 [325] 朵躲
t'o	[44] 拖 [212] 驼驮 [325] 妥椭 [42] 舵
no	[44] 呶~ni0：呼猪声 [212] 挼揉 [42] 糯又
lo	[44] 啰 [212] 罗锣箩骡螺脶□~沟：清理田沟 [325] 裸 [42] □~tɕ'io325：蜘蛛

续表

tso	[44] 做□~额头:前额突出 [325] 左佐
tsʻo	[44] 搓锉坐□浪费,糟蹋 [325] 错搓又□水~:水缸 [42] 座措□~壶:一种大锡壶
so	[44] 梭唆梳又 [325] 锁琐所
ko	[44] 歌哥 [42] 个文□~儿:香案
kʻo	[44] □~pʻaʔ4:曾祖母 [325] 可
ŋo	[212] 蛾鹅俄 [42] 饿
xo	[44] 荷有 [212] 荷~花何河和~气 [42] 贺
io	
tɕʻio	[212] 茄又 [325]- □lo42~:蜘蛛
ɕio	[44] 梳
uo	
kuo	[44] 锅戈 [325] 果裹文 [42] 过又
kʻuo	[44] 科窠颗棵 [42] 课
ai	
pai	[44] 拜 [325] 摆
pʻai	[212] 排牌 [42] 派败
mai	[212] 埋 [325] 买米 [42] 卖迈
fai	[44] 快又 [212] 怀槐淮 [42] 坏
vai	[44] 哀又歪
tai	[44] 低帝白呆又带 [325] 底白 [42] 戴又怠殆□~公:岳父□狗屎~:一种儿童发式
tʻai	[44] 胎剃梯白弟□~ȵioŋ44:忘记 [212] 台又抬苔 [325] 睇看 [42] 大态贷待代又太泰
nai	[44] 奶老~:干妈 [212] 泥 [325] 乃奶 [42] 那~多:那些耐奈
lai	[44] □舌头伸 [212] 犁梨白 [42] 赖又癞又

续表

tsai	[44] 灾又载~重斋债 [325] 宰 [42] 载年~再
ts'ai	[44] 猜钗又差出~ [212] 豺柴齐 [325] 彩睬采 [42] 蔡又在又
sai	[44] 筛晒西细婿摔 [325] 洒耍洗 [42] 赛寨帅又
kai	[44] 个自皆阶秸介界芥又疥戒械解~开乖又 [325] 该这 [42] 届丐尬刉~板:把木头锯成板
k'ai	[44] 揩 [325] 凯慨楷 [42] 概又溉
ŋai	[44] 偓我挨 [212] 涯崖捱 [325] 矮又 [42] 研艾外
xai	[44] 解晓,会 [212] 孩谐鞋还~有,又 [325] 蟹 [42] 亥又害又骇械
ai	[44] 阿~爹哀又埃挨又 [325] 蔼矮 [42] 艾又
iai	
tɕiai	[44] 芥街鸡 [325] □生长在山间的蛙类的统称
ɕiai	[44] 快
uai	
muai	[44] □不会,"呣解m̩212xai44"的合音
kuai	[44] 块货币单位,元会~计 [212] □~骨:颧骨 [325] 拐 [42] 怪又
k'uai	[42] 块又会~计,又筷
xuai	[212] 怀又 [42] 坏又
ɔi	
pɔi	[44] 贝杯辈背~后悲□捧□玩弄,拨弄 [42] 辈又
p'ɔi	[44] 胚坯丕剖 [212] 培陪赔裴 [325] □ts'ɛn44kan44~:臭虫 [42] 配倍佩背~诵焙
mɔi	[44] 妹□不要,"呣爱m̩212ɔi44"的合音 [212] 梅枚媒煤霉糜粥 [325] 每 [42] 昧未~去:没有去
fɔi	[44] 盔恢灰晦 [212] 回又 [325] 悔 [42] 汇会开~
vɔi	[44] 爱又煨又
tɔi	[44] 戴带堆对碓队

续表

t'ɔi	［44］推退［212］台［325］腿□唾［42］袋兑退
nɔi	［42］内
lɔi	［212］来雷姓~,文［325］吕铝屡偏垒累积~瘤皮肤上的疙瘩□绳结［42］虑滤赖癞累劳~泪瑞蕊类锐
tsɔi	［44］栽灾最赘［325］崽［42］载
ts'ɔi	［44］猜菜在钗催［212］才材财裁□青~:苔藓［42］蔡罪脆翠缀□勃~:发水泡
sɔi	［44］鳃蓑岁摔［325］洒［42］帅率蟀税
tʃɔi	［325］嘴
tʃ'ɔi	［44］吹炊自［325］揣
ʃɔi	［44］睡［325］水又
kɔi	［44］该盖乖怪□尿~:粪杓［325］改
k'ɔi	［44］开又概［42］刽
ŋɔi	［212］呆［42］碍
xɔi	［44］开［212］回［325］海［42］亥害坏
ɔi	［44］哀爱又煨
ui	
pui	［44］飞沸水开□封［42］贝
mui	［44］尾□热~:痱子
fui	［44］非飞又妃挥辉徽［212］肥［325］毁［42］贿废肺惠慧痱翡
vui	［44］煨又畏怕,白危微威［212］萎为行~维惟唯讳违围［325］委尾文伟苇纬［42］卫伪为~什么位未味魏畏文喂文慰胃谓猬
tui	［44］碓又
t'ui	［44］褪［325］退又
lui	［42］累连~泪又

续表

tsui	[44] 醉
ts'ui	[44] 催崔 [42] 翠
sui	[44] 衰 [212] 髓随绥□呲，~牙齿 [42] 碎遂隧穗
tʃui	[44] 蛀追锥
tʃ'ui	[212] 槌垂锤 [42] 坠
ʃui	[212] 谁 [325] 水
kui	[44] 圭闺规龟归 [325] 桅诡轨鬼 [42] 桂跪贵
k'ui	[44] 盔亏窥 [212] 魁癸逵葵奎 [325] 傀癸 [42] 溃愧柜
xui	[42] 贿
yi	
tɕyi	[44] 箕pa?4~；簸箕 饥肚~
ɕyi	[44] 气白 墟集市，白
au	
pau	[44] 包胞苞 [325] 饱
p'au	[44] 抛泡水~ 泡~在水里 匏抱 [212] 袍刨 [325] 跑 [42] 炮
kau	[44] 教~书
ɑu	
pɑu	[44] 褒暴凸出 □打~：接吻 [325] 保堡宝 [42] 报豹
p'ɑu	[42] 暴~露 爆雹
mɑu	[44] 毛白 [212] 毛文 冇没有 茅矛文 [325] 卯文 [42] 冒帽貌茂文 贸文
tɑu	[44] 刀叨叼钓吊到 [325] 祷岛倒~水 鸟
t'ɑu	[44] 滔挑枭 [212] 掏桃淘逃淘陶萄涛条 [325] 讨跳 [42] 套道稻盗导
nɑu	[212] 矛 [325] 脑恼卯 [42] 尿闹

续表

lau	[44] 捞涝□搂□兜嘴~:牛的嘴套 [212] 劳牢唠寮屋 [325] 老嫽玩
tsau	[44] 遭糟灶 [325] 早枣蚤澡爪找笊走 [42] 躁罩
ts'au	[44] 操找白抄钞超□~灰:清除炉灰 [212] 曹槽巢朝~代潮 [325] 草炒吵 [42] 糙皂造赵兆
sau	[44] 骚臊扫梢捎稍潲笑搜瘦 [212] 韶勺芍 [325] 小嫂晓 [42] 少~年绍邵
kau	[44] 高膏篙交郊胶羔糕厚皮~,白 [325] 稿绞狡铰狗苟□~头:低头搅搞 [42] 较文告教~育窖觉厚又□~崽王:蟑螂
k'au	[44] 敲较更,白 [325] 考烤 [42] 靠犒
ŋau	[44] 吆 [212] □歪熬牛 [325] 袄又咬 [42] 傲坳又
xau	[44] 蒿□破 [212] 豪壕毫号~叫 [325] 好~坏郝 [42] 好爱~耗号~码浩酵孝效校
au	[44] □çyaiʔ4~:大雁坳 [325] 袄 [325] 呕 [42] 鳌懊奥澳鏊拗沤怄
iau	
piau	[44] 滮液体细小而急速地喷射
p'iau	[44] 飘又漂~浮票 [212] 瓢嫖 [325] 漂~衣服 [42] 漂~亮
miau	[44] 猫 [212] 锚苗又描 [325] 渺藐秒又 [42] 庙又妙
tiau	[44] 刁貂雕 [42] 掉调音~,~动吊又
t'iau	[44] 挑又 [212] 条又调~和 [42] 跳
liau	[44] 缭手执针缝合衣片 [212] 燎疗聊辽撩寥 [325] 了~结 [42] 料廖
tsiau	[44] 焦蕉椒醮 [325] 剿
ts'iau	[44] 锹缲悄俏 [212] 樵瞧 [42] 鞘
siau	[44] 消宵霄硝销鞘萧箫
tɕiau	[44] 骄娇矫浇□~liɛn212:对唱的山歌 [325] 缴侥饺 [42] 叫又较文
tɕ'iau	[44] 敲又 [212] 乔侨荞又 [325] 巧 [42] 窍
ȵiau	[212] 猫又 [325] 绕围~,~线 [42] 尿文

续表

çiau	[44] □鸡~袋;鸡嗉子 [325] 晓又 [42] 校~对,文□水汽
iau	[44] 妖邀要~求幺 [324] 扰又 [42] 要又耀鹞
εu	
mεu	[212] 谋又 [325] 某又亩又牡又 [42] 贸又茂又
fεu	[325] 否
tεu	[44] 兜 [325] 斗一~米抖陡 [42] 斗~争逗
t‘εu	[44] 偷到~南昌去 [212] 头投敨解开 [42] 透豆
nεu	[212] 谋 [325] 某亩牡 [42] 戊贸茂
lεu	[212] 楼搂柔揉摎和,跟,对 [325] 篓钮 [42] 漏陋
tsεu	[44] 朝今~召招沼照照邹周州洲昼 [325] 肘帚 [42] 奏纣宙皱咒
ts‘εu	[44] 抽 [212] 朝~代潮绸稠筹愁骤仇酬 [325] 丑 [42] 凑臭售
sεu	[44] 烧叟搜又飕收 [325] 少多~手首又守 [42] 兽受寿
kεu	[44] 勾钩沟阄构 [325] 狗又 [42] 够购
k‘εu	[44] 抠丘臼舅 [42] 扣寇
ŋεu	[325] 藕偶配~
xεu	[44] 咻牵~;哮喘 [212] 侯喉猴瘊 [325] 口吼 [42] 后厚又候
εu	[44] 欧殴 [325] 呕偶~然
iεu	
piεu	[44] 膘标彪 [325] 表
p‘iεu	[44] 飘
miεu	[212] 苗 [325] 秒 [42] 庙
tɕiεu	[44] 叫哭

续表

tɕʻiɛu	[212] 桥荞 [42] 轿
ɕiɛu	[325] 晓
iɛu	[44] 腰 [212] 饶摇谣窑姚 [325] 舀□黄~：一种野蜂 □sa24~：蛔虫
iu	
pʻiu	[44] □新~：儿媳妇 [212] 浮□瓠子 [42] 菢母鸡抱窝、孵小鸡
miu	[42] 谬
tiu	[44] 丢
tʻiu	[42] 透又
liu	[44] 溜~冰 [212] 流刘留榴馏硫琉 [325] 缕柳 [42] 溜滑
tsiu	[325] 酒 [42] 皱绉
tsʻiu	[44] 秋 [212] 囚又泅又 [42] 就
siu	[44] 修羞 [212] 囚泅 [42] 秀绣宿星~锈袖
tɕiu	[44] 锯佢他据鸠阄咎纠□~~：呼鸡声 [325] 肘又九久韭 [42] 昼又咒灸救究
tɕʻiu	[44] 抽又丘又 [212] 求球 [42] 臼旧
ȵiu	[212] □~蚣：蜈蚣鱼 [325] 女纽扭
ɕiu	[44] 处墟去丘又休 [325] 首又朽
iu	[44] 忧优悠幽 [212] 尤邮由油游犹酉 [325] 扰有友 [42] 又右佑莠诱柚釉鼬幼
an	
pan	[44] 班斑颁扳~手边□篾~：篾片 [325] 板版扁~圆 [42] 扮办
pʻan	[44] 攀襻 [212] 爿□洗面~：毛巾 [42] 瓣盼
man	[212] 蛮 [42] 慢幔
tan	[44] 癫

续表

t‘an	［212］甜
nan	［44］□拿［212］年
tsan	［44］煎瞻蘸［325］攒斩盏剪［42］站蘸栈溅□～杨梅天：梅雨天
ts‘an	［44］赚餐濽千□帽～崽：帽檐［212］惭残钱前涎又［325］床～门：窗户产又铲浅［42］暂颤贱渐
san	［44］杉衫山珊删线楦先［325］产筅镬～崽：炊帚［42］散疝
kan	［44］艰间中～奸涧尴乾□～kan44p‘ɔi325：臭虫□～尿：把尿□～凿：捅竹节的铲子［325］减简拣裥笕［42］监国子～间～断
k‘an	［325］坎砍［42］嵌
ŋan	［212］颜［42］雁
xan	［212］函咸衔闲［325］喊□门～：跟前［42］撼憾陷限苋
an	［42］晏
ian	
pian	［44］边又
tian	［44］店［325］点
t‘ian	［44］添［212］填［325］舔［42］电殿奠佃垫
tsian	［44］尖箭
ts‘ian	［44］扦迁又签笺［212］全泉［42］旋～风
sian	［44］仙鲜先又轩□～红旋～转衔［325］鲜癣选儆～鸡：阉割过的鸡
tɕian	［44］监～督鉴剑笕间房间见［325］捡又［325］剑
tɕ‘ian	［44］欠［42］渐又
ȵian	［44］黏粘［325］染眼［42］验
ɕian	［44］宣喧楦［212］舷边沿［325］险
ian	［44］淹阉烟［212］还～价［325］掩魇演［42］厌

续表

ʌn	
pʌn	[44] 般搬半 [42] □~lʌn42崽馃：一种饭食
p'ʌn	[44] 绊潘伴 [212] 盘 [42] 判拌叛饭
mʌn	[212] 瞒馒 [325] 满挽~秧：拔秧 [42] 漫又
fʌn	[44] 帆缓贩 [212] 凡烦繁完又还还~钱，又环 [325] 皖 [42] 燔油炸泛范犯唤焕换幻患宦
vʌn	[44] 弯湾豌剜 [212] 完丸还顽 [325] 玩文碗皖晚挽 [42] 腕万□买卖
tʌn	[44] 耽担~东西丹单端 [325] 掸胆短 [42] 担~崽：担子旦段又
t'ʌn	[44] 贪探坍淡滩摊断~绝 [212] 潭谭谈痰坛弹~琴团 [325] 毯坦 [42] 诞叹但炭弹子~蛋断~定锻段缎
nʌn	[44] 暖□头~：脑袋 [212] 南男难~易 [42] 难灾~
lʌn	[44] 懒卵 [212] 蓝篮兰拦栏 [325] 览揽缆榄卵又 [42] 滥烂乱□pʌn42~崽馃：一种饭食
tsʌn	[44] 钻~洞，铁~赞
ts'ʌn	[44] 参~加氽窜 [212] 蚕 [325] 惨喘又□抱 [42] 錾篡撰
sʌn	[44] 三散分~酸算蒜闩拴栓 [325] 散~开伞 [42] 涮散分~，又
kʌn	[44] 甘柑泔干~湿肝竿杆旗~ [325] 感敢橄秆杆擀赶□盖，罩 [42] 赣干~部
k'ʌn	[44] 堪龛勘看刊 [42] 看又揿□拎、提（篮、桶等）
ŋʌn	[44] 頷~头：点头 [212] 岩元原源 [42] 愿□~脚：硌脚
xʌn	[44] 憨鼾汉欢翻番 [212] 含寒韩还~有□~fuen44：碓臼 [325] 反 [42] 旱汗焊翰
ʌn	[42] 安鞍 [42] 暗岸按案
uʌn	
tʃuʌn	[44] 专砖绢捐桊建福~ [325] 转~正卷捡 [42] 转~动眷倦券
tʃ'uʌn	[44] □~菜：摘菜川穿圈劝 [212] 传椽拳权颧 [325] 喘犬 [42] 串篆传~记
ʃuʌn	[212] 船玄悬

续表

kuʌn	[44] 官棺观~点,道~冠鸡~鳏关又 [325] 管馆 [42] 贯灌罐冠~军惯
k'uʌn	[44] 宽 [325] 款
xuʌn	[212] 桓还~钱
yʌn	
ȵyʌn	[44] 软 [212] 元又原又源又 [325] 阮
yʌn	[44] 冤辕渊 [212] 圆员缘文袁园援 [325] 远 [42] 院宛怨
ɛn	
pɛn	[44] 崩白兵奔 [42] 迸
p'ɛn	[44] 喷~火 [212] 彭膨朋又 [42] 喷~香
mɛn	[44] 鞔~楼板:铺楼板蒙~眼□~肚:牛肚 [212] 虻萌明~年 [325] 猛□掂量 [42] 孟
fɛn	[212] 弘横~直,文,又
vɛn	[212] 云横~直,文
tɛn	[44] 炖登灯凳镫证钉疔钉订□结~:结冰 □扔(石头) □五~床:有五根横档的床 [325] 等 [42] 瞪
t'ɛn	[212] 腾藤澄亭 [42] 邓
nɛn	[212] 能□稠 [325] □乳房,奶水
lɛn	[44] 扔□箍~交:比赛摔跤 [212] 仍又
tsɛn	[44] 沾占姓曾姓增憎赠又筝争文 [325] 展 [42] 占~领战
ts'ɛn	[44] □~kan44p'ɔi325:臭虫 [212] 蟾曾~经层澄橙缠 [42] 赠
sɛn	[44] 扇僧声鳝生文 [212] 蝉 [325] 陕闪省~长 [42] 渗葚甚善膳单姓□擤
kɛn	[44] 跟根文更~换粳 [325] 哽埂耿整~脚板:扁平足 [42] 更~加
k'ɛn	[325] 恳垦肯文
xɛn	[44] 亨 [212] 痕恒衡行~路,又 [325] 很狠肯 [42] 恨杏横蛮~

续表

ɛn	[44] 恩
	iɛn
piɛn	[44] 鞭编变$_{\text{文}}$蝙 [325] 贬匾扁$_{\text{又}}$□$_{\text{簪子}}$ [42] 变$_{\text{文}}$
p‘iɛn	[44] 篇偏骗 [212] 便$_{\text{～宜}}$ [42] 变白骗辨辩汴便$_{\text{方～}}$遍片辫
miɛn	[44] 面$_{\text{前～}}$ [212] 绵棉眠 [325] 免勉娩缅 [42] 面$_{\text{～条}}$
tiɛn	[44] 颠 [325] 点$_{\text{又}}$典碘腆 [42] 掂
t‘iɛn	[44] 添$_{\text{又}}$ [325] 舔 [42] 垫$_{\text{又}}$
liɛn	[212] 廉镰帘连怜莲联□$_{\text{tɕiau44～：山歌对唱}}$ [325] 脸 [42] 敛殓练链炼楝恋
tsiɛn	[42] 荐箭$_{\text{又}}$溅$_{\text{又}}$
ts‘iɛn	[44] 笺迁$_{\text{又}}$ [212] 潜 [42] 践
siɛn	[42] 羡
tɕiɛn	[44] 兼肩坚 [325] 柬$_{\text{文}}$检锏趼俭茧 [42] 舰谏建$_{\text{又}}$
tɕ‘iɛn	[44] 谦牵 [212] 钳□$_{\text{～菜：挟菜}}$乾$_{\text{～坤}}$虔 [325] 遣 [42] 件歉键健□$_{\text{手～：手镯}}$
ȵiɛn	[212] 阎严言 [325] 染$_{\text{又}}$碾研 [42] 念
ɕiɛn	[44] 掀 [212] 衔嫌贤 [325] 显 [42] 宪献现县□$_{\text{告～：告诉}}$
iɛn	[44] 蔫焉燕$_{\text{姓}}$咽冤 [212] 炎盐缘$_{\text{白}}$檐腌筵沿铅然燃延蜒 [325] 掩$_{\text{又}}$ [42] 艳焰燕$_{\text{鸟}}$雁谚宴堰咽$_{\text{动词}}$□$_{\text{酒～：酒窝}}$
	en
fen	[44] 昏婚分$_{\text{又}}$芬纷忿荤睏 [212] 魂馄浑焚坟$_{\text{文}}$□$_{\text{xʌn24～：碓臼}}$ [325] 粉$_{\text{又}}$ [42] 混奋愤份
ven	[44] 温瘟晕 [212] 壬任$_{\text{姓}}$仁$_{\text{白～：白眼珠}}$文纹蚊$_{\text{文}}$炆闻云 [325] 稳吻$_{\text{文}}$刎 [42] 任$_{\text{上～}}$纫问$_{\text{文}}$润闰熨韵运
ten	[44] 敦墩礅顿$_{\text{白}}$蹲□$_{\text{两头同时用力或一头固定而另一头用力拉（线、绳子等）}}$□$_{\text{树～：柱子}}$ [325] 礅$_{\text{铁～：铁砧}}$ [42] 顿
t‘en	[44] 吞 [212] 屯豚饨臀 [42] 囤沌盾钝遁褪□$_{\text{～肛：脱肛}}$
len	[212] 仁 [325] 忍$_{\text{又}}$ [42] 刃

续表

tsen	[44] 簪针斟珍真尊遵肫征蒸贞侦征 [325] 枕诊疹拯整 [42] 镇振震证症正端～政
ts'en	[44] 村称～呼 [212] 沉陈尘臣寻存惩乘承丞呈程成文城诚 [325] 逞 [42] 趁阵衬称相～秤郑
sen	[44] 森参人～渗深身申伸娠孙升胜声又 [212] 神辰晨绳盛～饭塍田～:田埂 [325] 沈审婶损孙榫 [42] 肾慎剩胜圣盛兴～
ken	[44] 跟根又
en	[42] 应答应,白
in	
pin	[44] 彬宾槟冰兵又 [325] 禀丙秉□麻～鸟:麻雀 [42] 殡柄并合～鬓
p'in	[44] 拼～命姘又 [212] 贫频凭瓶屏萍评 [325] 品 [42] 聘并～肩並
min	[212] 民鸣明文盟猽一种身上长刺的野猪 [325] 闽悯敏抿
tin	[44] 丁 [325] 鼎顶□老～:好管闲事 [42] 订澄又
t'in	[44] 厅文汀 [212] 亭停廷庭蜓 [325] 艇挺 [42] 邓又澄锭定又
nin	[44] □～nuŋ^{44}～nuŋ^{44}:嘟哝
lin	[212] 林淋临檩邻鳞磷陵凌菱宁灵零铃伶拎翎怜膦男性生殖器 [325] 领～导 [42] 令宁～可另
tsin	[44] 浸津精晶睛 [325] 尽～话:总说,一直说 [42] 进晋俊
ts'in	[44] 侵亲青文清蜻 [212] 寻又秦情文 [325] 寝 [42] 静靖净尽～量
sin	[44] 心辛新薪信讯腥 [212] 旬循巡 [325] 省反～ [42] 迅性
tɕin	[44] 今金禁～不住襟关～门巾又斤又筋京荆敬白惊鲸劲经□米～:量米用的竹筒 [325] 锦紧仅谨景警 [42] 襟禁～止劲境敬文竟竞径
tɕ'in	[44] 钦妗卿倾 [212] 琴禽擒勤芹擎 [325] 顷 [42] 揿近又庆
ȵin	[44] □扭曲 [212] 人银仍凝 [325] 忍 [42] 认
ɕin	[44] 欣兴～旺馨眩头～:头晕 [212] 行品～形型刑□～人家:令人讨厌 [42] 兴～奋杏幸
in	[44] 音阴荫窨因姻洇殷应～该鹰蝇莺鹦樱英婴缨 [212] 吟淫龈寅迎盈茔颖萤 [325] 饮～汤:米汤引隐尹影 [42] 窨印应回～,文映
uen	

续表

puen	[44] 奔锛分自粪 [325] 本粉 [42] 笨
p‘uen	[212] 盆坟自 [42] 笨
muen	[212] 门蚊自 [42] 闷焖问自
nuen	[325] □用拇指和食指来回捻 [42] 嫩
luen	[212] 仑昆~伦沦轮 [42] 论润又闰又
tʃuen	[44] 巾斤根均钧菌君军 [325] 准 [42] 郡圳
tʃ‘uen	[44] 近椿春抻伸 [212] 群裙又 [325] 蠢 [42] 俊
ʃuen	[44] 熏薰勋 [212] 唇纯醇 [42] 顺训
kuen	[44] 棍自 [325] 滚
k‘uen	[44] 昆坤□罗~脚:罗圈腿 [212] 裙 [325] 捆□耳~:耳朵 [42] 困睏文
yen	
yen	[212] 匀 [325] 允永泳咏 [42] 孕熨运
ɑŋ	
pɑŋ	[42] □揪,扯,拉
tɑŋ	[325] 打 [42] □拽,捏
t‘ɑŋ	[44] 听自□跨 [42] 定
lɑŋ	[44] 冷
tsɑŋ	[44] 争睁□自,刚刚正~月 [325] 井
ts‘ɑŋ	[44] 撑睁又青自 [212] 情自晴 [325] 请 [42] □~饭馃:一种饭食
sɑŋ	[44] 生自牲笙甥姓声自星腥 [325] 醒省节~
kɑŋ	[44] 更五~庚羹耕
k‘ɑŋ	[212] □遮盖,罩住

续表

ŋaŋ	［42］硬
xaŋ	［44］坑［212］行～为，～路衡［42］行品～□山谷
iaŋ	
piaŋ	［44］柄白［325］丙饼摒躲藏
pʻiaŋ	［44］姘拼～凑，白栟房子纵向的墙一堵叫一栟枰床沿横木［212］平坪评［42］病
miaŋ	［212］名［42］命
liaŋ	［44］领衣～岭
tɕiaŋ	［44］京镜［325］梗茎颈
tɕʻiaŋ	［44］轻
ȵiaŋ	［44］暎望，～牛：放牛
ɕiaŋ	［44］兄
iaŋ	［212］赢横～直，白萤
ɔŋ	
pɔŋ	［44］帮邦浜［325］榜谤绑［42］棒
pʻɔŋ	［212］滂旁螃庞［42］蚌傍胖□空，～谷：秕谷
mɔŋ	［212］忙芒茫盲［325］莽蟒网白［42］望白
fɔŋ	［44］荒慌方芳［212］黄文簧皇蝗肪妨房防［325］谎晃纺仿～效彷访仿相似［42］放文
vɔŋ	［44］汪□别～人：外地人［212］黄王亡［325］网文枉往［42］忘妄望希～旺
tɔŋ	［44］当应～□门～：门槛［325］党挡［42］当上～
tʻɔŋ	［44］汤［212］堂唐糖塘［325］躺［42］烫趟荡宕
nɔŋ	［212］囊瓤□～萁：芒萁
lɔŋ	［44］□洗好了的衣物在水中清一下［212］郎廊狼［42］浪

续表

tsɔŋ	［44］赃脏桩［42］葬
ts‘ɔŋ	［44］仓苍疮［212］藏躲~［42］藏西~脏五~
sɔŋ	［44］桑丧~事丧~失□排~骨:肋骨［325］磉
tʃɔŋ	［44］张帐账胀仗杖庄装壮章樟［325］长生~涨掌□住［42］壮障瘴
tʃ‘ɔŋ	［44］丈仗杖疮昌唱撞窗［212］长~短肠场床［325］创厂［42］畅状倡撞
ʃɔŋ	［44］霜商墒畦伤裳双又上［212］常尝偿［325］爽赏［42］上又尚
kɔŋ	［44］冈岗刚纲钢缸杠江扛豇［325］冈讲港［42］虹降下~□蹲
k‘ɔŋ	［44］康园藏［325］□咳嗽［42］抗
ŋɔŋ	［212］昂
xɔŋ	［44］糠夯□~盆:一种陶器［212］行航杭降投~［42］项巷
ɔŋ	［44］肮央自,当~:中间翁公公引称
	iɔŋ
piɔŋ	［44］放自
liɔŋ	［44］两~个［212］良凉量粮梁粱［325］两斤~［42］亮谅辆量数~
tsiɔŋ	［44］将~来浆酱［325］蒋奖桨［42］将~帅
ts‘iɔŋ	［44］枪像~样［212］墙详祥［342］抢［42］呛匠象橡
siɔŋ	［44］相~信箱厢湘襄镶［325］想［42］相宰~
tɕiɔŋ	［44］疆僵姜
tɕ‘iɔŋ	［44］羌□~头:抬头［212］强~大［325］强勉~
ȵiɔŋ	［44］□t‘ai44~:忘记［212］娘姨~:姨母［325］仰［42］让□逗小孩
ɕiɔŋ	［44］香乡［325］享响晌饷［42］向
iɔŋ	［44］养生育央文秧殃［212］瓤羊洋烊杨阳扬疡□~色:颜色□~吞:囫囵吞［325］壤痒养营~［42］酿样□墨汁、墨水滴在纸上时向四周散开□供~:请神□食~:多吃

续表

	uɔŋ
kuɔŋ	［44］光［325］广
k‘uɔŋ	［44］匡筐框眶［212］狂［42］旷逛况矿
	uŋ
puŋ	［44］崩$_{\underline{\text{文}}}$风$_{\underline{\text{白}}}$枫［42］□$_{\text{暖～～:暖洋洋}}$
p‘uŋ	［44］闻□$_{\text{嗅}}$蜂□$_{\text{喷}}$碰［212］朋棚篷蓬［325］捧［42］碰$_{\underline{\text{又}}}$
muŋ	［212］猛$_{\underline{\text{又}}}$孟$_{\underline{\text{又}}}$萌$_{\underline{\text{又}}}$蒙蠓朦濛$_{\text{雾}}$［325］懵［42］梦
fuŋ	［44］轰烘风$_{\underline{\text{文}}}$疯丰封峰蜂锋［212］宏红洪鸿虹冯逢缝$_{\text{～衣}}$［325］哄$_{\text{哄骗}}$讽［42］哄$_{\text{起～}}$凤奉俸缝$_{\text{门～}}$
vuŋ	［44］翁$_{\text{姓}}$蕹［42］瓮□$_{\text{卷～桥:拱桥}}$
tuŋ	［44］东栋冬［325］董懂［42］冻
t‘uŋ	［44］疼通痛［212］同铜桐筒童瞳［325］统桶捅［42］动洞
nuŋ	［44］哝［212］农脓［42］弄$_{\underline{\text{又}}}$
luŋ	［212］笼聋农$_{\underline{\text{又}}}$脓$_{\underline{\text{又}}}$侬隆浓戎绒融龙垄［325］拢陇［42］弄
tsuŋ	［44］棕鬃宗综终踪盅［325］总肿［42］粽仲纵
ts‘uŋ	［44］聪匆葱囱充铳从$_{\text{～容}}$诵［212］从$_{\text{～来}}$丛松$_{\text{～树}}$
suŋ	［44］双送松$_{\text{放～}}$嵩$_{\text{～山}}$讼［42］宋诵$_{\underline{\text{又}}}$颂
tʃuŋ	［44］中$_{\text{当～}}$忠终钟盅春［325］种$_{\text{谷～}}$肿［42］中$_{\text{射～}}$众种$_{\text{～植}}$
tʃ‘uŋ	［44］充铳冲［212］虫崇穷琼重$_{\text{～复}}$［325］宠［42］重$_{\text{轻～}}$
ʃuŋ	［44］胸凶兄$_{\underline{\text{文}}}$芎$_{\text{川～}}$［212］熊雄□$_{\text{丑}}$
kuŋ	［44］公蚣工功攻弓躬宫恭供$_{\text{～应}}$［325］拱巩［42］贡汞供$_{\text{～养}}$□$_{\text{～针:别针}}$
k‘uŋ	［44］空$_{\text{～虚}}$［325］孔恐［42］控空$_{\text{～缺}}$共
xuŋ	［44］轰$_{\underline{\text{又}}}$［212］弘$_{\underline{\text{又}}}$宏$_{\underline{\text{又}}}$

续表

iuŋ	
ȵiuŋ	［212］浓
iuŋ	［44］雍壅拥庸［212］荣营绒融茸容蓉［325］甬勇涌［42］用
m̩	
m̩	［212］唔不
ŋ̍	
ŋ̍	［212］吴梧娱［325］五伍午唔那［42］误悟
aʔ	
paʔ	［4］泊~船剥百佰柏伯擘□~狗崽：蝼蛄钵□~tɕyε^{44}：簸箕
p‘aʔ	［4］泊水~劈泼~水□~蚊：苍蝇□公~：曾祖父□出~：新房子落成驱邪［2］白□~篮：圆形的用以晾晒物品的篾编竹器
maʔ	［2］陌麦□遮，~面胡须：络腮胡须
faʔ	［2］获划伐筏
taʔ	［4］答搭笪涿~水：淋雨□邋~：肮脏
t‘aʔ	［4］踏塔榻塌溻贴达［2］沓碟蝶达氽
naʔ	［2］纳□只，~够
laʔ	［2］腊蜡□讲~嘴：聊天□玩，白
tsaʔ	［4］炸油炸窄摘只一~鞋炙［2］闸又
ts‘aʔ	［4］察擦插撤拆策册栅昨柞赤尺□隔，截［2］闸席草~煠水~饭：泡饭浡
saʔ	［4］撒萨楔锡白［2］石
kaʔ	［4］夹~袄甲胛格隔夹
k‘aʔ	［4］洽□压
ŋaʔ	［4］押压
xaʔ	［4］喝洽瞎辖客吓［2］匣狭白峡

续表

aʔ	[4] 鸭又
iaʔ	
piaʔ	[4] 璧壁
tsiaʔ	[4] 迹脚～：足迹
ts'iaʔ	[4] 雀鹊□～板：木屐 [2] 嚼□～豆干：豆腐干
iaʔ	[4] 搦手抓取，拿 [2] □滑
uaʔ	
kuaʔ	[4] 刮又□敲螺丝～：以指关节敲击脑袋
k'uaʔ	[4] 括～号
ɔʔ	
pɔʔ	[4] 拨博剥驳膊打赤～□打～：接吻
p'ɔʔ	[4] 泼～辣钹瀑□鸡～：半大的母鸡□～～崽：男青年 [2] 帛勃饽脖薄
mɔʔ	[4] 莫膜 [2] 沫抹寞幕摸
fɔʔ	[2] 勿
vɔʔ	[4] 沃握 [2] 卧镬锅□打～：恶心
t'ɔʔ	[4] 脱托 [2] 夺着火点～，又
nɔʔ	[2] 诺
lɔʔ	[4] 乐快～ [2] 捋落诺烙骆酪洛络乐快～若
tsɔʔ	[4] 作□～干针：针灸
ts'ɔʔ	[4] 撮 [2] 凿文杂鸡～：鸡的内脏
sɔʔ	[4] 刷索缩
tʃɔʔ	[4] 着～衣酌斫砍桌捉 [2] 琢啄
tʃ'ɔʔ	[4] 戳 [2] 着睡～浊镯

续表

ʃɔʔ	［2］勺杓硕
kɔʔ	［4］葛各阁搁郭觉角觉$_{\text{发～}}$桷$_{\text{～子:椽子}}$□$_{\text{过～崽:出水痘}}$
k‘ɔʔ	［4］磕渴$_{\underline{\text{文}}}$廓扩确$_{\underline{\text{又}}}$壳$_{\underline{\text{又}}}$榷殼$_{\text{敲}}$□$_{\text{～p‘aʔ2:曾祖母}}$
ŋɔʔ	［4］恶$_{\text{凶～}}$［2］岳乐$_{\text{音乐}}$□$_{\text{(蜂)蜇}}$
xɔʔ	［4］喝$_{\text{～彩}}$豁霍藿壳［2］学核$_{\text{果～}}$鹤
ɔʔ	［2］讹
iɔʔ	
liɔʔ	［2］略掠
siɔʔ	［4］削
tɕiɔʔ	［4］脚
tɕ‘iɔʔ	［4］却
ȵiɔʔ	［2］弱虐疟箬
iɔʔ	［4］约跃［2］药浴
ɛʔ	
pɛʔ	［4］北柏
p‘ɛʔ	［4］泊$_{\underline{\text{又}}}$迫拍魄
mɛʔ	［2］墨默陌篾摵$_{\text{掰}}$没麦脉
fɛʔ	［4］□$_{\text{屎～:屁股}}$［2］或惑获
vɛʔ	［2］□$_{\text{～人:腻人}}$
tɛʔ	［4］得德
t‘ɛʔ	［4］踢□$_{\text{～人:(牛角)顶人}}$

续表

nɛʔ	[2] □用拇指和食指的指甲掐
lɛʔ	[2] 勒竻刺
tsɛʔ	[4] 蜇蜂~人札扎哲折浙褶则侧责□~崽:(窗户)档子□半~谷:不饱满的谷子
ts‘ɛʔ	[4] 彻撤厕侧测 [2] 辙贼泽择宅
sɛʔ	[4] 歙摄涉涩设虱塞色禾索禾~:稻穗 [2] 舌
kɛ	[4] 合一升十~蛤鸽胳格革嗝隔 [0] 个你~:你的
k‘ɛʔ	[4] 刻克
ŋɛʔ	[4] 扼轭 [2] 额
xɛʔ	[4] 渴白黑赫嘿让牛前行的口令 [2] 核审~
ɛʔ	[4] 呃
	iɛʔ
piɛʔ	[4] 鳖憋屄
p‘iɛʔ	[4] 鳖又憋撇□甩 [2] 别
miɛʔ	[2] 搣掰,又灭
tiɛʔ	[4] 跌
t‘iɛʔ	[4] 帖又贴又 [2] 碟又牒蝶谍
liɛʔ	[2] 猎列烈裂劣
tsiɛʔ	[4] 接又节又爵
ts‘iɛʔ	[4] 妾 [2] 绝文截捷
siɛʔ	[4] 薛泄屑楔又戌雪~梨
tɕiɛʔ	[4] 劫结洁

续表

tɕ‘iɛʔ	[4] 怯劫揭胦$_{\text{腋}}$ [2] 杰
ȵiɛʔ	[4] 业 [2] 聂镊蹑热孽啮$_{\text{又}}$
ɕiɛʔ	[4] 缺歇$_{\text{又}}$蝎血 [2] 协胁
iɛʔ	[4] 咽噎□$_{\text{不饱满,凹瘪}}$ [2] 液叶$_{\text{又}}$页$_{\text{又}}$
	ɤʔ
t‘ɤʔ	[4] 秃 [2] 独读
lɤʔ	[4] 鹿 [2] 禄
ts‘ɤʔ	[2] 族
sɤʔ	[4] 湿 [2] 十拾速
	eʔ
feʔ	[4] 窟 [2] 佛
veʔ	[4] □$_{\text{熨}}$ [2] 物核$_{\text{桃～}}$
t‘eʔ	[4] □$_{\text{凹陷}}$ [2] 突特
leʔ	[2] 肋
tseʔ	[4] 执汁质织职只$_{\text{一～鞋,又}}$
ts‘eʔ	[4] 赤$_{\text{又}}$斥押$_{\text{擦}}$ [2] 蛰侄秩卒直值殖植
seʔ	[4] 失室塞蚀识式饰适释什$_{\text{～嘚:什么}}$妯$_{\text{～娌}}$ [2] 实食
	ueʔ
ts‘ueʔ	[4] 猝
tʃueʔ	[4] 橘
tʃ‘ueʔ	[4] 出屈
ʃueʔ	[2] 术$_{\text{白～}}$术$_{\text{算～}}$述□$_{\text{吸食}}$
kueʔ	[4] 骨掘$_{\text{挖}}$

续表

xueʔ	[4] 核$_{\text{膦～崽:睾丸}}$
	yeʔ
yeʔ	[2] 入役
	iʔ
piʔ	[4] 笔毕必逼弼碧璧
p‘iʔ	[4] 匹僻辟$_{\text{开～}}$ [2] 鼻$_{\underline{\text{又}}}$
miʔ	[4] 蜜 [2] 泌密觅汐$_{\text{钻～崽:泅水}}$
tiʔ	[4] 的滴嫡
t‘iʔ	[4] 踢$_{\underline{\text{又}}}$剔涕$_{\underline{\text{又}}}$ [2] 笛敌狄籴
liʔ	[4] 力 [2] 立笠粒律$_{\underline{\text{又}}}$率$_{\text{效～}}$历栗
tsiʔ	[4] 即鲫积迹脊绩寂
ts‘iʔ	[4] 缉七漆膝戚 [2] 籍藉集习疾袭
siʔ	[4] 悉息熄媳惜昔夕锡$_{\underline{\text{文}}}$析蟋 [2] 席$_{\underline{\text{文}}}$
tɕiʔ	[4] 执$_{\text{抓,捉}}$击急级给$_{\text{供～}}$吉激
tɕ‘iʔ	[4] 泣迄乞吃 [2] 及极
ȵiʔ	[4] 日 [2] 匿逆溺
ɕiʔ	[4] 吸□$_{\text{扔,丢弃}}$
iʔ	[4] 揖乙一益 [2] 逸翼亦易$_{\text{交～}}$液$_{\underline{\text{又}}}$疫役$_{\underline{\text{又}}}$
	uʔ
puʔ	[4] 不卜$_{\text{～卦}}$
p‘uʔ	[4] 朴卜扑仆缚$_{\text{捆,拴}}$

续表

muʔ	[2] 木目穆牧
fuʔ	[4] 忽福幅蝠复腹覆 [2] 服伏
vuʔ	[4] 屋
tuʔ	[4] 笃督屎老~崽:最小的儿子 厾扎,刺,啄
t'uʔ	[4] 秃又凸□~凳:一人坐的凳子 [2] 突又独又毒犊牍
luʔ	[2] 六又陆又录禄又□灶~头:锅台□热,烫
tsuʔ	[4] 足
ts'uʔ	[4] 促□擦□淹 [2] 族又
suʔ	[4] 速又肃宿缩粟嗍吸食 [2] 续俗赎
tʃuʔ	[4] 竹筑祝粥菊掬烛嘱
tʃ'uʔ	[4] 畜~牲曲触 [2] 逐轴局
ʃuʔ	[4] 叔淑畜~牧蓄束 [2] 熟属术
kuʔ	[4] 谷
k'uʔ	[4] 哭酷
iuʔ	
liuʔ	[4] 六绿 [2] 陆鹿又
ȵiuʔ	[2] 肉玉
iuʔ	[4] 育 [2] 辱褥狱
aiʔ	
paiʔ	[4] 八钵拨
p'aiʔ	[2] 泼~水拔钹

续表

maiʔ	［4］袜［2］篾末
faiʔ	［2］活又滑猾
vaiʔ	［2］活挖
t'aiʔ	［4］贴白帖白獭铁［2］踏拓～本
naiʔ	［2］捺
laiʔ	［2］腊蜡镴邋辣瘌□～tɕ'iau42:能布网的蜘蛛
tsaiʔ	［4］札扎轧节接又炙又眨
ts'aiʔ	［4］察切□把长条形的东西砍断、截断［2］截杂
saiʔ	［4］雪白屑邋～:垃圾［2］铡
kaiʔ	［4］夹割葛
ŋaiʔ	［4］押压轧额～头［2］啮咬,嚼
xaiʔ	［4］法瞎辖渴发［2］狭峡乏伐罚
iaiʔ	
ts'iaiʔ	［2］绝白
ɕiaiʔ	［4］血白［2］穴
uaiʔ	
kuaiʔ	［4］括刮国□～坼:裂缝□～毒:故意使坏
ŋuaiʔ	［2］月
xuaiʔ	［4］阔又豁
yaiʔ	
tɕyaiʔ	［4］决诀
tɕ'yaiʔ	［4］缺又却确又［2］掘□～kuiʔ2鸟:猫头鹰

续表

ȵyaiʔ	[2] 月$_{\underline{又}}$
ɕyaiʔ	[4] 穴□$_{喝,\underline{白}}$□$_{\sim au44:大雁}$
yaiʔ	[4] 约$_{\underline{又}}$跃$_{\underline{又}}$ [2] 悦阅越粤曰岳$_{\underline{又}}$乐$_{音\sim,又}$
ɔiʔ	
pɔiʔ	[4] □$_{鞋\sim:鞋楦}$
lɔiʔ	[2] □$_{杀,\sim猪;锄,\sim草}$
ɔiʔ	[4] □ɔiʔ$^{4}_{还是,表示选择关系}$
ɑuʔ	
t‘ɑuʔ	[2] 叠
tsɑuʔ	[4] 接
ts‘ɑuʔ	[2] 杂凿白昨
xɑuʔ	[2] 合盒
ɑuʔ	[4] 鸭
iɑuʔ	
iɑuʔ	[2] 叶页

第三节 语音比较

方言语音的特点可以通过比较来显示，这种比较主要是方言与共同语、方言与古汉语两方面的比较。本节分别从声母、韵母和声调上作太源畲话与普通话、太源畲话与以《广韵》为代表的中古汉语语音的音系比较，从而考察太源畲话语音的主要特点。

一 声母的比较与特点

（一）太源畲话声母与普通话声母的比较

以下是《太源畲话与普通话声母比较表》。表中左起第一列所列标是太源畲话的声母，第二、四列所列是普通话的声母，第三、五列所列是例字。

太源畲话与普通话声母比较表

太源畲话声母	普通话			
	声母	例字	声母	例字
p	p	布摆杯笨百	f	飞妇分风粪
p‘	p‘	批排泡瓶彭	p	被弊备布倍鼻
	f	辅浮孵饭蜂		
m	m	磨米猫梦	ø	尾未蚊问袜
f	f	斧否疯	k‘	苦裤
	x	火胡毁画怀回货婚换		
v	ø	窝围瓮枉云	x	禾环黄核
	ʐ	任润		
t	t	底刀躲东搭		
t‘	t‘	题徒退听吞	t	第度豆袋道断独
n	n	奴糯年男脓	m	矛卯亩
l	l	里雷楼乱龙陆	ʐ	瑞锐扔
ts	ts	资紫左最早总作	tʂ	支志诈争张枕
	tɕ	姐借		
ts‘	ts	坐罪造在杂族杂凿	ts‘	瓷错翠村促择贼
	tɛ	助赵兆众重阵浊	tʂ‘	齿茶锤车展肠赤
	tɕ‘	千前钱浅青切	ɕ	邪斜
s	s	私随岁锁损三酸	ʂ	始赊数晒少舌石
	ts‘	豉	ɕ	婿笑晓线醒雪
	tʂ	寨		
tʃ	tʂ	追砖准章捉	tɕ	捡均捐卷
	ts	嘴		
tʃ‘	tʂ‘	吹春川床虫竹出	tʂ	坠浊
	tɕ‘	劝穷曲	tɕ	近俊局
ʃ	ʂ	水术硕	tʂ‘	船唇纯尝
	ɕ	玄悬熊		
tɕ	tɕ	几锯街交今	tʂ	珠帐
	tɕ‘	渠秋		

续表

太原畲话声母	普通话			
	声母	例字	声母	例字
tɕʻ	tɕʻ	欺取区契群	tɕ	技件匠劫杰
	tʂʻ	除	tʂʻ	醇蠢
	ɕ	溪		
ȵ	n	你女念浓	ø	疑耳鱼银原
	ʐ	惹绕人染软	m	猫
ɕ	ɕ	戏宜县兄缺	tʂʻ	纯处
	tɕʻ	去丘牵	ʂ	书首稍顺上
	ʐ	瑞	kʻ	快
k	k	姑怪贵高哥工谷	tɕ	家加解教间讲
kʻ	kʻ	亏可扣	k	箍更巩
	tɕʻ	群	tɕ	舅
ŋ	ø	牙外碍鹅颜硬恶	n	牛
x	x	花害坏和寒	ɕ	下鞋效行～为学
	kʻ	口开肯坑壳客	f	翻番发出～罚
ø	ø	爱医乌夜油袄阴养	ʐ	然荣
	x	话滑		

（二）太源畲话声母与中古汉语声母的比较

以下是《太源畲话与〈广韵〉声母比较表》，共有5个小表。每个表中上面第一行所列是《广韵》的声母，左起第一列所列是太源畲话的声母。

太源畲话声母与《广韵》声母比较表（1）

《广韵》 畲话	帮　滂　並　明	非　敷　奉　微
p	疤本	（2）　（3）
pʻ	（1）　配品　病步	（4）
m	马墨	文物
f		付匪　肺丰　肥服
ø		蚊袜
x		反发　翻番　乏

说明：

（1）帮母有个别字读送气音［p‘-］声母，例如：庇、遍、憋。

（2）“分”、“风”读不送气音［p-］声母。

（3）“妇”在“妇娘妇女”中读不送气音［p-］声母。

（4）“饭”读送气音［p‘-］声母。

太源畲话声母与《广韵》声母比较表（2）

《广韵》 畲话	端	透	定	泥	来
t	多斗		队		
t‘		讨塔	徒度袋		
n				脑男	
l					箩老
ȵ				女你	

太源畲话声母与《广韵》声母比较表（3）

《广韵》 畲话	精	清	从	心	邪	知	彻	澄
t						爹		
ts	借煎					昼转		
ts‘		菜脆	在杂		词松		耻抽	茶治
s				素先	俗			
tʃ						中竹		
tʃ‘								长虫
ʃ								
tɕ	挤酒					猪		
tɕ‘	秋签		自嚼		斜像		除	住
ȵ								
ɕ				消信	袖习			

太源畲话声母与《广韵》声母比较表（4）

《广韵》／畲话	庄　初　崇　生	日	章　昌　船　书　禅
l		乳	
ts	榨斋　栈铡		纸正
ts‘	侧　差测　查		众　车昌　仇植
s	士　沙衫		蛇舌　输少　社时
tʃ			专钟　春
tʃ‘	床		川春
ʃ			术
tɕ			珠主
ȵ		惹二	
ɕ			书水　树上
∅		然	
v		任	

太源畲话声母与《广韵》声母比较表（5）

《广韵》／畲话	见　溪　群　疑	晓　匣	影　云　以
f	裤	火灰　户回	
v		禾镬	王瓮
tʃ	绢均　菌郡		
tʃ‘	曲　局		
ʃ			
tɕ	举街		
tɕ‘	欺劝　徛桥		
ȵ	鱼蚁		
ɕ	溪牵	戏晓　嫌兄	
k	哥家　跪		
k‘	箍　亏空　舅筐		
ŋ	牙牛		哑矮
x	口客	花　河后	
∅	偶危	滑横	鸦呕　又圆　也药

（三）太源畲话声母的特点

1. 太源畲话声母与普通话声母相比较，有以下主要特点：

（1）声母及类别的对应

太源畲话共24个声母，比普通话22个声母多了两个声母。

从声母系统所包括的声母类别来看，舌尖中音声母［t tʻ n l］、舌尖前音声母［ts tsʻ s］以及零声母［Ø］三组声母太源畲话与普通话相同。唇齿音声母、舌面音声母和舌根音声母两组声母除了［f］、［tɕ tɕʻ ɕ］和［k kʻ x］以外分别比普通话多了鼻音声母［v］、［ȵ］和［ŋ］。太源畲话没有普通话中的舌尖后音声母［tʂ tʂʻ ʂ ʐ］，但比普通话多了一组舌叶音声母［tʃ tʃʻ ʃ］。

（2）字音与普通话的声母对应

从字音所读声母的情况看，太源畲话中所读与普通话基本一致的声母有［p-］、［t-］和［n-］、［l-］以及［ŋ-］。太源畲话中读［p-］、［t-］和［n-］、［l-］声母的字在普通话中基本也分别读相同声母。例如（以下对应的字音前一个为太源畲话读音，后以拼音字母标音的为普通话读音）：

帮［pɔŋ^{44}］——bāng　　单［tan^{44}］——dān

暖［nʌn^{44}］——nuǎn　　老［lɑu^{325}］——lǎo

太源畲话中读［ŋ-］声母的字普通话中一律读零声母，例如：

源［ŋʌn^{212}］——yuán　　恶［ŋɔʔ^{4}］——è

岩［ŋʌŋ^{214}］——yán　　硬［ŋʌŋ^{42}］——yìng

太源畲话中字音所读声母与普通话声母不相一致的情况比较复杂，以下仅以太源畲话的声母为观察点略作分析。

太源畲话中一个声母在普通话中分别读几个声母且有基本确定对应关系的主要有以下情况：

太源畲话中读送气音［pʻ-］、［tʻ-］、［tsʻ-］、［tʃʻ-］、［tɕʻ-］声母的字在普通话中各分别读送气音与不送气音的两类声母。例如：

平［pʻiaŋ^{212}］——píng　　病［pʻiaŋ^{42}］——bìng

汤［tʻɔŋ^{44}］——tāng　　荡［tʻɔŋ^{42}］——dàng

词［tsʻʅ^{212}］——cí　　字［tsʻʅ^{42}］——zì
欠［tɕʻiɛn^{42}］——qiàn　　件［tɕʻiɛn^{42}］——jiàn

太源畲话中读舌叶音［tʃ-］声母的字在普通话中分别读舌尖后音［tʂ-］声母和舌面音［tɕ-］声母。例如：

砖［tʃuʌn^{44}］——zhuān　　均［tʃuen^{44}］——jūn

太源畲话中读舌根音［k-］声母的字在普通话中除读［k-］声母以外还读舌面音［tɕ-］声母。例如：

高［kɑu^{44}］——gāo　　教［kau^{44}］——jiāo

其他的字音声母对应情况可参见上述《太源畲话与普通话声母比较表》。

2. 太源畲话声母与以《广韵》为代表的中古声母相比较，有以下主要特点：

（1）古全浊声母今读塞音、塞擦音，不论平仄，一般都读作送气清音，例如：

爬［pʻa^{212}］　桃［tʻɑu^{212}］　球［tɕʻiu^{212}］　坐［tsʻo^{44}］
狂［kʻuɔŋ^{212}］　步［pʻu^{42}］　白［pʻaʔ^{2}］　大［tʻai^{42}］
罪［tsʻɔi^{42}］　直［tsʻeʔ^{2}］　轿［tɕʻiɛu^{42}］　共［kʻuŋ^{42}］

（2）古非组字有不少声母今读双唇音声母［p-］、［pʻ-］、［m-］，例如：

飞［pui^{44}］　妇［pu^{44}］　放［piɔŋ^{44}］　粪［puen^{44}］
风［puŋ^{44}］　饭［pʻʌn^{42}］　甫［pʻu^{325}］
尾［mui^{44}］　袜［maiʔ^{2}］　问［mun^{44}］

也有少数古非、敷、奉母字声母读喉擦音声母［x-］，例如：

法［xaiʔ^{4}］　翻［xʌn^{44}］　反［xʌn^{325}］
发［xaiʔ^{4}］　乏［xaiʔ^{2}］

（3）古溪母字有部分今读擦音声母［x-］声母，例如：

开［xɔi^{44}］　阔［xuaiʔ^{4}］　糠［xɔŋ^{44}］
肯［xɛn^{325}］　坑［xɑŋ^{42}］　客［xaʔ^{4}］

也有一些今读唇齿擦音声母［f-］或舌面擦音声母［ç-］，例如：

裤［fu^{42}］　困［fuen^{44}］　去［çiu^{44}］

（4）有［v-］声母，读［v-］声母的字主要来自古微母、影母合口字和匣母合口字。不过实际口语中，［v-］声母和合口零声母为自由变体。在新派语音中，［v-］声母字的摩擦色彩有弱化趋势。

（5）古晓、匣母合口字多读唇齿擦音声母［f-］，也有少数字读舌根擦音声母［v-］。例如：

［f-］——火胡斥灰回毁昏洪活
［v-］——花欢

（6）少数字声母有不合乎音类演变的特别的读音。例如：

到［t‘ɛu^{44}］（端母）、庇［p‘i^{42}］、遍［p‘iɛn^{42}］、变［p‘iɛn^{42}］（帮母）——读送气音声母，如透母字（到＝偷）、滂母字（变＝片）；

谋［nɛu^{212}］、某［nɛu^{325}］、亩［nɛu^{325}］、牡［nɛu^{325}］、贸［nɛu^{42}］、茂［nɛu^{42}］（流摄明母）——读舌尖鼻音声母，如泥母字。

二　韵母的比较与特点

（一）太源畲话韵母与普通话韵母的比较

以下是《太源畲话与普通话韵母比较表》。表中左起第一列所列是太源畲话的韵母，第二、四列所列是普通话的韵母，第三、五列所列是例字。

太源畲话与普通话韵母比较表

太源畲话韵母	普通话			
	韵母	例字	韵母	例字
ɿ	ɿ	资紫寺斯私	ʅ	纸迟池师事
i	ɿ	自字死	i	秘批避
	y	驴滤蛆须徐	ei	碑被备眉
	iɛ	姐	ɚ	耳二贰
u	u	布徒奴牯乌	o	过磨
y	u	猪煮铸除竖书薯	y	居区鱼羽裕
a	a	疤把爬马茶啊	ɤ	遮蔗车扯蛇射社
	ua	华化画	ia	家假架掐价嫁牙下
	ai	稗		
ia	ɤ	惹	ie	爹斜写夜爷
	ia	霞丫雅	iɑŋ	娘
ua	ua	瓜寡垮洼瓦话		
ɛ	ɤ	舍	ʅ	世
	ɚ	而饵	y	墟
iɛ	iɛ	爹且	i	挤溪
	yɛ	靴		
o	o	波婆魔	uo	货多拖左坐错
	ɤ	禾哥窠鹅饿和		
io	iɛ	茄	u	梳
uo	uo	拙果裹	ɤ	科课
ai	ai	拜箅排胎代彩晒矮	i	米帝低弟泥犁细西
	ɤ	个	iɛ	皆阶解界鞋蟹
	uai	怀乖帅		
iai	iɛ	街	i	鸡
	uai	快		
uai	uai	衰帅拐		
ɔi	ɔi	杯赔内雷妹煤	uei	对队催
	ai	在才盖开爱	uai	衰乖坏
	y	吕虑		
ui	ei	飞泪	uei	味催碎归贵亏贿

续表

太源畲话韵母	普通话			
	韵母	例字	韵母	例字
yi	i	气箕	yi	墟
au	au	包饱炮教		
ɑu	au	饱帽刀早扫高闹好袄	iau	跳寮觉晓
	ou	瘦狗呕	iou	牛
iɑu	iau	漂刁料交消妖	au	猫绕
ɛu	ou	谋否偷楼臭收藕后呕	u	亩牡
	au	照朝烧	iou	舅
iɛu	iau	标表飘叫桥腰舀		
iu	iou	谬流留柳秋扭秀友	u	瓠处
	y	鱼据女	ou	透
an	an	班慢	iɛn	扁甜千颜晏
ian	iɛn	店填眼签	yɛn	选宣
ʌn	an	半担肝安	iɛn	岩
	uan	完换暖钻	yɛn	元源
uʌn	uan	专馆还	iɛn	捡
yʌn	uan	软原	yan	员远
ɛn	an	扇缠	uən	炖
	ən	针真身根垦肯	iŋ	兵钉
	əŋ	兵横灯藤能扔争层	uŋ	朋蒙
iɛn	iɛn	变肩言牵盐	an	染
en	ən	笨闷奋仁伸	uən	昏荤村文
	əŋ	正绳庚龚	iŋ	应
in	in	宾拼民林今银心阴	iŋ	冰瓶明顶精兴影
	ən	人认		
uen	ən	分盆蚊粉嫩衬任	uən	礅吞轮遵孙准稳
	yn	均裙俊		
yen	yn	允运		
ɑŋ	əŋ	冷睁撑坑	iŋ	青硬行姓
iɑŋ	iŋ	柄坪名岭镜赢	iuŋ	兄
	əŋ	横		

续表

太源畲话韵母	普通话			
	韵母	例字	韵母	例字
ɔŋ	ɑŋ	帮当瓤赃糠	uɑŋ	荒黄壮床汪
iɔŋ	ɑŋ	放	iɑŋ	两像香样
uɔŋ	uɑŋ	光筐		
uŋ	əŋ	风梦	uŋ	冬通聋棕送空
	iuŋ	穷兄	uɑŋ	双
iuŋ	uŋ	浓荣	iuŋ	熊壅勇
	iŋ	营		
m̩	u	呣		
ŋ̍	u	午五		
aʔ	ʅ	尺赤	i	劈
	a	伐答塔纳腊擦插石	ɤ	策册
	ia	甲夹狭吓	ai	百
iaʔ	i	壁迹	yɛ	鹊
	iɑu	嚼		
uaʔ	ua	刮		
ɔʔ	o	拨薄膜	uo	躲托捋落作镯缩着
	au	凿	ɤ	恶喝
	yɛ	学		
iɔʔ	y	浴	uo	弱
	iɑu	脚药		
ɛʔ	a	八	i	踢
	ɤ	德蜇则色隔额	o	泊墨
	ai	北麦	ei	贼黑核
	uo	或获	iɛ	歇
iɛʔ	iɛ	别灭跌碟烈杰叶	yɛ	绝血
	ɤ	热		
ɤʔ	ʅ	湿十	u	读速

续表

太源畲话韵母	普通话			
	韵母	例字	韵母	例字
eʔ	u	窟	ʅ	只植赤食
	ɤ	特	ei	肋
	o	佛		
ueʔ	u	出骨	y	屈
	ɤ	核	ue	掘
yeʔ	u	入	i	役
iʔ	i	笔密敌急息一	ʅ	执
	y	率	ʅ	日
uʔ	u	缚木凸族速竹	ou	轴
	y	曲局		
aiʔ	a	八	ua	袜
	ia	夹	o	拨末
	ɤ	割葛额	iɛ	篾铁节
	yɛ	雪		
iaiʔ	yɛ	绝血		
uaiʔ	ua	刮	uo	国豁
	yɛ	月		
yaiʔ	yɛ	决穴越		
ɔiʔ	*			
ɑuʔ	iɛ	叠接	a	杂
	ia	鸭	ɑu	凿
	ɤ	合		
iɑuʔ	iɛ	叶页		

*说明：太源畲话读［-ɔiʔ］韵母的有三个音节，本字未考，无以作比较。

（二）太源畲话韵母与中古汉语韵母的比较

以下是《太源畲话与〈广韵〉声母比较表》，共有10个小表。每个表中上面第一行所列是《广韵》的韵母（摄、开合、等、韵目），左起第一列所列是太源畲话的韵母。

太源畲话韵母与《广韵》韵母比较表（1）

《广韵》／畲话	果开一 歌	果开三 戈	果合一 戈	果合三 戈	假开二 麻	假开三 麻	假合二 麻	遇合一 模	遇合三 鱼虞	蟹开一 哈泰	蟹开二 皆佳夬	蟹开三 祭废	蟹开四 齐
ɿ												制	
i						姐			徐须			毙刈	礼
u			火					布	斧				
y									鱼主				
a					爬	射	花				稗		
ia						夜							
ua							瓜						
ɛ						奢			墟			世	
iɛ				靴		且							挤
o	多		禾				蜗	错	所				
io		茄							梳				
uo			果										
ai	大									胎奈	拜债败		米
iai											芥街		鸡
uai													
ɔi									吕	袋贝	洒		
ui													
au													
ɑu													
iɑu													
ɛu													
iɛu													
iu									去				
m̩													
ŋ̍								五	娱				

太源畲话韵母与《广韵》韵母比较表（2）

《广韵》 畲话	蟹合 一 二 灰泰 皆佳夬	蟹合 三 四 祭废 齐	止开 三 支脂之微	止合 三 支脂微	效开 一 二 豪 肴	效开 三 四 宵 萧	流开 一 三 侯 尤幽
ɿ			纸次子				
i			被眉里衣				
u							母 妇
y				垂			
a	画	税					
ia							
ua	话						
ɛ			舐 耳				
iɛ							
o							
io							
uo							
ai	外 怀		筛梨	帅			
iai	快						
uai	块会 块拐						
ɔi	背最 怪歪	岁	悲	吹类			
ui	催	卫废 桂		规 水 尾			
au					袍 饱		
ɑu					刀 闹	笑 跳	狗 牛
iɑu						绕 料	
ɛu						烧	亩 昼
iɛu						表 叫	彪
iu							流幼
m̩							
ŋ̍							

太源畲话韵母与《广韵》韵母比较表（3）

《广韵》 畲话	咸开 一 覃　谈	咸开 二 咸　衔	咸开 三　四 盐严　添	咸合 三 凡	深开 三 侵
an	喊	赚　衫	甜		
ian			尖欠　店		
ʌn	贪　三	岩		犯	
uʌn					
yʌn					
ɛn			闪		
iɛn			脸严兼		
en					森
in					林
uen					任
yen					
ɑŋ					
iɑŋ					
ɔŋ					
iɔŋ					
uɔŋ					
uŋ					
iuŋ					

太源畲话韵母与《广韵》韵母比较表（4）

《广韵》 畲话	山开 一 寒	山开 二 山　删	山开 三　四 仙元　先	山合 一　二 桓山 删	山合 三　四 仙元 先	臻开 一　三 痕　真殷	臻合 一　三 魂谆　文
an		闲　慢	剪　年				
ian		间	鲜　献		选喧		
ʌn	肝			搬幻 闩	饭		
uʌn				官顽 惯	船		
yʌn					圆劝 悬		
ɛn			扇			很	
iɛn			连言　边		恋冤 县		

续表

《广韵》 畲话	山开 一 寒	山开 二 山 删	山开 三 四 仙元 先	山合 一 二 桓 山删	山合 三 四 仙元 先	臻开 一 三 痕 真殷	臻合 一 三 魂谆 文
en						吞 身	昏笋 粉
in						人隐	旬
uen						巾斤	门纯 云
yen						允	
ɑŋ							
iɑŋ							
ɔŋ							
iɔŋ							
uɔŋ							
uŋ							
iuŋ							

太源畲话韵母与《广韵》韵母比较表（5）

《广韵》 畲话	宕开 一 三 唐 阳	宕合 一 三 唐 阳	江开 二 江	曾开 一 三 登 蒸	曾合 一 三 登
ia	娘				
an					
ian					
ʌn					
uʌn					
yʌn					
ɛn				凳	弘
iɛn					
en				胜	
in				邓 冰	
uen					
yen					
ɑŋ					
iɑŋ					

续表

《广韵》 畲话	宕开 一 三 唐 阳	宕合 一 三 唐 阳	江开 二 江	曾开 一 三 登 蒸	曾合 一 三 登
ɔŋ	帮 床	荒 方	讲		
iɔŋ	两	放	腔		
uɔŋ		光 狂			
uŋ			双	朋	
iuŋ					

太源畲话韵母与《广韵》韵母比较表（6）

《广韵》 畲话	梗开 二 庚 耕	梗开 三四 庚清 青	梗合 二 庚 耕	梗合 三四 庚清 青	通合 一 东 冬	通合 三 东 钟
an						
ian						
ʌn						
uʌn						
yʌn						
ɛn	彭 橙	兵	横			
iɛn						
en						
in	幸	惊令 灵		倾		
uen						
yen				永		
ɑŋ	冷 睁	晴 听				松
iɑŋ	茎	镜饼	横	萤		
ɔŋ						
iɔŋ						
uɔŋ			矿			
uŋ			轰	兄	东 松	风 蜂
iuŋ				营		熊 浓

太源畲话韵母与《广韵》韵母比较表（7）

《广韵》 畲话	咸开入 一 合　盍	咸开入 二 洽　狎	咸开入 三四 叶业　帖	咸合入 三 乏	深开入 三 缉
aʔ	踏　塔	插　甲	碟	法	
iaʔ					
uaʔ					
ɔʔ	磕				
iɔʔ					
εʔ	鸽		涉		
iεʔ			聂劫　跌		
ɤʔ					十
eʔ					蛰
iʔ					集
ueʔ					
yeʔ					入
iuʔ					
uʔ					
aiʔ	腊	狭　压			
iaiʔ					
uaiʔ					
yaiʔ					
ɔiʔ					
uiʔ					
ɑuʔ	杂	鸭	叠		
iɑuʔ			叶		

太源畲话韵母与《广韵》韵母比较表（8）

《广韵》 畲话	山开入 一 曷	山开入 二 黠 辖	山开入 三 四 薛月 屑	山合入 一 末	山合入 二 黠 辖	山合入 三 四 薛月 屑	臻开入 三 质 迄	臻合入 一 没	臻合入 三 术 物
aʔ									
iaʔ									
uaʔ									
ɔʔ	喝	抹		脱	刷			勃	
iɔʔ									
ɛʔ			舌歇					没	
iɛʔ			别揭 结			劣 血			恤
ɤʔ									
eʔ							室	卒	蟋 佛
iʔ							笔 乞		律
ueʔ								骨	出 物
yeʔ									术
iuʔ									
uʔ								忽	
aiʔ	辣	八 瞎	篾	泼	滑	雪发			
iaiʔ						绝			
uaiʔ				括	刮	月			
yaiʔ						阅越 缺			
ɔiʔ									
uiʔ									
ɑuʔ									
iɑuʔ									

太源畲话韵母与《广韵》韵母比较表（9）

《广韵》 畲话	宕开入 一 三 铎 药	宕合入 一 三 铎 药	江开入 二 觉	曾开入 一 三 德 职	曾合入 一 三 德 职
ɑu			雹		
aʔ					
iaʔ	雀				

续表

《广韵》 畲话	宕开入 一　三 铎　药	宕合入 一　三 铎　药	江开入 二 觉	曾开入 一　三 德　职	曾合入 一　三 德　职
uaʔ					
ɔʔ	恶　着	扩　缚	壳		
iɔʔ	弱				
ɛʔ				贼　测	或
iɛʔ					
ɤʔ					
eʔ				特　食	
iʔ				逼	
ueʔ			朴		
yeʔ					域
iuʔ					
uʔ					
aiʔ					
iaiʔ					
uaiʔ					国
yaiʔ					
ɔiʔ					
uiʔ					
ɑuʔ	昨				
iɑuʔ					

太源畲话韵母与《广韵》韵母比较表（10）

《广韵》 畲话	梗开入 二 陌　麦	梗开入 三　四 陌昔　锡	梗合入 二 陌　麦	梗合入 三 昔	通合入一 屋　沃	通合入三 屋　烛
aʔ	百　隔	尺石　劈	划			
iaʔ		壁				
uaʔ						
ɔʔ					沃	
iɔʔ						浴

续表

《广韵》 畲话	梗开入 二 陌　麦	梗开入 三　四 陌昔　锡	梗合入 二 陌　麦	梗合入 三 昔	通合入一 屋　沃	通合入三 屋　烛
ɛʔ	拍　革					
iɛʔ						
ɤʔ					读	
eʔ		适				
iʔ		逆笛		疫		
ueʔ						
yeʔ				役		
iuʔ						六　绿
uʔ					木　督	服　俗
aiʔ						
iaiʔ						
uaiʔ						
yaiʔ						
ɔiʔ						
uiʔ						
ɑuʔ						
iɑuʔ						

（三）太源畲话韵母的特点

1. 太源畲话韵母与普通话韵母相比较，有以下主要特点：

（1）韵母及类别的对应

太源畲话共 64 个韵母，比普通话 39 个韵母多了 25 个。

从韵头的情况看，太源畲话与普通话一样具有开口呼（无韵头）、齐齿呼（韵头为［-i-］）、合口呼（韵头为［-u-］）和撮口呼（韵头为［-y-］）四类韵母。从韵尾的情况看，太源畲话有与普通话相同的开尾韵母（无韵尾）、元音尾韵母（韵尾为［-i］、［-u］）和鼻音尾韵母（韵尾为［-n］、［-ŋ］）三类韵母，比普通话多了一类塞音尾韵母（韵尾为喉塞音［-ʔ］）。

太源畲话还比普通话多了一类成音节辅音充当的韵母［m̩］、［ŋ̍］。

太源畲话由于没有舌尖后声母，也相应比普通话少了舌尖后韵母［-ʅ］。太源畲话也没有普通话中的卷舌韵母［ɚ］。

（2）字音与普通话的韵母对应

太源畲话中字音所读韵母与普通话韵母不相一致的情况非常复杂。以下仅以太源畲话的韵母作观察点，对太源畲话与普通话在字归读韵母类别上不相对应的情况略作分析。

从韵头的情况来看，不相对应表现为一是开口与合口不一致，二是洪音与细音不一致。太源畲话中读开口呼、齐齿呼韵母的字，有些在普通话中读合口呼、撮口呼；太源畲话中韵母读合口呼、撮口呼的，有些在普通话中读开口呼、齐齿呼。例如：

花［xa^{44}］——huā	锁［so^{325}］——suǒ
蛆［ts‘i^{44}］——qū	人［ȵin^{212}］——rén
磨［mu^{42}］——mò	盘［p‘ʌn^{212}］——pán
门［muen^{212}］——mén	静［ts‘in^{42}］——jìng

太源畲话中读洪音的字，有些在普通话中读细音；太源畲话中读细音的字，有些在普通话中读洪音。例如：

讲［kɔŋ^{325}］——jiǎng	雪［saiʔ^{4}］——xuě
牙［ŋa^{212}］——yá	硬［ŋɑŋ^{42}］——yìng
猫［miɑu^{44}］——māo	放［piɔŋ^{44}］——fàng
蠢［ts‘uen^{325}］——chǔn	软［ȵyʌn^{44}］——ruǎn

太源畲话的许多字在韵尾上也与普通话读音不一致。韵母读普通话所没有的喉塞音韵尾的字，在普通话中分别归读成开尾韵母或不同韵尾的元音尾韵母。例如：

炙［tsaʔ^{4}］——zhì	贼［ts‘ɛʔ^{2}］——zéi
脚［tɕiɔʔ^{4}］——jiǎo	月［ŋuaiʔ^{2}］——yuè

韵母读与普通话相同韵尾类型的字，具体所读的韵尾也有不一致的。例如：

政［tsen^{42}］——zhèng	停［t‘in^{212}］——tíng

永［yen^{325}］——yǒng　　　　彭［p‘ɛn^{212}］——péng

其他的字音韵母对应情况可参见上述《太源畲话与普通话韵母比较表》。

2. 太源畲话韵母与以《广韵》为代表的中古韵母相比较，有以下主要特点：

（1）古遇摄鱼、虞两韵尚存分别的痕迹，鱼韵字与虞韵字今韵母基本合流读［-u］、［-y］或［-i］，但鱼韵中少数字另有不同的读法，此类字共有：

女［ȵiu^{325}］　锯［tɕiu^{44}］　去［ɕiu^{44}］
鱼［ȵiu^{212}］　梳［ɕio^{44}］

（2）咸、山摄和蟹摄一、二等字主要元音有别。例如：

咸（一）：	贪［t‘ʌn^{44}］	函［xʌn^{212}］
	三［sʌn^{44}］	敢［kʌn^{325}］
咸（二）：	斩［tsan^{325}］	减［kan^{325}］
	衫［san^{44}］	嵌［k‘an^{325}］
山（一）：	炭［t‘ʌn^{42}］	散［sʌn^{42}］
	肝［kʌn^{44}］	安［ʌn^{44}］
山（二）：	办［p‘an^{42}］	山［san^{44}］
	慢［man^{42}］	颜［ŋan^{212}］
蟹（一）：	袋［t‘ɔi^{42}］	菜［ts‘ɔi^{44}］
	赖［lɔi^{42}］	害［xɔi^{42}］
蟹（二）：	排［p‘ai^{212}］	界［kai^{44}］
	鞋［xai^{42}］	寨［sai^{42}］

效摄字也有区别一、二等的痕迹。效摄字一、二等字基本合流，读［-ɑu］、［-iɑu］韵母，但二等字中帮组的“包胞饱泡抛炮跑鲍刨”等字和见母的“教”字读［-au］韵母，“饱［pau^{325}］≠宝［pɑu^{325}］”，正是效摄一、二等韵母有别的遗存。

（3）古咸摄、深摄字今读无［-m］韵尾，读与山摄、臻摄字同韵，曾摄字和梗摄部分字不读［-ŋ］韵尾，也读与山摄、臻摄字同韵，例如：

咸：参［ts‘ʌn^{44}］　点［tian^{325}］
深：心［sin^{44}］　金［ʨin^{44}］
山：餐［ts‘ʌn^{44}］　电［t‘ian^{42}］
臻：新［sin^{44}］　紧［ʨin^{325}］
曾：等［tɛn^{325}］　兴［ɕin^{44}］
梗：省［sɛn^{325}］　经［ʨin^{44}］

（4）古入声韵字（读塞音韵尾）今读一律作闭塞较轻微的喉塞音［-ʔ］尾，例如：

咸（入）：插［ts‘aʔ^{4}］　接［tsɑuʔ^{4}］
深（入）：粒［liʔ^{2}］　急［ʨiʔ^{4}］
山（入）：察［ts‘aʔ^{4}］　绝［ts‘iaiʔ^{2}］
臻（入）：栗［liʔ^{2}］　日［ȵiʔ^{4}］
宕（入）：托［t‘ɔʔ^{4}］　索［sɔʔ^{4}］
江（入）：浊［ts‘ɔʔ^{2}］　学［xɔʔ^{2}］
曾（入）：直［ts‘ɛʔ^{2}］　力［liʔ^{4}］
梗（入）：席［ts‘aʔ^{2}］　锡［sɔʔ^{4}］
通（入）：木［muʔ^{2}］　绿［liuʔ^{4}］

（5）宕江两摄字合流，韵母读为［-ɔŋ］。例如：

宕：帮［pɔŋ^{44}］　当［tɔŋ^{44}］　仓［ts‘ɔŋ^{44}］　杭［xɔŋ^{212}］
江：绑［pɔŋ^{325}］　撞［ts‘ɔŋ^{42}］　讲［kɔŋ^{325}］　项［xɔŋ^{42}］

（6）梗摄字韵母有［-ɑŋ］、［-iɑŋ］、［-aʔ］、［-iaʔ］的白读音。例如：

［-ɑŋ］：冷省硬行晴姓
［-iɑŋ］：京命饼镜赢井正轻
［-aʔ］：百白拆客吓劈炙赤尺石
［-iaʔ］：壁迹

（7）少数字韵母有不合乎音类演变的特别的读音。例如：

磨［mu^{42}］、火［fu^{325}］、过［ku^{42}］（果摄）

——读如遇摄字（过＝雇）；

狗［kau^{325}］（流摄）

——读如效摄字（狗＝稿）；

饥［$tɕyi^{44}$］、气［cyi^{44}］（止摄开口三等）

根［$tʃuen^{44}$］、巾［$tʃuen^{44}$］、斤［$tʃuen^{44}$］、近［$tʃuen^{44}$］（臻摄开口一、三等）

——读如合口三等字，为合口韵（斤＝军）。

三　声调的比较与特点

（一）太源畲话声调与普通话声调的比较

以下是《太源畲话与普通话声调比较表》。表中上面第一行所列是太源畲话声调的调类和调值，左起第一列所列是普通话声调的调类和调值。

太源畲话与普通话声调比较表

畲话 普通话	阴平 44	阳平 212	上声 325	去声 42	阴入 4	阳入 2
阴平 55	高多 家天				七凸 跌剥	割踏
阳平 35	毛粘	皮蛇 桥人			食竹 别佛	鼻服 舌局
上声 214	软暖		蚁舍 洗锁		笔谷 血百	
去声 51	被坐 布菜			字路 味慢	蜜力 阔客	麦热 月篾

（二）太源畲话声调与《广韵》声调的比较

以下是《太源畲话与〈广韵〉声调比较表》。表中上面第一行所列是太源畲话声调的调类和调值，左起第一、二列所列是《广韵》声调的调类和声母类别。

太源畲话与《广韵》声调比较表

《广韵》＼畲话		阴平 44	阳平 212	上声 325	去声 42	阴入 4	阳入 2
平	清	多车飞三					
	次浊	毛粘	牛银门人				
	全浊		爬甜才平				
上	清			锁鼓举口			
	次浊	暖软		女柳瓦蚁			
	全浊	坐在被妇			部件项造		
去	清	破怕背碓			过布句救		
	次浊	妹面			路利命硬		
	全浊				大电贱病		
入	清					塔甲急瞎	
	次浊					日六	腊入篾药
	全浊						杂服舌滑

（三）太源畲话声调的特点

1. 阴平调类归字很多

古上声次浊声母字大部分随清流，今读与清声母字合成一类，另有少数归入阴平，例如：

冷［laŋ^{44}］　软［ȵyʌn^{44}］　暖［nʌn^{44}］　尾［mui^{44}］

古上声全浊声母字除一部分归入去声外，也有一部分归入阴平，例如：

在［ts‘ɔi^{44}］　近［tʃ‘uen^{44}］　坐［ts‘o^{44}］

断［t‘ʌn^{44}］　舅［k‘ɛu^{44}］　被［p‘i^{44}］

古去声清声母字有部分归入阴平，例如：

闭［pi^{44}］　　寡［kua^{44}］　　送［$su\eta^{44}$］　　岁［$s\text{ɔ}i^{44}$］

古去声次浊声母字也有少数归入阴平，例如：

妹［$m\text{ɔ}i^{44}$］　　面［$mi\varepsilon n^{44}$］

2. 部分次声母字随清声母字走。平声次浊声母字归阴平的如“猫”、“毛”、“粘”等，入声次浊声母字归阴入的如“业”、“日”、“力”、“莫”、“膜”、“乐”、“袜”、“鹿”、“六”、“绿”等。

第三章　太源畲话词汇

词汇是语言中词语的总汇。本章讨论太源畲话词汇的主要特点，并录列太源畲话词汇的常用词语。

第一节　词汇主要特点

太源畲话词汇的特点可以通过比较来显示，这种比较包括太源畲话与汉语共同语、本地汉语方言以及古汉语几个方面的比较。作比较时，太源畲话与比较对象之间相联系并比较的词语称为对应词语。本节从对应词语的词语形式、词语意义、词语理据、词语来源四个方面来考察太源畲话词汇的特点。

一　词语形式方面的特点

太源畲话词语的形式特点主要通过与普通话的比较而显示。太源畲话与普通话作词语形式比较时，着重考察表示相同意义的词语即同义对应词语在词形上的差异。太源畲话与普通话之间同义对应词语的词形差异主要表现在音节数量、构词材料和结构方式三个方面。

（一）音节数量

太源畲话中部分词语与普通话中的同义对应词语在音节数量对应不整齐。

1. 太源畲话中为单音词而普通话中为复音词；或都为复音词，太源畲话中词语音节少于普通话对应词语。例如：

（以下作对应词语比较时破折号前的是太源畲话词语，破折号后的是普通话词语）

粽［tsuŋ⁴⁴］——粽子	省［saŋ³²⁵］——节约
精［tsin⁴⁴］——小气	颈［tɕiaŋ³²⁵］——脖子

索 [sɔʔ^{4}] ——绳子
善 [sɛn^{42}] ——善良
阔 [xuɛʔ^{4}] ——宽阔
荡 [t'ɔŋ^{42}] ——闲逛
地 [t'i^{42}] ——旱地
簏 [luʔ^{2}] ——抽屉
炖卵 [tɛn^{42}lʌn^{44}] ——荷包蛋
禾 [vo^{212}] ——稻子
吓 [xaʔ^{4}] ——吓唬
粗 [ts'ʅ^{44}] ——粗糙
袋 [t'ɔi^{42}] ——口袋
坟 [p'uen^{212}] ——坟墓
痨病 [lɑu^{24}p'iɑŋ^{42}] ——肺结核
状纸 [tʃ'ɔŋ^{42}tsʅ^{325}] ——起诉书

2. 太源畲话中为复音词而普通话中为单音词；或都为复音词，太源畲话中词语音节多于普通话对应词语。例如：

蚌壳 [p'ɔŋ^{42}k'ɔʔ^{4}] ——蚌
碟崽 [t'aʔ^{2}tsɔi^{325}] ——碟
肩头 [tɕiɛn^{44}t'ɛu^{212}] ——肩
短脚裤 [tʌn^{35}tɕiɔʔ^{4}fu^{42}] ——短裤
刀角豆 [tɑu^{44}kɔʔ^{2}t'ɛu^{42}] ——刀豆
门屎背 [muen^{24}sʅ^{35}pɔi^{44}] ——门后
气鼓脬 [tɕ'i^{42}ku^{35}p'ɑu^{44}] ——疝气
当面讲 [tɔŋ^{44}miɛn^{42}kɔŋ^{325}] ——对质
頷头脑 [ŋʌn^{44}t'ɛu^{24}nan^{44}] ——点头
钻沕崽 [tsuʌn^{44}miʔ^{2}tsɔi^{325}] ——泅水
天狗食日头 [t'an^{44}kɑu^{325}seʔ^{2}ȵiʔ^{4}t'ɛu^{212}] ——日食
日头生毛 [ȵiʔ^{4}t'ɛu^{212}sɑŋ^{44}mɑu^{212}] ——日晕
睏反诶枕头 [fen^{44}xʌn^{35}ɛ^{0}tsen^{35}t'ɛu^{212}] ——落枕

（二）构词材料

太源畲话中部分词语与普通话中的同义对应词语的语素有所不同。

1. 太源畲话中词语与普通话中的同义对应词语语素完全不相同。这类词语包括单纯词和复合词。例如：

燥 [tsɑu^{44}] ——干
皓 [xɑu^{42}] ——亮
面 [miɛn^{42}] ——脸
寻 [ts'en^{212}] ——找
镬 [vɔʔ^{2}] ——锅
晏 [an^{42}] ——晚

腰崽［iɛu⁴⁴tsɔi³²⁵］——肾脏
爽利［ʃɔŋ³⁵li⁴²］——干净
跌鼓［tiɛʔ⁴ku³²⁵］——丢脸
醮坟［tsiɑu⁴²p'uen²¹²］——扫墓
灶背［tsɑu⁴²pɔi⁴⁴］——厨房
衫裤［san⁴⁴fu⁴²］——衣服
金刚箍［tɕin⁴⁴kɔŋ⁴⁴ku⁴⁴］——银项圈
鸡嫲眼［tɕiai⁴⁴mo²¹²ȵian³²⁵］——夜盲症
细人新妇［sai⁴⁴ȵin²¹²sin⁴⁴p'iu⁴⁴］——童养媳
妇娘［pu⁴⁴ȵiɔŋ²¹²］——妻子
打背［tɑŋ³⁵pɔi⁴⁴］——后来
晓得［ɕiɛu³²⁵tɛʔ⁰］——知道

2. 太源畲话中的词语与普通话中的同义对应词语语素部分不相同。这类词语只限于复合词。例如：

猪栏［tɕy⁴⁴lʌn²¹²］——猪圈
大柴［t'ai⁴²ts'ai²¹²］——木柴
炙火［tsaʔ⁴fu³²⁵］——烤火
头毛［t'ɛu²⁴mɑu²¹²］——头发
郎婿［lɔŋ²⁴sai⁴⁴］——女婿
棕蓑［tsuŋ⁴⁴sɔi⁴⁴］——蓑衣
鼻窟［p'i⁴²feʔ⁴］——鼻子
田塍［t'an²⁴sen²¹²］——田埂
百家锁［paʔ⁴ka⁴⁴so³²⁵］——长命锁
猪脚弯［tɕy⁴⁴tɕiɔʔ⁴vʌn⁴⁴］——猪肘子
蛤蟆凳［xa²⁴ma²⁴tɛn⁴⁴］——小板凳

（三）结构方式

太源畲话与普通话之间同义对应词语结构方式上的比较可以从复合词的语素结构关系和同语素复合词的语序差异两个方面考察。

1. 语素结构关系的异同

复合词的语素之间具有一定的结构关系。太源畲话的复合词与普通话中的对应复合词作结构关系比较，有相同和相异的两种情况。对应词语结构关系相同的例如：

大细［t‘ai⁴²sai⁴⁴］——大小
爷娘［ia²⁴ȵia²¹²］——父母（联合）
天皓［t‘an⁴⁴xɑu⁴²］——天亮
月光［ŋuaiʔ²kuɔŋ⁴⁴］——月亮（主谓）
洗牙［sai³⁵ŋa²¹²］——刷牙
煎药［tsan⁴⁴iɔʔ²］——熬药（动宾）
手巾［sɛu³⁵tʃuen⁴⁴］——手帕
肚痛［tu³⁵t‘uŋ⁴⁴］——腹痛（偏正）
讲通［kɔŋ³⁵t‘uŋ⁴⁴］——说服
来得待［lɔi²⁴tɛʔ⁴t‘ɔi⁴²］——来得及（补充）

对应词语结构关系不同的例如：

日头［ȵiʔ⁴t‘ɛu²¹²］（附加）——太阳（偏正）
天晴［t‘an⁴⁴ts‘ɑŋ²¹²］（主谓）——晴天（偏正）
后生［xɛu⁴²sɑŋ⁴⁴］（偏正）——年轻（主谓）
敨气［t‘ɛu⁴²ɕyi⁴²］（动宾）——呼吸（联合）
泻肚［siɛʔ⁴tu³²⁵］（动宾）——腹泻（主谓）
踏步［t‘aʔ²p‘u⁴²］（动宾）——台阶（偏正）
睇重［t‘ai³²⁵tʃ‘uŋ⁴²］（动补）——重视（偏正）

2. 复合词的语序不同

太源畲话中部分词语与普通话对应词语构词语素相同而语序不同。例如：

天晴［t‘an⁴⁴ts‘ɑŋ²¹²］——晴天
鸡公［tɕiai⁴⁴kuŋ⁴⁴］——公鸡
闹热［nɑu⁴²ȵiɛʔ²］——热闹
装假［tʃɔŋ⁴⁴ka³²⁵］——假装

这类方言与共同语词语的同素异序还反映在个别具有古语色彩的联绵词上。例如：

蜒蚰［iɛn^{24}iu^{212}］——蚰蜒

蚰，《唐韵》音“以周切”。蜒，《广韵》音“以然切”。《玉篇》、《广韵》：“蚰蜒”。太源畲话中这种节肢动物称“蜒蚰”。

太源畲话与普通话之间的一组同义对应词语，可以综合起来作词形特点的比较。如“细人新妇——童养媳”，一个为四音节词，一个为三音节词，两词语素完全不同，结构关系基本相同而有差异。

二　词语意义方面的特点

太源畲话词语的意义特点也主要通过与普通话的比较而显示。太源畲话与普通话作词语意义比较时，着重考察太源畲话和普通话中具有相同词形的词语即同形对应词语在词义上的差异。太源畲话与普通话之间同形对应词语的词义差异主要表现在基本词义差异、词义演变差异和多义词、同义词特点三个方面。

（一）基本词义的差异

太源畲话中部分词语与普通话中的同形对应词语在基本词义上即不相同。这种基本词义的差异可从指称对象和意义范围两个方面考察。

1. 指称对象不同

太源畲话中一些词语与普通话中的对应词语词形虽同而所指事物不同。例如：

坑［xɑŋ^{44}］溪，较小的水道。普通话中指“洼下去的地方；地洞；地道”。

清汤［ts‘in^{44} t‘ɔŋ^{44}］馄饨。普通话中指“没有菜的汤”。

顺手［ʃuen^{42}sɛu^{325}］右手。普通话中是“顺利”、“随手”的意思。

“坑”、“清汤”、“顺手”这些词形对应词语在太源畲话和普通话之间仅仅只是同形的关系。

太源畲话中还有一些词语是因为词义发生了转移，而与普通话所指不同。这些对应词语在太源畲话与普通话之间有着词义上的联系。

例如：

清［ts‘in44］ 指液状物比较稀，不稠。 普通话指“（液体或气体）没有混杂的东西（跟‘浊’相对）”。

地［t‘i42］ 旱地：田㖠种禾，～㖠种番薯水田里种稻子，旱地上种番薯。 普通话中的“地”泛指土地。

叫［tɕiɛu44］ 哭：～诶半日眼水都～熷啊哭了半天眼泪都哭干了。 普通话中指发出大声音、叫喊、称呼。

2. 意义范围不同

太源畲话中部分词语与普通话同形对应词语在基本词义方面的差异表现在意义范围大小有所不同。

一些词语在太源畲话中意义范围比普通话更大。例如：

水［ʃui325］ 水：发大水涨水；雨：落水下雨。 普通话中只指水。

脚［tɕiɔʔ4］ 包括脚部和腿部。 普通话中只指脚部。

跌［tiɛʔ4］ 摔：～啊一跤；往下掉：树上～啊一个苹果落来；（物价）下降：菜～价；遗失：～啊十块钱。丢脸称“跌鼓”，其中“跌”应是“遗失”之义。 普通话中没有“遗失”一义。

一些词语在太源畲话中意义范围比普通话更窄。例如：

饭［p‘ʌn42］ 泛指饭食与普通话相同；具体指称时只指干的米饭：一日食一餐糜稀饭、两餐～干饭。 普通话中指米饭时包括了稀饭：干～｜稀～。

挑［t‘ɑu44］ 只有“剔除”（手上个刺未～出来）和“挑剔”（～毛病）两项意义。 普通话中还有的“挑选”一义，太源畲话说“拣”。

小［sɑu325］ 太源畲话大小之小多说“细”，如“细碗小碗”、“细人小孩”、“一寮大细一家老小”，相应地“小”的使用范围就比普通话窄，只有“小心”、“小气”、“小学”等词语才说“小”。

（二）词义引申的差异

太源畲话中部分词语与普通话中的同形对应词语基本词义相同，不同的是词语的引申意义。这种词义引申的差异主要表现为太源畲话中词语有着引申方向不同于普通话对应词语的引申义。例如：

脚［tɕiɔʔ^{4}］　物品剩余的一小部分：菜～剩菜｜碗～碗底剩余的一些食物。由腿脚之“脚”的意义引申而来。

取［ts‘i^{325}］　讨要：～钱讨钱｜～债要账。由“拿到手里”之义引申而来。

耗［xɑu^{44}］　表示动作完结：一餐食～吃完三大碗饭。由“破损、不完整”之义引申而来。

（三）多义词、同义词的特点

1. 多义词的特点

语言中有一些基本词包含很多义项，使用的频率很高，使用范围很广。这样的多义词在方言中的使用范围与普通话不尽相同，从而表现出多义词的地域色彩。例如“打［taŋ^{325}］”这个有着相当多义项的多义词在太源畲话中可以构成以下一些不见于普通话的说法：

～红包送红包	～弯崽绕弯子走
～平伙凑钱聚餐	～破嘴以言语使他人的交易、亲事谈不成
～伙合伙	～谜猜谜
～长年打长工	～夜工夜间工作
～油买油	～娇连唱山歌
～秋千荡秋千	～罔讲随便说说
～乱随便	～岔插话
～栏狗交配	～平水校准水平线
～虫以农药灭虫	～禾给稻子脱粒
～眼挖种穴	～墒作畦
～鳞给鱼去鳞	～撞榨油时以锤撞击木楔挤入油车
～哇哇发声的同时以手掌不断拍打嘴巴使声音断断续续	
～□□［tɕiu^{42}tɕiu^{42}］个水漩涡	～棍舞棍子
～心头拍胸脯以表承担责任	荷～会武功

~先提前　　　　~嗍起物品重量超过秤所能表示的数字

~绊舌口吃，结巴　　　　~卵花把蛋敲开放在器皿中搅动

太源畲话有一个非常有特点的关于发生疾病的动词“勃［pɔʔ²］”，可以用于多种外科疾病，例如：

~毒［pɔʔ²t‘uʔ²］　长毒疖

~疮［pɔʔ²ts‘ɔŋ⁴⁴］　感染疥疮

~□［pɔʔ²ts‘ɔi⁴²］　发水泡

~蛇□［pɔʔ²sa²⁴iɛu³²⁵］　生蛔虫

“勃”也是一个具有多种搭配关系的多义词，普通话需要以“生”、“长”、“感染”等词语作不同的对应表达。

2. 同义词的特点

太源畲话中有相当丰富的同义词。太源畲话中的同义词在使语言表达更加精确、生动活泼且富于变化的同时，还体现出与普通话不同的地域特色。例如：

买［mai³²⁵］：~米｜~油｜~盐｜~□［pi²¹²］肉｜~猪崽

称［ts‘en⁴⁴］：~盐

斫［tʃɔʔ⁴］：~□［pi²¹²］肉

捉［tʃɔʔ⁴］：~猪崽｜~鹅儿

籴［t‘aʔ²］：~米

打［taŋ³²⁵］：~油

称用钱换东西，太源畲话中“买”是一般性的说法。同时根据所购买物品的不同，或使用相关的具体动作动词“称”、“斫”、“捉”，或使用专指购买粮食的“籴”，或使用具有宽泛动作义的动词“打”，从而构成与“买”同义的一组同义词。

太源畲话中同义词有部分属于意义相同的完全同义词。这类同义词或因新老派说法并存而构成，例如：

行［xɑŋ^{212}］／走［tsɛu^{212}］　走。“行”是老派说法；“走”是新派说法。

细姨［sai^{44}i^{212}］／小姨［sɑu^{35}i^{212}］　比母亲年幼的姨母。“细姨”是老派说法；“小姨”是新派说法。

太源畲话中同义词还有一类属于意义相近的相对同义词。这类同义词之间有着差异，或表现为词义广狭的不同，或表现为词语搭配的不同，或表现为使用场合的不同。例如：

浓［ȵiuŋ^{212}］／稠［tsʻɛu^{212}］　液体中某种固体成分多，都是“稀”的反义词；但“稠”比“浓”还多带了“黏稠”的意思。“粥浓”是说煮稀饭时米放得多；“粥稠”是说稀饭米多且熬得很透，胶质多。

再如，太源畲话中与“打”同义表示“殴打”的同义词描摹了动作的不同方式，包括所用手的姿势或所使用的工具以及击打的方向：

揸［tsaʔ^{4}］　以巴掌侧击：～两巴掌｜一巴掌～断渠个脉门手腕

㱿［kʻɔʔ^{4}］　敲击、击打：～螺丝钉以指关节敲击脑袋｜～头

搅［kɑu^{325}］　搅打：～鸡子蛋

□［pʻɛʔ^{4}］　撣，拍打：～灰

□［tɕʻy^{212}］　直拳打

□［pʻiɛʔ^{4}］　横着打过去：～两巴掌

三　词语理据方面的特点

太源畲话词语的理据特点也主要通过与普通话的比较而显示。词语的理据是语言中给事物命名从而构造新词的依据，即通常所谓“得名之由”。理据反映了词语与事物特征的联系。太源畲话与普通话作词语理据比较时，着重考察太源畲话和普通话中具有相同所指的词语即同指对应词语在理据上的差异。太源畲话与普通话之间同指对应词语的理据差异主要表现在构词时所选取事物特征的视角有所不同。例如：

针鼻——针眼　　　　老鼠皮——蝙蝠

“针鼻［tsen^{44}p‘i^{42}］”喻指针上穿线的孔，与普通话的“针眼”有异曲同工之妙；“老鼠皮［lɑu^{35}ɕy^{35}p‘i^{212}］”是注意到了蝙蝠薄而宽大的翅膀像一张皮，而其身体部分则像老鼠。

太源畲话中部分词语与普通话中的同指对应词语相比较，在词语理据方面突出体现了太源畲话词汇的地域色彩和民族色彩，具有以下三个特性。

（一）形象性

太源畲话构造词语时注意突出事物的形象性特征。为了突出形象性特征，除了直接描摹形象之外，还常采用比喻、比拟、借代等修辞造词手段。

1. 突出动态特征

动态是事物最为引人注目的表象。太源畲话词语的形象性首先在于富有动态特征。例如，“母猪发情”称“走栏［tsɛu^{35}lʌn^{212}］”。铅山地区猪多为圈养，母猪发情躁动不安，然因猪圈的限制只能在“栏”（猪圈称“猪栏”）中不停地走动。其他家畜如狗、羊、牛的发情则因不作圈养而不以此称说。

由于关注事物的动态特征，太源畲话中在表述某些事物现象时还只以动态的陈述来称说并构成词语，而没有相应的名物性名称，即缺少与普通话相对应的同指词语。例如，“火灾”在太源畲话中也没有与之相对应的名词，只有“火烧寮［fu^{35}sɛu^{44}lɑu^{212}］（发生火灾）”的陈述性说法。

2. 突出形状特征

物体的形状也是人们认识事物的重要感知依据。太源畲话中许多词语在构词时是以形状特征为依据的。例如，禽类总称为“扁毛［pan^{35}mɑu^{212}］”，就注意到了这一类动物具有“扁毛（羽毛）”的共同外形特征。由于物体的形状可以从不同角度作观察，在构词时突出物体形状特征往往会有所侧重，即突出其区别于其他事物的主要的形状特征。蚌称为“蚌壳［p‘ɔŋ^{42}k‘ɔʔ^{4}］”，重在突出蚌具有“外壳”的这一特征。一种旧式的梳妆台称“镜箱簏［ʨiaŋ^{42}ɕiɔŋ^{44}luʔ^{4}］”，不仅因这种小型梳妆台制成箱子状，更因为箱子的上部可以支起来一面对梳妆而言有着重要用途的镜子。而小铁锅边沿用于手提的铁环则直称为“镬耳□［vɔʔ^{2}ȵi^{35}k‘uen^{325}］”即“锅耳朵”，于平淡中顿生浓厚生活情趣。

物体形状有时不易于直接描摹，语言中常借助修辞造词方式来构造词语，方言在这方面尤其具有特色。太源畲话称干的泥巴团为“泥粿［nai^{24}ko^{325}］”，以“粿［ko^{325}］（米粿，米制果品总称）”来比喻呢巴干后的团块状外形。

不具备具体形状的抽象事物也可以通过其他事物具体形象的比喻来构造词语。慢性病称“腌菜病［iɛn^{24}tsʻɔi^{44}pʻiaŋ^{42}］”，以腌菜的长条形状（铅山居民都以整株白菜、芥菜等制作腌菜）比喻慢性病病期之长。

3. 突出声色特征

声音与颜色也是事物形状的突出特征。太源畲话有不少词语在构词时从声音或颜色特征着眼。例如，布谷鸟称为“□咕鸟［pʻu^{42}ku^{44}tau^{325}］”，以鸟的叫声作为其名称。民乐器钹则径直以其打击声命名为“□□［ʨʻiɛ^{44} ʨʻiɛ^{0}］”。皮下淤血而显示的青紫斑块直接以其颜色称作“乌青［vu^{44}tsʻaŋ^{44}］”，是以特征借代事物本体。用“乌梢蛇［vu^{44}sau^{44}sa^{212}］”来命名一种黑色的无毒蛇则突出了其表皮的颜色。一种花纹像虎纹的野蜂，叮人极痛，畲民称之为“老虎头［lau^{35}fu^{325}tʻɛu^{212}］”，既形象地描绘出了其花纹，同时也极言其攻击力之强、威胁力之大。

（二）关联性

太源畲话中构造词语时注意事物的关联，即从事物与其他事物的相互联系上给事物命名，以便于帮助人们认识该事物的性质和特点，也因此构成词语的地域特色。

1. 联系所具功用

物体所具有的功用是体现方言词语关联性构词特点的主要方面。例如，太源畲话中生石灰称“餜崽灰［ko^{35}tsɔi^{325}fɔi^{44}］”，是因为其通常用于帮助储藏“餜崽［ko^{35}tsɔi^{325}］（果品）”：在箱子、瓦缸底部垫放生石灰，在其上再放置果品，可以防潮久存。台阶称“踏步［tʻaʔ^{2}pʻu^{42}］”，表明其作用为供人们“踏步”；门槛称“门档［muen^{24}tɔŋ^{44}］”，表明其作用为“挡（档）门”。猎狗称“赶山狗［kʌn^{35}san^{44}kau^{325}］”，则主要在突出猎狗漫山追赶野兽的作用。

2. 联系所处空间

物体所处空间也是体现词语关联性构词特点的主要方面。例如，太源畲话中称家为“寮嘚［lau^{24}tɛʔ^{0}］”，称厨房为“灶背［tsau^{42}pɔi^{44}］”，都是以具体的方位词语来借代指称相对抽象、概括的事物。厅堂中桌子（四方桌）的坐席，上席（面对大门的）称“上横头［ʃɔŋ^{44}iaŋ^{24}tʻɛu^{212}］”，与上席相对的称“下横［xa^{42}iaŋ^{24}］”，上席右边的坐席称“东边［tuŋ^{44}pan^{44}］”（又为“大边［tʻai^{42}pan^{44}］”），上席左边的坐席称“西边［sai^{44}pan^{44}］”（又为“小边［sau^{35}pan^{44}］”。）坐席分“上横”、“下横”，是以尊卑来确定方位，而"东边"、"西边"的称说，则因房屋的坐向而定（标准制式的民居都为坐北朝南方向）。

3. 联系相关事物

现实中的一些事物常常与其他某种事物有着固定的联系，这种联系帮助人们形成对该事物的认识，而与之相联系的其他事物也因此进入该事物的命名选材视野。例如，太源畲话中蕈类植物的名称有好些是以其所寄生的物体命名的，如"松柏崽菌［tsʻuŋ^{24}paʔ^{4}tsɔi^{325}kʻuen^{42}］"、"杨树菌［iɔŋ^{24}ɕy^{42}kʻuen^{42}］"、"牛屎菌［ŋɑu^{24}sɿ^{35}kʻuen^{42}］"等等。把地衣称为"雷响菌［li^{24}ɕiɔŋ^{325}kʻuen^{42}］"，就将其名称与生长的时间"雷响"后（雨后）联系在一起了。蝼蛄依其生活习性称为"土狗崽［tʻu^{35}kɑu^{35}tsɔi^{325}］"，因泥土是与之联系最为紧密的事物。闪电被称为"雷公影［li^{24}kuŋ^{44}iɑŋ^{325}］"，正是注意到闪电与响雷在听觉与视觉上的紧密联系。

（三）人文性

方言词汇的人文性主要体现在词语包含着方言区域地域性的社会生活和观念意识的内容，从而构成词语的地方特色。

1. 反映社会生活

太源畲话中部分词语与当地社会生活密切联系，具有与共同语和其他方言区域不同的特点。

许多词义与共同语相同的词语，因为使用与铅山畲族地区社会生活密切联系的构词材料而构成具有地方特色的词形。例如，对人说恭维话称作"戴炭篓［tɔi^{42}tʻʌn^{42}lɛu^{325}］"，其词义相当于普通话的"戴高帽"，由于铅山山区盛产木炭，装木炭的篾篓为高圆柱形，故以之为喻。"食新［seʔ^{2}sin^{44}］"、"接新［tsaiʔ^{4}sin^{44}］"这样的词语，充分表现了畲民作为山居农民对新稻成熟吃上新米的欣喜，由此而形成农耕社会中隆重的节庆活动。

2. 体现观念意识

人们的观念意识也是有地域性特点的。太源畲话中部分词语反映了畲族居民对事物的认识。

这种认识有些是构造词语时缺乏科学知识的旧认识、俗认识。例如，发生日食称"天狗食日头［tʻan^{44}kɑu^{325}seʔ^{2}ȵiʔ^{4}tʻɛu^{212}］"，小孩所患红眼病称"狗屄眼［kɑu^{35}piɛʔ^{4}ȵian^{325}］"（俗谓因看雌狗生殖器而致）。"取债鬼［tsʻi^{35}tsai^{42}kui^{325}］"和"取债屄［tsʻi^{35}tsai^{42}piɛʔ^{4}］"是骂小孩的词语。小孩夭折，父母为之付出钱财、遭受痛苦，旧俗以为是小孩此生为向父母讨要前生所欠债务而来。

太源畲话中还有不少避讳词语，例如，生病讳称“呣愿［m̩^{212}ŋʌn^{42}］”，人死称“过背［ku^{42}pɔi^{44}］”，杀猪称“放猪［piɔŋ^{44}ʨy^{44}］”，流产称“退崽［t‘ɔi^{44}tsɔi^{325}］”。这些不吉利的事物都是人们所“呣愿$_{\text{不愿}}$”提起的，于是便使用其他说法来替代。避讳词语也是体现观念意识、表现方言词汇人文性的重要语言材料。

四　词语来源方面的特点

太源畲话词语的来源特点主要通过与汉语共同语、古汉语和其他汉语方言的比较而显示。语言词语的来源可以综合历时和共时两个层面考察。词汇的全部词语，从历时的纵向发展看可分为传承词和新词两部分，从共时的横向关系看可分为借词和自源词两部分。畲话在其形成发展过程中与汉语（包括汉语共同语，尤其是汉语东南方言）发生了深刻的语言接触，才形成了现代畲话的面貌。本书考察太源畲话词语来源方面的特点，所要着重考察的是其词汇中那部分来源于古汉语的古语词，以及来源于其他汉语方言的借词。太源畲话与古汉语或汉语方言作词语来源比较时，考察的是畲话与古汉语或相关汉语方言是否共有某对应词语，这个对应词语与前述同形对应词语和同义对应词语比较，须具有相同词形和相同词义（也可有所引申而为近义），即同形同义的对应词语。

以下从古汉语遗存和与其他汉语方言共有两个方面考察太源畲话中词语来源的特点。由于太源畲话与其他方言共有的对应词语有同源和借用的两类且两类情况不易完全厘清，本书把它们并在一起加以讨论。

（一）古语遗存

太源畲话中有部分来源于古汉语的传承词，由于普通话中所未有而显示古语色彩。这部分词语或直接沿用，例如“跍$_{\text{蹲}}$”，或以之作构词材料构造复合词，例如“牕：～门$_{\text{窗户}}$”。这部分词语有的是最常用的基本词语，例如“晏$_{\text{晚,迟}}$”。

以下选列太源畲话中本字确考的部分古语词。词后附古注和古音切，并说明在太源畲话中的意义和用法：

标（標）［piɛu^{44}］《广韵》：“标杪，木末”，音“方小切”。太源畲话中树梢称“树～”。

戽［fu^{42}］《广韵》：“抒也”，“戽斗，舟中渫（除去）水器”，音“呼古切”，又“荒故切”。太源畲话中用舀水器舀水使干称“戽”，一种舀水的木器称“～斗”。

笕［ȶɕian^{325}］《广韵》：“以竹通水也”，音“古典切”。太源畲话中相接以引水的竹筒称“竹～”。

簏［luʔ^{4}］《广韵》：“箱～”，音“卢谷切”。太源畲话中以称抽屉。

跍［k‘u^{212}］《广韵》：“蹲貌”，音“苦胡切”。太源畲话中以称“蹲”：～到蹲下。

沕［mi^{42}］《广韵》：“潜藏也”，音“莫佩切”。太源畲话中潜水称“钻～崽”。

敲［k‘ɔʔ^{4}］《说文》：“击头也”；《广韵》：“打头”；《集韵》音“克角切”。太源畲话中以称“敲、击打”：～螺丝钉以指关节敲击脑袋。

滗［pi^{42}］《广韵》：“去渣”，音“鄙密切”。太源畲话中以称“将液体与渣滓分离”：药渣要～干。

晏［an^{42}］《广韵》：“晚也”，音“乌旰切”。太源畲话中以称“晚、迟”：～啊未赶到开会。

太源畲话中的汉语古语词多数应当来源于古代共同语，也有来源于古代方言的。其中古书注释注明了属于古代方言词语的例如：

箬［ȵiɔʔ^{2}］《说文》：“楚谓竹皮曰箬”；《广韵》：“竹箬也”；《集韵》：“一曰竹皮”，音“日灼切”。太源畲话中裹粽子的箬叶称“粽～”。

桊［tʃuʌn^{44}］《说文》：“牛鼻上环”；《广韵》：“牛拘也”；《一切经音义》：“今江南以北皆呼牛拘，以南皆曰桊”；《唐韵》音“古倦切”。太源畲话中牛鼻桊称“牛鼻～”。

（二）太源畲话与其他汉语方言词汇的联系

太源畲话在其长期的发展过程中，与汉语的闽粤地区的粤方言、闽方言、客家方言以及赣东北（包括闽西北）的赣方言都有着不同程度的接触，反映在词汇中便是有了与各汉语方言共有的词语。

1. 与客家方言共有词语

太源畲话的词汇中有相当一批客家方言的基本词语。例如：

落水［lɔʔ^{2}ʃui^{325}］：下雨　　马荠［ma^{35}ts‘i^{44}］：荸荠
谷笪［kuʔ^{4}taʔ^{4}］：晒谷的篾笪　　菌［k‘uen^{42}］：蘑菇
镬［vɔʔ^{2}］：锅　　□［nɛn^{325}］：乳房、乳汁
膦［lin^{212}］：男阴　　养［iɔŋ^{44}］（崽）：生（孩子）
嫽［lɑu^{212}］：玩耍　　叫［tɕiɛu^{44}］：哭
揳［tɕ‘ia^{212}］：扛　　分［puen^{44}］：给
跌鼓［tiɛʔ^{4}ku^{325}］：丢脸　　偓［ŋɔi^{44}］：我

2. 与闽粤方言共有词语

还有些词语则与畲民的先祖生活过的闽、粤地区的闽语、粤语中的词语相同。例如：

日昼［ȵiʔ^{4}tsɛu^{44}］：中午　　糜［mɔi^{44}］：稀饭
菜头［ts‘ɔi^{44}t‘ɛu^{212}］：萝卜　　箸［tɕ‘y^{42}］：筷子
姕［tsɿ^{44}］：女阴　　睇［t‘ai^{325}］：看
头毛［t‘ɛu^{24}mɑu^{212}］：头发

3. 与本地铅山话共有词语

还有更多的词语显然是本地方言赣语铅山话影响、渗透的结果，下面这些词语都是与铅山话相同的：

床门［ts‘an^{35}muen^{212}］：窗户　　踏步［iɛn^{24}iu^{212}］：台阶
饮汤［in^{35}t‘ɔŋ^{44}］：米汤　　碱［kan^{35}］：肥皂
转来［tʃuʌn^{35}lɔi^{325}］：回来，回家　　睏［fen^{42}］：睡觉
搞笑［kɑu^{35}sɑu^{44}］：开玩笑　　栽禾［tsɔi^{44}vo^{212}］：插秧
爽利［ʃɔŋ^{35}li^{42}］：干净　　为今［vui^{24}tɕin^{44}］：现在

（三）太源畲话中的古畲话遗留词汇

太源畲话的词汇中也有许多与一般客家方言和闽粤方言以及赣方言不同的词语。这些词语应为古代畲话的遗留。例如：

□头［nan^{44}t‘ɛu^{212}］：明天　　□□［k‘oʔ^{4}p‘aʔ^{2}］：曾祖母
□［pi^{212}］：肉　　□□［p‘aʔ^{4}muen^{212}］：苍蝇

□□［lɔʔ^{2}tɕiɔʔ^{2}］：蜘蛛　　□头［ȵiʔ^{2}t‘ɛu^{212}］：斗笠

□［vʌn^{42}］：买卖　　那［na^{42}］：雌（的）

寮［lɑu^{212}］：房屋　　娇连［tɕiɑu^{44}liɛn^{212}］：山歌

第二节　常用词汇

本节为太源畲话常用词汇的分类词汇表。词汇表收录词语3050余条，按意义分为28类，顺序和条目的安排参照《汉语方言词语调查条目表》（中国社会科学院语言研究所方言研究室资料室编，《方言》2003年第1期）编排，并作调整和增删。词汇分类目录如下：

一　天文	二　地理
三　时令、时间	四　农业
五　植物	六　动物
七　房舍	八　器具用品
九　称谓	十　身体
十一　疾病、医疗	十二　衣服、穿戴
十三　饮食	十四　红白大事
十五　日常生活	十六　讼事等
十七　交际	十八　赌博鸦片
十九　商业、交通	二十　文化教育
二十一　文娱体育	二十二　动作
二十三　形容修饰	二十四　位置方向
二十五　代词	二十六　副词、介词、连词
二十七　数量词	二十八　附加成分等

词汇表中每个词条先写汉字，后标读音，并作释义（少数与普通话相同或比较接近的词条不作解释）。

词条的标音按照实际读音使用国际音标记录。

词条的释义或以普通话词语（包括词组）对译，普通话中无合适对应词语的加注释说明。部分词条后附用例以说明用法。

大多数词条使用通用汉字记录，部分词条记字使用较为生僻的本字。为了显示词语音节在方言音系中的音韵地位，本字未考或难以确定的尽量使用

方言中同音的通用字表示，字下加画单浪线，例如“夫柳 fu^{44} $i\varepsilon u^{325}$ | 泥鳅”。无合适同音字的则以方框符号“□”代替汉字。例如：“尿□ $n\alpha u^{42}$ $k\mathrm{ɔ}i^{44}$ | 粪勺”。个别词语考虑书面理解的方便以训读字（取汉字的字义而赋予方言的读音）记录，训读字下画双浪线“ ”。例如：“拿 nan^{44}”。少数词语中的某些成分可以略去，记录时在汉字和音标之外，表示括号内的成分可有可无。例如：“昨日（晡）tsʻαuʔ^{2}ȵiʔ^{2}（pu^{42}）昨天”。

同义词条排列在一起，常用的在前，后面的以退一格表示，并略去注释内容。例如：

塘塍 tʻɔŋ^{24} sen^{212} | 塘堤
　塘坝 tʻɔŋ^{24}pa^{42}

一　天文

（一）日、月、星

天嘚 tʻan^{44} tε^{0} | 天上
日头 ȵiʔ^{4}tʻεu^{212} | 太阳
月光 ŋuaiʔ^{2}kuɔŋ^{44} | 月亮
月光皓 ŋuaiʔ^{2}kuɔŋ^{44}xαu^{42} | 月亮光
日头底嘚 ȵiʔ^{4} tʻεu^{212} tai^{325} tε^{0} | 太阳光下
天狗食日头 tʻan^{44}kαu^{325}seʔ^{2}ȵiʔ^{4}tʻεu^{212} | 发生日食
天狗食月光 tʻan^{44}kαu^{325}seʔ^{2}ŋuaiʔ^{2}kuɔŋ^{44} | 发生月食
日头生毛 ȵiʔ^{4}tʻεu^{212}sαŋ^{44}mαu^{212} | 发生日晕
月光生毛 ŋuaiʔ^{2}kuɔŋ^{44} sαŋ^{44}mαu^{212} | 发生月晕
禾花崽路 vo^{24}xa^{44} tsɔi^{325}lu^{42} | 银河
　天河 tʻan^{44}xo^{212}
星 sαŋ^{44} | 星星
星过界 sαŋ^{44} ku^{44} kai^{44} | 出现流星
秆扫星 kʌn^{35}sαu^{42}sαŋ^{44} | 彗星

（二）风、云、雷、雨

风 puŋ^{44} | 风
发风 xaiʔ^{4}puŋ^{44} | 刮风

　起风 ɕi^{35}puŋ^{44}

热风 ȵiɛʔ^{2} puŋ^{44} | 热风

冷风 lɑŋ^{44}puŋ^{44} | 冷风

卷风 tʃuʌn^{35} puŋ^{44} | 龙卷风

云 ven^{212}

上云 ʃɔŋ^{42}ven^{212} | 布云

响雷公 ɕiɔŋ^{35} li^{24} kuŋ^{44} | 打雷

雷公打到 li^{24} kuŋ^{44} tɑŋ^{35} tɑu^{0} | 雷劈了：～大树

雷公影 li^{24} kuŋ^{44}iɑŋ^{325} | 闪电

　霍闪 xɔʔ^{2} sɛn^{325}

水 ʃui^{325} | 水；雨

落水 lɔʔ^{2} ʃui^{325} | 下雨

斜风水 ts‘ia^{24}puŋ^{44}ʃui^{325} | 斜风雨

毛毛崽水 mɑu^{24}mɑu^{0} tsɔi^{35} ʃui^{325} | 毛毛雨

雷公水 li^{24} kuŋ^{44} ʃui^{325} | 雷雨

大风水 t‘ai^{42} puŋ^{44} ʃui^{325} | 暴风雨

日头尿 ȵiʔ^{4}t‘ɛu^{212} nɑu^{42} | 出着太阳下的雨

涿水 taʔ^{4} ʃui^{325} | 淋雨

　淋水 lin^{24} ʃui^{325}

(三) 冰、雪、霜、露

冰 pin^{44} | 冰

结□ tɕiɛʔ^{4} tɛn^{44} | 结冰

　构□ kɛu^{42} tɛn^{44}

龙冰 luŋ^{24} pin^{44} | 屋檐下悬挂的冰锥

雹 p‘au^{42} | 冰雹

落雹 lɔʔ^{2} p‘au^{42} | 下冰雹

雪 saiʔ^{4}

雪崽 saiʔ^{4} tsɔi^{325} | 霰，雪珠儿

落雪 lɔʔ^{2} saiʔ^{4} | 下雪

水间雪 ʃui^{325} kan^{42} saiʔ^{4} | 雨夹雪

烊雪 iɔŋ^{24} saiʔ^{4} | 化雪

打霜 tɑŋ^{35}ʃɔŋ^{44} | 下霜

起露水 ɕi^{35} lu^{42} ʃui^{325} | 下露水

云露 ven^{24}lu^{42} | 雾

  濛 muŋ^{212}

起濛 ɕi^{35} muŋ^{212} | 下雾

高龙 kɑu^{44}luŋ^{212} | 虹

红霞 fuŋ^{24} xa^{44} | 彩霞

（四）气候

天气 tʻan^{44} tɕʻi^{42}

天晴 tʻan^{44}tsʻɑŋ^{212} | 晴天

阴天 in^{44}tʻan^{44}

落水天 lɔʔ^{2} ʃui^{325} tʻan^{44} | 下雨天

□杨梅天 tsan^{42} iɔŋ^{24} mɔi^{212} tʻan^{44} | 梅雨天气

落雪天 lɔʔ^{2} saiʔ^{4} tʻan^{44} | 下雪天

熷 tsɑu^{44} | （天）旱

滥 lʌn^{42} | 涝

水漫啊 ʃui^{35} man^{42} a^{0} | 水淹了

二 地理

（一）地

畈 fan^{42} | 大片的水田；也指大面积的平地、田野

坪 pʻiɑŋ^{212} | 小块平地

晒谷坪 sai^{42} kuʔ^{4} pʻiɑŋ^{212} | 晒谷场

禾鐖 vo^{24} ʨi^{44} | 晒谷场；屋前的空地

前头坪 tsʻan^{24} tʻɛu^{212} pʻiɑŋ^{212} | 房前的小平地

屎背坪 sɿ^{35}pɔi^{44}pʻiɑŋ^{212} | 房后的小平地

荒坪 fɔŋ^{44}pʻiɑŋ^{212} | 荒地

菜篱 tsʻɔi^{44}li^{212} | 菜园

塝 ʃɔŋ^{44} | 畦：两～地

水田 ʃui^{35}tʻan^{212}

排田 pʻai^{24}tʻan^{212} | 山坡上的梯田

□田 xɑŋ^{42} tʻan^{212} | 山垄里的田

冷水田 lɑŋ^{44} ʃui^{325}tʻan^{212} | 冷浆田

熷田 tsɑu^{44} tʻan^{212} | 山坡上易干旱的稻田

熷地 tsɑu^{44}tʻi^{42} | 旱地

禾田 vo^{212}tʻan^{212} | 稻田

过水田 ku^{42}ʃui^{325}tʻan^{212} | 灌溉时引水所经过的水田

上下丘 ʃɔŋ^{44}xa^{42}ɕiu^{44} | 地势高低而相连的田

田塍 tʻan^{24}sen^{212} | 田埂

田堪 tʻan^{212} kʻʌn^{44} | 水田靠更高地势的边缘

水缺 ʃui^{35}tɕʻyaiʔ^{4} | 田埂上供放水的缺口

水沟 ʃui^{35} kɑu^{44} | 水田种植旱作植物时为排水而开挖的水沟

坑洲 xɑŋ^{44}tsɛu^{44} | 沙滩

坑舷地 xɑŋ^{44}ɕian^{212} tʻi^{42} | 沙滩开垦而成的地

沙地 sa^{44} tʻi^{42} | 沙质的旱地

黄泥地 vɔŋ^{24}nai^{212}tʻi^{42} | 红壤土质的旱地

乌泥地 vu^{44}nai^{212}tʻi^{42} | 土质褐色而肥沃的一类旱地

（二）山

山 san^{44} | 山

岭 liɑŋ^{44}

山头 san^{44}tʻɛu^{212} | 山顶

山栋 san^{44}tuŋ^{42} | 山峰

山坞 san^{44} vu^{325} | 山坳

□ xɑŋ^{42} | 两山之间很长的山谷

深□沟 sɛn^{44}xɑŋ^{42}kɑu^{44} | 山涧

深山□ sɛn^{44} san^{44}xɑŋ^{42} | 深山沟，山旮旯

山排 san^{44}pʻai^{212} | 山坡

半排 pʌn^{42}pʻai^{212} | 半山坡

半□ pʌn^{42} xɑŋ^{42} | 半山窝

山脚下 san^{44}tɕiɔʔ^{4}xa^{0} | 山脚下

阳山 iɔŋ^{24} san^{44} | 山朝阳的一面

阴山 in^{44}san^{44} | 山背阴的一面

斜壁 tsʻia^{24} piaʔ^{4} | 山崖

山场 san^{44} tʃʻɔŋ^{212} | 山林地

青山 tsʻɑŋ^{44} san^{44} | 泛指长有林木的山

茶崽山 tsʻa^{24} tsɔi^{325} san^{44} | 生长油茶树的山

毛竹山 mɑu^{24} tʃuʔ^{4} san^{44} | 生长毛竹的山

坟山 p‘uen^{24}san^{44} | 关乎村落风水的山，一般可作墓地

禁山 tɕin^{42} san^{44} | 禁止砍伐、开垦的山

包 pau^{44}坡

上包 ʃɔŋ^{44} pau^{44} | 上坡

下包 xa^{42} pau^{44} | 下坡

上岭 ʃɔŋ^{44} liɑŋ^{44} | 上山坡

下岭 xa^{42} liɑŋ^{44} | 下山坡

（三）江、河、湖、水

河 xo^{212} | 大水道

坑 xɑŋ^{44} | 溪，小水道

坑舷 xɑŋ^{44} ɕian^{212} | 河边，河岸

　港沿 kɔŋ^{35} iɛn^{212}

坑嘚 xɑŋ^{44} tɛ^{0} | 河里

坑口 xɑŋ^{44} xɛu^{325} | 港口

水陂 ʃui^{35} pi^{44} | 水坝

埠头 p‘u^{42} t‘ɛu^{212} | 河边供洗衣、取水和泊船的石阶

甽沟 tʃuen^{42} kɑu^{44} | 水渠

塘 t‘ɔŋ^{212} | 池塘

塘塍 t‘ɔŋ^{24} sen^{212} | 塘堤

　塘坝 t‘ɔŋ^{24}pa^{42}

塘堪 t‘ɔŋ^{24} k‘ʌn^{44} | 池塘靠更高地势的边缘

塘泥 t‘ɔŋ^{24} nai^{212} | 池塘底下的淤泥

深潭 sen^{44} t‘ʌn^{212} | 水潭

涨水 tsɔŋ^{35} ʃui^{325} | 发洪水

打□□个水 tɑŋ^{35} tɕiu^{42} tɕiu^{42} kɛ^{0} ʃui^{325} | 漩涡

浊水 tʃ‘ɔʔ^{2} ʃui^{325} | 浑水

沸水 pui^{44} ʃui^{325} | 热水，开水

水推啊 ʃui^{325} t‘ɔi^{44} a^{0} | 水冲走了

□ ts‘uʔ^{4} | 淹没，淹溺：田～啊、人～死啊

（四）石沙、土块、矿物

石 saʔ^{2} t‘ɛu^{325} | 石头

石卵崽 saʔ^{2} lʌn^{35}tsɔi^{325} | 鹅卵石

红石 fuŋ^{24} saʔ^{2} | 一种红色的砂岩，可切割成砖块状作建筑材料

硬石 ŋɑŋ^{42} saʔ^{2} | 最硬的一种岩石

麻石 ma^{24} saʔ^{2} | 一种花岗岩

青石 tsʻɑŋ^{44} saʔ^{2}

大石板 tʻai^{42} saʔ^{2} pan^{325}

细石板 sai^{44} saʔ^{2} pan^{325} | 小石板

泥 nai^{212} | 地，土，泥

烂泥 lʌn^{42} nai^{212} | 稀泥

泥餜 nai^{24}ko^{325} | 干的泥巴团

黄泥 vɔŋ^{24} nai^{212} | 黄土；特指制作煤块、煤球时掺入的黄土

青砖 tsʻɑŋ^{44} tʃʻuʌn^{44}

红砖 fuŋ^{24}tʃʻuʌn^{44}

砖头 tʃʻuʌn^{44}tʻɛu^{212} | 砖头（不完整的砖块）

烂砖 lʌn^{42} tʃʻuʌn^{44} | 碎砖（不成块甚至粒状）

泥砖头 nai^{24}tʃʻuʌn^{44} tʻɛu^{212} | 土坯，以泥土晒制而成

瓦 ŋa^{325}

瓦碎 ŋa^{35} sui^{44} | 碎瓦

洋油 iɔŋ^{24}iu^{212} | 煤油

餜崽灰 ko^{35} tsɔi^{325} fɔi^{44} | 生石灰，可置于储藏果品的缸、箱中以保持干燥

烊石灰 iɔŋ^{24} saʔ^{2} fɔi^{44} | 熟石灰

吸铁石 ɕiʔ^{4} tʻaiʔ^{4} | 磁铁

硬炭 ŋɑŋ^{42} tʻan^{42} | 粗木炭

杨梅炭 iɔŋ^{24} mɔi^{24} tʻan^{42} | 细木炭

尘灰 tsʻen^{24} fɔi^{44} | 灰尘

邋屑 laiʔ^{2} saiʔ^{4} | 垃圾

洋瓷 iɔŋ^{24}tsʻɿʻ^{212} | 搪瓷

煤子 mɔi^{24} tsɿ^{325} | 煤层中掘出的煤块

碎煤 sui^{42} mɔi^{212} | 不成块的煤

（五）城乡处所

地方 tʻi^{42} fɔŋ^{44} | 地方；地点

　□在 tsɿ^{44} tsʻai^{42}

街嘚 tɕiai^{44} tɛ^{0} | 街上，街道：~两边都是店；集镇，城镇：~人要买

菜吃

村 ts‘en^{44} | 乡村

县内 ɕiɛn^{42} nɔi^{42} | 城内；县城

城外 ts‘en^{24}ŋai^{42} | 城外

弄 luŋ^{42} | 巷子

角嘚 kɔʔ^{4} tɛ^{0} | 角落

路 lu^{42}

田塍路 t‘an^{24}sen^{24} lu^{42} | 田埂路

田堪路 t‘an^{24} k‘ʌn^{44} lu^{42}

横排路 iɑŋ^{24} p‘a^{24}lu^{42} | 山坡上的路

反脚路 xʌn^{35} tɕiɔʔ^{4} lu^{42} | 偏僻不常走的路

转弯 tʃ‘uʌn^{35} vʌn^{44} | 拐角处

去街 ɕiu^{42} tɕiai^{44} | 到街市上去，特指去镇上和进县城

墟 ɕyi^{44} | 集市

赶墟 kʌn^{35}ɕyi^{44} | 赶集

荡街 t‘ɔŋ^{42} tɕiai^{44} | 逛街

寮嘚 lɑu^{24} tɛ^{0} | 家，家里：~在铅山｜在~嬉玩

家 ka^{44} | 地名用字：李~

村 ts‘en^{44} | 地名用字：篁~

寨 sai^{42} | 地名用字：陈家~

都 tu^{44} | 旧时行政区划，沿用为地名用字：八~

甲 kaʔ^{4} | 旧时行政区划，沿用为地名用字。二~

街 tɕiai^{44} | 地名用字：天星~

弄 luŋ^{42} | 地名用字：半边~

关 kʌn^{44} | 地名用字：分水~

棚 p‘uŋ^{212} | 地名用字：烟~

厂 tʃ‘ɔŋ^{325} | 地名用字：东山~

坊 fɔŋ^{44} | 地名用字：陈~

店 tian^{44} | 地名用字：祝家~

碓 tɔi^{44} | 地名用字：~背

山 san^{44} | 地名用字：~前

岭 liɑŋ^{44} | 地名用字：查家~

包 pau^{44} | 地名用字：沙子~

岩 ŋʌŋ^{212} | 地名用字：狐狸～

石 saʔ^{2} | 地名用字：～坎

磜 tsai^{44} | 地名用字：白水～

排 p‘ai^{212} | 地名用字：大～

洋 iɔŋ^{212} | 地名用字：里～

垄 luŋ^{212} | 地名用字：烂泥～

坞 vu^{44} | 地名用字：木勺～

坑 xɑŋ^{44} | 地名用字：西～

坪 p‘iɑŋ^{212} | 地名用字：将阳～

田 t‘an^{212} | 地名用字：赵仕～

畈 fan^{42} | 地名用字：～背

水 ʃui^{325} | 地名用字：～尾

港 kɔŋ^{325} | 地名用字：双～

湾 vʌn^{44} | 地名用字：枫树～

溪 tɕ‘iɛ^{44} | 地名用字：贵～

塘 t‘ɔŋ^{212} | 地名用字：～头

源 ŋʌn^{212} | 地名用字：太～

洲 tsɛu^{44} | 地名用字：齐家～

滩 t‘ʌn^{44} | 地名用字：老虎～

埠 p‘u^{42} | 地名用字：～头

坝 pa^{44} | 地名用字：～尾

圳 tʃuen^{42} | 地名用字：下村～

上 ʃɔŋ^{44} | 地名用字：岗～

下 xa^{42} | 地名用字：垄～

里 li^{325} | 地名用字：烟棚～

外 ŋai^{42} | 地名用字：～西坑

前 ts‘an^{212} | 地名用字：铺～

舷 ɕiɛn^{212} | 地名用字：港～

顶 tin^{325} | 地名用字：双石～

边 piɛn^{44} | 地名用字：港～

形 ɕin^{212} | 地名用字：烂蛇～

凸 t‘uʔ^{4} | 地名用字：洪～上

凹 ɑu^{44} | 地名用字：过风～

背 pɔi^{44} | 地名用字：张家～
头 t‘ɛu^{212} | 地名用字：寮～
脑 nau^{325} | 地名用字：竹山～
尾 mui^{44} | 地名用字：水～
脚 tɕ‘iɔʔ^{2} | 地名用字：庵～
嘴 tsɔi^{44} | 地名用字：犁头～
仓 ts‘ɔŋ^{44} | 地名用字：坞口～
尖 tsian^{44} | 地名用字：桶王～

三　时令　时间

(一) 季节
时节 sʅ^{24}tsaiʔ^{4} | 季节
春天 tʃ‘uen^{44} t‘an^{44}
秋天 ts‘iu^{44} t‘an^{44}
热天 ȵiɛʔ^{2} t‘an^{44} | 夏天
冬下 tuŋ^{44} xa^{42} | 冬天
通书 t‘uŋ^{44}ɕy^{44} | 历书
阴历 in^{44} liʔ^{2} | 农历
阳历 iɔŋ^{24} liʔ^{2} | 公历
立夏 liʔ^{2} xa^{42}
立冬 liʔ^{2} tuŋ^{44}
二四八月 ȵi^{42} si^{42} paiʔ^{4} ŋuaiʔ^{2} | 泛指春秋季节
(二) 节日
过节 ku^{44}tsaiʔ^{4}
过年 ku^{44}nan^{212}
过旧年 ku^{44} tɕ‘iu^{42} nan^{212} | 过大年三十
三十夜 san^{44} sɤʔ^{2} ia^{42} | 大年三十
封门 fuŋ^{44} muen^{212} | 大年三十夜关财门
过新年 ku^{44}sin^{44}nan^{212} | 过大年初一
正月初一 tsaŋ^{44} ŋuaiʔ^{2} ts‘ʅ^{44} iʔ^{4}
接春 tsaiʔ^{4} tʃ‘uen^{44} | 迎春
元宵节 ŋʌn^{24} siau^{44} tsaiʔ^{4}

清明节 tsʻɑŋ^{44} mɛn^{24} tsaiʔ^{4}

五月节 ŋ̍^{35} ŋuaiʔ^{2} tsaiʔ^{4} | 端午节

接新 tsaiʔ^{4} sin^{44} | 庆贺稻作收获：到～食新米

食新 seʔ^{2} sin^{44} | 吃新米

七月半 tsʻiʔ^{4} ŋuaiʔ^{2} pʌn^{42} | 中元节，农历七月十五日

鬼节 kui^{35} tsaiʔ^{4}

八月中秋 paiʔ^{4} ŋuaiʔ^{2} tʃuŋ^{44}tsʻiu^{44} | 中秋节

（三）年

今年 tɕin^{44}nan^{212}

去年 ɕiu^{44}nan^{212}

明年 mɛn^{24}nan^{212}

前年 tsʻan^{24} nan^{212}

大前年 tʻai^{42} tsʻan^{24} nan^{212}

大大前年 tʻai^{42} tʻai^{42} tsʻan^{24} nan^{212} | 大前年的上一年

大后年 tʻai^{42} xɛu^{42} nan^{212}

大大后年 tʻai^{42} tʻai^{42} xɛu^{42} nan^{212} | 大后年的下一年

开年 xɔi^{44}nan^{212} | 年初

年尾巴 nan^{24}mui^{35} pa^{44} | 年终

一年到黑 iʔ^{4} nan^{212} tʻɛu^{42} xɛʔ^{4} | 一年到头，全年时间

（四）月

上上个月 ʃɔŋ^{44} ʃɔŋ^{44} kɛ^{0} ŋuaiʔ^{2} | 往前数的第二个月

下下个月 xa^{42} xa^{42} kɛ^{0} ŋuaiʔ^{2} | 往后数的第二个月

腊月 laiʔ^{2} ŋuaiʔ^{2}

月头 ŋuaiʔ^{2} tʻɛu^{212} | 月初

月中间 ŋuaiʔ^{2}tʃuŋ^{44} kan^{44} | 月中

月底 ŋuaiʔ^{2} tai^{325}

月大 ŋuaiʔ^{2} tʻai^{42} | 农历月份一个月有三十天

月小 ŋuaiʔ^{2} sau^{325} | 农历月份一个月只有二十九天

（五）日时

日崽 ȵiʔ^{4} tsɔi^{325} | 日子

今朝 tɕin^{44}tsɛu^{44} | 今天

昨日（晡）tsʻɑuʔ^{2} ȵiʔ^{4}（pu^{42}） | 昨天

□头 nan^{44} t‘ɛu^{212} ǀ 明天

前日 ts‘an^{24} ȵiʔ^{4} ǀ 前天

后日 xɛu^{42} ȵiʔ^{4} ǀ 后天

大前日 t‘ai^{42} ts‘an^{24} ȵiʔ^{4} ǀ 大前天

大后日 t‘ai^{42} xɛu^{42} ȵiʔ^{4} ǀ 大后天

大大前日 t‘ai^{42} t‘ai^{42} ts‘an^{24} ȵiʔ^{4} ǀ 大前天的上一天

大大后日 t‘ai^{42} t‘ai^{42} xɛu^{42} ȵiʔ^{4} ǀ 大后天的下一天

日嘚 ȵiʔ^{4} tɛ^{0} ǀ 白天

　日头 ȵiʔ^{4} t‘ɛu^{212}

天皓 t‘an^{44} xɑu^{42} ǀ 天亮：～啊$_{\text{天亮了}}$；天亮时分，早晨：～起晏$_{\text{晚}}$啊

清早 ts‘in^{44} tsɑu^{325} ǀ 清早

上昼 ʃɔŋ^{44} tsɛu^{44} ǀ 上午

日昼 ȵiʔ^{4} tsɛu^{44} ǀ 中午

下昼 xa^{42} tsɛu^{44} ǀ 下午

半上昼 pʌn^{42} ʃɔŋ^{44}tsɛu^{44} ǀ 上午过去一半的时候

半下昼 pʌn^{42}xa^{42} tsɛu^{44} ǀ 下午过去一半的时候

晏晡 an^{44} pu^{42} ǀ 夜里

　夜嘚 ia^{42} tɛ^{0}

晏晡头 an^{44} pu^{42} t‘ɛu^{212} ǀ 黄昏，傍晚

日日 ȵiʔ^{4} ȵiʔ^{4} ǀ 每天

成日成夜 sɑŋ^{24} ȵiʔ^{4} sɑŋ^{24}ia^{42} ǀ 整天整夜

经常 ʨin^{44} ʃɔŋ^{212}

第二日 t‘i^{42} ȵi^{42} ȵiʔ^{4} ǀ 次日

（六）其他时间概念

为今 vui^{24} ʨin^{44} ǀ 现在

以前 i^{35} ts‘an^{212} ǀ 从前

　往回 vɔŋ^{35} fɔi^{212}

往年 vɔŋ^{35} nan^{212} ǀ 以往的年头，一般指多年以前

过日 ku^{44} ȵiʔ^{4} ǀ 改日

以后 i^{35} xɛu^{42} ǀ 以后

打背 ta^{35} pɔi^{44} ǀ 后来

起工 çi^{35} kuŋ^{44} ǀ 开始

荷时间 xo^{44} sɿ^{24} kan^{44} | 有时候

每一回 mɔi^{35} iʔ^{4} fɔi^{212} | 每回，每次

荷闲 xo^{44} xan^{212} | 闲暇，有空

有闲 mɑu^{24} xan^{212} | 不得空

前一辈 ts‘an^{24} iʔ^{4} pɔi^{42} | 上辈子

下一辈 xa^{42} iʔ^{4} pɔi^{42} | 下辈子

一世 iʔ^{4} sɛ^{44} | 一辈子

一下崽 iʔ^{4}xa^{42} tsɔi^{325} | 一会儿

　一下下（嘚）iʔ^{4}xa^{42} xa^{42}（tɛ^{0}）

来得待 lɔi^{24} tɛʔ^{0} t‘ɔi^{42} | 来得及

来唔待 lɔi^{24} m̩^{212} t‘ɔi^{42} | 来不及

四　农业

（一）农事

作田 tsɔʔ^{4} t‘an^{212} | 种田

收成 sɛu^{44} ts‘en^{212} | 年景

犁田 lai^{24} t‘an^{212} | 耕田

耙田 p‘a^{24}　t‘an^{212}

使牛 sɔi^{35} ŋɑu^{212} | 役使牛拉犁

教牛 kau^{44} ŋɑu^{212} | 教初长成的牛学会拉犁

嘿 xɛʔ^{4} | 让牛前行的口令

哗 va^{212} | 让牛止步的口令

□田塍 lɔiʔ^{2} t‘an^{24} sen^{212} | 铲去田埂上的杂草

作田塍 tsɔʔ^{4} t‘an^{24} sen^{212} | 给田埂糊上一层泥巴避免渗水

浸谷种 tsin^{42} kuʔ^{4} tʃuŋ^{325} | 浸稻种

撒谷种 saʔ^{4} kuʔ^{4} tʃuŋ^{325} | 播稻种

打秧 tɑŋ^{325} iɔŋ^{44} | 育秧，育苗

挽秧 mʌn^{35} iɔŋ^{44} | 拔秧

缚秧 p‘ɔʔ^{2} iɔŋ^{44} | 用稻草秆等捆扎拔好的稻秧

栽秧禾 tsɔi^{44} iɔŋ^{44}vo^{212} | 插秧

　栽禾 tsɔi^{44} vo^{212}

放水 piɔŋ^{44} ʃui^{325} | 引水灌田

戽水 fu^{42} ʃui^{325} | 以戽斗等舀水器具舀入或舀出水塘、水沟或水田中

的水。

睇水 t‘ai^{35} ʃui^{325} | 巡视稻田的引水灌溉情况

　派水 p‘ai^{44} ʃui^{325}

淋水 lin^{24} ʃui^{325} | 浇水

淋粪 lin^{24} puen^{44} | 浇粪

打虫 taŋ^{35} tʃ‘uŋ^{212} | 以农药灭虫

□禾 lu^{42} vo^{212} | 耘田

　耘禾 ven^{24} vo^{212}

割禾 kaiʔ^{4} vo^{212} | 割稻子

打禾 taŋ^{325} vo^{212} | 打稻子

晒谷 sai^{42} kuʔ^{4} | 晒稻子

□谷 la^{44} kuʔ^{4} | 翻晒稻子时搅动、拌匀稻子

扇谷 sɛn^{42} kuʔ^{4} | 摇风扇以扇出秕谷

掘地 kuiʔ^{2} t‘i^{42} | 挖地

□坪 lɔiʔ^{2} p‘iaŋ^{212} | 平整土地

打沟 taŋ^{35} kau^{44} | 在平整好的地块上开沟

开沟 xɔi^{44} kau^{44} | 稻子进入成熟期，在稻田上移去一些稻丛，开成水沟排水以备种植旱作物

□沟 lo^{24} kau^{44} | 清理田沟，以使排水顺畅

打塝 taŋ^{35}ʃɔŋ^{44} | 作畦

打眼 taŋ^{35} ȵian^{325} | 挖种穴

壅 iuŋ^{44} | 下（种）

壅泥 iuŋ^{44} nai^{212} | 以土覆盖种子

栽番薯 tsɔi^{44} xʌn^{44} ɕy^{212} | 栽插红薯苗

松草 suŋ^{44} ts‘au^{325} | 锄草

挽草 mʌn^{35} ts‘au^{325} | 拔草

大粪 t‘ai^{42} puen^{44} | 人粪尿

牛栏粪 ŋau^{24} lʌn^{212} puen^{44} | 牛圈中垫圈而沤成的粪肥

猪栏粪 tɕy^{44} lʌn^{212} puen^{44} | 猪圈中垫圈而沤成的粪肥

捡粪 tɕian^{35}puen^{44} | 拾粪

割青 kaiʔ^{4}ts‘aŋ^{44} | 割青草以作沤肥

□草皮 lɔiʔ^{2}ts‘au^{35} p‘i^{212} | 铲下草皮以作肥料

焐灰 vu^{42} fɔi^{44} | 烧草木灰以作肥料

砻米 luŋ^{24} mai^{325} | 以砻（木制的去壳工具，似磨）磨压脱去稻谷的壳

舂米 tʃuŋ^{44} mai^{325} | 以碓舂捣脱去稻谷的壳

机米 tɕi^{44} mai^{325} | 以机器加工脱去稻谷的壳

□米 tɕy^{44} mai^{325} | 筛米

摘茶叶 tsaʔ^{4} ts‘a^{24} iɑuʔ^{2} | 采茶

做茶叶 tso^{42} ts‘a^{24} iɑuʔ^{2} | 制作茶叶

捡茶崽 tʃ‘uʌn^{35} ts‘a^{24} tsɔi^{325} | 收油茶子

榨油 tsa^{42} iu^{212} | 榨油，挤压置放在油车筒（以大树干掏空制成）中的茶子、油菜子等的熟末以出油

打撞 tɑŋ^{35} tʃ‘ɔŋ^{44} | 榨油时以锤撞击木楔挤入油车

瞙牛 ȵiɑŋ^{44} ŋɑu^{212} | 放牛

养猪 iɔŋ^{35} tɕy^{44} | 喂猪，养猪

养鸡 iɔŋ^{35} tɕiai^{44} | 喂鸡，养鸡

□猪菜 lɔiʔ^{2} tɕy^{44} ts‘ɔi^{44} | 打猪草

炆潲 ven^{24} sɑu^{44} | 煮猪食

干塘 kʌn^{44} t‘ɔŋ^{212} | 排干池塘中的水，以便捕鱼

担塘泥 tʌn^{44} t‘ɔŋ^{212} nai^{212} | 清除水塘的淤泥，以增加水塘的容积，所清淤泥作肥料

捉鱼 tsɿ^{42} ȵiu^{325} | 捕鱼

做草鞋 tso^{42} ts‘ɑu^{35} xai^{212} | 打草鞋

打席 tɑŋ^{325} ts‘aʔ^{2} | 打草席

烧窑 sɛu^{44} iɛu^{212} | 烧砖瓦

斫柴 tʃɔʔ^{4} ts‘ai^{212} | 砍柴

修磨 siu^{44} mu^{42} | 在石磨上重刻被磨损的磨纹

（二）农具

竹笕 tʃuʔ^{4} tɕian^{325} | 相接以引水的竹筒

戽斗 fu^{42}tɛu^{325} | 一种舀水器具

犁 lai^{212}

犁手 lai^{24} sɛu^{325} | 犁的扶手

犁脚 lai^{24} tɕiɔʔ^{4} | 犁下部直木（前装犁头）

犁壁 lai^{24} piaʔ^{4} | 犁头后面使泥土上翻的铁板

犁头 lai^{24} t‘ɛu^{214} | 犁前部的铁制尖头

犁鼻公 lai^{24}p‘iʔ^{4} kuŋ^{44} | 犁前部用以牵挂的铁钩

索崽 sɔʔ^{4}tsɔi^{325} | 绳子

绳崽 sen^{24} tsɔi^{325}

牛枷 ŋɑu^{24} ka^{44} | 牛轭

兜嘴□ ŋɑu^{24} tʃɔi^{35} lɑu^{44} | 牛嘴套

牛鼻桊 ŋɑu^{24}p‘iʔ^{2}tʃuʌn^{44}

牛绳 ŋɑu^{24} sen^{212} | 拴住牛鼻桊的绳子

风车 fuŋ^{44} ts‘a^{44} | 扇谷、麦等的风扇

风车手 fuŋ^{44} ts‘a^{44} sɛu^{325} | 摇动风扇的手柄

风车脚 fuŋ^{44} ts‘a^{44} tɕiɔʔ^{4} | 风扇下部起支撑作用的架子，有四只木腿

风车叶崽 fuŋ^{44} ts‘a^{44}iɑuʔ^{2}tsɔi^{325} | 风车中风扇的叶片

风车斗 fuŋ^{44} ts‘a^{44}tɛu^{325} | 风扇上部盛谷米的方形进料斗

闸刀 saʔ^{2} tɑu^{44} | 风扇中控制放谷米的闸板

磨 mu^{42} | 石磨

磨手 mu^{42} sɛu^{325} | 磨的扶手

磨膦 mu^{42} lin^{212} | 上下磨石中间相套的插入和供插入的铁芯和铁筒

喉咙管 fu^{24}luŋ^{212}kuʌn^{325} | 磨上供进料的口子

磨槽 mu^{42}ts‘ɑu^{212} | 上面架磨的石槽

磨牙 mu^{42} ŋa^{212} | 两爿磨石刻成的齿纹

碓头 tɔi^{44} t‘ɛu^{212} | 击打舂臼的木槌

□盆 xʌn^{24} p‘uen^{212} | 碓盛物的部分

舂槌 tʃuŋ^{44} tʃ‘ui^{212} | 碓用以捶插的部分

□崽 mɔŋ^{44} tsɔi^{325} | 带动水碓的大筒车

膦杆 lin^{24} kʌn^{325} | 连接水碓和筒车的横木

禾仓 vo^{24} ts‘ɔŋ^{44} | 方形的打谷桶

禾刀 vo^{24} tɑu^{44} | 割稻子的镰刀

锄头 ts‘ʅ^{24} t‘ɛu^{212}

锄头崽 ts‘ʅ^{24} t‘ɛu^{212} tsɔi^{325} | 一种两齿的专用以挖地的大锄头

四子耙 sʅ^{42} tsʅ^{35} p‘a^{212} | 一种有四个齿的耙子

阔板锄头 xuɛʔ^{2} pan^{44} ts‘ʅ^{24} t‘ɛu^{212} | 一种长方形的平板锄头

耘禾耙 ven^{24} vo^{212} p‘a^{212} | 耘禾用的耙子

秆扫 kʌn^{35} sɑu^{325} | 扫帚

茅花秆扫 mɑu^{24} xa^{44} kʌn^{35} sɑu^{325} | 用茅草秆制的扫帚

担杆 tʌn^{44} kʌn^{325} | 扁担

钩担 kɛu^{44} tʌn^{44} ｜ 两头拴有钩子的扁担

担棍 tʌn^{44} kuen^{42} ｜ 挑禾捆和柴草捆的两头尖的（用以插入）杠子

禾镰刀 vo^{24} liɛn^{24} tɑu^{44} ｜ 镰刀

　禾刀 vo^{24} tɑu^{44}

草刀 ts‘ɑu^{35} tɑu^{44} ｜ 割茅草的刀

箩 lo^{212} ｜ 装稻谷的箩筐

担米箩 tʌn^{44} mai^{325} lo^{212} ｜ 装一百斤左右稻谷的箩筐

担半箩 tʌn^{44} pʌn^{42} lo^{212} ｜ 装一百五十斤左右稻谷的箩筐

双担箩 sɔŋ^{44} tʌn^{42} lo^{212} ｜ 装二百斤左右稻谷的箩筐

箩撍 lo^{24} ts‘iɔŋ^{44} ｜ 箩筐底部交叉而上的支撑筐体的硬厚篾条

箩舷 lo^{24} ɕiɛn^{212} ｜ 箩筐口的边沿

白篮 p‘aʔ^{2} lʌn^{212} ｜ 圆形的用以晾晒物品的篾编竹器

□箕 paʔ^{4} tɕyi^{44} ｜ 簸箕

撮斗 ts‘ɔʔ^{4} tɛu^{325} ｜ 畚斗

粪箕 fɛn^{42} tɕi^{44} ｜ 畚箕

　畚崽 puen^{44} tsɔi^{325}

粪箕笰 fɛn^{42} tɕi^{44} kaʔ^{4} ｜ 畚箕上作提梁的篾片

篓 lɛu^{325} ｜ 筐

炭篓 t‘an^{42} lɛu^{325} ｜ 装炭的竹篓

灰盆 fɔi^{44} p‘uen^{212} ｜ 秧盆

尿□ nɑu^{42} kɔi^{44} ｜ 粪勺

谷笪 kuʔ^{4} taʔ^{4} ｜ 细篾片编织的晾晒粮食的器具，长方形，可卷

谷笪笰 kuʔ^{4} taʔ^{4} kaʔ^{4} ｜ 篾笪两头夹住篾片的竹爿

打□tɑŋ^{35} lɔi^{325} ｜ 打绳结

活□faiʔ^{2} lɔi^{325} ｜ 一种绳结，易解开

死□si^{35} lɔi^{325} ｜ 不易解开的绳结

大薯扦 t‘ai^{42} ɕy^{212} ts‘ian^{44} ｜ 插在大薯植株旁用于苗蔓攀爬的小木棍

五　植物

（一）农作物

禾 vo^{212} ｜ 稻子

早禾 tsɑu^{35} vo^{212} ｜ 早稻

二禾 ȵi^{42} vo^{212} ｜ 二季稻

迟禾 ts‘ɿ^{24} vo^{212} | 只种一季的晚稻

谷 kuʔ^{4} | 稻谷

大谷 t‘ai^{42} kuʔ^{4} | 大米谷，即粳米谷

糯谷 no^{42} kuʔ^{4} | 糯米谷

禾穗 vo^{24} sɛʔ^{4} | 稻穗

禾秆 vo^{24} kʌn^{325} | 稻草

禾蔸 vo^{24} tɛu^{44} | 稻子的蔸部

禾大肚 vo^{24} t‘ai^{42} tu^{325} | 稻灌浆

半□谷 pʌn^{42}tsɛʔ^{4} kuʔ^{4} | 不饱满的谷子

□谷 p‘ɔŋ^{42} kuʔ^{4} | 秕谷

□谷 iɛʔ^{4} kuʔ^{4}

饱谷 pau^{325} kuʔ^{4} | 颗粒饱满的谷子

米 mai^{325}

大禾米 t‘ai^{42}vo^{212}mai^{325} | 粳米

砻糠 luŋ^{24} xɔŋ^{44} | 以砻加工出来的粗米糠

嫩糠 nuen^{42} xɔŋ^{44} | 精细的米糠

稗草 p‘a^{42} ts‘ɑu^{325} | 稗子，指植株

稗草崽 p‘a^{42}ts‘ɑu^{325}tsɔi^{325} | 稗子的籽

黄粟 vɔŋ^{24} suʔ^{4} | 小米

苞粟 pau^{44} suʔ^{4} | 玉米

番薯 xʌn^{44} ɕy^{212} | 红薯

白心番薯 p‘aʔ^{2} sin^{44} xʌn^{44} ɕy^{212} | 一种里边呈白色的红薯

黄皮番薯 vɔŋ^{24} p‘i^{212} xʌn^{44} ɕy^{212} | 一种皮呈黄色的红薯

红心番薯 fuŋ^{24} sin^{44} xʌn^{44} ɕy^{212} | 一种里边呈红色的红薯

花麦 xa^{44} maʔ^{2} | 荞麦

日头崽 ȵiʔ^{4} t‘ɛu^{212} tsɔi^{325} | 向日葵

日头球 ȵiʔ^{4} t‘ɛu^{212} tɕ‘iu^{212}

牛麻崽 ŋɑu^{24} ma^{212} tsɔi^{325} | 蓖麻

火麻 fu^{35} ma^{212} | 黄麻

蔗 tsa^{42} | 甘蔗

（二）豆类 蔬菜

菜茎 ts‘ɔi^{44} tɕiɑŋ^{325} | 菜梗

豆秆 t‘ɛu^{42} kɑu^{325} | 豆萁

豆壳 t‘ɛu^{42} xɔʔ^{4} | 豆荚

豆须 t‘ɛu^{42} si^{44} | 豆蔓

牵藤 ʨ‘iɛn^{44} t‘ɛn^{212} | 豆蔓攀爬

豆扦 t‘ɛu^{42} ts‘ian^{44} | 供豆蔓攀爬而扦插的竹木枝条

白日黄 p‘aʔ^{2} ȵiʔ^{4} vɔŋ^{212} | 大豆

巴豇豆 pa^{44}kɔŋ^{44} t‘ɛu^{42} | 豇豆

长豆角 tʃ‘ɔŋ^{24} t‘ɛu^{42} kɔʔ^{4} | 一种长条状的豆角

牛皮豆 ŋɑu^{24} p‘i^{212} t‘ɛu^{42} | 蚕豆

　佛豆 feʔ^{2} t‘ɛu^{42} | 蚕豆

豌豆 vʌn^{35} t‘ɛu^{42} | 豌豆

刀角豆 tɑu^{44} kɔʔ^{2} t‘ɛu^{42} | 刀豆

米豆崽 mai^{35} t‘ɛu^{42} tsɔi^{325} | 赤豆

茄崽 ʨ‘ia^{24}tsɔi^{325} | 茄子

番茄 xʌn^{44}ʨ‘ia^{24} | 西红柿

白瓠 p‘aʔ^{2} p‘iu^{212} | 葫芦

金瓠 ʨin^{44} p‘iu^{212} | 南瓜

冬瓜 tuŋ^{44} ka^{44}

茭笋 kɑu^{44} suen^{325} | 茭白

□椒 kuʌn^{35} tsiɑu^{44} | 辣椒

七姐妹 ts‘iʔ^{4} tsi^{35} mɔi^{42} | 指朝天椒，很辣

牛角椒 ŋɑu^{24} kɔʔ^{4} tsiɑu^{44} | 一种形似牛角的辣椒

　黄斑□ vɔŋ^{24} pan^{44} fuʔ^{4}

提笼泡 t‘i^{24}luŋ^{23} p‘au^{42} | 一种形似灯笼的辣椒，不太辣

洋葱 iɔŋ^{23} ts‘uŋ^{44} | 大葱

四季葱 sɿ^{42} ʨi^{42} ts‘uŋ^{44} | 细葱

葱脑 ts‘uŋ^{44} nɑu^{325} | 葱头

芹菜 ʨ‘in^{24} ts‘ɔi^{44}

川芎 tʃ‘uʌn^{44} ʃuŋ^{44} | 一种小芹菜

苋菜 xʌn^{42} ts‘ɔi^{44}

蕹菜 vuŋ^{44} ts‘ɔi^{44} | 空心菜

芥菜 ʨiai^{44} ts‘ɔi^{44}

莴菜 vo^{44} ts‘ɔi^{44} | 莴苣

苦□菜 fu^{35} fuŋ^{24} ts‘ɔi^{44} | 苦荬菜

黄花菜 vɔŋ^{24} xa^{44} tsʻɔi^{44} | 金针

芋卵 fu^{42} luʌn^{325} | 芋头的总称

芋卵头 fu^{42} luʌn^{325} tʻɛu^{212} | 母芋头

芋卵崽 fu^{42} luʌn^{325} tsɔi^{325} | 子芋头

芋皮 fu^{42} pʻi^{212} | 芋苗

芋卵叶 fu^{42} luʌn^{325} iɑuʔ^{2} | 芋头叶子

□□nan^{42} ʨi^{42} | 丝瓜

□□瓤 nan^{42} ʨi^{42} nɔŋ^{212} | 丝瓜络

菜头 tsʻɔi^{44} tʻɛu^{212} | 萝卜

红菜头 fuŋ^{24} tsʻɔi^{44}tʻɛu^{212} | 胡萝卜

白菜头 pʻaʔ^{2} tsʻɔi^{44}tʻɛu^{212} | 白萝卜

菜头叶 tsʻɔi^{44} tʻɛu^{212} iɑuʔ^{4} | 萝卜叶

空 kʻuŋ^{44} | 萝卜因失去水分而中空

蒜头崽 suʌn^{44} tʻɛu^{24} tsɔi^{325} | 大蒜头

　大蒜崽 tʻai^{42} suʌn^{44} tsɔi^{325}

大蒜芯 tʻai^{42} suʌn^{44} sin^{44} | 蒜薹

油菜芯 iu^{212} tsʻɔi^{44} sin^{44} | 油菜薹

生姜 sɑŋ^{44} ʨiɔŋ^{44}

生姜娘 sɑŋ^{44} ʨiɔŋ^{44} ȵiɔŋ^{212} | 母姜

大薯 tʻai^{42} ɕy^{212} | 食用山药

　薯崽 ɕy^{24}tsɔi^{325}

尝新菜 ʃɔŋ^{24} sin^{44} tsʻɔi^{44} | 最早成熟采摘的蔬菜

罢市菜 pʻa^{42} sɿ^{42} tsʻɔi^{44} | 生长期即将结束的蔬菜

（三）木、竹

树 ɕy^{42}

树崽 ɕy^{42} tsɔi^{325} | 树苗

树干 ɕy^{42} kuʌn^{44} | 树干

树尾 ɕy^{42} mui^{325} | 树梢

　树标 ɕy^{42} piɛu^{44}

树根 ɕy^{42} tʃuen^{44}

树头 ɕy^{42} tʻɛu^{212} | 树茬

树椏 ɕy^{42} va^{325} | 树枝

斫树 tʃɔʔ^{4} ɕy^{42} | 砍树

□树桠 tuen^{44} ɕy^{42} va^{44} | 砍削树枝

松柏崽 ts'uŋ^{24} paʔ^{4} tsɔi^{325} | 松树

松柏崽毛 ts'uŋ^{24} paʔ^{4} tsɔi^{325}mɑu^{212} | 松针

　松毛 ts'uŋ^{24} mɑu^{212}

松柏崽卵 ts'uŋ^{24} paʔ^{4} tsɔi^{35} lʌn^{325} | 松球

松柏崽油 ts'ɔŋ^{24} paʔ^{4} tsɔi^{325} iu^{212} | 松脂

杉树 san^{44} ɕy^{42}

柿崽树 sɿ^{44} tsɔi^{325} ɕy^{42} | 柿子树

龙骨崽树 luŋ^{24}kuiʔ^{4}tsɔi^{325}ɕy^{42} | 一种木质非常硬的树

桐崽树 t'uŋ^{24} tsɔi^{325} ɕy^{42} | 油桐树

茶崽树 ts'a^{24} tsɔi^{325} ɕy^{42} | 油茶树

栗崽树 liʔ^{2} tsɔi^{325} ɕy^{42} | 板栗树

蒡 lɛʔ^{2} | 刺，荆棘

蒡窠 lɛʔ^{2} k'o^{44} | 荆棘丛

竹 tʃuʔ^{4}

大竹 t'ai^{42} tʃuʔ^{4} | 毛竹

斑竹 pan^{44} tʃuʔ^{4}

竹□ tʃuʔ^{4} miɛ^{325} | 竹膜

竹鞭 tʃuʔ^{4} piɛn^{44}

竹节 tʃuʔ^{4} tsaiʔ^{4}

竹枝桠 tʃuʔ^{4} tɕiʔ^{325} va^{325} | 竹枝

篾□ maiʔ^{2} pan^{44} | 剖开并刨光的用以编竹器的篾丝

青篾 ts'ɑŋ^{44} maiʔ^{2} | 青篾片

黄篾 vɔŋ^{24}maiʔ^{2} | 黄篾片

笋 suen^{325}

冬笋 tuŋ^{44} suen^{325}

春笋 tʃ'uen^{44} suen^{325}

水竹笋 ʃui^{35} tʃuʔ^{4} suen^{325} | 水竹（囊薄的小竹）所生笋

笋尾 suen^{35} mui^{44} | 笋的末端

笋头 suen^{35} t'ɛu^{212} | 笋蔸

笋壳 suen^{35} xɔʔ^{4} | 笋的外壳

笋干 suen^{325} kuʌn^{44} | 干笋

粽箬 tsuŋ^{44} ȵiɔʔ^{2} | 箬叶

（四）瓜、果

□ veʔ^{2} | 果核

柚崽 iu^{42} tsɔi^{325} | 柚子

橘崽 tʃueʔ^{4} tsɔi^{325} | 橘子

桃崽 tʻɑu^{24} tsɔi^{325} | 桃子

李崽 li^{35} tsɔi^{325} | 李子

柿崽 sɿ^{44} tsɔi^{325} | 柿子

山□崽 san^{44} ʨi^{24}tsɔi^{325} | 山柿

桐崽 tʻuŋ^{24} tsɔi^{325} | 桐仁

梨崽 li^{24} tsɔi^{325} | 梨子

茶崽 tsʻa^{24} tsɔi^{325} | 茶子

锥崽 tsui^{44} tsɔi^{325} | 栗子

瓜崽 ka^{44} tsɔi^{325} | 瓜子

青皮梨 tsʻɑŋ^{44} pʻi^{24} li^{212} | 一种表皮青色的梨

猪屎梨 ʨy^{44} sɿ^{35} li^{212} | 一种硬而难吃的梨

龙眼 luŋ^{24} niɛn^{325} | 桂圆

皮□果 pʻi^{24} tsɿ^{44}ko^{325} | 皂角

马荠 ma^{35} tsʻi^{44} | 荸荠

花生 xa^{44} sɛn^{44}

花生米 xa^{44} sɛn^{44} mai^{325}

花生衣 xa^{44} sɛn^{44} i^{44} | 花生米的膜

（五）花草、菌类

花 xa^{44}

花球 xa^{44} ʨʻiu^{212} | 花蕾

花芯 xa^{44} sin^{44} | 花蕊

花柄 xa^{44} piɑŋ^{42} | 花蒂

石榴花 saʔ^{2} liu^{212} xa^{44} | 杜鹃花

鸡公花 ʨiai^{44} kuŋ^{44} xa^{44} | 鸡冠花

芙蓉花 fu^{24} iuŋ^{212} xa^{44}

草崽 tsʻɑu^{35} tsɔi^{325} | 红花草

狗尾草 kɑu^{35} mui^{44} tsʻɑu^{325} | 狗尾巴草

芦茅 lu^{24} mɑu^{212} | 芦苇

香菌 ɕiɔŋ^{44} kʻuen^{42} | 香菇
松柏崽菇 tsʻuŋ^{24} paʔ^{4} tsɔi^{325} kʻuen^{42} | 一种长在松树上的菌
雷响菌 li^{24} ɕiɔŋ^{325} kʻuen^{42} | 地衣
茶崽菌 tsʻa^{24} tsɔi^{325} kʻuen^{42} | 茶树下长的菌
红菌 fuŋ^{24}kʻuen^{42} | 一种红色的菌
杨树菇 iɔŋ^{24} ɕy^{42} ku^{44} | 一种味美的菌
漂 pʻiɑu^{212} | 浮萍
青□tsʻɑŋ^{44} tsʻɔi^{212} | 苔藓
□萁 nɔŋ^{24} tɕi^{44} | 芒萁
车心草 tsʻa^{44} sin^{44} tsʻɑu^{325} | 车前草

六　动物

（一）禽畜

畜生 tʃʻuʔ^{4} sɑŋ^{44} | 家畜总称
扁毛 pan^{35} mɑu^{24} | 家禽总称
公个 kuŋ^{44} kɛ^{0} | 雄性的
那个 na^{42} kɛ^{0} | 雌性的
马公 ma^{35} kuŋ^{44} | 公马
马娘 ma^{35} ȵiɔŋ^{212} | 母马
骡崽 lo^{24} tsɔi^{325} | 骡子
牛牯 ŋɑu^{24} ku^{325} | 公牛，包括小公牛
牛娘 ŋɑu^{24} ȵiɔŋ^{212} | 母牛
牛崽 ŋɑu^{24} tsɔi^{325} | 小牛
牛牯崽 ŋɑu^{24} ku^{325} tsɔi^{325} | 小公牛
水牛牯 ʃui^{35} ŋɑu^{24} ku^{325} | 公水牛
水牛娘 ʃui^{35} ŋɑu^{24} ȵiɔŋ^{212} | 母水牛
黄牛牯 vɔŋ^{24} ŋɑu^{24} ku^{325} | 公黄牛
黄牛娘 vɔŋ^{24} ŋɑu^{24} ȵiɔŋ^{212} | 母黄牛
猪牯 tɕy^{44} ku^{325} | 公猪，包括小公猪
猪王 tɕy^{44} vɔŋ^{212} | 成熟并专用以配种的公猪
猪娘 tɕy^{44} ȵiɔŋ^{212} | 雌性猪，包括小雌猪；也指成熟并专用以繁殖的母猪
猪崽 tɕy^{44} tsɔi^{325} | 小猪

壮猪 tʃɔŋ^{42} tɕy^{44} | 肉猪
出栏 tʃʻueʔ^{4} lʌn^{212} | 肉用猪长大宰杀而不再关栏喂养
猪尿泡 tɕy^{44} nɑu^{42} pʻau^{44} | 猪膀胱
狗牯 kɑu^{35} ku^{325} | 公狗
狗娘 kɑu^{35} ȵiɔŋ^{325} | 母狗
癫狗 tan^{44} kɑu^{44} | 疯狗
赶山狗 kʌn^{35} san^{44} kɑu^{325} | 猎狗
羊公 iɔŋ^{24} kuŋ^{44} | 公羊
　羊牯 iɔŋ^{24} ku^{325}
羊那 iɔŋ^{24} na^{42} | 母羊
　羊娘 iɔŋ^{24} ȵiɔŋ^{212}
（细）羊崽（sai^{44}）iɔŋ^{24}tsɔi^{325} | 小羊
猫 ȵiɑu^{44} | 猫
猫牯 ȵiɑu^{44} ku^{325} | 公猫
猫娘 ȵiɑu^{44} ȵiɔŋ^{212} | 母猫
猫崽 ȵiɑu^{44} tsɔi^{325} | 小猫
兔崽 tʻu^{42}tsɔi^{325} | 兔子
鸡公 tɕiai^{44} kuŋ^{44} | 公鸡
鸡娘 tɕiai^{44} ȵiɔŋ^{212} | 母鸡
鸡泼 tɕiai^{44} pʻɔʔ^{4} | 半大的母鸡
鸡崽 tɕiai^{44} tsɔi^{325} | 小鸡
僐鸡 sian^{35} tɕiai^{44} | 阉割过的鸡
　骟鸡 tuen^{42} tɕiai^{44}
菢鸡崽 pʻiu^{42}tɕiai^{44}tsɔi^{325} | 孵小鸡
赖菢鸡娘 lai^{42} pʻiu^{42} tɕiai^{44} ȵiɔŋ^{212} | 抱窝母鸡
鸡卵 tɕiai^{44} lʌn^{44} | 鸡蛋
生卵 sɑŋ^{44} lʌn^{44} | 下蛋
鸡□袋 tɕiai^{44} ɕiɑu^{44} tʻɔi^{42} | 鸡嗉子
鸡□ tɕiai^{44} kɛ^{325} | 鸡冠
脚爪 tɕiɔʔ^{4} tsɑu^{325} | 爪子
鸡脚包 tɕiai^{44}tɕiɔʔ^{4} pau^{325} | 鸡脚上的突出小包
鸭公 ɑuʔ^{4} kuŋ^{44} | 公鸭
鸭娘 ɑuʔ^{4} ȵiɔŋ^{212} | 母鸭

湖鸭 fu^{24} ɑuʔ^{4} | 一种肉用鸭
草鸭 ts'ɑu^{35} ɑuʔ^{4} | 一种蛋用鸭
鹅公 ŋo^{24} kuŋ^{44} | 公鹅
鹅娘 ŋo^{24} ȵiɔŋ^{212} | 母鹅
细鹅 sai^{44} ŋo^{212} | 小鹅
脚板 ʨiɔʔ^{4} pan^{325} | （鹅鸭）脚掌
喌喌 ʨiu^{44} ʨiu^{44} | 呼鸡声
呶□no^{44} ni^{0} | 呼猪声
□人 t'ɛʔ^{4} ȵin^{212} | （牛角）顶人
兜泥 tɛu^{44} nai^{212} | （牛）在泥水中滚泡
翻草 xʌn^{44} ts'ɑu^{325} | （牛）反刍
吠 p'ui^{42} | （狗）叫
□泥 ɕia^{44} nai^{212} | （鸡）扒食
喽春 vo^{35} tʃ'uen^{44} | （猫）叫春
走栏 tsɛu^{35} lʌn^{212} | （猪）发情
打栏 taŋ^{35} lʌn^{212} | （狗）交配
打水 taŋ^{35} ʃui^{325} | （鸭）交配
豚 tuen^{44} | 阉割。猪、羊等家畜和鸡等家禽阉割都称“豚”
（二）鸟、兽
鸟崽 tɑu^{35} tsɔi^{325} | 鸟的总称
老鸦 lɑu^{35} a^{44} | 乌鸦
日婆 niʔ^{4} p'o^{212} | 老鹰
麻□鸟 ma^{24} pin^{35} tɑu^{325} | 麻雀
山鸡 san^{44} ʨiai^{44} | 野鸡
□咕鸟 p'u^{42} ku^{44} tɑu^{325} | 布谷鸟
燕崽鸟 iɛn^{42} tsɔi^{35} tɑu^{325} | 燕子
殼竹鸟 k'ɔʔ^{4} tʃuʔ^{4} tɑu^{325} | 啄木鸟
　尫树鸟 tuʔ^{2} ɕy^{42} tɑu^{325}
鸽崽 kɛʔ^{2} tsɔi^{325} | 鸽子
□□ ɕyaiʔ^{4} ɑu^{44} | 大雁
八八鸟 paʔ^{4} paʔ^{4} tɑu^{325} | 八哥
掘窟鸟 tʃ'ueʔ^{4} feʔ^{4} tɑu^{325} | 猫头鹰
喜鹊鸟 ɕi^{35} ts'iaʔ^{4} tɑu^{325} | 喜鹊

笪嘴甲 taʔ^{4} tʃɔi^{325} kaʔ^{4} | 铁嘴鸟

鸟崽斗 tau^{35} tsɔi^{325}tɛu^{325} | 鸟窝

　鸟窠 tau^{35} k‘o^{44}

鸟卵 tau^{35} lʌn^{44} | 鸟蛋

打卵 taŋ^{35} lʌn^{44} | 鸟交配

豹虎崽 pau^{42} fu^{35}tsɔi^{325} | 金钱豹

豺狗 ts‘ai^{24} kau^{325} | 豺狼

山熊 san^{44}ʃuŋ^{212} | 熊

山猪 san^{44}tɕy^{44} | 野猪

猴崽 xɛu^{24} tsɔi^{325} | 猴子

　猴狲 xɛu^{24} suen^{44}

猽 min^{212} | 豪猪

山猫 san^{44}ȵiau^{44} | 狐狸

　狐狸 vu^{24} li^{212}

鳞崽甲 lin^{24} tsɔi^{325} kaʔ^{4} | 穿山甲

衔 xʌn^{212} | 动物嘴含

（三）虫蛇类

□□鸟 pi^{44}pa^{44} tau^{325} | 蝙蝠

　老鼠皮 lau^{35} ɕy^{35} p‘i^{212}

高蜢 kau^{44} mɛn^{325} | 蚂蚱

　蚱蜢 ts‘aʔ^{4} mɛn^{325}

壁老虎 piaʔ^{4} lau^{35} fu^{325} | 壁虎

□□ lo^{42} tɕ‘io^{325} | 蜘蛛

□□网 lo^{42} tɕ‘io^{325} mɔŋ^{325} | 蜘蛛网

八脚蟢 paʔ^{4} tɕiɔʔ^{4} ɕi^{325} | 有八只脚的一种大蜘蛛

蚊崽 muen^{24} tsɔi^{325} | 蚊子

蠓□ muŋ^{24}to^{44} | 一种很小的飞虫

木虱 muʔ^{2} sɛʔ^{4} 臭虫

□蚊 p‘aʔ^{4} muen^{212} | 苍蝇

牛虻 ŋau^{24} mɔŋ^{212}

屎□蚊 sɿ^{325} p‘aʔ^{4} muen^{212} | 红头苍蝇，常在粪便上活动

飞蛾 fui^{44} ŋo^{212}

□□嘻嘻 ȵi^{24} ŋa^{0} ɕi^{44} ɕi^{44} | 蝉

□□嘻嘻壳 ȵi^{24} ŋa^{0} ɕi^{44} ɕi^{44}xɔʔ^{4} | 蝉蜕

蜂崽 pʻuŋ^{44} tsɔi^{325} | 蜜蜂

黄蜂 vɔŋ^{24} pʻuŋ^{44} | 马蜂

老虎头 lɑu^{35} fu^{325} tʻɛu^{212} | 一种花纹像虎纹的野蜂，叮人极痛

狗屎郎 kɑu^{35} sɿ^{35} lɑŋ^{212} | 一种小野蜂

黄□ vɔŋ^{24} iɛu^{325} | 一种体黄色，窝做在地下的野蜂

乌屎窟 vu^{44} sɿ^{325} veʔ^{4} | 一种尾部黑色的野蜂

蜂窠 pʻuŋ^{44} kʻo^{44} | 蜂窝

蝴蝶 fu^{24} tʻaʔ^{2}

黄□vɔŋ^{24} mi^{42} | 蜻蜓

白翼崽 pʻaʔ^{2} iɛʔ^{2} tsɔi^{325} | 飞蛾的总称

□狗崽 paʔ^{4} kɑu^{35} tsɔi^{325} | 蝼蛄

虱 sɛʔ^{4} | 虱子

虱卵 sɛʔ^{4} lʌn^{44} | 虱子的卵或幼虫

□□□ tsʻɛn^{44} kan^{44} pʻɔi^{325} | 臭虫

狗虱 kɑu^{35} sɛʔ^{4} | 跳蚤

□崽王 kɑu^{42} tsɔi^{325} vɔŋ^{212} | 蟑螂

灶鸡崽 tsɑu^{42} ʨiai^{44} tsɔi^{325} | 灶蟋蟀

　蚁 ȵi^{325} | 蚂蚁

白蚁 pʻaʔ^{2} ȵi^{325}

蚁窠 ȵi^{35} kʻo^{44} | 蚁巢

□□须 ian^{44} ian^{44} si^{44} | 蜩蜩

□□□ ta^{44} tsɛn^{44} ko^{44} | 蟋蟀

　蟋蟋 siʔ^{4} siʔ^{4}

蛇蜒 sa^{24} iɛn^{212} | 蚯蚓

蜒蚰 iɛn^{24} iu^{212} | 蚰蜒

蜒蚰螺蛳 iɛn^{24} iu^{212} lo^{24} sɿ^{44} | 蜗牛

熬蟥 ŋɑu^{24} vɔŋ^{212} | 蚂蝗

　蚂蝗蜞 ma^{35} vɔŋ^{24} ʨʻi^{212}

蜈蚣 ŋɛ^{24} kuŋ^{44}

□ kʻo^{42}

臭屁虫 tsʻɛu^{42} pʻi^{42} tʃʻuŋ^{212}

火焰虫 fu^{35} ian^{42} tʃʻuŋ^{212} | 萤火虫

蛆 ts‘i^{44}

寸白蛇 ts‘uen^{42} p‘aʔ^{2} sa^{212} | 银环蛇

竹叶青 tʃuʔ^{4} iɑuʔ^{2} ts‘ɑŋ^{44} | 青竹蛇

癞头斑 lai^{42} t‘ɛu^{24} pan^{44} | 一种身有棋盘状花纹的毒蛇

松柏根 ts‘uŋ^{24} paʔ^{4} tʃuen^{44} | 一种状如松柏树根的无毒蛇

乌梢蛇 vu^{44} sɑu^{44} sa^{212} | 一种黑色的无毒蛇

四脚蛇 si^{42} ȶiɔʔ^{4} sa^{212} | 蜥蜴

□ŋɔʔ^{4}（蜂）螫

（四）鱼虾类

鱼 ȵiu^{212}

乌□鱼 vu^{44} li^{0} ȵiu^{212} | 乌鱼

草鱼 ts‘ɑu^{35} ȵiu^{212}

雄鱼 ʃuŋ^{24} ȵiu^{212} | 鳙鱼

夫柳 fu^{44} liɛu^{325} | 泥鳅

　黄鳅 vɔŋ^{24} ts‘iu^{44}

黄鳝 vɔŋ^{24} sɛn^{42} | 鳝鱼

黄牛角 vɔŋ^{24} ŋɑu^{212} kɔʔ^{4} | 一种头部长有往两边突出的尖角的鱼

鱼鳃 ȵiu^{24} sɔi^{44}

鱼脬 ȵiu^{24} p‘ɑu^{212} | 鱼鳔

虾公 xa^{24} kuŋ^{44} | 虾

沙鱼 sa^{44} ȵiu^{212} | 鳖

蚌壳 p‘ɔŋ^{42} k‘ɔʔ^{4} | 蚌

细蚌壳 sai^{325} p‘ɔŋ^{42} k‘ɔʔ^{4} | 蛤蜊

□ ȶiai^{325} | 山间生长的蛙类的统称

□卵 ȶiai^{35} lʌn^{325} | 青蛙卵

□崽 ȶiai^{35} tsɔi^{325} | 蝌蚪

　蛤蟆牯 xa^{24} ma^{212} ku^{325}

三条筋 san^{44} t‘ɑu^{24} tʃuen^{44} | 田鸡

癞皮蛤蟆 lai^{42} p‘i^{24} xa^{24} ma^{212}

七　房舍

（一）房屋结构

寮 lɑu^{212} | 房子，房屋

封火墙 fuŋ^{44} fu^{35} ts‘iɔŋ^{212} | 旧式砖瓦房的高墙，有挡火的作用

封火寮 fuŋ^{44} fu^{35} lɑu^{212} | 建有封火墙的砖瓦房

土泥寮 t‘u^{35}nai^{24}lɑu^{212} | 以泥土作墙的房屋

竹寮 tʃuʔ^{4} lɑu^{212} | 以竹子搭建的房屋

瓦寮 ŋa^{35} lɑu^{212} | 瓦屋

茅（草）寮 mɑu^{24}（ts‘ɑu^{35}）lɑu^{212} | 茅屋

叶寮 iɑuʔ^{2}lɑu^{212} | 以树叶盖顶的房屋

火灰寮 fu^{35}xɔi^{44}lɑu^{212} | 茅棚

埋叉寮 mai^{24} ts‘a^{44} lɑu^{212} | 柱子直接埋入土中的房屋

正寮 tsɑŋ^{42} lɑu^{212} | 正房

横寮 iɑŋ^{24} lɑu^{212} | 正房两边转弯九十度向前延伸的厢房

厅下 t‘ɑŋ^{44} xa^{42} | 厅堂

间 ʨian^{44} | 房间

杂间 ts‘aʔ^{2} ʨian^{44} | 放杂物的房间

闲间 xan^{24} ʨian^{44} | 空房间

寮栋脊 lɑu^{24} tuŋ^{44} tsiʔ^{4} | 屋脊

寮顶 lɑu^{24} tin^{325} | 房顶

寮檐 lɑu^{24} iɛn^{212} | 屋檐

敖檐 ŋɑu^{24} iɛn^{212} | 飞檐

树墩 ɕy^{42} ten^{44} | 柱子

楼徒 lɛu^{24} t‘u^{212} | 承载铺设楼板的横木

正梁 tsɑŋ^{44} liɔŋ^{212} | 大厅顶上的梁

桁条 xɛn^{24} t‘ɑu^{212} | 檩

桷崽 kɔʔ^{4} tsɔi^{325} | 椽子

阳瓦 iɔŋ^{24} ŋa^{325} | 放置于下面的瓦片

阴瓦 in^{44} ŋa^{325} | 放置于上面的瓦片

明瓦 mɛn^{24} ŋa^{325} | 能透光的玻璃瓦

　光瓦 kuɔŋ^{44} ŋa^{325}

大门 t‘ai^{42}muen^{212} | 厅门

后门 xɛu^{42}muen^{212}

门挡 muen^{24} tɔŋ^{44} | 门槛

门斗 mun^{24} tɛu^{325} | 门臼

门闩 muen^{24} sʌn^{44}

锁匙 so^{35} sɿ^{325} | 钥匙

地脚 t‘i^{42} tɕiɔʔ^{4} | 门槛

踏步 t‘aʔ^{2} p‘u^{42} | 台阶

磉礅石 sɔŋ^{44} ten^{44} saʔ^{2} | 柱下石

床门 ts‘an^{35} muen^{212} | 窗户

床门栅崽 ts‘an^{35} muen^{212}tsɛʔ^{4} tsɔi^{325} | 窗户的木档

楼梯 lɛu^{24}t‘ai^{44}

涵洞 xʌn^{24} t‘uŋ^{42} | 房屋地下排水的通道

栟 p‘iɑŋ^{44} | 房子纵向的墙一堵叫一栟

合栟 xɔʔ^{2} p‘iɑŋ^{44} | 两家房子共一堵相隔离的墙

裱墙 piɛu^{35} ts‘iɔŋ^{212} | 在墙上裱糊纸张

篾编墙 maiʔ^{2} pan^{44} ts‘iɔŋ^{212} | 用篾片编成的墙壁

三合土 san^{44} xɑuʔ^{2} t‘u^{325} | 黄土、沙子和石灰拌成，用以舂墙或铺设地面

（二）房内设施及其他

灶 tsɑu^{42} | 烧柴火的灶

灶背 tsɑu^{42} pɔi^{44} | 厨房

灶脚下 tsɑu^{42} tɕiɔʔ^{4} xa^{42} | 灶边

灶□头 tsɑu^{42} luʔ^{2} t‘ɛu^{212} | 锅台

烟囱 ian^{44} ts‘uŋ^{212}

炉栅 lu^{24} sɛʔ^{4} | 炉膛底部可供掏放炉渣的铁栅

屎□ sɿ^{35}p‘a^{42} | 粪坑；厕所

茅司 mɑu^{24} si^{44} | 厕所

茅司窟 mɑu^{24} si^{44} fuiʔ^{4} | 粪坑

茅司洞 mɑu^{24} si^{44} t‘uŋ^{42}

猪斗 tɕy^{44} tɛu^{325} | 盛猪食的槽子

牛栏 ŋɑu^{24} lʌn^{212} | 牛圈

猪栏 tɕy^{44} lʌn^{212} | 猪圈

鸡笼 tɕiai^{44} luŋ^{212} | 鸡窝

狗□ kɑu^{35} to^{44} | 狗窝

□鸡笼 kʌn^{35} tɕiai^{44} luŋ^{325} | 鸡罩

鸡斗 tɕiai^{44} tɛu^{325} | 鸡食盘

赶鸡棍 kʌn^{35} tɕiai^{44} kuen^{42} | 赶鸡用的竹梢

禾秆堆 vo^{24} kʌn^{325} tɔi^{44} | 稻草堆

八　器具用品

（一）一般家具

橱 ʨʻy^{212} | 橱子

两斗橱 liɔŋ^{35} tɛu^{35} ʨʻy^{212} | 一种分为上下两截的橱子

三斗橱 san^{44} tɛu^{35} ʨʻy^{212} | 一种有三个抽屉的橱子

五斗橱 ŋ̍^{35} tɛu^{35} ʨʻy^{212} | 一种有五个抽屉的橱子

矮橱 ai^{35} ʨʻy^{212} | 一种较矮的橱子

层橱 tsʻɛn^{24} ʨʻy^{212} | 有多层格子的橱子

高低橱 kɑu^{44} ti^{44} ʨʻy^{212} | 一种一边高一边低的橱子

碗橱 vʌn^{35} ʨʻy^{212} | 放碗筷的橱子

柜 kʻui^{42} | 柜子

钱柜 tsʻan^{24} kʻui^{42} | 旧式放钱（银圆、铜圆等）的柜子

床头柜 tʃʻɔŋ^{24} tʻɛu^{24} kʻui^{42}

箱崽 siɔŋ^{44} tsɔi^{325} | 箱子

台 tʻɔi^{212} | 桌

台崽 tʻɔi^{24} tsɔi^{35} | 小桌子

上横头 ʃɔŋ^{44} iɑŋ^{24} tʻɛu^{212} | 上席，厅堂中桌子正对着大门的一边

下横头 xa^{42} iɑŋ^{24} tʻɛu^{212} | 席位，厅堂中桌子背对着大门的一边

东边 tuŋ^{44} pan^{44} | 上席右边的席位

西边 sai^{44} pan^{44} | 上席左边的席位

当央 tɔŋ^{44} ɔŋ^{44} | 处于中间的坐席

（台）簏（tʻɔi^{24}）luʔ^{2} | 抽屉

椅崽 i^{35} tsɔi^{325} | 椅子，包括竹椅、木椅

　椅崽凳 i^{35} tsɔi^{325} tɛn^{44}

凳 tɛn^{44} | 凳子

摇椅凳 iɑu^{24} i^{325} tɛn^{44} | 一种可前后摇动的竹木坐具

长凳 tʃʻɔŋ^{24} tɛn^{44} | 长条的木凳

高长凳 kɑu^{44} tʃʻɔŋ^{24} tɛn^{44} | 高木凳

□凳 tʻuʔ^{4} tɛn^{44} | 一种坐一人的小板凳

蛤蟆凳 xa^{24} ma^{24} tɛn^{44} | 杌子，小板凳

櫼 ʨian^{44} | 楔子

坼 ts‘aʔ^{4} | 裂缝

□坼 kuɛʔ^{4} ts‘aʔ^{4} | 裂开缝

（二）卧室用具

床 tʃ‘ɔŋ^{212} | 床

花板床 xa^{44} pan^{35} tʃ‘ɔŋ^{212} | 花床的一种，在板上绘花

五□床 ŋ̍^{35} tɛn^{44} tʃ‘ɔŋ^{212} | 一种中间有五根横档的床

架崽床 ka^{42} tsɔi^{35} tʃ‘ɔŋ^{212} | 无图案花纹装饰而仅有支挂帐子的架子的床

德国床 tɛʔ^{4}kuɛʔ^{4}tʃ‘ɔŋ^{212} | 造型有欧式风格的床

高低床 kɑu^{44}tai^{44}tʃ‘ɔŋ^{212} | 无上层框架、两头靠板有高低的床

床板 tʃ‘ɔŋ^{24} pan^{325} | 床上的铺板

床枰 tʃ‘ɔŋ^{24} p‘iɑŋ^{44} | 床沿横木

踏脚凳 t‘aʔ^{2}tɕiɔʔ^{4}tɛn^{44} | 旧式床沿横木较高的床前用以垫高登床的长条凳子

蚊帐 muen^{24} tʃɔŋ^{42}

枕头 tsen^{35}t‘ɛu^{212}

被 p‘i^{44} | 被子

垫被 t‘iɛn^{42} p‘i^{44} | 褥子

袋被 t‘ɔi^{42} p‘i^{44} | 套棉花被胎的布套

棉花絮 miɛn^{24}xa^{44}si^{42} | 棉花被胎

被心 p‘i^{44} sin^{44}

被面 p‘i^{44} miɛn^{42}

草席 ts‘ɑu^{35} ts‘aʔ^{2}

篾席 maiʔ^{2} ts‘aʔ^{2}细篾片编织的席子

镜箱簏 tɕiɑŋ^{42} ɕiɔŋ^{44} luʔ^{4} | 上部支有镜子的旧式梳妆台

毛筒 mɑu^{24} t‘uŋ^{212} | 圆柱形的瓷瓶，用以插放掸子、纸媒等物

竿竿 xɔŋ^{42} kʌn^{44} | 晾衣竹竿

竿竿杈 xɔŋ^{42} kʌn^{44} ts‘a^{44} | 下截插入地下而固定竖立的竿竿杈

夜壶 ia^{42} fu^{212}

汤壶 t‘ɔŋ^{44} fu^{212}

火笼 fu^{35} luŋ^{212} | 一种竹编外壳的手炉

踏炉 t‘aʔ^{2} lu^{212} | 火盆

尿桶 nɑu^{42} t‘uŋ^{325} | 装尿的木桶

锡壶 saʔ^{4}fu^{212} | 旧时一种保暖的锡壶

□壶 tsʻo^{42} fu^{212} | 一种圆形的大而扁的锡壶

酒壶 tsiu^{35} fu^{212} | 一种容量小的用于装酒的锡壶

暖筒 nʌn^{44} tʻuŋ^{212} | 盛茶叶水并可以保温的一种陶器

摇箩 iɑu^{24} lo^{212} | 在箩筐里垫上稻草或棉被，供小孩坐或置放饭甑以保温

摇桶 iɑu^{24} tʻuŋ^{325} | 一种供小孩躺卧的可摇动的木桶

竹轿 tʃuʔ^{4} tɕʻiɛu^{42} | 一种供小孩坐或立的竹椅，上部围拢有六根档子

竖轿 ɕy^{42}tsʻiɛu^{42} | 一种供小孩坐或立的木椅，上部围拢有四根档子

（三）炊事用具

柴灶 tsʻai^{24} tsɑu^{42} | 以柴草为燃料的灶

煤灶 mɔi^{24} tsɑu^{42} | 以煤为燃料的灶

煤筒 mɔi^{24} tʻuŋ^{212} | 煤炉中搁放煤块、煤球的圆筒

炉崽 lu^{24}tsɔi^{325} | 炉子

风箱 fuŋ^{44} siɔŋ^{44} | 火炉中用于鼓风的装置

风箱炉 fuŋ^{44} siɔŋ^{44} lu^{212} | 以风箱吹火的铁匠炉；一种陶土烧制的以煤球为燃料的小炉灶

火铲 fu^{35} tsʻan^{325} | 用于铲去炉灶中灰土的铲子

火钳 fu^{35} tɕʻiɛn^{212} | 用于送柴草等燃料到炉灶中的铁钳

火杈 fu^{35} tsʻa^{44} | 用于送柴草等燃料到炉灶中的铁杈

火管 fu^{35} kuʌn^{325} | 用于向炉灶中吹风的竹筒

　喷火筒 pʻɛn^{44} fu^{35} tʻuŋ^{212}

洋火 iɔŋ^{24} fu^{212} | 火柴的旧称

大柴 tʻai^{42} tsʻai^{212} | 木柴

茅草柴 mɑu^{24} tsʻɑu^{35} tsʻai^{212} | 作燃料的茅草

刨疕 pʻau^{24} pʻi^{325} | 刨花

锯崽末 tɕiu^{42} tsɔi^{35} maiʔ^{2} | 锯末

镬 vɔʔ^{2} | 锅

顶□ tan^{325} kʻɔŋ^{325} | 锅盖

镬耳□ vɔʔ^{2} ȵi^{35} kʻuen^{325} | 小锅边沿用于手提的铁环

镬底 vɔʔ^{2} tai^{325} | 锅底部

铝镬 lɔi^{35}vɔʔ^{2} | 铝制的锅

糖镬 tʻɔŋ^{24} vɔʔ^{2} | 熬米糖的大锅

王镬 vɔŋ^{24}vɔʔ^{2} | 一种特大的锅

镬底墨 vɔʔ^{2} tai^{35} mɛʔ^{2} | 锅底灰

镬铲 vɔʔ^{2} tsʻʌn^{325} | 锅铲

镬筅崽 vɔʔ^{2} san^{35} tsɔi^{325} | 用小篾片扎成的炊帚

筲箕 sɑu^{44} tɕi^{44} | 可滤米汤的盛饭篾篮

漏篦 lɛu^{42} pʻi^{42} | 笊篱

杯 pɔi^{44} | 杯子

盏崽 tsan^{35} tsɔi^{325} | 小杯

钵头 paiʔ^{4} tʻɛu^{212} | 陶钵的总称

炖钵 ten^{42} paiʔ^{4} | 炖食物的陶钵

猪□钵 tɕy^{44} tɕi^{44}paiʔ^{4} | 一种底部尖而体高的陶钵，形似猪头。

□盆 xɔŋ^{44} pʻuen^{212} | 一种陶制的容器，扁圆状，口大

桶盆 tʻuŋ^{35}pʻuen^{212} | 果子盒

圆碟崽 yʌn^{24}tʻaʔ^{2} tsɔi^{325} | 盛果品的盒子

箸 tɕʻy^{42} | 筷子

箸筒 tɕʻy^{42} tʻuŋ^{212} | 筷笼

调羹 tʻɑu^{24} kɑŋ^{44} | 汤匙

碗缸 vʌn^{35}kɔŋ^{44} | 大碗

碗崽 vʌn^{35}tsɔi^{325} | 小碗

盘崽 pʻuen^{24}tsɔi^{325} | 小盘子

碟崽 tʻaʔ^{2}tsɔi^{325} | 碟子

勺崽 ʃɔʔ^{2}tsɔi^{325} | 小勺子

饭勺崽 pʻʌn^{42}ʃɔʔ^{2} tsɔi^{325} | 盛饭的勺子

饭甑 pʻʌn^{42} tsen^{42} | 蒸饭的甑子

饭甑底 pʻʌn^{42} tsen^{42} tai^{325} | 饭甑底部的竹箅或木箅

炊笼 tʃʻɔi^{4}luŋ^{212} | 蒸笼

饭兜 pʻʌn^{42} tɛu^{44} | 饭窝

水错 ʃui^{35} tsʻo^{42} | 水缸

酒瓮 tsiu^{35} vuŋ^{42} | 大酒坛

酒缸 tsiu^{35} kɔŋ^{44} | 用于装酒的陶制大缸

酒□ tsiu^{35} pʻa^{42} | 口大底小的盛酒容器，比酒瓮小

菜刀 tsʻɔi^{44} tɑu^{44}

磨刀石 mu^{24} tɑu^{44} saʔ^{2}

菜板 tsʻɔi^{44} pan^{325} | 砧板

案板 ʌn^{42} pan^{325}

研床 ȵiɛn^{35}tʃʻɔŋ^{212}

研槽 ȵiɛn^{35}tsʻɑu^{212} | 研床的槽子

水桶 ʃui^{35} tʻuŋ^{325}

潲水 sɑu^{44} ʃui^{35} | 泔水

潲□桶 sɑu^{44}kɑu^{44} tʻuŋ^{325} | 泔水桶

（四）工匠用具

凿 tsʻɑuʔ^{2} 凿子

角尺 kɔʔ^{4} tsʻaʔ^{4} | 曲尺

刨崽 pʻau^{24} tsɔi^{325} | 刨子

锯崽 tɕiu^{42} tsɔi^{325} | 锯子

斧头 fu^{35} tʻɛu^{212}

铁锤 tʻaiʔ^{4} tʃʻui^{212}

马 ma^{325} | 用以搁放圆木料的木匠用具

墨斗 mɛʔ^{2} tɛu^{325}

墨签 mɛʔ^{2} tsʻian^{44} | 画墨线用的木笔

墨斗线 mɛʔ^{2} tɛu^{35} san^{44}

夹签 kaʔ^{4}tsʻian^{44} | 合叶

砖刀 tʃuʌn^{44} tɑu^{44} | 用以敲砍砖石块的石匠用刀

泥夹崽 nai^{24} kaʔ^{4} tsɔi^{325} | 用以涂抹灰浆的用具

泥崽板 nai^{24} tsɔi^{35} pan^{325} | 盛放灰浆的木板

灰板 fɔi^{44}pan^{325} | 把粉刷好的沙灰抹平所用的木板

定崽 tʻɑŋ^{42} tsɔi^{325} | 线下悬挂铁砣以测定垂直度的用具

墙夹板 tsʻiɔŋ^{24} kaʔ^{4} pan^{325} | 舂捣泥墙时用来夹住墙体的模板

舂槌 tʃuŋ^{44} tʃʻui^{212} | 舂杵

裁缝机 tsʻɔi^{24} fuŋ^{24} tɕi^{44} | 缝纫机

锁边机 so^{35} pan^{44} tɕi^{44} | 拷边机

□斗 veʔ^{4} tɛu^{325} | 旧式熨衣用具，铁制，入炭火烧热使用

篾刀 maiʔ^{2} tɑu^{44} | 破竹、篾的刀具

鉴刀 kan^{44} tɑu^{44} | 修刨篾片为统一宽度的刀，两把刀刃口相向固定于木凳上

篾锹 maiʔ^{2} tɕʻiɑu^{44} | 编篾器时帮助篾片穿插的引刀

刨刀 pʻau^{24} tɑu^{44} | 把篾片刨光滑的刀

□凿 kan^{44}tsʻɑuʔ^{2} | 捅去竹节的铁铲

纸渣筋 tsɿ^{42} tsa^{44} tʃuen^{44} | 纸筋，作用同麻刀

铁礅 t‘aiʔ^{4} tɛn^{325} | 铁砧

錾崽 ts‘an^{42} tsɔi^{325} | 凿石头或金属的凿子

鐾刀布 p‘i^{42} tɑu^{44} pu^{44} | 磨剃头刀的布条

推剪 t‘ɔi^{44} tsan^{325} | 剃头推子

鱼杆 ȵiu^{24} kʌn^{44}

鱼虫 ȵiu^{24} tʃ‘uŋ^{212} | 鱼饵

（五）其他生活用品

洗面水 sai^{35} miɛn^{42} ʃui^{325} | 洗脸水

面盆 miɛn^{42} p‘uen^{212} | 脸盆

洗浴盆 sai^{44} iɔʔ^{2} p‘uen^{212} | 澡盆

洗脚盆 sai^{44} tɕiɔʔ^{4} p‘uen^{212}

高脚盆 kɑu^{44} tɕiɔʔ^{4} p‘uen^{212} | 旧时女性用以洗下身的有高脚的木盆，可坐其上

梳 ɕio^{44} | 梳子

箅筴 p‘iʔ^{2} kaʔ^{4} | 箅子

碱 kan^{325} | 肥皂

香碱 ɕiɔŋ^{44} kan^{325} | 香皂

茶likely 茶梏 ts‘a^{24} k‘u^{44} | 油茶果实榨油后的饼块，旧时用以作洗涤用品

洗面□ sai^{35} miɛn^{42} p‘an^{212} | 毛巾

挢脚巾 tɕiɑu^{35} tɕiɔʔ^{2} tʃuen^{44} | 揩脚布

挢台巾 tɕiɑu^{35} t‘ɔi^{24} tʃuen^{44} | 抹桌布

挢台布 tɕiɑu^{35} t‘ɔi^{24} pu^{44}

洗衫板 sai^{35} san^{44} pan^{325} | 洗衣板

洋油 iɔŋ^{24} iu^{212} | 煤油旧称

洋油灯 iɔŋ^{24} iu^{24} tɛn^{44} | 煤油灯

灯盏 tɛn^{44} tsan^{325} | 灯，旧时专指油灯

灯盏碟 tɛn^{44} tsan^{325} t‘aʔ^{2} | 旧式油灯盛油的碟子

灯芯 tɛn^{44} sin^{44} | 灯草

电筒 t‘iɛn^{42} t‘uŋ^{325} | 手电筒

电灯泡 t‘iɛn^{42} tɛn^{44} p‘au^{325} | 灯泡

汽灯 tɕ‘i^{42} tɛn^{44} | 一种加大气压而点燃的油灯，亮度大

马灯 ma^{35} tɛn^{44} | 一种外罩玻璃灯罩可以提挂的油灯

蜡烛台 laiʔ^{2} tʃuʔ^{4} t‘ɔi^{212} | 扦插蜡烛的座子

蚊虫香 muen^{24} tʃ‘uŋ^{24} ɕiɔŋ^{44} | 蚊香

皮子托 p‘i^{24} tsɿ^{0}t‘ɔʔ^{4} | 顶针

钻崽 tsʌn^{42} tsɔi^{325} | 锥子

秆扫 kʌn^{35} sɑu^{42} | 扫帚

芒捶 mɔŋ^{24}tʃ‘ui^{212} | 捶衣棒

台扫 t‘ai^{24} sɑu^{44} | 一种用棕叶做成的打扫桌面灰尘的小扫帚

芒花秆扫 mɔŋ^{24} xa^{44} kʌn^{35} sɑu^{42} | 以芦苇扎成的扫帚

竹枝椏秆扫 tʃuʔ^{4} tɕi^{44} va^{44} kʌn^{35} sɑu^{42} | 以竹梢扎成的扫帚

蒲扇 p‘u^{24} sɛn^{44} | 香蒲叶所制扇子；泛指一般圆形平面（不能收叠）扇子：蒜芯～、麦梗～

挖耳耙 va^{44} ȵi^{35} p‘a^{212} | 掏耳朵的小勺子

剪刀 tsan^{35} tɑu^{44}

米□ mai^{35} tɕin^{44} | 量米用的竹筒

五□斗 ŋ̍^{35} tɕin^{44} tɛu^{325} | 装五升米的木制斗

公章 kuŋ^{44} tʃɔŋ^{44}

皮包 p‘i^{24} pɑu^{44}

钱袋 ts‘an^{24} t‘ɔi^{42} | 钱包

针鼻 tsen^{44} p‘iʔ^{2} | 针眼

荷包 xo^{24} pau^{44} | 装烟、钱币用的布袋

九　称谓

（一）一般称谓

山客崽 san^{44} xaʔ^{4} tsɔi^{35} | 畲民自称

　山客人 san^{44} xaʔ^{4} ȵin^{212}

野人 ia^{35} ȵin^{212} | 旧时对畲民的蔑称

野牯崽 ia^{35} ku^{35} tsɔi^{35} | 旧时对男性畲民的蔑称

野人婆 ia^{35} ȵin^{212} p‘o^{212} | 旧时对女性畲民的蔑称

汉佬人 xʌn^{42}lɑu^{35}ȵin^{212} | 畲民对汉人的称呼

　汉佬崽 xʌn^{42}lɑu^{35}tsɔi^{325}

若落崽 lɔʔ^{2}lɔʔ^{4}tsɔi^{325} | 畲民称当地汉民

男人 nʌn^{24} ȵin^{212}

女人 ȵiu^{35} ȵin^{212}

老大人 lau^{35} t‘ai^{42} ȵin^{212} | 老人家

老倌 lau^{35} kuʌn^{44} | 老头

老妈崽 lau^{35} ma^{44} tsɔi^{325} | 老太婆

单身佬 tʌn^{44} sɛn^{44} lau^{325} | 单身汉

老单身佬 lau^{35} tʌn^{44} sɛn^{44} lau^{325} | 独身的老年男性

寡妇 kua^{35} fu^{42}

细崽人 sai^{44} tsɔi^{325} ȵin^{212} | 小孩

　细人 sai^{44}ȵin^{212}

细崽 sai^{44} tsɔi^{325} | 小孩；小男孩；儿子

妹崽 mɔi^{44} tsɔi^{325} | 女孩子；姑娘；女儿

毛毛儿 mau^{24}mau^{0}ȵi^{212} | 婴儿

泼泼崽 p‘ɔʔ^{4}pɔʔ‘^{4}tsɔi^{325} | 男青年

后生泼泼崽 xɛu^{42} saŋ^{44} pɔʔ‘^{4}pɔʔ‘^{4}tsɔi^{325} | 未婚的年轻男性

青头女 ts‘ɛn^{44} t‘ɛu^{24} ȵiu^{325} | 尚未婚配的年轻女性

二婚亲 ȵi^{42} fen^{44} ts‘in^{44} | 再婚者

路头公 lu^{42} t‘ɛu^{24} kuŋ^{44} | 与已婚女性有恋情的男性

路头婆 lu^{42} t‘ɛu^{24} p‘o^{212} | 与已婚男性有恋情的女性

伙计妈□ fu^{35} tɕi^{42} ma^{44} nɛ^{0} | 有不正当关系的男女

野戳种 ia^{35} tʃ‘ɔʔ^{4} tʃuŋ^{325} | 对私生子的蔑称

街嘚人 tɕiai^{44} tɛ^{0} ȵin^{212} | 称市镇居民

　市里人 sɿ^{42} lɛ^{0} ȵin^{212}

乡巴佬 ɕiɔŋ^{44} pa^{44} lau^{325} | 称农村居民

生当人 saŋ^{44} tɔŋ^{42} ȵin^{212} | 陌生人

别□人 p‘iɛʔ^{2} vɔŋ^{44} ȵin^{212} | 外地人

自家人 ts‘i^{42} ka^{44} ȵin^{212} | 同姓人

隔壁人 kaʔ^{4} piaʔ^{4} ȵin^{212} | 邻居

自家寮嘚人 ts‘i^{42} ka^{44} lau^{24} tɛ^{0} ȵin^{212} | 称同宗族的人

同年公 t‘uŋ^{24} nan^{24} kuŋ^{44} | 称同岁的人

白菜茎 p‘aʔ^{4} tsɔi^{44} tɕiaŋ^{325} | 喻称好看而不中用的人

　青皮梨 ts‘aŋ^{44} p‘i^{24} li^{212}

轻骨头 tɕ‘iaŋ^{44} kuiʔ^{4} t‘ɛu^{212} | 喻称轻浮男性

贱人 ts‘an^{42} ȵin^{212} | 贬称风骚女性

揳人精 tɕ‘ia^{24} ȵin^{24} tsin^{44} | 贬称有婚外情的女性

懒鬼蛇 lʌn^{35} kui^{35} sa^{212} | 贬称懒人

流打鬼 lɛu^{24} taŋ^{35} kui^{325} | 游手好闲的人

告化崽 kɑu^{42} xa^{0} tsɔi^{325} | 乞丐

贼 tsʻɛʔ^{2} | 小偷

打抢 taŋ^{35} tsʻiɔŋ^{325} | 打劫

骗崽 pʻiɛn^{42}tsɔi^{325} | 骗子

毛土匪 mɑu^{24} tʻu^{35} fui^{325} | 山匪

木人头 muʔ^{4} ȵin^{24} tʻɛu^{212} | 喻称笨人

拉屄个 la^{44}piɛʔ^{4} kɛ^{0} | 贬称好吹牛者

板子 pan^{35}tsɿ^{0} | 口齿不清的人

细人新妇 sai^{44} ȵin^{212}sin^{44} pʻiu^{44} | 童养媳

婊崽 piɑu^{35} tsɔi^{325} | 婊子

小气鬼 sɑu^{35} tɕʻi^{42} kui^{325} | 吝啬鬼

（二）职业称谓

先先 san^{44}san^{44} | 教书先生，教师旧称

郎中 lɔŋ^{24} tʃuŋ^{44} | 医生旧称

作田佬 tsɔʔ^{2} tʻan^{24} lɑu^{325} | 农民

做生意个 tso^{42} sɛn^{44} i^{42}kɛ^{0} | 经商者

长工师傅 tʃʻɔŋ^{24} kuŋ^{44} sɿ^{44} fu^{42} | 长工

打散工 taŋ^{35} san^{325} kuŋ^{44} | 打短工

担发脚 tʌn^{44}xaiʔ^{4} tɕiɔʔ^{4} | 做挑夫

泥匠 nai^{24}tsʻiɔŋ^{42} | 泥水匠

石匠师傅 saʔ^{2}tsʻiɔŋ^{42} sɿ^{44} fu^{42}

弹匠 tʻʌn^{24} tsʻiɔŋ^{42} | 弹棉花的手艺人

打匠 taŋ^{35} tsʻiɔŋ^{42} | 编席的手艺人

厨倌师傅 tɕʻy^{24} kuʌn^{44} sɿ^{44}fu^{42} | 厨师

木匠师傅 muʔ^{2} tsʻiɔŋ^{42} sɿ^{44} fu^{42} | 木匠

篾匠师傅 maiʔ^{2} tsʻiɔŋ^{42} sɿ^{44} fu^{42} | 篾匠

铁匠师傅 tʻaiʔ^{4} tsʻiɔŋ^{42} sɿ^{44} fu^{42} | 铁匠

裁缝师傅 tsʻɔi^{24} fuŋ^{24} sɿ^{44} fu^{42} | 裁缝

剃头师傅 tʻai^{44} tʻɛu^{24} sɿ^{44} fu^{42} | 理发师

□猪个 lɔiʔ^{2} tɕy^{44}kɛ^{0} | 屠户

姨婆女 i^{24} pʻo^{24} ȵiu^{325} | 女佣

洗娘妈妈 sai^{35} ȵiɔŋ^{212} ma^{44}ma^{0} | 接生婆

妈娘 ma^{44} ȵiɔŋ^{212} | 奶妈

妈爹 ma^{44} tiɛ^{44} | 奶爹

地仙 tʻi^{42} sian^{44} | 风水先生

师公 sɿ^{44} kuŋ^{44} | 男巫

仙姑 siɛn^{44} ku^{44} | 女巫

算命个 sʌn^{44} miɑŋ^{42} kɛ^{0} | 算命先生

打锣鼓戏个 tɑŋ^{35} lo^{24} ku^{35} ɕi^{42}kɛ^{0} | 乡间业余唱戏者

龙麒 luŋ^{24} tɕʻi^{212} | 即盘瓠，畲族传说中的开族祖先，高辛皇帝妻子耳中的金虫，咬死番王，化成犬首人形，娶高辛皇帝三女

高辛皇帝 kɑu^{44} sin^{44} vɔŋ^{24} tai^{44} | 即帝喾，传说中远古“五帝”之一

番王 xʌn^{44} vɔŋ^{212} | 畲族传说中与高辛皇帝争夺天下的另一国的国王

（三）亲属

祖公 tsɿ^{35} kuŋ^{44} | 祖先，祖宗

崽孙 tsɔi^{35}suen^{44} | 子孙

公□ kuŋ^{44}pʻaʔ^{4} | 曾祖父

　老阿公 lɑu^{35} ai^{44} kuŋ^{44}

□□ kʻo^{44}pʻaʔ^{4} | 曾祖母

阿公 ai^{44} kuŋ^{44} | 祖父

阿婆 ai^{44} pʻo^{212} | 祖母

大阿公 tʻai^{42} ai^{44} kuŋ^{44} | 祖父之兄

细阿公 sai^{44} ai^{44} kuŋ^{44} | 祖父之弟

外公 ŋai^{42} kuŋ^{44} | 外祖父

外婆 ŋai^{42} pʻo^{212} | 外祖母

阿爹 ai^{44}tia^{44}/tiɛ^{44} | 父亲面称

倨爹 ŋɔi^{44}tia^{44}/tiɛ^{44} | 父亲引称

阿娭 ai^{44} mɛ^{44} | 母亲面称

倨娘 ŋɔi^{44} ȵia^{44} | 母亲引称

　倨娭 ŋɔi^{44} mɛ^{44}

后爷 xɛu^{42} ia^{212} | 继父引称

后娘 xɛu^{42} ȵia^{212} | 继母引称

□公 tai^{42} kuŋ^{44} | 岳父

□婆 tai^{42} pʻo^{212} | 岳母

偓公 ŋɔi^{44} kuŋ^{44} | 公公引称

翁 ɔŋ^{44}

偓□ŋɔi^{44} tsa^{325} | 婆婆引称

阿伯 ai^{44}paʔ^{4} | 伯父

大爹 tʻai^{42} tiɛ^{44}

伯妈 paʔ^{4} ma^{44} | 伯母

大婺 tʻai^{42} mɛ^{44}

阿叔 ai^{44} ʃuʔ^{4} | 叔父

细爹 sai^{44} tiɛ^{44}

叔妈 ʃuʔ^{4} ma^{44} | 叔母

细□ sai^{44} nɛ^{44}

舅爹 kʻɛu^{44} tiɛ^{44} | 舅父

舅妈 kʻɛu^{44} ma^{44} | 舅母

姑姐 ku^{44} tsi^{325} | 姑妈

姑丈 ku^{44} tʃʻɔŋ^{42} | 姑父

姨爹 i^{24} tiɛ^{44} | 姨父

姨娘 i^{24} ȵiɔŋ^{212} | 姨母

姨□ i^{24} nɛ^{44}

大姨□ tʻai^{42}i^{24} nɛ^{44} | 比母亲年长的姨母

细姨□ sai^{44}i^{24} nɛ^{44} | 比母亲年幼的姨母

舅公 tɕʻiu^{42} kuŋ^{44} | 父、母的舅父

舅婆 tɕʻiu^{42} pʻo^{212} | 父、母的舅母

老姑姐 lɑu^{35} ku^{44}tsi^{325} | 父、母的姑母

姨妈 i^{24}ma^{44} | 父、母的姨母

老爹 lɑu^{35}tiɛ^{44} | 干爹

老奶 lɑu^{35} nai^{44} | 干妈

妈基崽 ma^{24}tɕi^{44}tsɔi^{325} | 乳儿

丈夫 tʃʻɔŋ^{42} pu^{44}

妇娘 pu^{44} ȵiɔŋ^{212} | 妻子

婆娘 pʻo^{24} ȵiɔŋ^{212}

阿哥 ai^{44} ko^{44} | 哥哥面称

偓哥 ŋɔi^{44} ko^{44} | 哥哥引称

阿嫂 ai^{44} sɑu^{325} | 嫂子

阿弟 ai^{44} t‘ai^{44} | 弟弟面称

偓弟 ŋɔi^{44} t‘ai^{44} | 弟弟的引称

弟新妇 t‘i^{42}sin^{44} p‘iu^{44} | 弟媳妇的引称

阿姐 ai^{44} tsi^{325} | 姐姐

姐丈 tsi^{35} ts‘ɔŋ^{42} | 姐夫

阿妹 ai^{44} mɔi^{44} | 妹妹

　妹 mɔi^{44}

大伯 t‘ai^{42} paʔ^{4} | 丈夫的哥哥的引称

大嫂 t‘ai^{42} sɑu^{325} | 丈夫的嫂子

□舅 man^{44} ʨ‘iu^{42} | 内兄弟

　舅 ʨ‘iu^{42}

大舅 t‘ai^{42} ʨ‘iu^{42} | 内兄

细舅 sai^{44} ʨ‘iu^{42} | 内弟

大姨奶 t‘ai^{42} i^{24} nai^{44} | 妻之姊

细姨奶 sai^{44} i^{24} nai^{44} | 妻之妹

两姨夫 liɔŋ^{35} i^{24} fu^{44} | 连襟

妯娌 seʔ^{4} li^{0}

大细 t‘ai^{42} sai^{44} | 子女；家庭成员统称

崽 tsɔi^{325} | 儿子

　细崽 sai^{44} tsɔi^{325}

老屘崽 lɑu^{35} tuʔ^{4} tsɔi^{325} | 最小的儿子

独孤卵崽 t‘uʔ^{2} ku^{44} lʌn^{35} tsɔi^{325} | 单个睾丸，谑称独子

新妇 sin^{44} p‘iu^{44} | 媳妇

妹崽 mɔi^{44} tsɔi^{325} | 女儿；闺女

女婿 ȵiu^{35} sai^{44}

孙崽 sen^{44} tsɔi^{325} | 孙子

孙新妇 sen^{44} sin^{44} p‘iu^{44} | 孙媳妇

孙□ sen^{44}tsɛ^{0} | 侄儿

女孙 ȵiu^{35} sen^{44} | 孙女；侄女

孙郎 sen^{44} lɔŋ^{212} | 孙女婿；侄女婿

曾孙 ts‘ɛn^{24} sen^{44}

曾女孙 ts‘ɛn^{24} ȵiu^{35} sen^{44} | 曾孙女

外甥 ŋai^{42} sɑŋ^{44} | 外甥；外孙

外甥女 ŋai^{42} sɑŋ^{44} ȵiu^{325} | 外甥女；外孙女

娘家 ȵiɔŋ^{24} ka^{44}

婆家 pʻo^{24} ka^{44}

堂兄弟 tʻɔŋ^{24} ɕiɑŋ^{44} tʻai^{44}

表兄弟 piɛu^{35} ɕiɑŋ^{44}tʻai^{44}

堂姐妹 tʻɔŋ^{24} ʨi^{35} mɔi^{44}

表姐妹 piɛu^{35}ʨi^{35}mɔi^{44}

亲家公 tsʻin^{44} ka^{44}kuŋ^{44} | 称儿子的岳父、女儿的公公；泛称与本宗族成员有婚姻关系者的父亲

亲家婆 tsʻin^{44} ka^{44}pʻo^{212} | 称儿子的岳母、女儿的婆婆；泛称与本宗族成员有婚姻关系者的母亲

亲情 tsʻin^{44} tsʻɑŋ^{24} | 亲戚

　亲眷 tsʻin^{44} tʃuʌn^{42}

爷娘 ia^{24} ȵia^{212} | 父母合称

爷父崽 ia^{24} fu^{42} tsɔi^{325} | 父子俩

两□娘 liɔŋ^{35} tsi^{35} ȵiɔŋ^{212} | 母子（女）俩

两公婆 liɔŋ^{35} kuŋ^{44} pʻo^{212} | 夫妻俩

两兄弟 liɔŋ^{35} ɕiɑŋ^{44} tʻai^{44} | 兄弟俩

两姊妹 liɔŋ^{35} ʨi^{35} mɔi^{44} | 姊妹（姐弟、兄妹）俩

侄两个人 ŋɔi^{44} liɔŋ^{35} kai^{44} ȵin^{212} | 我们俩

两□□公 liɔŋ^{35} tsi^{35} tai^{42} kuŋ^{44} | 岳父和女婿

外婆寮里 ŋai^{42}pʻo^{212}lɑu^{24}lɛ^{0} | 外婆家里

□公寮里 tai^{42} kuŋ^{44} lɑu^{24} lɛ^{0} | 岳父家里

十　身体

（一）头部

头□ tʻɛu^{24}nʌn^{44} | 头

光头 kuɔŋ^{44} tʻɛu^{212}

头毛 tʻɛu^{24} mɑu^{212} | 头发

编崽 piɛn^{44} tsɔi^{325} | 辫子

头□囟　tʻɛu^{212} nʌn^{44} sin^{44} | 囟门

天门 tʻan^{44} muen^{24} | 天庭

额门心 ŋɛʔ^{2} muen^{24} sin^{44} | 额头的中间部位

□□额头 tso^{44} tso^{0} ŋɛʔ^{2} t‘ɛu^{212} | 称前额突出

落头毛 lɔʔ^{2}t‘ɛu^{24}mɑu^{212} | 掉头发

耷耷毛 taʔ^{4}taʔ^{4}mɑu^{212} | 刘海

太阳角 t‘ai^{42} iɔŋ^{24}kɔʔ^{4} | 鬓角

胡须 vu^{24} si^{44} | 胡子

□面胡须 maʔ^{4} miɛn^{42} vu^{24} si^{44} | 络腮胡子

颈 tɕiɑŋ^{325} | 脖子

暴颈 pɑu^{42} tɕiɑŋ^{325} | 指大脖子病

喉咙 fu^{24}luŋ^{212} | 喉咙

喉咙骨 fu^{24}luŋ^{24} kuiʔ^{4} | 喉结

面 miɛn^{42} | 脸

面相 miɛn^{42}siɔŋ^{42} | 长相

面鼓卵 miɛn^{42}ku^{35} lʌn^{44} | 腮帮子

酒□tsiu^{35}iɛn^{42} | 酒窝

□骨 kuai^{24} kueʔ^{4} | 颧骨

眼 ȵian^{325} | 眼睛

眼珠 ȵian^{35} tɕy^{44}

白仁 p‘aʔ^{2} ven^{212} | 白眼珠

乌仁 vu^{44} ven^{212} | 黑眼珠

眼毛 ȵian^{35} mɑu^{212} | 眉毛、睫毛

眼皮 ȵian^{35} p‘i^{212} | 眼睑

眼（泪）水 ȵian^{35} （lui^{42}）ʃui^{325} | 眼泪

眼屎 ȵian^{35}sɿ^{325} | 眼垢

鼻窟 p‘i^{42} feʔ^{4} | 鼻子

鼻公 p‘i^{42} kuŋ^{44}

鼻 p‘i^{42} | 鼻涕

鼻脓 p‘i^{42}nuŋ^{212} | 浓鼻涕

鼻水 p‘i^{42}ʃui^{325} | 清鼻涕

鼻窟眼 p‘i^{42} feʔ^{4}ȵian^{35} | 鼻孔

鼻公梁 p‘i^{42} kuŋ^{44}liɔŋ^{212} | 鼻梁

嘴 tʃɔi^{325} | 嘴巴

嘴沿皮 tʃɔi^{35} iɛn^{24} p‘i^{212} | 嘴唇

　嘴唇皮 tʃɔi^{35} ʃuen^{24} pʻi^{212}
嘴水 tʃɔi^{35} ʃui^{325} ǀ 口水，唾沫
　爬澜水 pʻa^{24} lʌn^{212} ʃui^{325}
　口澜水 xɛu^{35} lʌn^{212} ʃui^{325}
痰 tʻʌn^{212}
梦瀺 muŋ^{42} tsʻan^{212} ǀ 睡觉时流出的口水
舌 sɛʔ^{2} ǀ 舌头
牙 ŋa^{212} ǀ 牙齿
当门牙 tɔŋ^{44} muen^{24} ŋa^{212} ǀ 门牙
鬼牙齿 kui^{35}ŋa^{212} ǀ 在两牙之间另长出的牙齿
暴牙 pɑu^{44}ŋa^{212} ǀ 外突的门牙
牙肉 ŋa^{24}ȵiuʔ^{2} ǀ 牙龈
耳□ ȵi^{35} kʻuen^{325} ǀ 耳朵
　耳窟　ȵi^{35} feʔ^{4}
耳公窟 ȵi^{35} kuŋ^{44}feʔ^{4} ǀ 耳孔
　耳洞 ȵi^{35} tʻuŋ^{42}
耳屎 ȵi^{35}sɿ^{325} ǀ 耳垢
（二）上身
高子 kɑu^{44}tsɿ^{0} ǀ 个子高的人
矮子 ai^{325} tsɿ^{0} ǀ 个子矮的人
肩头 tɕiɛn^{44} tʻɛu^{212}
胦胛 tɕʻiɛʔ^{4} kaʔ^{4} ǀ 胳肢窝
脉门 mɛʔ^{2} muen^{212} ǀ 手腕
反手 xʌn^{35} sɛu^{325} ǀ 左手
顺手 ʃuen^{42} sɛu^{325} ǀ 右手
巴掌 pa^{44} tʃɔŋ^{325} ǀ 手掌，也指手心
手指崽 sɛu^{35} tsɿ^{35} tsɔi^{325} ǀ 手指头
手公头 sɛu^{35} kuŋ^{44} tʻɛu^{212} ǀ 大拇指
细手崽 sai^{44} sɛu^{35} tsɔi^{325} ǀ 小指
手崽节 sɛu^{35} tsɔi^{325}tsaiʔ^{4} ǀ 指关节
手甲 sɛu^{35}kaʔ^{4} ǀ 指甲
手眼 sɛu^{35} ȵian^{325} ǀ 手趼
拳头牯 tʃʻuen^{24} tʻɛu^{24} ku^{325} ǀ 拳头

腡 lo^{212} | 圆形指纹

筲 sɑu^{44} | 长形指纹

排□骨 p‘ai^{24}sɔŋ^{44}kueʔ^{4} | 肋骨

心门前 sin^{44} muen^{24} ts‘an^{212} | 胸脯

心窝 sin^{44}vo^{44} | 胸口

肚 tu^{325} | 腹部

肚脐 tu^{325} ts‘i^{42}

□ nɛn^{325} | 乳房；奶水

□头 nɛn^{325} t‘ɛu^{212} | 乳头

（三）下身

脚 ʨiɔʔ^{4} | 脚

脚公头 ʨiɔʔ^{4} kuŋ^{44} t‘ɛu^{212} | 脚趾

大髀 t‘ai^{42} pi^{44} | 大腿

脚肚子 ʨiɔʔ^{4} tu^{325} tsɛ^{0} | 小腿肚

脚骨头 ʨiɔʔ^{4}kueʔ^{4}t‘ɛu^{212} | 膝盖

脚弯 ʨiɔʔ^{4} vʌn^{44} | 膝关节的后部

脚眼 ʨiɔʔ^{4}ȵian^{325} | 脚鸡眼

螺蛳眼 lo^{24}sʅ^{44}ȵian^{325} | 踝骨

脚踭 ʨiɔʔ^{4} tsɑŋ^{44} | 脚后跟

屎窟 sʅ^{35}feʔ^{4} | 屁股

屎窟眼 sʅ^{35}feʔ^{4}ȵian^{325} | 肛门

胯裆 k‘a^{42}tɔŋ^{44} | 胯下

膦 lin^{325} | 男性生殖器统称，包括阴囊、睾丸

卵崽盒 lʌn^{35}tsɔi^{325}xɑuʔ^{2} | 阴囊

膦核崽 lin^{24}xueʔ^{2} tsɔi^{325} | 睾丸

　卵崽 lʌn^{35}tsɔi^{325}

娭 tsʅ^{44} | 女性生殖器

　屄 piɛʔ^{4}

戳娭 tʃ‘ɔʔ^{4} tsʅ^{44} | 性交

　戳屄 ts‘ɔʔ^{4}piɛʔ^{4}

膦□ lin^{24} suŋ^{212} | 精液

脚迹 ʨiɔʔ^{4}tsiaʔ^{4} | 脚印

打赤脚 tɑŋ^{35} ts‘aʔ^{4} ʨiɔʔ^{4} | 赤脚行走

整脚板 kɛn^{35} ʨiɔʔ^{4} pan^{325} | 扁平足

（四）腑脏等

连贴 liɛn^{24}t‘aiʔ^{4} | 胰脏

腰崽 iɛu^{44}tsɔi^{325} | 肾脏

大肠 t‘ai^{42} tʃ‘ɔŋ^{212}

细肠 sai^{44}tʃ‘ɔŋ^{212} | 小肠

粉肠 fen^{44} tʃ‘ɔŋ^{212} | 韧性不够的那一段小肠

尿脬 nɑu^{42}p‘ɑu^{44} | 膀胱

寒毛孔 xʌn^{24} mɑu^{24} k‘uŋ^{325} | 汗毛眼儿

爬孤漆 p‘a^{24}ku^{44}ts‘iʔ^{4} | 身体的污垢

打赤膊 tɑŋ^{35}ts‘aʔ^{4}pɔʔ^{4} | 光膀子，不穿上衣

打露膦 tɑŋ^{35}lu^{42}lin^{212} | 光屁股，不穿下衣；赤裸全身

十一　疾病　医疗

（一）一般用语

病 p‘iɑŋ^{42} | 生病

难过世 nʌn^{24}ko^{42}sɛ^{44} | 难受，讳称生病

呣愿 m̩^{212} ŋʌn^{42} | 讳称生病

做狗崽 tso^{42}kɑu^{35} tsɔi^{325} | 讳称小孩生病

惹 ȵia^{325} | 传染

腌菜病 iɛn^{24}ts‘ɔi^{44}p‘iɑŋ^{42} | 泛指慢性病

请郎中 ts‘ɑŋ^{35}lɔŋ^{24} tʃuŋ^{44} | 请医生

睇病 t‘ai^{35} p‘iɑŋ^{42} | 看病

捉脉 tʃɔʔ^{4}maiʔ^{4} | 把脉

开单崽 xɔi^{44} tʌn^{44} tsɔi^{325} | 开处方

撮药 ts‘ɔʔ^{4}iɔʔ^{2} | 买药

药引崽 iɔʔ^{2}in^{35}tsɔi^{325} | 药引子

煎药 tsan^{44} iɔʔ^{2} | 熬中药

药膏 iɔʔ^{2} kɑu^{44} | 药膏

上药 ʃɔŋ^{44} iɔʔ^{2} | 敷药

药末 iɔʔ^{2}maiʔ^{4} | 药粉

□干针 tsɔʔ^{4} kʌn^{44} tsen^{44} | 针灸

打吊针 taŋ^{35} tau^{42} tsen^{44} | 输液

退火气 tʻɔi^{44}fu^{35}tɕʻi^{42} | 退火

打积 taŋ^{35} tsiʔ^{4} | 治小孩的厌食症

（二）内科

夹食 kaʔ^{4} seʔ^{2} | 消化不良

泻肚 siɛʔ^{4} tu^{325} | 腹泻

刮痢 kuaʔ^{4} li^{42} | 痢疾

呕 au^{325} | 呕吐

打□ taŋ^{35} vɔʔ^{4} | 恶心

巴嘴 pa^{44} tʃɔi^{325} | 口内发苦

发烧 xaiʔ^{4} sɛu^{44}

发冷 xaiʔ^{4} laŋ^{44}

起寒毛孔 ɕi^{35} xʌn^{24} mau^{24} kʻuŋ^{325} | 起鸡皮疙瘩

奔伤寒 pɛn^{44} ʃɔŋ^{44} xʌn^{212} | 感冒

□ kʻɔŋ^{325} | 咳嗽

发痧 xaiʔ^{4}sa^{44} | 中暑

发癍 xaiʔ^{4}pan^{44} | 中暑，程度较“发痧”重

钳癍 tɕʻiɛn^{24}pan^{44} | 刮痧

头眩 tʻɛu^{24}ɕin^{44} | 头晕

心口痛 sin^{44}kʻɛu^{325}tʻuŋ^{44} | 胸口痛

肚痛 tu^{35}tʻuŋ^{44} | 腹痛

气痛 tɕʻi^{44}tʻuŋ^{44} | 胃痛

抽筋 tɕʻiu^{44}tʃuen^{44} | 肌肉痉挛

气紧 tɕʻi^{44}tɕʻin^{325} | 喘气不适

牵咻 ɕiɛn^{44}xɛu^{44} | 哮喘

烂肠瘟 lʌn^{42}tʃʻɔŋ^{24}ven^{44} | 伤寒

肿肚病 tʃuŋ^{35}tu^{325}pʻiaŋ^{42} | 肝腹水

黄肿病 vɔŋ^{24}tʃuŋ^{35}pʻiaŋ^{42} | 黄疸性肝炎

　黄疸病 vɔŋ^{24}tʌn^{35}pʻiaŋ^{42}

痨病 lau^{24}pʻiaŋ^{42} | 肺结核

发脾寒 xaiʔ^{4} pʻi^{24}xʌn^{212} | 患疟疾

　打摆崽 taŋ^{35}pai^{35}tsɔi^{325}

发懵病 xaiʔ^{4}muŋ^{35}pʻiaŋ^{42} | 患癫痫

晕车 ven^{44} tsʻa^{44}

（三）外科

睏反嘞枕头 fen^{44}xʌn^{35}lɛ^{0} tsen^{35}tʻɛu^{212} | 落枕

□肛 tʻen^{42}kɔŋ^{44} | 脱肛

割耗皮 kaiʔ^{4} xɑu^{44} pʻi^{212} | 割破了皮

乌青 vu^{44}tsʻɑŋ^{44} | 因皮下淤血而皮肤发紫

卢鼓 lu^{24}ku^{325} | 皮肤上的抓痕

□坼　kuɛʔ^{4} tsʻaʔ^{4} | （皮肤）皲裂

䁅手甲 xɛn^{42}sɛu^{35}kaʔ^{4} | 手指头发炎

鸡眼 tɕiai^{44} ȵian^{325} | 趼

鼓脓 ku^{325}nuŋ^{212} | 化脓

　发脓 xaiʔ^{4}nuŋ^{212}

结疤 tɕiɛʔ^{4}pa^{44} | 结痂

肿牙包肉 tʃuŋ^{35}ŋa^{24}pɑu^{44}ȵiuʔ^{2} | 腮腺炎

热□ ȵiɛʔ^{2} mui^{44} | 痱子

　痱臊 fui^{42}sɑu^{44}

斑脸 pan^{44}miɛn^{42} | 麻脸

骚牯瘤 sɑu^{44}ku^{35}lɔi^{325} | 青春痘

　酒刺 tɕiu^{35} tsʻɿ^{42}

过角崽 ku^{44}kɔʔ^{4}tsɔi^{325} | 出水痘

过麻 ku^{44}ma^{212} | 出麻疹

勃毒 pɔʔ^{2} tʻuʔ^{2} | 生毒疖

勃疮 pɔʔ^{2} tsʻɔŋ^{44} | 生疮

勃□ pɔʔ^{2} tsʻɔi^{42} | 发水泡

勃蛇□ pɔʔ^{2} sa^{24} iɛu^{325} | 生蛔虫

胦胛臊 tɕʻiɛʔ^{4}kʻaʔ^{4}sɑu^{44} | 狐臭

青光眼 tsʻɑŋ^{44}kuɔŋ^{44}ȵian^{325}

瞎喉咙 xaʔ^{4}fu^{24}luŋ^{212} | 嗓子哑

狗屄眼 kɑu^{35}piɛʔ^{4}ȵian^{325} | 红眼病，俗谓因看雌狗生殖器而致

气鼓脬 tɕʻi^{42}ku^{35}pʻɑu^{44} | 疝气

　气鼓卵 tɕʻi^{42}ku^{35}lʌn^{325}

痔疮 tsʻɿ^{42} tsʻɔŋ^{44}

疥疮 kai^{42} tsʻɔŋ^{44}

汗斑 xʌn^{42} pan^{44}

生癣 sɑŋ^{44} sian^{325} | 长癣

（四）残疾

封 fuŋ^{44} | 肢体瘫痪不能动作

边封 pan^{44} fuŋ^{44} | 手残者

中风 tʃuŋ^{44} fuŋ^{44}

瘌痢崽 laiʔ^{2}li^{24}tsɔi^{325} | 瘌痢者

暴牙□ pɑu^{42}ŋa^{24}luŋ^{212} | 门牙露出唇外

缺牙 ɕiɛʔ^{4}ŋa^{212} | 豁牙

缺嘴 ɕiɛʔ^{4}tʃɔi^{325} | 豁嘴子，兔唇

咽喉咙 iɛʔ^{4} fu^{24}luŋ^{212} | 公鸭嗓子

短颈 tʌn^{35} tɕiɑŋ^{325} | 形容脖子粗短

拐子 kuai^{325}tsɿ^{0} | 瘸子

驼子 t‘o^{212}tsɿ^{0} | 背驼者

绊子 pan^{42}tsɿ^{0} | 口吃者

打绊舌 tɑŋ^{35}pan^{42}sɛʔ^{2} | 口吃，结巴

哑巴崽 a^{35}pa^{44}tsɔi^{325} | 聋哑人

眼盲 ȵian^{35}mɔŋ^{24} | 盲人

　瞎子 xaʔ^{4}tsɿ^{0}

独眼龙 t‘uʔ^{2} ȵian^{325} luŋ^{212} | 指称瞎了一只眼睛的人

翻眼皮 xʌn^{44}ȵian^{35}p‘i^{212} | 吊眼皮

鸡嬷眼 tɕiai^{44}mo^{212}ȵian^{325} | 夜盲症

六指崽 liuʔ^{4}tsɿ^{35}tsɔi^{325} | 六指

反撇崽 xʌn^{35}p‘iɛʔ^{4}tsɔi^{325} | 左撇子

笐竿精 xɔŋ^{42}kɔŋ^{44}tsin^{44} | 喻称高而瘦的人，意指其形如同晾衣竹竿

罗圈脚 lo^{24} k‘uen^{44}tɕiɔʔ^{4} | 八字脚统称；特指内八字脚，即罗圈腿

鸭嬷脚 ɑuʔ^{4} mo^{212}tɕiɔʔ^{4} | 外八字脚

十二　衣服　穿戴

（一）服装

衫 san^{44}衣服；上衣

衫裤 san^{44}fu^{42} | 衣服

新衫 sin^{44}san^{44} | 新衣服

烂衫 lʌn^{42}san^{44} | 破衣服

裤 fu^{42} | 裤子

□色 iɔŋ^{212} sɛʔ^{4} | 颜色

做工 tso^{42}kuŋ^{44} | 衣服的制作工艺

长衫 tʃ‘ɔŋ^{24}san^{44} | 旧时的长外衣

短褂崽 tʌn^{35} ka^{42}tsɔi^{325} | 短的上衣，不分长袖短袖

外套 ŋai^{42} t‘ɑu^{42} | 外衣

袄 ɑu^{325} | 棉袄

包袄衫 pau^{44} ɑu^{35} san^{44} | 棉袄罩衣

大襟 t‘ai^{42} ʨin^{44}

对襟 tɔi^{44}ʨin^{44}

对襟衫 tɔi^{44}ʨin^{44} san^{44} | 中式对襟上衣

汗衣 xʌn^{42} i^{44} | 汗衫

领褂崽 liɑŋ^{44}ka^{42}tsɔi^{325} | 背心，马甲

兜肚 tɛu^{44}tu^{325}

衫领 san^{44} liɑŋ^{44} | 衣领

衫口 san^{44} xɛu^{325} | 衣袖

肚挂 tu^{35} ka^{44} | 衣袋

　袋崽 t‘ɔi^{42}tsɔi^{325}

衫脚 san^{44}ʨiɔʔ^{4} | 上衣的下摆

短脚裤 tʌn^{35}ʨiɔʔ^{4}fu^{42} | 短裤

丫裆裤 ŋa^{44}tɔŋ^{44}fu^{42} | 开裆裤

便裤 p‘iɛn^{42}fu^{42} | 中式裤子，裤腰很宽大需折叠系捆

裤脚 fu^{42}ʨiɔʔ^{4} | 裤腿

钮崽 lɛu^{35}tsɔi^{325} | 扣子

布钮崽 pu^{42}lɛu^{35}tsɔi^{325} | 中式服装的布扣子

　毛查瘤 mɑu^{24}tsa^{44}lɔi^{325} | 中式服装的布扣子，其形如同毛查（一种小山查）

钮崽洞 lɛu^{35}tsɔi^{325}t‘uŋ^{42} | 扣眼

捺扣 naʔ^{2}k‘ɛu^{325} | 揿扣

裙 k‘uen^{212} | 裙子

裙崽 k‘uen^{212} tsɔi^{325} | 围裙

（二）鞋帽

套鞋 t‘ɑu^{42}xai^{212} | 雨鞋

鞋踭 xai^{24}tsɑŋ^{44} | 鞋根

□板 ts‘iaʔ^{4}pan^{325} | 木屐

钉鞋 tɛn^{44}xai^{212} | 旧式皮鞋，鞋底有钉子

暖鞋 nʌn^{35}xai^{212} | 棉鞋

包裹布 pɑu^{44}ko^{325}pu^{42} | 裹脚布

水袜 ʃui^{35} maiʔ^{4} | 袜子总称

布袜 pu^{42}maiʔ^{4}

纱袜 sa^{44}maiʔ^{4} | 机织袜

丝光袜 sɿ^{44}kuɔŋ^{44}maiʔ^{4} | 丝袜

西瓜帽 si^{44}ka^{44}mɑu^{42} | 瓜皮帽

猴狲帽 xɛu^{24}suen^{44}mɑu^{42} | 罗宋帽

狗头帽 kɑu^{35}t‘ɛu^{212}mɑu^{42} | 一种帽檐长条形似狗舌头的帽子

凉帽 liɔŋ^{24} mɑu^{42} | 一种布制的遮阳帽

棉花帽 miɛn^{24} xa^{44} mɑu^{42} | 一种双层布料、中间填棉花的帽子

帽□崽 mɑu^{42}ts‘an^{44} tsɔi^{325} | 帽檐

笠头 liʔ^{2} t‘ɛu^{212} | 斗笠

棕蓑 tsuŋ^{44} sɔi^{44} | 蓑衣

（三）其他穿戴用品

金银 tɕin^{44} ȵin^{212} | 首饰

手件 sɛu^{35} tɕ‘iɛn^{42} | 手镯

　手镯 sɛu^{35} tʃ‘ɔʔ^{2}

手节 sɛu^{35} tsaiʔ^{4} | 戒指

　戒指 kai^{42} tsɿ^{325}

项链 xɔŋ^{42}liɛn^{42}

金刚箍 tɕin^{44}kɔŋ^{44}ku^{44} | 银项圈

□针 kuŋ^{42} tsen^{44} | 别针

耳饰 ȵi^{44}saʔ^{4} | 耳环、耳坠

□piɛn^{325} | 簪子

百家锁 paʔ^{4}ka^{44}so^{325} | 长命锁

玉石牌 ȵiuʔ^{2}saʔ^{2}p‘ai^{212} | 小儿帽子上玉石所制的饰品

银子牌 ȵin^{24}tsɿ^{0}p‘ai^{212} | 小儿帽子上银子所制的饰品

手巾崽 sɛu^{35} tʃuen^{44}tsɔi^{325} | 手帕

颈枷 ʨiɑŋ^{35} ka^{44} | 小儿围脖

　涎枷 ts‘an^{24} ka^{44}

屎□ sɿ^{35} p‘an^{212} | 小儿尿布

马片 ma^{35}p‘iɛn^{42} | 旧时的月经带

钱包 ts‘an^{24} pau^{44}

拐棒 kuai^{35}p‘ɔŋ^{42} | 拐杖

狗屎□ kɑu^{35}sɿ^{325}tai^{42} | 四周剃光只留中间一块的儿童发式

十三　饮食

（一）伙食

早饭 tsɑu^{35} p‘ʌn^{42}

昼饭 tsɛu^{42}p‘ʌn^{42} | 午饭

晏饭 an^{42} p‘ʌn^{42} | 晚饭

餜崽 ko^{35}tsɔi^{325} | 果品点心的统称

点心 tian^{35}sin^{44} | 两餐之间吃的食物

（二）米食、面食

饭 p‘ʌn^{42} | 饭食统称；米饭

饭糁 p‘ʌn^{42}sɑŋ^{325} | 饭粒

炒饭 ts‘ɑu^{35}p‘ʌn^{42} | 炒热的熟饭

水煠饭 ʃui^{35}ts‘aʔ^{2}p‘ʌn^{42} | 泡饭

现饭 ɕiɛn^{42}p‘ʌn^{42} | 剩饭

夹生饭 kaʔ^{2}sɑŋ^{44} p‘ʌn^{42} | 烧得半生不熟的饭

　半生熟 pʌn^{42}sɑŋ^{44}ʃuʔ^{2}

糜 mɔi^{44} | 稀饭

饮（汤）in^{35}t‘ɔŋ^{44} | 米汤

锅巴 ko^{44}pa^{44}

冻米糕 tuŋ^{42} mai^{35} kɑu^{44} | 冻米糖

炊糕 ts‘ɔi^{44}kɑu^{44} | 米磨成浆蒸制，蒸时多次添浆而成层，分甜米糕和咸米糕两种

粽 tsuŋ^{42} | 粽子

馃片 $ko^{44}p'iɛn^{44}$ | 大米蒸熟捣烂再以木模定形（多为圆形）的一种主食品，干后可久存

粉干 $fen^{35}kʌn^{44}$ | 米浆蒸熟榨成细长条再作烹调，分“烫粉”、“炒粉”两种，铅山以“烫粉”味美著称

□饭馃 $ts'ɑŋ^{42}p'ʌn^{42}ko^{325}$ | 一种饭食，米煮至半熟捣烂，搓成小团和菜煮食

□□崽馃 $pʌn^{42}lʌn^{42}tsɔi^{325}ko^{325}$ | 米粉揉搓成小圆团，加香菇、豌豆、笋丝、肉末等煮成羹，多在立夏前后吃

狗舌头馃 $kɑu^{35}$ $sɛʔ^{2}$ $t'ɛu^{24}$ ko^{325} | 一种米粉蒸制的主食品，其形长条似狗舌，切片和菜煮

灯盏馃 $tɛn^{44}tsan^{35}ko^{325}$ | 一种米粉蒸制的小吃食品，其形似旧时点灯草的灯盏碟，内置肉菜馅，为铅山特色小吃

包子馃 $pɑu^{44}tsɔi^{325}ko^{325}$ | 一种米粉蒸制的小吃食品，内包肉菜馅，其形类饺子

咚咚馃 $tuŋ^{44}tuŋ^{44}ko^{325}$ | 一种米制食品，半干米浆搓圆蒸制

包崽 pau^{44} $tsɔi^{325}$ | 包子

清汤 $tɕ'in^{44}$ $t'ɔŋ^{44}$ | 馄饨

（三）肉菜

□ pi^{212} | 肉

壮□ $tʃɔŋ^{44}pi^{212}$ | 肥肉

瘦□ $sɑu^{44}pi^{212}$ | 瘦肉

猪脚弯 $tɕy^{44}$ $tɕiɔʔ^{4}$ $vʌn^{44}$ | 猪肘子

媒人爪 $mɔi^{24}$ $ȵin^{212}$ $tsɑu^{325}$ | 猪脚

猪口心 $tɕy^{44}xɛu^{35}sin^{44}$ | 猪舌头

猪耳□ $tɕy^{44}$ $ȵi^{35}$ $k'uen^{42}$ | 猪耳朵

□猪皮 $fʌn^{42}$ $tɕy^{44}p'i^{212}$ | 炸制的猪皮

米粉猪□ $mai^{35}puen^{325}tɕy^{44}$ pi^{212} | 粉蒸肉

扣□ $k'ɛu^{42}pi^{212}$ | 五花肉块切成相叠的梳子状，下垫梅干菜蒸制

□饼 pi^{24} $piɑŋ^{325}$ | 肉饼

活□ $faiʔ^{2}$ pi^{212} | 猪肉以芡粉浸渍包裹煮熟

牛熟 $ŋɑu^{24}$ $ʃuʔ^{2}$ | 煮熟的牛杂碎

□肚 $mɛn^{44}$ tu^{325} | 牛肚（带毛状物的）

鸡杂 $tɕiai^{44}$ $ts'ɑuʔ^{2}$ | 鸡的内脏

卵 lʌn^{44} | 蛋

卵黄 lʌn^{44}vɔŋ^{212} | 蛋黄

卵白 lʌn^{44}p‘aʔ^{2} | 蛋白，包括已熟和未熟

煠卵 ts‘aʔ^{2}lʌn^{44} | （清水）煮鸡蛋

炒卵 ts‘ɑu^{35} lʌn^{44} | 炒鸡蛋

炖卵 tɛn^{42} lʌn^{44} | 炖熟的（放盐的）荷包蛋

炖荷包卵 tɛn^{44} xo^{24}pau^{44}lʌn^{44} | 炖熟的（放糖的）荷包蛋

打卵花 tɑŋ^{35} lʌn^{44} xa^{44} | 把蛋敲开放在器皿中搅动

咸卵 xan^{24} lʌn^{44} | 咸蛋

茶叶卵 ts‘a^{24}iɑuʔ^{2}lʌn^{44} | 茶叶蛋

咸鱼 xan^{24} ȵiu^{325}

鱼干 ȵiu^{35} kʌn^{44}

卤鸭 lu^{35}ɑuʔ^{4} | 腌制的鸭子

卤鸡 lu^{35}tɕiai^{44} | 腌制的鸡

（四）蔬菜

菜 ts‘ɔi^{44}

汤 t‘ɔŋ^{44}

酸菜 sʌn^{44}ts‘ɔi^{44}

腌菜 iɛn^{44}ts‘ɔi^{44}

□豆腐 ts‘iaʔ^{2} t‘ɛu^{42} fu^{42} | 油炸的圆形豆腐泡

□豆干 ts‘iaʔ^{2} t‘ɛu^{42} kʌn^{44} | 块状、三角形的豆腐干

豆豉 t‘ɛu^{42}sɿ^{325}

豆豉饼 t‘ɛu^{42}sɿ^{35}piɑŋ^{325} | 以南瓜、米粉加豆豉蒸熟的食品

霉豆腐 mɔi^{24}t‘ɛu^{42}fu^{42} | 豆腐乳

（五）油盐作料

□椒末 kuʌn^{35}tɕiɑu^{44}maiʔ^{2} | 辣椒粉

香料 ɕiɔŋ^{44}liɑu^{42} | 作料

味道 vui^{42}t‘ɑu^{42} | 吃的滋味：菜放多诶盐，~太咸；闻的气味：天太热，该条鱼有点~啊

茶油 ts‘a^{24}iu^{212} | 茶子油

麻油 ma^{24}iu^{212} | 芝麻油

酱 tsiɔŋ^{44} | 晒制的酱

砂糖 sa^{44}tʻɔŋ^{212} | 赤砂糖，蔗汁煎制，未经提纯

红糖 fuŋ^{24}tʻɔŋ^{212} | 初作提纯的蔗糖，带红色

白糖 pʻaʔ^{2}tʻɔŋ^{212} | 提纯成白色的蔗糖

雪崽糖 saiʔ^{4}tsɔi^{35}tʻɔŋ^{212} | 冰糖

米花糖 mai^{35}xa^{44}tʻɔŋ^{212} | 一种米制的糖果，其形细圆，长约一寸

糖崽 tʻɔŋ^{24} tsɔi^{325} | 一种米制的糖果，其形类“寸香糖”，中空并内灌芝麻

油麻糖 iu^{24}ma^{24}tʻɔŋ^{212} | 外裹芝麻的糖崽

（六）烟、酒、茶

纸媒 tsɿ^{35}mɔi^{212} | 引火用的细小纸卷，常用以点烟

烟屎 ian^{44}sɿ^{325} | 烟筒中燃尽的烟灰

烟丝 ian^{44}si^{44} | 烟叶切成的细丝

　黄烟丝 vɔŋ^{24}ian^{44}si^{44}

水烟筒 ʃui^{35}ian^{44}tʻuŋ^{212} | 以水过滤的烟筒，以铜制成

朝烟筒 tsʻɑu^{24}ian^{44}tʻuŋ^{212} | 旱烟筒，以细竹制成

白酒 pʻaʔ^{2}tsiu^{325}

烧酒 sɑu^{44}tsiu^{325} | 稻谷酿的烧酒

酒娘 tsiu^{35}ȵiɔŋ^{212} | 米酒滤去酒糟

水酒 ʃui^{35}tsiu^{325} | 稀释的糯米酒

酒饼 tsiu^{35} piɑŋ^{325} | 酒曲

茶 tsʻa^{212} | 沏好的茶水

浓茶 ȵiuŋ^{24}tsʻa^{212} | 泡得很浓的茶水

苦丁茶 kʻu^{35}tɛn^{44}tsʻa^{212}

青绿茶 tsʻɑŋ^{44}liuʔ^{4} tsʻa^{212} | 一种绿茶

十四　红白大事

（一）婚姻生育

喜事 ɕi^{35} sɿ^{42} | 特指婚事

讨亲 tʻɑu^{35}tsʻin^{44} | 男方娶新人

讨妇娘 tʻɑu^{35}pu^{44} ȵiɔŋ^{212} | 娶妻

讨新妇 tʻɑu^{35}sin^{44}pʻiu^{44} | 娶儿媳妇

讨孙新妇 tʻɑu^{354}suen^{44} sin^{44}pʻiu^{44} | 娶孙媳妇

媒人公 mɔi^{24}ȵin^{24}kuŋ^{44} | 媒人，包括女性媒人

媒婆 mɔi^{24}p‘o^{212} | 女性媒人

做媒 tso^{42}mɔi^{212}

相睇 siɔŋ^{44}t‘ai^{325} | 相亲

　睇亲 t‘ai^{35}ts‘in^{44}

　睇东家 t‘ai^{325}tuŋ^{44}ka^{44} | 有着重考察对方家庭状况的意味

行嫁 xɑŋ^{24}ka^{44} | （女子）出嫁

嫁女 ka^{44}ȵiu^{325} | 嫁女儿

合八字 xɑuʔ^{2}paiʔ^{4}ts‘i^{42} | 男女双方核对生辰八字是否相合

发八字 xaiʔ^{2}paiʔ^{4}ts‘i^{42} | 男方向女方开出生辰八字

回八字 fɔi^{24} paiʔ^{4}ts‘i^{42} | 女方向男方回复生辰八字

拣日崽 kan^{35}ȵiʔ^{2}tsɔi^{325} | 选日子，特指选定结婚、建房等喜庆活动的日子。

过定 ku^{42}t‘ɑŋ^{42} | 订婚

礼金钱 li^{35}tɕin^{44}ts‘an^{212} | 聘金

送节 suŋ^{42}tsaiʔ^{4} | 婚前男方在节日送礼给女方

重嫁 tʃ‘uŋ^{24}ka^{44} | 再醮

遗房 i^{24}fɔŋ^{212} | 娶已逝的兄弟的遗孀

打单身 tɑŋ^{35}tʌn^{44}sen^{44} | 打光棍

讨细婆 t‘ɑu^{35} sai^{44}p‘o^{212} | 纳妾

二婚郎 ȵi^{42}fen^{44}lɔŋ^{24} | 再婚男子

二婚亲 ȵi^{42}fen^{44}ts‘in^{44} | 再婚女子

带肚嫁 tai^{42}tu^{325}ka^{44} | 怀着孩子改嫁

弄酒 nuŋ^{42}tsiu^{325} | 操办宴席

讨妇娘酒 t‘ɑu^{35}pu^{44} ȵiɔŋ^{212}tsiu^{325} | 男方办的结婚酒

嫁女酒 ka^{44}ȵiu^{35}tsiu^{325} | 女方办的结婚酒

大媒酒 t‘ai^{42}mɔi^{212}tsiu^{325} | 男方结婚前一天的喜宴

正酒 tsɑŋ^{42}tsiu^{325} | 喜庆活动中最正式最隆重的一次宴席

谢媒酒 ts‘ia^{42}mɔi^{24}tsiu^{325} | 男方结婚第二天的一次宴席

新人 sin^{44}ȵin^{212} | 新娘

新郎公 sin^{44}lɔŋ^{24}kuŋ^{44} | 新郎

接亲 tsaiʔ^{44}ts‘in^{44} | 迎亲

捡箱 tɕian^{35}siɔŋ^{44} | 女方在前一天举行把新娘物品放入箱内的仪式

打扮 tɑŋ^{35}pan^{42} | 女子出嫁前梳妆

辞香火 tsʻɿ^{24}ɕiɔŋ^{44}fu^{325} | 出嫁时告别祖宗香火

背新人 pɔi^{44}sin^{44}ȵin^{212} | 女子出嫁时需由近亲属背入花轿

方巾 fɔŋ^{44}tʃuen^{44} | 新娘的盖头

打新房 tɑŋ^{35}sin^{44}fɑŋ^{212} | 闹新房

见大细 tɕian^{44}tʻai^{42}sai^{44} | 婚后次日新娘出新房与男方家人见面

现箱 ɕiɛn^{44}siɔŋ^{44} | 新娘在“见大细”时打开箱奁展示陪嫁物品

上门 ʃɔŋ^{44}muen^{212} | 回门，婚后三日女子偕同丈夫回娘家

　转面 tʃuen^{35}miɛn^{42}

生女婿 sɑŋ^{44}ȵiu^{35}sai^{44} | 到岳父家的新婚女婿

生客 sɑŋ^{44}xaʔ^{4} | 婚后第一个春节到女方家里做客的男子

揆大肚 tɕʻia^{24}tʻai^{42}tu^{325} | 怀孕

　怀崽 xuai^{24}tsɔi^{325}

上身 ʃɔŋ^{44}sen^{44} | 害喜

　病崽 pʻiɑŋ^{42}tsɔi^{325}

退崽 tʻɔi^{44}tsɔi^{325} | 流产

养崽 iɔŋ^{44} tsɔi^{325} | 生孩子

洗崽 sai^{35}tsɔi^{325} | 接生

出世 tʃʻueʔ^{42}sɛ^{44} | 出生

胞衣 pau^{44}i^{44} | 胎盘

肚脐 tu^{35}tɕi^{44} | 脐带

报生 pau^{42}sɑŋ^{44} | 孩子出生后男家备礼到岳家报喜

三朝 san^{44}tsɛu^{44} | 婴儿出生的第三天

分□ puen^{44}nɛn^{325} | 喂奶

食□ seʔ^{2}nɛn^{325} | 吃奶

做月 tso^{42}ŋuaiʔ^{2} | 坐月子

满月 mʌn^{35}ŋuaiʔ^{2} | 婴儿出生满一个月

过对岁 ku^{42}tɔi^{44} sɔi^{42} | 小孩出生满一周年

屙尿身 vo^{44}nɑu^{42} sen^{44} | 尿床

　屙尿床 vo^{44}nɑu^{42} tʃʻɔŋ^{24}

□屎 kan^{44}si^{44} | 把屎

□尿 kan^{44}nɑu^{42} | 把尿

（二）寿诞丧葬

红喜事 fuŋ^{24}ɕi^{35}sɿ^{42} | 喜事

白喜事 p‘aʔ^{2}ɕi^{35}sɿ^{42} | 讳称丧事

生日 saŋ^{44}ȵiʔ^{4}

闲生日 xan^{24}saŋ^{44}ȵiʔ^{4} | 小生日，每年一次

整生日 tsɛn^{35}saŋ^{44}ȵiʔ^{4} | 大生日，每十整年一次

做生日 tso^{42}saŋ^{44}ȵiʔ^{4} | 庆祝生日

花甲 xa^{44}kaʔ^{4} | 花甲，六十岁满一个花甲

寿面 sɛu^{42}miɛn^{42} | 寿宴上吃的面条

寿仙公 sɛu^{42}sian^{44}kuŋ^{44} | 生日宴席上称生日的主人（包括女性）

暖寿 nʌn^{35}sɛu^{42} | 长者过生日前一天办宴席称为“暖寿”

冲喜 tʃ‘uŋ^{44}ɕi^{325} | 男子病中结婚或老人病中置办棺材，旧俗以为可使病好

死唠啊 si^{35}lau^{0}a^{0} | 死了

过世 ko^{42}sɛ^{44} | 讳称死亡

过背 ko^{42} pɔi^{44}

未在 mɔi^{42} ts‘ɔi^{44}

吊颈 tau^{42}tɕiaŋ^{325} | 上吊自杀

落气 lɔʔ^{2}ɕyi^{44} | 咽气死亡

做孝 tso^{42}xau^{42} | 为长者办丧事

买路钱 mai^{35}lu^{42} ts‘an^{212} | 烧给死者供其在赴阴间途中求过路所花费的纸钱

买水 mai^{35}ʃui^{325} | 入殓前从河边打水为死者洗脸，一种殡葬仪式

老寿 lau^{35}sɛu^{42} | 棺材的讳称

落材 lɔʔ^{2}ts‘ɔi^{212} | 入殓

□背钱 an^{44}pɔi^{42}ts‘an^{212} | 棺材里垫放在死者背后的钱币

打石灰□ taŋ^{35}saʔ^{2} xɔi^{44}pau^{44} | 以黄表纸包石灰，入殓时垫在棺底

掆山 kɔŋ^{44}san^{44} | 讳称出殡

出山 tʃ‘ueʔ^{4} san^{44}

上山 ʃɔŋ^{42} san^{44}

安葬 an^{44} tsɔŋ^{44} | 下葬

地 t‘i^{42} | 坟地

坟 p‘uen^{212} | 坟墓

碑记 pi^{44}tɕi^{44} | 墓碑

生地 sɑŋ^{44}t‘i^{42} | 生前选定的墓地

生基 sɑŋ^{44}tɕi^{44} | 生前修好的墓穴

洞 t‘uŋ^{42} | 墓穴

孝帽布 xɑu^{42}mɑu^{42}pu^{44} | 送葬人头顶所披的白布

八仙 paiʔ^{4}sian^{44} | 殡葬抬棺之人

搁丧棍 kɔŋ^{44} sɔŋ^{44}kuen^{42} | 出殡抬棺材用的大木杠

前舱 ts‘an^{24}ts‘ɔŋ^{44} | 出殡第一列抬棺材者所处的位置

后舱 xɛu^{42}ts‘ɔŋ^{44} | 出殡最末一列抬棺材者所处的位置

圆坟 yʌn^{24}p‘uen^{212} | 殡葬后第三天祭坟

捡骨头 tɕian^{35}kueʔ^{4}t‘ɛu^{212} | 迁葬

醮坟 tsiɑu^{42}p‘uen^{212} | 扫墓

拦社 lʌn^{24}sa^{42} | 在社日前三天举行祭祀社司公

做七 tso^{42}ts‘iʔ^{4} | 为死者做每隔七天一次的悼亡超度，从死之日开始，七七四十九天结束

烧香 sɛu^{44} ɕiɔŋ^{44}

纸花边 tsɿ^{44}xa^{44}pian^{44} | 锡箔，纸制的银圆，祭奠时焚化用

灵寮 lɛn^{24} lɑu^{212} | 祭祀时焚烧的纸房子

食新米 seʔ^{2}sin^{44}mai^{325} | 收获新稻时聚餐庆祝

上梁 ʃɔŋ^{44}liɔŋ^{212} | 建房过程中开始架设房梁的庆祝仪式

撒包崽 saʔ^{4}pau^{44}tsɔi^{325} | 庆祝“上梁”时由木匠师傅在梁上抛洒馒头

喝彩 xɔʔ^{4}ts‘ɔi^{325} | 庆祝“上梁”时木匠师傅诵读吉祥语，众人齐声附和

入寮 yeʔ^{2} lɑu^{212} | 乔迁新居

出□ tʃ‘ueʔ^{4} p‘aʔ^{4} | 新居落成后用五尺扎上红布连同公鸡等驱邪的仪式

（三）宗教迷信

老天爷 lɑu^{35} t‘an^{44} ia^{212}

观音菩萨 kuʌn^{44} in^{44} p‘u^{24} saʔ^{4} | 称观音

社公庙 sa^{42}kuŋ^{44}miɛu^{42} | 管辖一个村落或一个片村神祇事务的神庙

社司公 sa^{42}sɿ^{44}kuŋ^{44} | 社公庙中的主神

山神 san^{44}sen^{212}

阎王 ȵian^{24} vɔŋ^{212}

祠堂 tsʻɿ^{24} tʻɔŋ^{212}

菩萨橱 pʻu^{24} saʔ^{4} tɕʻy^{212} | 神龛

□几 ko^{42} tɕi^{44} | 香案

香炉 ɕiɔŋ^{44} lu^{212}

抽签 tɕʻiu^{44}tsʻian^{44} | 抽取书写预示命运的诗句或谶语的纸条

打锣鼓戏 taŋ^{325} lo^{24} ku^{35} ɕi^{42} | 跳神

杠香 kɔŋ^{42} ɕiɔŋ^{44} | 一种粗长的香

煞神 saʔ^{4}sen^{212}

煞打 saʔ^{4}taŋ^{325} | 冲犯了煞神

退煞 tʻɔi^{44}saʔ^{4} | 除去缠身的煞神

水浸鬼 ʃui^{35}tsin^{42}kui^{325} | 水鬼

吊颈鬼 tau^{42}tɕiaŋ^{35} kui^{325} | 吊死鬼

生产鬼 saŋ^{44}tsʻan^{35}kui^{325} | 妇女生产时作祟的鬼

灶司公灶司母 tsau^{42} sɿ^{44} kuŋ^{44} tsau^{42} sɿ^{44} ma^{325} | 灶君夫妇

灶司公上天 tsau^{42}sɿ^{44}kuŋ^{44} ʃɔŋ^{44}tʻan^{44} | 农历十二月二十三，灶君上天向玉皇述职

送灶司公 suŋ^{42}tsau^{42}sɿ^{44}kuŋ^{44} | 送灶司公上天的仪式

师公 sɿ^{44}kuŋ^{44} | 神汉

师妈 sɿ^{44}ma^{212} | 巫婆

珓 kau^{44} | 一种由两块木片组成的占卜用具

跌珓 tieʔ^{4}kau^{44} | 泛称以珓占卜

阴珓 in^{44}kau^{44} | 两块木片都朝下的珓形

阳珓 iɔŋ^{24}kau^{44} | 两块木片都朝上的珓形

圣珓 sen^{42}kau^{44} | 两块木片一块朝上、一块朝下的珓形

符 fu^{212}

打醮 taŋ^{35} tsiau^{42} | 祭神活动

做斋 tso^{42} tsai^{44} | 做道场

供□ tʃuŋ^{44} iɔŋ^{42} | 请神

睇山头 tʻai^{35}san^{44}tʻɛu^{212} | 看风水

三牲 sʌn^{44}saŋ^{44} | 祭奠时所用的三种荤食供品，通常是猪、鸡、鱼

请菩萨 tsʻaŋ^{44}pʻu^{24}saʔ^{4} | 过年时祭祀祖宗

福盘 fuʔ^{4} pʻʌn^{212} | 盛“三牲”并加素食的盘子

十五 日常生活

（一）衣

做衫 tso^{42}san^{44} | 缝制衣服

缭 liɑu^{44} | 缝衣服的缝

潽水 p‘u^{44} ʃui^{325} | 以口含水喷出

锁边 so^{35}pian^{44} | 缝制衣服时在衣片布边缝制一道圆棱

贴边 t‘aiʔ^{4}pian^{44} | 缝制衣服时在衣服里子边上缝制一条窄布条

弹粉线 t‘an^{24}fen^{35}san^{44} | 裁衣时以粉线作图

锁纽崽眼 so^{35}lɛu^{35}tsɔi^{35} ȵian^{325} | 给剪出的扣眼锁边

打鞋样 tɑŋ^{35}xai^{24}iɔŋ^{42} | 做布鞋时先把鞋面布粘在箬壳上，以备按鞋样剪下，使箬壳衬在夹层的鞋面布中间

糊 vu^{212} | 糯米粉蒸熟捣烂所作的黏合剂，主要用来把碎布粘合成鞋底

糊锹 vu^{24}ts‘iɑu^{44} | 挑取糯米糊的小竹片

麻丝 ma^{24}si^{44} | 把麻分成细丝以用来搓纳鞋底的线

大线 t‘ai^{42}san^{44} | 纳鞋底的粗麻线

嫩线 nuen^{42}san^{44} | 细麻线

粘鞋底 ȵian^{44}xai^{24}tai^{325} | 把布片逐层粘合叠成鞋底

打鞋底 tɑŋ^{35}xai^{24}tai^{325} | 纳鞋底

缉袜底 ts‘iʔ^{4} maiʔ^{4} tai^{325} | 纳鞋垫

绱鞋 ʃɔŋ^{44} xai^{212}

鞋□xai^{24}pɔiʔ^{2} | 鞋楦

空心钻 k‘uŋ^{44}sin^{44}tsʌn^{42} | 绱鞋时可使麻线从中穿过的钻子

钩钻 kɛu^{44}tsʌn^{42} | 绱鞋时所用尖头有挂钩可使麻线随钻子退出而带过来的钻子

着衫 tʃɔʔ^{4} san^{44} | 穿衣服

脱衫 t‘ɔʔ^{4} san^{44} | 脱衣服

盐霜 iɛn^{24}ʃɔŋ^{44} | 衣服上发白的干汗渍

洗衫 sai^{35} san^{44} | 洗衣服

□ ts‘a^{325} | 浸泡（衣服等）：衣衫在水里～啊一日都无洗

啷 lɔŋ^{44} | 洗好了的衣物在水中清一下：洗好啊～一道

□ ts‘uʔ^{4} | 把衣物浸到水中并搅动

浆衫 tsiɔŋ^{44} san^{44} | 以米汤浆洗衣服

晒衫 sai^{42} san^{44} ｜ 晾衣服

阴熩in^{44}tsɑu^{44} ｜ 阴干

烫衫 t‘ ɔŋ^{42}san^{44} ｜ 熨衣服

打毛线 tɑŋ^{35} mɑu^{24} san^{44} ｜ 打毛衣

钮衫 lɛu^{35} san^{44} ｜ 扣好衣服

着鞋 tʃɔʔ^{4}xai^{212} ｜ 穿鞋

贴鞋底 t‘ aiʔ^{4} xai^{24} tai^{325} ｜ 垫上鞋垫

缚鞋带 p‘ uʔ^{2}xai^{24}tai^{44} ｜ 捆鞋带

拿下帽 nan^{44}xa^{42} mɑu^{42} ｜ 脱帽、摘帽

钉被 tɛn^{44} p‘ i^{44} ｜ 缝被子

袋被 t‘ ɔi^{42} p‘ i^{44} ｜ 将棉花被胎装入被套中

（二）食

点火 tian^{35}fu^{325} ｜ 生火

点着 tian^{35}t‘ ɔʔ^{2} ｜ 点燃：～灯盏

扯风箱 ts‘ a^{35}fuŋ^{44}siɔŋ^{44} ｜ 拉风箱

吹乌 tʃ‘ ɔi^{44}vu^{44} ｜ 吹灭：灯盏～唠

火烧寮 fu^{35}sɛu^{44}lɑu^{212} ｜ 发生火灾

火屎 fu^{35}sɿ^{325} ｜ 火星

　火崽 fu^{35}tsɔi^{325}

做煤饼 tso^{42}mɔi^{24}piɑŋ^{325}

加煤 ka^{44}mɔi^{212} ｜ 打开煤炉时添入新的煤块或煤球

闭火 pi^{44}fu^{325} ｜ 封火

□灰 ts‘ ɑu^{44}fɔi^{44} ｜ 清理炉灶中的煤灰

弄饭 luŋ^{42}p‘ ʌn^{42} ｜ 统称烧饭菜

煮饭 ʨy^{35}p‘ ʌn^{42} ｜ 煮饭；统称烧饭菜

煮菜 ʨy^{35}ts‘ ɔi^{44}

洗米 sai^{35}mai^{325} ｜ 淘米

滚面 kuen^{35}miɛn^{42} ｜ 揉面

　挼面 no^{35}miɛn^{42}

裹粽 ku^{35}tsuŋ^{42} ｜ 包粽子

捞饭 lɑu^{44}p‘ ʌn^{42} ｜ 在热水中将米煮至半熟捞上来滤去米汤以便再蒸

炊饭 tʃ‘ ɔi^{44}p‘ ʌn^{42} ｜ 以饭甑蒸从米汤中捞出的半熟米饭

焖饭 muen^{42}p‘ ʌn^{42} ｜ 把米和水放在锅中煮至水干饭熟

炆 ven^{212}文火慢煮

烎tʻʌn^{212} | 放在火上烧烤

燔 fʌn^{42} | 用油炸：~油条

沸 pui^{44} | （水）开，沸腾

□ pʻuŋ^{44} | 液体往外喷

滗 pi^{42} | 把水液、汤汁等滤出

上□ ʃɔŋ^{44}ɕiau^{42} | 水汽上冒

□菜 tʃʻuʌn^{44}tsʻɔi^{44} | 摘菜

择菜 tʻɔʔ^{4}tsʻɔi^{44} | 清理菜，把不可吃的部分去掉，把可吃的部分留下

刨皮 pʻau^{24}pʻi^{212} | 给瓜果削皮

□鱼 lɔiʔ^{2}ȵiu^{212} | 破鱼

打鳞 taŋ^{35}lin^{212} | 去鳞

刨毛 pʻau^{24}mau^{212} | 宰猪后刮去猪身上的毛

挦毛 tɕʻiɛn^{24}mau^{212} | 拔（鸡、鸭等的）毛

破肚 pʻo^{42}tu^{325} | 开膛

翻肠 xʌn^{44}tʃʻɔŋ^{212} | 清洗肠子

鐾刀 pʻi^{42}tau^{44} | 把刀放在布、皮、石头等上面磨揩

熬油 ŋau^{24}iu^{212} | 炼油

氽汤 tsʻʌn^{44}tʻɔŋ^{44} | 做汤时放入少量猪肉、猪肝等

拿箸 nan^{44}tɕʻy^{325} | 拿筷子

收碗 sɛu^{44}vʌn^{325} | 收拾碗筷

开斋 xɔi^{44}tsai^{44} | 结束斋戒，开始吃荤

食饭 seʔ^{2}pʻʌn^{42} | 吃饭

食早 seʔ^{2}tsau^{325} | 吃早饭

食昼 seʔ^{2}tsɛu^{42} | 吃午饭

食晏 seʔ^{2}an^{42} | 吃晚饭

赶热 kʌn^{35}ȵiɛʔ^{2} | 趁热

送饭 suŋ^{42}pʻʌn^{42} | 就着菜把饭（主食）吃下去：菜留点儿偃~；菜适于帮助把饭吃下去：菜不辣不~

舀饭 iɛu^{35}pʻʌn^{42} | 盛饭

钳菜 tɕiɛn^{24}tsʻɔi^{44} | 夹菜

唆 ʃueʔ^{4} | 吸食稀的食物或液体：~一口粥、~汤

食白饭 seʔ^{4}pʻaʔ^{2}pʻʌn^{42} | 吃饭时没菜吃或不吃菜光吃饭

净食菜 tsʻin^{42}seʔ^{2}tsʻɔi^{44} | 吃饭时不吃饭光吃菜

食零落 seʔ^{2}lin^{24} lɔʔ^{2} | 吃零食

食茶 seʔ^{2} tsʻa^{212} | 喝茶

食烟 seʔ^{2} ian^{44} | 吸烟

食酒 seʔ^{2} tsiu^{325} | 喝酒

爬饭 pʻa^{24}pʻʌn^{42} | 用筷子往口中拨饭

减饭 kan^{35}pʻʌn^{42} | 把碗、盆等盛具中的饭往外拨去

食红锅 seʔ^{4}fuŋ^{24}ko^{44} | 吃没有油烧的菜

□ mi^{42} | 喂食：～饭、～细崽

肚饥 tu^{35}tɕyi^{44} | 肚子饿

　肚饿 tu^{35}ŋo^{42}

颈渴 tɕiaŋ^{35}xɛʔ^{4} | 口渴

打餩 taŋ^{35}kɛ^{44} | 打嗝

　打呃 taŋ^{35}ɛʔ^{4}

哽 kɛn^{325} | 噎，堵住食管

撑伤啊 tsʻaŋ^{44}ʃɔŋ^{44}a^{0} | 吃撑着了

陷牙 xan^{42}ŋa^{212} | 塞牙齿缝

嘴淡 tʃɔi^{35}tʻan^{44} | 口中无味

脚脚崽 tɕiɔʔ^{4} tɕiɔʔ^{4} tsɔi^{325} | 剩余物（一般比较零碎）

（三）住

掌 tʃɔŋ^{325} | 住

振床 tsen^{44}tʃʻɔŋ^{212} | 起床。按：《广韵》释“振”言“奋也……举也”，又太源畲话古去声字有读阴平的，“振”可作为本字以之记词。

　振来 tsen^{44}lɔi^{212}

　起来 ɕi^{35}lɔi^{212}

老早振 lau^{35}tsau^{325}tsen^{44} | 早起

洗面 sai^{35}miɛn^{42} | 洗脸

洗牙 sai^{24} ŋa^{212} | 刷牙

梳头 ɕio^{44}tʻɛu^{212} | 梳头

梳编崽 ɕio^{44}piɛn^{44}tsɔi^{325} | 梳辫子

剃胡须 tʻai^{44}vu^{24}si^{44} | 剃胡须

剪手甲 tsan^{35}sɛu^{35}kaʔ^{4} | 剪指甲

敨气 tʻɛu^{42}ɕyi^{42} | 呼吸

打哈鼾 tɑŋ^{35}xa^{44}xʌn^{44} | 打哈欠

打哈□ tɑŋ^{35}xa^{44}ts‘i^{212} | 打喷嚏

擤鼻 sen^{35}p‘iʔ^{2} | 擤鼻涕

嗍鼻 suʔ^{4} p‘iʔ^{2} | 吸溜鼻涕

洗浴 sai^{35}iɔʔ^{2} | 洗澡

搽粉 ts‘a^{24}fen^{325} | 抹粉

屙屎 vo^{44}sɿ^{325} | 拉大便

　上茅 ʃɔŋ^{42}mɑu^{212}

屙尿 vo^{44}nɑu^{42} | 拉小便

□屎窟 sɛ^{44}sɿ^{35}veʔ^{4} | 擦屁股

歇一肩 sɛʔ^{4}iʔ^{4} tɕiɛn^{44} | 休息，歇工

歇凉 sɛʔ^{4}liɔŋ^{212} | 乘凉

躲荫 to^{35}in^{44} | 到阴凉处躲避太阳

晒日头 sai^{42}ȵiʔ^{2}t‘ɛu^{212} | 晒太阳

炙火 tsaʔ^{4}fu^{325} | 烤火

摊开被 t‘ʌn^{44}xɔi^{44} p‘i^{44} | 铺开被子

坐睏 ts‘o^{44}fen^{44} | 打盹

　着睡 tʃ‘ɔʔ^{2}ʃɔi^{42}

睏 fen^{44} | 睡：~醒；躺：醒诶呣爱尽在床上~醒了不要老在床上躺着

睏着 fen^{44}tʃ‘ɔʔ^{2} | 入睡

鼾鼻 xʌn^{44}p‘i^{42} | 打鼾

转侧 tʃuʌn^{35}tsɛʔ^{4} | 睡觉时翻身

睏落去 fen^{44}lɔʔ^{2}ɕiu^{44} | 躺下去

睏呣着 fen^{44}m̩^{212}tʃ‘ɔʔ^{2} | 睡不着

向天睏 ɕiɔŋ^{42}t‘an^{44}fen^{44} | 仰睡

侧到睏 tsɛʔ^{4}tɑu^{0}fen^{44} | 侧睡

覆到睏 p‘uʔ^{4}tɑu^{0}fen^{44} | 趴着睡

眠梦 miɛn^{24}muŋ^{42} | 做梦

讲梦话 kɔŋ^{35}muŋ^{42}va^{42} | 说梦话

着魇 tʃ‘ɔʔ^{2}ian^{325} | 做噩梦

睏醒 fen^{44}sɑŋ^{325} | 睡醒

醒眼 sɑŋ^{35} ȵian^{325} | 睡醒睁开眼

（四）行

行 xɑŋ^{212} | 走：“慢慢～”，送行时礼貌用语

行路 xɑŋ^{24}lu^{42} | 走路

　走路 tsɛu^{35}lu^{42}

行夜路 xɑŋ^{24}ia^{42}lu^{42} | 夜行

走 tsɛu^{325} | 跑

荡 t‘ɔŋ^{42} | 闲逛：～街、～马路

到 t‘ɛu^{44} | ～南昌

碰着 p‘uŋ^{42} tʃ‘ɔʔ^{2} | 碰，碰撞；遇见

转弯 tʃuʌn^{35}vʌn^{44} | 拐弯

打弯崽 tɑŋ^{35}vʌn^{44}tsɔi^{325} | 绕弯子走

打箍箍转 tɑŋ^{35} ku^{44} ku^{44} tʃuʌn^{325} | 在原地打转

徛 tɕ‘i^{44} | 站，站立

□ kɔŋ^{42} | 蹲

　跍 k‘u^{212}

□ t‘ɑŋ^{44} | 跨：～过去；张（腿）：脚～开

□ iaʔ^{2} | 滑：～一跤

　□ ts‘ɛ^{42}

绊 p‘ʌn^{44} | 碰、绊

覆 p‘uʔ^{4} | 趴：～倒

跌 tiɛʔ^{4} | 摔：～倒、～一跤；往下掉：树叶～啊；丢失：钱～啊

□ luŋ^{212} | 从高处跌下：～倒跌跤，比“跌倒”严重、～下来跌下来

坐车 ts‘o^{44}ts‘a^{44}

起身 tɕ‘i^{35}sen^{44} | 动身

转来 tʃuʌn^{35}lɔi^{212} | 回来；回家

转去 tʃuʌn^{35}ɕiu^{42} | 回去；回家

转寮 tʃuʌn^{35}lɑu^{212} | 回家：你娘几时间～？

睇寮 t‘ai^{35}lɑu^{212} | 看家

　守寮 sɛu^{35}lɑu^{212}

殼门 k‘ɔʔ^{4}muen^{212} | 敲门

　打门 tɑŋ^{35}muen^{212}

□门 tɕin^{44}muen^{212} | 关门

十六 讼事等

官府 kuʌn^{44}fu^{325}

衙门 ŋa^{24}muen^{212}

上任 ʃɔŋ^{44} ven^{42}

落任 lɔʔ^{2} ven^{42} | 卸任

打官司 taŋ^{35}kuʌn^{44}sɿ^{44} | 诉讼

告状 kau^{42}tʃ‘ɔŋ^{42} | 起诉

状纸 tʃ‘ɔŋ^{42}tsɿ^{325} | 起诉书

升堂 sen^{44}t‘ɔŋ^{212}

坐堂 ts‘o^{44}t‘ɔŋ^{212}

退堂 t‘ɔi^{44}t‘ɔŋ^{212}

当面讲 tɔŋ^{45}miɛn^{42}kɔŋ^{325} | 对质

点水 tian^{35} ʃui^{325} | 供出线索

捺手印 naʔ^{2}sɛu^{35}in^{42} | 按手模

坐班房 ts‘o^{44}pan^{44}fɔŋ^{212} | 坐牢

戴枷 tai^{42} ka^{44} | 戴枷锁

手扣 sɛu^{35} k‘ɛu^{42} | 手铐

脚链 tɕiɔʔ^{4} liɛn^{42} | 脚镣

捆起来 k‘uen^{325} ɕi^{35} lɔi^{0} | 捆绑

□起来 tɕin^{44} ɕi^{35} lɔi^{0} | 关押

分关 puen^{44}kuʌn^{44} | 分家的契约

十七 交际

（一）一般交际

人情来往 ȵin^{24}ts‘aŋ^{212}lɔi^{24}vɔŋ^{325} | 交际往来

做人 tso^{42}ȵin^{212} | 待人接物

走人寮 tsɛu^{35} ȵin^{24} lau^{212} | 串门

过门去嫽 ku^{42}muen^{212} ɕiu^{44} lau^{325}

睇病人 t‘ai^{35} p‘iaŋ^{42} ȵin^{212} | 看望病人

请客 ts‘aŋ^{35}xaʔ^{4}

待客 t‘ɔi^{42}xaʔ^{4} | 招待客人

男客 nʌn^{24} xaʔ^{4} | 男性客人

女客 ȵiu^{35} xaʔ^{4} | 女性客人

做客 tso^{42}xaʔ^{4} | 去他人家里作客；讲客气

做家 tso^{42}ka^{44} | 节俭持家

行礼 xɑŋ^{24}li^{325} | 行拜礼

拘礼 tɕy^{44}li^{325} | 讲客气

东西 tuŋ^{44} si^{44} | 指礼物

打（红）包 tɑŋ^{35} （fuŋ^{24}） pau^{44} | 送礼

恰岁钱 k‘aʔ^{4}sɔi^{44}ts‘an^{212} | 压岁钱

破费 p‘o^{42}fi^{42} | 花费

回人情 fɔi^{24}ȵin^{24}ts‘ɑŋ^{212} | 答谢、回复他人的人情

坐台 ts‘o^{44}t‘ɔi^{212} | 开宴时入席

坐上横头 ts‘o^{44}ʃɔŋ^{44}iɑŋ^{24}t‘ɛu^{212} | 坐上座

筛酒 sai^{44}tsiu^{325} | 斟酒

划拳 xa^{24}tʃ‘uʌn^{212} | 猜拳

呣像样 m̩^{212}ts‘iɔŋ^{42}iɔŋ^{42} | “不像什么”，主办宴席者对客人的谦辞

现仄 ɕiɛn^{42}tsɛʔ^{4} | “现丑”，谦辞

呣送 m̩^{212} suŋ^{42} | “不送”，送客时用语

丰厚 fuŋ^{44} xɛu^{42} | （酒席）丰盛

菜薄 ts‘ɔi^{44} p‘ɔʔ^{2} | 酒菜不丰盛

小意思 sɑu^{35}i^{42}sɿ^{0} | “一点点小意思”，送礼者的谦辞

莫做客 mɔʔ^{2}tso^{42}xaʔ^{4} | 不要客气

食□ seʔ^{2}iɔŋ^{42} | “多吃”，请客人吃饭时对客人的劝辞

莫见怪 mɔʔ^{2}tɕiɛn^{42}kuai^{42} | 别见怪

多谢 to^{44}sia^{42} | 谢谢

慢慢行 mʌn^{42}mʌn^{0}xɑŋ^{212} | “慢走”，送客时的客套话

请转 ts‘ɑŋ^{35}tʃuʌn^{325} | “请回去”，客人辞行时对送行主人的客气话

过日来 ku^{42}ȵiʔ^{4}lɔi^{212} | “改日再来”，送客时的客气话

打平伙 tɑŋ^{35}p‘iɑŋ^{35}fu^{325} | 凑份子聚餐

（二）交往关系

嫽得好 lɑu^{35}tɛʔ^{0}xɑu^{325} | 玩得好，彼此关系好

合得来 xɑuʔ^{2}tɛʔ^{0}lɔi^{212} | 彼此投合

合呣来 xɑuʔ^{2}m̩^{212}lɔi^{212} | 互不投合

做得 tso^{42} tɛʔ^{0} | 应答词，表示认可、同意对话人所言所为，相当于“行，可以”

讲笑话 kɔŋ^{35}sɑu^{42}va^{42}

搞笑 kɑu^{35}sɑu^{44} | 开玩笑

□ ȵiɔŋ^{42} | 逗小孩玩

得罪 tɛʔ^{2}tsʻɔi^{42}

放面落水 piɔŋ^{42} miɛn^{42} lɔʔ^{2} ʃui^{325} | 有意显现出对人不快的脸色

骂人 ma^{42} ȵin^{212}

捱骂 ŋai^{24} ma^{42} | 被人骂

驳嘴 pɔʔ^{4}tʃɔi^{325} | 吵架

　相骂 siɔŋ^{44}ma^{42}

　对骂 tɔi^{42}ma^{42}

抢辩 tsʻiɔŋ^{35} pʻiɛn^{42} | 争辩：跟呣讲道理个人～有意思

搭嘴 taʔ^{4}tʃɔi^{325} | 搭茬，接话

打岔 tɑŋ^{35}tsʻa^{42} | 插话

打架 tɑŋ^{35} ka^{44}

劝架 tʃʻuʌn^{42}ka^{44} | 劝和

讲通 kɔŋ^{35}tʻuŋ^{44} | 说服

讲呣通 kɔŋ^{35} m̩^{212}tʻuŋ^{44} | 说服、劝说不了：该个人太蛮，大家都～

打破嘴 tɑŋ^{35}pʻo^{42}tʃɔi^{325} | 以言语使他人的交易、亲事谈不成

改口 kɔi^{35}xɛu^{325} | 推翻已有的允诺、说法或计划、决定

耍赖 sa^{35}lai^{42}

两头蛇 liɔŋ^{35} tʻɛu^{24} sa^{212} | 挑拨关系，拨弄是非的人

老鸦嘴 lɑu^{35}a^{44}tʃɔi^{325} | 乌鸦嘴，称说不吉利的话的人

戴炭篓 tɔi^{42}tʻʌn^{42}lɛu^{325} | 对人说奉承话，同“戴高帽”

托卵袋 tʻɔʔ^{4}lʌn^{35}tʻɔi^{42} | 喻指拍马屁

　托卵脬 tʻɔʔ^{4}lʌn^{325}pʻau^{44}

跌鼓 tiɛʔ^{4}ku^{325} | 丢脸

打伙 tɑŋ^{35} fu^{325} | 合伙

难打伙 nʌn^{35} tɑŋ^{35} fu^{325} | 难以相处

戳眼 tʃʻɔʔ^{4} ȵian^{325} | 令人讨厌

惹人嫌 ȵia^{35} ȵin^{24} ɕiɛn^{212} | 惹人生厌

作对 tsɔʔ^{4} tɔi^{44}

打骗 tɑŋ^{35} p‘iɛn^{42} | 骗人

咬人 ŋɑu^{35} ȵin^{212} | 敲诈人

戳你娘 tʃ‘ɔʔ^{4}ȵi^{44}ȵia^{212} | 骂人话，同“他妈的”

老膦 lɑu^{35} lin^{212} | 膦，男阴。骂人话，斥责好管闲事

短命鬼 tʌn^{35} miɑŋ^{42} kui^{325} | 骂人话，咒人短命

取债鬼 ts‘i^{35}tsai^{42} kui^{325} | 小孩夭折，父母为之付出钱财、遭受痛苦，旧俗以为是小孩此生为向父母讨要前生所欠债务而来。骂人话，多用于大人骂小孩，也作一般性骂人用。使用中多带一些亲切口气

取债屄 ts‘i^{35}tsai^{42}piɛʔ^{4} | 骂人话，同“娶债鬼”，用于骂女孩子

十八　赌博鸦片等

色崽 sɛʔ^{4}tsɔi^{325} | 骰子

和 fu^{212} | 打麻将获得赢局

庄家 tʃɔŋ^{44}ka^{44} | 牌戏或赌博中的主持人

坐庄 ts‘o^{42}tʃɔŋ^{44} | 牌戏或赌博中继续做庄家

买庄 mai^{35}tʃɔŋ^{44} | 牌戏或赌博中输家向赢家买入计算胜负数目的牌筹

花会 xa^{44}fɔi^{42} | 多户参加的赌博

手气 sɛu^{35}tɕ‘i^{42}

一定高升 iʔ^{2}t‘ɑŋ^{42}kɑu^{44}sen^{44} | 猜拳用语，表示猜“一”

两好 liɔŋ^{35}xɑu^{325} | 猜拳用语，表示猜“二”

三星到 san^{44}sin^{44} tɑu^{42} | 猜拳用语，表示猜“三”

四季发财 sɿ^{42}tɕi^{42}xaiʔ^{2}ts‘ɔi^{212} | 猜拳用语，表示猜“四”

魁首 k‘ui^{24}sɛu^{325} | 猜拳用语，表示猜“五”

六六顺 liuʔ^{2}liuʔ^{2} ʃuen^{42} | 猜拳用语，表示猜“六”

七子驮 ts‘iʔ^{4}tsɿ^{325}t‘o^{212} | 猜拳用语，表示猜“七”

八仙过海 paiʔ^{4}sian^{44}ku^{42} xɔi^{325} | 猜拳用语，表示猜“八”

九□ tɕiu^{44} lɑu^{212} | 猜拳用语，表示猜“九”

十全十美 sɤʔ^{2}ts‘ian^{212} sɤʔ^{2} mi^{325} | 猜拳用语，表示猜“十”

鸦片 ŋa^{44}p‘iɛn^{44}

十九　商业 交通

(一) 经商行业

□ vʌn^{42} | 买卖

拨东西□ pɔʔ^{4} tuŋ^{44} sai^{44}vʌn^{42} | 交换物品

街嘚 ʨiai^{44}tɛʔ^{0} | 市场

开店 xɔi^{44}tian^{44} | 开铺子

摆摊崽 pai^{35}tʻan^{44} tsɔi^{325} | 无店铺而以摆设摊点的方式经商

做生意 tso^{42}sɛn^{44}i^{42} | 做买卖，经商

赚钱 tsʻan^{42}tsʻan^{212} | 赚取经商的收益：做小生意～难很啊做小生意赚钱很难了；赚取的钱多：这个生意～

老板嫂 lɑu^{35}pan^{35}sɑu^{325} | 称老板的妻子或女老板

老板娘 lɑu^{35}pan^{34}ȵiɔŋ^{24}

字号 tsʻi^{42}xɑu^{42} | 招牌

客栈 xaʔ^{4} tsan^{42} | 旅店

堂倌 tʻɔŋ^{24}kuʌn^{44} | 店伙计

店面 tian^{42}miɛn^{42} | 铺面，商店的门面

徛柜台 ʨʻi^{44}kʻui^{42}tʻai^{212} | 站柜台，指做买卖

桶匠店 tʻuŋ^{35}tsʻiɔŋ^{42}tian^{44} | 制售水桶、脸盆等木制容器的店铺

篾匠店 maiʔ^{2}tsʻiɔŋ^{42}tian^{44} | 制售篾器的店铺

木匠店 muʔ^{2}tsʻiɔŋ^{42}tian^{44} | 制售木器的店铺

铜匠店 tʻuŋ^{24}tsʻiɔŋ^{42}tian^{44} | 制售铜器的店铺

铁匠店 tʻaiʔ^{4} tsʻiɔŋ^{42} tian^{44} | 制售铁器的店铺

锡匠店 siʔ^{4}tsʻiɔŋ^{42}tian^{44} | 制售锡器的店铺

银匠店 ȵin^{24}tsʻiɔŋ^{42}tian^{44} | 制售银器的店铺

剃头店 tʻai^{42}tʻɛu^{24}tian^{44} | 理发店

洗浴堂 sai^{35}iɔʔ^{2}tʻɔŋ^{24} | 澡堂

裁缝店 tsʻai^{24}fuŋ^{24}tian^{44} | 为顾客作来料加工服装的店铺

漆匠店 tsʻi^{4}tsʻiɔŋ^{42}tian^{44} | 为顾客油漆器具的店铺

弹棉花店 tʻan^{24}miɛn^{24}xa^{44}tian^{44} | 为顾客加工棉絮的店铺

棺材店 kuʌn^{44}tsʻai^{212}tian^{44} | 出售棺木的店铺

茶馆店 tsʻa^{24}kuʌn^{325}tian^{44} | 茶馆

饭店 pʻʌn^{42}tian^{44}

馆店 kuʌn^{35}tian^{44} | 菜馆

婊崽店 piɑu^{44}tsɔi^{325}tian^{44} | 妓院

婊崽行 piɑu^{44}tsɔi^{325}xɔŋ^{212}

屠店 tʻu^{24}tian^{44} | 肉铺

□猪 lɔiʔ^{2} tɕy^{44} | 宰杀猪

放猪 piɔŋ^{44} tɕy^{44}

熬酒 ɑu^{24}tɕiu^{325} | 以蒸馏法制酿白酒；泛指从事酿酒业

吊酒 tɑu^{42}tsiu^{325}

油榨 iu^{24}tsa^{44} | 榨油的作坊

水碓 ʃui^{35}tɔi^{44} | 以水力带动的碓

水磨 ʃui^{35}mu^{42} | 以水力带动的石磨

担咕咚货 tʌn^{44}kuʔ^{4}tuŋ^{44}fo^{42} | 经营货郎担

摇鼓 iɛu^{24}ku^{325} | 货郎鼓

（二）经营交易

赶墟 kʌn^{44}xɛ^{44} | 赶集

□店 tɕin^{44}tian^{44} | 店铺倒闭

杀价 saʔ^{4}ka^{44} | 砍价

赚 ts'an^{42} | 赚（钱）：一斤菜～两角钱；挣（钱）：打工一个月～一千块

差 ts'a^{44} | 相差：两个人～开三岁；欠：～你五块钱明日还

欠 tɕ'ian^{44} | 欠：钱呣够，还～你三块

生意俏 sɛn^{44}i^{42}ts'iɑu^{44} | 买卖好

生意麻色 sɛn^{44}i^{42}ma^{24} sɛʔ^{4} | 买卖清淡

南货 nʌn^{24} fo^{42} | 饼、酱油等货物

现货 ɕiɛn^{42} fo^{42} | 过时的、坏的货物

落货 lɔʔ^{2}fo^{42} | 卸货

红包 fuŋ^{24} pau^{44}

开张 xɔi^{44} tʃɔŋ^{44} | 商店开业

□价 ian^{212} ka^{44} | 还价

涨价 tʃɔŋ^{35} ka^{44}

跌价 tiɛʔ^{4} ka^{44}

划得来 fa^{24} tɛʔ^{0} lɔi^{212} | 合算

倒贴钱 tɑu^{44} t'aiʔ^{4} ts'an^{212} | 以低于成本的价格出卖货物

亏本 k'ui^{44} puen^{325}

找 tsɑu^{325} | 退还超出应付数额的钱

发洋财 xaiʔ^{4}iɔŋ^{24}ts'ɔi^{212} | 发意外的财

外花 ŋai^{42}xa^{44} | 本分劳动以外而获得的收入

本钱 puen^{35}ts‘an^{212} ｜ 老本，本钱

工价 kuŋ^{44}ka^{42} ｜ 工钱的数目

翻本 xʌn^{44}puen^{325} ｜ 赚回已经亏掉的钱

合股 xɔʔ^{2}ku^{325} ｜ 凑股

籴 t‘aʔ^{2} ｜ 买进粮食

粜 t‘ɑu^{44} ｜ 卖出粮食

捉 tʃɔʔ^{4} ｜ 买进：~猪崽

斫□ tʃɔʔ^{4}pi^{212} ｜ 买猪肉

捡豆腐 ʨian^{35}t‘ɛu^{42}fu^{42} ｜ 买豆腐

打油 ta^{35}iu^{212} ｜ 买油

扯布 ts‘a^{42}pu^{44} ｜ 买布

（三）钱币账目

取债 ʨ‘i^{44}tsai^{44} ｜ 要账

纸票 tsɿ^{35}p‘iɑu^{44} ｜ 纸币

角崽 kɔʔ^{2}tsɔi^{325} ｜ 小硬币

花边 xa^{44}piɛn^{44} ｜ 银元

铜角崽 t‘uŋ^{24}kɔʔ^{4}tsɔi^{325} ｜ 铜圆

块 k‘uai^{44} ｜ 元

角 kɔʔ^{2} ｜ 角

角票 kɔʔ^{2}p‘iɑu^{44} ｜ 角币：一~、两~、五~

块头 k‘uai^{44}t‘ɛu^{212} ｜ 以元计算面值的钱币：一~、两~、五~、十~、二十~、五十~、一百~

厘 li^{212} ｜ 碎屑，比喻面值小的钱：没有两个~

码崽 ma^{35}tsɔi^{325} ｜ 数字

算盘崽 sʌn^{42}p‘ʌn^{24}tsɔi^{325} ｜ 算盘珠

契书 ʨ‘iɛ^{44}ɕy^{44} ｜ 买卖契约

盘缠 p‘ʌn^{24}tʃ‘uʌn^{212} ｜ 路费

□钱 pɔʔ^{4}ts‘an^{212} ｜ 把货物折合成钱

记账 ʨi^{42}tʃɔŋ^{42} ｜ 记在账上

赖账 lai^{42}tʃɔŋ^{42} ｜ 恶意不还账

（四）度量衡

杆秤 kʌn^{35} ts‘en^{42}

盘秤 p‘ʌn^{24}ts‘en^{42} | 以盘子装放物品的杆秤

秤杆崽 ts‘en^{42}kʌn^{35} tsɔi^{325} | 小杆秤

手秤 sɛu^{35}ts‘en^{42} | 以钩子吊挂物品的杆秤

厘戥 li^{24}tin^{325} | 单位为分、厘的小秤

老秤 lɑu^{35}ts‘en^{42} | 旧制的杆秤，一斤大于半公斤

小秤 sɑu^{35}ts‘en^{42} | 新制的杆秤，一斤等于半公斤

星 sɑŋ^{44} | 秤星

秤索 ts‘en^{42}sɔʔ^{4} | 秤毫，杆秤上手提的小绳

头纽 t‘ɛu^{24}ȵiu^{325} | 有两个秤毫的秤杆上距离挂物品一端近的秤毫

二纽 ȵi^{42}ȵiu^{325} | 有两个秤毫的秤杆上距离挂物品一端远的秤毫

出星 tʃ‘ueʔ^{4}sɑŋ^{44} | 秤砣绳压在某个秤星的外侧，物品重量超过该秤星所表示的数字

星里 sɑŋ^{325}li^{325} | 秤砣绳压在某个秤星的内侧，物品重量未达到该秤星所表示的数字

过秤 ku^{42}ts‘en^{42} | 以秤称量物品重量

较秤 kɑu^{42} ts‘en^{42} | 购买物品时使用另外的秤再次较核重量

打呣起 tɑŋ^{35}m̩^{212}ɕi^{325} | 物品重量超过秤所能表示的数字

平平过 p‘iɑŋ^{24}p‘iɑŋ^{212}ku^{42} | 称秤时秤杆处于水平状态，称得恰到好处

称得准 ts‘en^{44}tɛʔ^{0} tʃuen^{325} | 称物品时保证重量并且有多

准 tʃuen^{325} | 称秤时秤杆稍往上，分量很足

软 ȵyʌn^{44} | 称秤时秤杆稍往下，分量不足

溜砣 liu^{42}t‘o^{212} | 称秤时因重量不够而秤砣往下滑

石 tʌn^{44} | 音“担”，十斗为一石

斗 tɛu^{325} | 十升为一斗

升 sen^{44} | 十合为一升

合 kɑuʔ^{4} | 十分之一升

趟斗 t‘ɔŋ^{42}tɛu^{325} | 刮平斗斛时所用的木片

（五）交通

火车路 fu^{35}ts‘a^{44}lu^{42} | 铁路旧称

马路 ma^{35}lu^{42} | 公路旧称

水泥路 ʃui^{35}nai^{24}lu^{42}

包车 pau^{44}ts‘a^{44} | 轿车

摩托卡 mo^{24}t‘ɔʔ^{4}k‘a^{325} | 摩托车

黄包车 vɔŋ^{24}pau^{44}tsʻa^{44}

平车 pʻiɑŋ^{24}tsʻa^{44} | 两轮平板车

独轮车 tʻuʔ^{4}luen^{24}tsʻa^{44}

轮轱 luen^{24}ku^{325} | 车轮

花轿 xa^{44}tɕʻiɛu^{42}

平轿 pʻiɑŋ^{24}tɕʻiɛu^{42} | 滑竿

坐渡 tsʻo^{44}tʻu^{42} | 乘渡船过渡

撑渡 tsʻɑŋ^{44}tʻu^{42} | 摆渡

洋桥 iɔŋ^{24}tɕʻiɛu^{212} | 以现代技术建造的桥

卷翁桥 tʃuʌn^{35}vuŋ^{42}tɕʻiɛu^{212} | 拱桥

轮船 luen^{24}ʃuʌn^{212}

机帆船 tɕi^{44}xʌn^{44}ʃuʌn^{212} | 机器船

放簰 piɔŋ^{44}pʻai^{212} | 放竹筏

二十 文化教育

(一) 学校

学堂 xɔʔ^{2}tʻɔŋ^{212} | 学校旧称

去学堂 ɕiu^{44}xɔʔ^{2}tʻɔŋ^{212} | 上学

读私学 tʻɤʔ^{2}sɿ^{44}xɔʔ^{2} | 上私塾

读公学 tʻɤʔ^{2}kuŋ^{44}xɔʔ^{2} | 上洋学校（现代教育制度举办的学校）

学费 xɔʔ^{2}fui^{42}

躲学 to^{35}xɔʔ^{2} | 逃学

放学 piɔŋ^{44}xɔʔ^{2}

起名字 tɕʻi^{35}miɑŋ^{24}tsʻi^{42}

正名 tsɑŋ^{44}miɑŋ^{212} | 学名

书名 ɕy^{44} miɑŋ^{212}

野名 ia^{35}miɑŋ^{212} | 小名

暑假 ɕy^{35}ka^{325}

放假 piɔŋ^{44} ka^{325}

(二) 教室 文具

上课 ʃɔŋ^{44}kʻuo^{42}

落课 lɔʔ^{2}kʻuo^{42} | 下课

黑板刷 xɛʔ^{4} pan^{325} sɔʔ^{4} | 黑板擦

铅笔 iɛn^{24}piʔ^{4}

毛笔 mɑu^{24}piʔ^{4}

钢笔水 kɔŋ^{44} piʔ^{4}ʃui^{325} | 墨水

毛笔水 mɑu^{24}piʔ^{4}ʃui^{325} | 墨汁

圆子笔 yʌn^{24}tsɿ^{35}piʔ^{4} | 圆珠笔

磨墨 mu^{24}mɛʔ^{2}

糙纸 ts‘ɑu^{42}tsɿ^{325} | 一种较粗糙的土造纸，供练习毛笔字用

板崽 pan^{35}tsɔi^{325} | 戒尺，一尺长的竹片制成，旧时教师上课使用

三尺 san^{44} ts‘aʔ^{4} | 米尺

米□尺 mi^{35}tɑŋ^{44}ts‘aʔ^{4} | 可折叠的米尺

　折尺 tsɛʔ^{4} ts‘aʔ^{4}

画钉 fa^{42}tɛn^{44} | 图钉

笔套 piʔ^{4}t‘ɑu^{42} | 笔帽

笔杆 piʔ^{4}kʌn^{325}

墨盘 mɛʔ^{2} p‘ʌn^{212} | 砚

（三）读书 写字 绘画

读书人 t‘ɤʔ^{2} ɕy^{44} ȵin^{212}

打草稿 tɑŋ^{35}ts‘ɑu^{35}kɑu^{325}

头名 t‘ɛu^{24}miɑŋ^{212} | 第一名

落后一名 lɔʔ^{2}xɛu^{42} i^{42} miɑŋ^{212} | 最后一名

剃光头 t‘ai^{42} kuɔŋ^{44} t‘ɛu^{212} | 喻称得零分

鬼画桃符 kui^{35}fa^{42}t‘ɑu^{24} fu^{212} | 喻指乱涂乱画或字写得很难看

画人公头 fa^{42} ȵin^{24}kuŋ^{44}t‘ɛu^{212} | 画人头像

□iɔŋ^{42} | 墨水、墨汁在纸上向四外散开

信封 sin^{42}fuŋ^{44}

搽颜色 ts‘a^{24}ŋʌn^{24}sɛʔ^{4} | 作画时涂颜色

笔开叉 piʔ^{4}xɔi^{44}ts‘a^{44} | 毛笔尖分开

三横王 san^{44}fɛn^{24}vɔŋ^{212} | 称说“王”字

草头黄 ts‘ɑu^{35}t‘ɛu^{24}vɔŋ^{212} | 称说“黄”字

二十一 文娱体育

(一) 游戏 玩具

嫽 lɑu^{325} 丨 玩

呣好嫽 m̩^{212}xɑu^{35}lɑu^{325} 丨 不好玩

捉蒙□tʃɔʔ^{4}mɛn^{42}fu^{44} 丨 捉迷藏

　捉蒙蒙 tʃɔʔ^{4}mɛn^{44}mɛn^{44}

丢手巾 tiu^{44}sɛu^{35}tʃuen^{44} 丨 丢手绢的游戏

弹弓 t‘ʌn^{42}kuŋ^{44} 丨 打弹弓

打包 tɑŋ^{35}pau^{44} 丨 玩折成三角形或方形的纸板

滚箍 kuen^{35}k‘u^{44} 丨 滚铁环

打秋千 tɑŋ^{35}ts‘iu^{44}ts‘ian^{44} 丨 荡秋千

打碗碗崽 tɑŋ^{35} vʌn^{35} vʌn^{35}tsɔi^{325} 丨 打水漂儿，在水面上侧着抛掷瓦片、碗片等，数其跳跃的次数

捉阄 tʃɔʔ^{4}tɕiu^{44} 丨 抓阄

打弹珠 tɑŋ^{35}t‘ʌn^{42}tɕy^{44} 丨 互相击打对方的玻璃珠

滚弹珠 kuen^{35}t‘ʌn^{42}tɕy^{44} 丨 弹击玻璃珠以滚落入画定的小洞决胜负

跳王 t‘ɑu^{42}vɔŋ^{212} 丨 跳房子，在地上画好“王”字形的框子，再跳进跳出框子并踢出瓦片等

解股 kai^{35}ku^{325} 丨 一人或多人翻解手中撑开的细绳或皮筋

打陀陀 tɑŋ^{325}t‘o^{24}t‘o^{212} 丨 打陀螺

打角崽 tɑŋ^{325}kɔʔ^{4}tsɔi^{325} 丨 把铜板放在砖块或石头上，再用铜板击打，以所打下铜板多少决胜负

坐溜溜板 ts‘o^{44}liu^{42}liu^{42}pan^{325} 丨 坐滑滑梯

打谜 tɑŋ^{325}mi^{24} 丨 猜谜

日婆叼鸡 ȵiʔ^{4} p‘o^{212} tɑu^{44}tɕiai^{44} 丨 老鹰抓小鸡的游戏

跳橡皮绳 t‘ɑu^{42}ts‘iɔŋ^{42}p‘i^{24}sen^{212} 丨 跳橡皮筋

变把戏 piɛn^{42}pa^{35}ɕi^{42} 丨 变魔术

打纸炮崽 tɑŋ^{325}tsʅ^{35}p‘au^{42} tsɔi^{325} 丨 燃放爆竹

　放纸炮崽 piɔŋ^{44}tsʅ^{35}p‘au^{42} tsɔi^{325}

连响 liɛn^{24}ɕiɔŋ^{325} 丨 一种两响的爆竹，在地上燃响后蹦上空中再响一次，即“二踢脚”

吹叫崽 tʃ‘ɔi^{44}tɕiɑu^{42} tsɔi^{325} 丨 吹口哨

打哇哇 tɑŋ^{44}va^{44} va^{44} | 在口中发声的同时以手掌不断拍打而使声音断断续续

戏面壳 ɕi^{42}miɛn^{42}xɔʔ^{4} | 面具

滚灯 kuen^{35}tɛn^{44} | 舞灯

□□灯 ko^{44} ko^{44}tɛn^{44} | 一种鼓形的灯

鱼灯 ȵiu^{35}tɛn^{44} | 一种鲤鱼形的灯

龙灯 luŋ^{212}tɛn^{44}

草□灯 ts‘ɑu^{35}xa^{44}tɛn^{44} | 两小孩举稻草扎成的小龙，跳跃以向成人讨钱

船灯 ʃuʌn^{24}tɛn^{44} | 旱船

滚船灯 kuen^{35}ʃuʌn^{24}tɛn^{44} | 摇旱船

马崽灯 ma^{35}tsɔi^{35}tɛn^{44} | 跳马灯，舞者身前后分别扎着马头和马尾

狮崽灯 sɿ^{44} tsɔi^{35}tɛn^{44} | 一种双狮相戏的灯舞

蚌壳灯 p‘ɔŋ^{42}xɔʔ^{4}tɛn^{44} | 一种两人扮成蚌壳精与渔翁相戏的灯舞

麒麟灯 tɕ‘i^{24} lin^{24} tɛn^{44} | 一种扎成麒麟状的灯

划拳 xa^{24} tʃ‘uʌn^{212}

打扑克 tɑŋ^{35}p‘uʔ^{4}k‘ɛʔ^{4} | 玩扑克牌

剃光头 t‘ai^{42}kuɔŋ^{44}t‘ɛu^{212} | 玩扑克牌时捡分的一方得了零分

尖子 tɕian^{35}tsɛ^{0} | 扑克牌中的“A”

老 K lɑu^{35} k‘ɛ^{44} | 扑克牌中的“K”

皮蛋 p‘i^{24}t‘ʌn^{42} | 扑克牌中的“Q”

钩子 kɛu^{44}tsɛ^{0} | 扑克牌中的“J”

（二）体育 棋类

下棋 xa^{42}tɕ‘i^{212}

　同棋 t‘uŋ^{212}tɕ‘i^{212}

象棋 ts‘iɔŋ^{42}tɕ‘i^{212}

两头炮 liɔŋ^{35}t‘ɛu^{24}p‘ɑu^{42}

马口 ma^{35}xɛu^{325}

乒乓球 pin^{44} pɔŋ^{44} tɕ‘iu^{212}

□绳 pɑŋ^{42}sen^{212} | 拔河

划水 fa^{24}ʃui^{325}

浮水 fu^{24}ʃui^{325}

钻沕崽 tsuʌn^{44}miʔ^{2}tsɔi^{325} | 泅水

踏水 t‘aʔ^{2}ʃui^{325} | 人以脚蹬水，在水中直立

过尺水 ku^{42}ts‘aʔ^{4}ʃui^{325} | 自由泳，两臂轮番向前划，犹如以手丈量水的距离

死人拦港 si^{35} ȵin^{212}lʌn^{24} kɔŋ^{325} | 喻指仰泳

划龙船 fa^{24}luŋ^{24}ʃuʌn^{212} | 赛龙舟

（三）舞蹈、武术

踏高脚灯 t‘aʔ^{2}kɑu^{44}tɕiɔʔ^{4}tɛn^{44} | 踩高跷

打滚斗 tɑŋ^{35}kuen^{35}tɛu^{325} | 翻跟斗

打翻车 tɑŋ^{35}xʌn^{44}ts‘a^{44} | 手不着地翻跟斗

竖杨柳 ɕy^{42}iɔŋ^{24}liu^{325} | 倒立

打棍 tɑŋ^{35}kuen^{42} | 舞棍子

学打 xɔʔ^{2}tɑŋ^{325} | 学武术

荷打 xo^{44}tɑŋ^{325} | 会武功

演把戏 ian^{35}pa^{35} ɕi^{42} | 作武术表演而以之谋生

马刀 ma^{35}tɑu^{44} | 一种长条形的大刀

尖刀 tɕian^{44}tɑu^{44} | 匕首

拉开脚 la^{44}xɔi^{44}tɕiɔʔ^{4} | 劈叉

扳手力 pan^{44}sɛu^{35}liʔ^{2} | 掰手腕

箍□交 k‘u^{44}lɛn^{44} kɑu^{44} | 摔跤

（四）音乐 戏曲

睇戏 t‘ai^{35}ɕi^{42} | 看戏

戏班崽 ɕi^{42}pan^{44} tsɔi^{325} | 剧团旧称

三脚戏 san^{44}tɕiɔʔ^{4}ɕi^{42} | 采茶戏的前身

打娇连 tɑŋ^{35}tɕiɑu^{44}liɛn^{212} | 唱山歌

对娇连 tɔi^{42}tɕiɑu^{44}liɛn^{212} | 山歌对唱

大戏 t‘ai^{42}ɕi^{42} | 大型的戏剧演出

正戏 tsɑŋ^{42}ɕi^{42} | 戏剧演出时主要的戏

戏头 ɕi^{42}t‘ɛu^{212} | 正戏前的短剧

戏尾 ɕi^{42}mui^{44} | 正戏后的短剧

花面 xa^{44}miɛn^{42} | 花脸

乌面 vu^{44}miɛn^{42} | 黑脸

吊戏 tɑu^{42}ɕi^{42} | 吊线木偶戏

顶顶戏 tɛn^{35}tɛn^{35}ɕi^{42} | 布袋木偶戏

猴猻戏 xɛu^{24}sen^{44}ɕi^{42} | 猴戏

钹 pʻɔʔ^{2}

□□ ʨʻiɛ^{44} ʨʻiɛ^{212} | 小钹

碗锣 van^{35}lo^{212} | 小锣

琴线 ʨʻin^{24}san^{44} | 弦

二十二　动作

（一）身体行为

抻懒腰 tʃʻuen^{44} lʌn^{44}iɛu^{44} | 伸懒腰

□脯 tʻɛ^{24}pʻu^{212} | 挺胸

打心头 taŋ^{35} ɕin^{0} tʻɛu^{212} | 拍胸脯以表承担责任

康康震 kʻɔŋ^{44}kʻɔŋ^{44}tsɛn^{42} | 哆嗦，颤抖：冷得～

做鬼样 tso^{42} kui^{325} iɔŋ^{42} | 做鬼脸

笑 sau^{44}

叫 ʨiɛu^{44} | 哭

頷头 ŋʌn^{44}tʻɛu^{212} | 点头

□头 kau^{35}tʻɛu^{212} | 低头

□头 ʨʻiɔŋ^{44} tʻɛu^{212} | 抬头

昂头 ŋɔŋ^{24} tʻɛu^{212}

聱头 ŋau^{24} tʻɛu^{212} | 歪头

摇头 iɛu^{24} tʻɛu^{212}

抻颈 tʃʻuen^{44} ʨiaŋ^{325} | 伸长脖子

车 tsʻa^{44} | 转动：～转头转过头

睇 tʻai^{325} | 看

睇见 tʻai^{35}tɕian^{44} | 看见

暎ȵiaŋ^{44} | 望

合眼 kauʔ^{4}ȵian^{325} | 合眼；眨眼

撑眼 tsʻaŋ^{44} ȵian^{325} | 睁眼

向斜睇 ɕiɔŋ^{44} tsʻia^{24} tʻai^{325} | 瞥，不经意地看：～一眼

斜眼睇 tsʻia^{24}ȵian^{35} tʻai^{325} | 斜着眼睛看；以斜眼示意

瞪眼睇 tɛn^{42} ȵian^{35} tʻai^{325} | 干瞪眼，表示无望、无奈

翻白眼 xʌn^{44}pʻaʔ^{2}ȵian^{325} | 对别人翻白眼

出眼水 tʃʻueʔ^{4}ȵian^{35}ʃui^{325} | 流眼泪

丫开嘴 ŋa^{44} xɔi^{44}tʃɔi^{325} | 张开嘴

□ mi^{42} | 抿、闭（嘴巴）；呷，小口喝：～一口酒

努嘴 nu^{35} tʃɔi^{325} | 努嘴巴，以示意

嘟嘴唇皮 tu^{44} tʃɔi^{35} ʃuen^{24} pʻi^{212} | 噘嘴巴，表不快

□ ʃueʔ^{4} | 吸食水、粥等液态物质：～汤

嗍 suʔ^{4}

啮 ȵiɛʔ^{2} | 咬

嚼 tsʻiaʔ^{2} | 咀嚼

□吞 iɔŋ^{24} tʻuen^{44} | 囫囵吞

□ tʻɔi^{325} | 唾，吐（口水）

□ sui^{212} | 呲：～牙齿

□ liɛn^{44} | 舔：～碗

□ lɛ^{44} | 舌头自舔唇、牙、腭等部位

□ lai^{44} | （舌头）伸出口外：舌头～得老长

打□ taŋ^{35}pɑu^{44} | 接吻

打驳 taŋ^{35}pɔʔ^{4}

听 tʻɑŋ^{44}

听得 tʻɑŋ^{44}tɛʔ^{0} | 听见

□ pʻi^{42} | 闻，嗅

□ pʻuŋ^{44}

担 tʌn^{44} | 挑：～担、～水

掆 kɔŋ^{44} | 两个人抬：～轿。按：《广韵》“古郎切”下：“掆，举也”。当作为本字用以记词。

背 pɔi^{44} | 在背上背：～细人背小孩；斜挎：～书包

摇手 iɛu^{24}sɛu^{325} | 摆手

放手 piɔŋ^{42}sɛu^{325} | 撒手

擐 kʻʌn^{325} | 拎、提：～菜篮。按：《集韵》“苦缓切”：“擐，捉也”。可作为本字用以记词。

拿 nan^{44}

分 puen^{44} | “分合”之“分”：～家、～财产；给：～你钱、送～你

搛 tɕʻia^{212} | 拿；举；扛，驮：～树

□ ta^{42} 丨 手拿：～一把香；扼，掐：～颈$_{\text{脖子}}$；攥：～拳；捻：～死一个蚊虫

擫 iaʔ^{4} 丨 以手抓取。按：《广韵》“於叶切”下“擫，持也”。可作为本字用以记词。

□ pɔi^{44} 丨 捧：～水吃、一～花生

□ tsʻʌn^{325} 丨 抱

敨 tʻɛu^{325} 丨 解开

□ lɑu^{44} 丨 搂取，抱着：～柴$_{\text{抱柴火}}$

拢 lɔŋ^{325} 丨 拥抱

箍 kʻu^{44} 丨 搂在怀中：～到渠哩哭啊一餐$_{\text{搂着他哭了一顿}}$

放 piɔŋ^{44} 丨 搁，放：书～在桌上、多～点子盐

捡 tɕian^{325} 丨 拾；拾掇，收拾：～好东西出门

□ pʻɛʔ^{4} 掸，拍打：～灰

搡 suŋ^{42} 丨 推

挽 mʌn^{325} 丨 拔：～草、～萝卜

川 tʃʻuʌn^{44} 丨 摘：～菜

□ pɑŋ^{42} 丨 揪，扯，拉：～头毛

□ nɛʔ^{2} 丨 用拇指和食指的指甲掐

□ nuen^{325} 丨 用拇指和食指来回捻：～粉笔头

搣 mɛʔ^{2} 丨 掰：一个馒头～开两半

兹 tsɿ^{44} 丨 撕

挢 tɕiɑu^{325} 丨 擦

揤 tsʻeʔ^{4} 丨 擦；按摩

促 tsʻuʔ^{4} 丨 擦

挼 no^{212} 丨 揉，搓：～衣服、～面$_{\text{揉面}}$

掘 kueʔ^{2} 丨 挖，抠，掏：～耳朵

□ pɔi^{44} 丨 玩弄，拨弄：～东西

打 tɑŋ^{325}

厾 tuʔ^{4} 丨 扎、刺

□ tɕʻy^{212} 丨 直拳打

搼 tʃɔʔ^{4} 丨 以巴掌侧击：～两巴掌

敲 kʻɔʔ^{4} 丨 敲击

敲螺丝□ k‘ɔʔ^{4}lo^{24}sɿ^{44}kuaʔ^{4} | 以指关节敲击脑袋称为“敲～”

撇 p‘iɛʔ^{4} | 甩：蚂蝗叮到手～不下来；横着打过去：～两巴掌

塞 sɛʔ^{4} | 堵塞

挑 t‘ɑu^{44} | 剔：～刺

卷 tʃuʌn^{325} | 卷（袖管、裤腿）

拣 kan^{325} | 选择，挑剔

拨 pɔʔ^{4} | 换：～衫；交换

□ ts‘aʔ^{4} | 把长条形的东西砍断、截断：～猪脚、～柴；以墙、篱笆等分隔开

斩 tsɛn^{325} | 砍、剁

滗 pi^{44} | 将液体与渣滓分离

□ tɛn^{44} | 扔（石头），投中：石头～到头

□ ɕiʔ^{4} | 扔，丢弃

搅 kɑu^{325} | 搅打：～鸡子蛋

掺 ts‘an^{44} | 掺杂：米饭～番薯

拌 p‘ʌn^{44} | 搅拌使物体成分均匀

□ k‘ɑŋ^{212} | 遮盖，罩住：菜～好

　□ kʌn^{325}

□ ts‘aʔ^{4} | 用木板、篱笆或墙等把空间分隔开

间 kan^{42} | 隔：～五里路有一个亭

□ k‘ɛʔ^{4} | 压

□ ȵin^{44} | 扭

□k‘ɛ^{44} | 蹭，物体边缘或表面的刮擦：衫袖～到菜汤

□ kuɛʔ^{4} | 利物割

搒p‘ɛn^{44} | 追赶：～到赶上；撵：鸡～开

短 tʌn^{325} | 阻拦，拦截：～到唔个扒子手截住那个小偷。按：《集韵》“睹缓切”下：“短，截也”，应为本字。

捉 tʃɔʔ^{4} | 抓，逮

执 tɕiʔ | 抓，捉

盘 p‘ʌn^{212} | 搬：～家

使 sɔi^{325} | 使用

搓 ts‘o^{44} | 浪费，糟蹋

跌落 tiɛʔ^{4}lɔʔ^{2} | 遗失

摒 piɑŋ^{325} | 躲藏

囥 k‘ɔŋ^{44} | 藏

寻 ts‘en^{212} | 找：手表跌诶～到啊

（二）心理活动

晓得 ɕiɛu^{325}tɛʔ^{0} | 知道

唔晓得 m̩^{212}ɕiɛu^{325}tɛʔ^{0} | 不知道

记到 ʨi^{42}tɑu^{0} | 记住

□□ t‘ai^{44}ȵiɔŋ^{44} | 忘记

认到 ȵin^{42}tɑu^{0} | 认识

认唔到 ȵin^{42}m̩^{212}tɑu^{0} | 不认识

认一下 ȵin^{42} iʔ^{4} xa^{42} | 辨认：该个东西～是若个个？

听到讲 t‘ɑŋ^{44}tɑu^{0}kɔŋ^{325} | 听说：偓～爱加工资啊

估 ku^{44} | 估计，估算：该条猪偓～至少两百斤重

□一下 mɛn^{325}iʔ^{4} xa^{42} | 心中掂量：该样事个重要性你自家～

喜欢 ɕi^{35}xʌn^{44} | 乐意：～帮助别人；爱：～话事$_{\text{爱说话}}$

恼 nɑu^{325} | 讨厌：渠～你

痛 t‘uŋ^{44} | 疼，疼爱：～细人$_{\text{疼小孩}}$

心痛 sin^{44}t‘uŋ^{44} | 疼，疼爱：～细人$_{\text{疼小孩}}$；舍不得：～钱

睇重 t‘ai^{35}tʃ‘uŋ^{44} | 重视

睇轻 t‘ai^{35}ʨ‘iɑŋ^{44} | 轻视

怪 kuai^{42} | 埋怨

畏 vui^{44} | 害怕：～死；担心：偓～佢迟到

吓 xaʔ^{4} | 害怕；吓唬

担心畏 tʌn^{44}sin^{44}vui^{44} | 担惊受怕

畏生当 vui^{44}sɑŋ^{44}tɔŋ^{42} | 怕生

畏跌鼓 vui^{44}tiɛʔ^{4}ku^{325} | 怕丑

捱唔住 ŋai^{24}m̩^{24}ʨ‘y^{42} | 受不了

发火 xaiʔ^{4}fu^{325} | 发脾气

发愁 xaiʔ^{4}ʨ‘iu^{212}

悔□ xɔi^{42}ʨ‘i^{44} | 后悔

疑心 ȵi^{24}sin^{44} | 怀疑

情愿 ʨ‘in^{24}ŋʌn^{42} | 宁愿

装假 tsɔŋ^{44} ka^{325} | 假装

想 ȵiɔŋ^{325} | 希望，盼望，指望：~佢快点儿长大；~不到指望不上

解 xai^{44} | 会

□ muai^{44} | 不会，“呣解 m̩^{212} xai^{44}” 合音

爱 ɔi^{44} | 要

呣爱 m̩^{212}ɔi^{44} | 不要

□ muɔi^{44}不要，“呣爱 m̩^{212}ɔi^{44} | ” 合音

肯 xɛn^{325}

（三）语言行为

讲 kɔŋ^{325} | 说：~事、~故事；讲解：~课；讲究：~卫生

讲话 kɔŋ^{325} va^{42} | 说话

告□ kɑu^{44}ɕiɛn^{42} | 告诉

喽 vo^{325} | 喊，叫。按：《集韵》“乌和切”下：“喽，小儿啼”，音义略近，姑以此字记词。

应 en^{42} | 答应，回应

呣讲话 m̩^{212}kɔŋ^{35}va^{42} | 不说话

呣声 m̩^{212}sɑŋ^{44} | 不吱声

笑 sɑu^{44} | 讥笑、嘲笑

直白讲 ts‘eʔ^{2}p‘aʔ^{2}kɔŋ^{325} | 直说：荷意见就~

讲长讲短 kɔŋ^{35}tʃ‘ɔŋ^{24}kɔŋ^{35}tʌn^{325} | 说长道短

打罔讲 tɑŋ^{35}mɔŋ^{35}kɔŋ^{325} | 随便说说

乱讲话 lʌn^{42} kɔŋ^{35}va^{42} | 胡说八道：吃醉酒~

嚼蛆 ts‘iaʔ^{2}ts‘i^{44} | 胡说，骂人话

嘴带勢 tʃɔi^{325}tai^{42} lɛʔ^{2} | 说话带刺

□哝□哝 nin^{44} nuŋ^{44}nin^{44}nuŋ^{44} | 嘟哝：你~讲什个嘚？

打官话 tɑŋ^{35}kuʌn^{44}va^{42} | 说（使用）官话

打官腔 tɑŋ^{35}kuʌn^{44}tɕ‘iɔŋ^{44} | 以官场上的腔调说话，装腔作势

讲□嘴 kɔŋ^{35}laʔ^{2} tʃɔi^{325} | 聊天

吹牛皮 tɕ‘y^{44}ŋɑu^{24}p‘i^{212} | 吹牛

（四）生产劳动

做事 tso^{44} sɿ^{42} | 干活

赚饭 ts‘an^{42}p‘ʌn^{42} | 谋生

寻生活 ts‘en^{24}saŋ^{44} faiʔ^{2}

上工 ʃɔŋ^{44} kuŋ^{44} | 开始干活

收工 sɛu^{44} kuŋ^{44} | 结束干活

嫽 lɑu^{325} | 玩

歇 sɛʔ^{4} | 休息

歇工 sɛʔ^{4}kuŋ^{44} | 停工

打长年 tɑŋ^{35}tʃ‘ɔŋ^{24}nan^{24} | 打长工

打零工 tɑŋ^{35}lin^{24}kuŋ^{44} | 打短工

打夜工 tɑŋ^{32}ia^{42}kuŋ^{44} | 夜间工作

做手艺 tso^{42}sɛu^{35}ȵi^{42} | 从事手工业

做上工 tso^{42}ʃɔŋ^{44}kuŋ^{44} | 手艺人上门到雇主家里做工，按天计酬

做点工 tso^{42} tian^{35} kuŋ^{44}

做包工 tso^{42}pau^{44}kuŋ^{44} | 手艺人按计件方式承包活计

打帮 tɑŋ^{35}pɔŋ^{44} | 在劳动中结成相互帮助的关系：推车个人都是爱～个

斫柴 tʃɔʔ^{4}ts‘ai^{212} | 砍柴

劈柴 p‘aʔ^{4}ts‘ai^{212}

拖煤 t‘o^{44}mɔi^{212} | 从煤窑里往外用篾篓拉煤

扫泥 sɑu^{44}nai^{212} | 扫地

供 tʃuŋ^{44} | 供养，抚养

养 iɔŋ^{44} | 喂食：～饭、～奶；喂养，饲养：～鸡、～猪

看潲 k‘ʌn^{42} sɑu^{44} | 用桶送猪食

担担崽 tʌn^{44}tʌn^{44} tsɔi^{325} | 挑担

担肩 tʌn^{44}tɕiɛn^{44}

担发脚 tʌn^{44}xaiʔ^{4}tɕiɔʔ^{4} | 做挑夫挣取脚力钱

转肩 tʃuʌn^{44}tɕiɛn^{44} | 挑担时换肩膀

头重轻 t‘ɛu^{24}tʃ‘uŋ^{44}tɕ‘iɑŋ^{44} | 挑担时两头重量不一样

打铳 tɑŋ^{35} tʃ‘uŋ^{42} | 打猎

腌料 ian^{44} liɑu^{42} | 加工毛竹造纸的一道工序，把毛竹置于熟石灰中褪去竹膜及竹青。

焙纸 p‘ɔi^{42}tsɿ^{325} | 造纸时把纸烘干

讨鱼草 t‘ɑu^{35} ȵiu^{35}ts‘ɑu^{325} | 打鱼草

淬黄泥浆 ts‘aʔ^{2} vɔŋ^{24} nai^{24} tsiɔŋ^{44} | 淬火

加钢 ka^{44}kɔŋ^{44} | 给刀具加钢

豚 tuen^{44} | 阉割（母猪）

割卵崽 kaiʔ^{4}lʌn^{44}tsɔi^{325} | 阉割小公猪

做寮 tso^{42} lɑu^{212} | 建房子

起工 ɕi^{35} kuŋ^{44} | 开工建房

下脚 xa^{42}ʨiɔʔ^{4} | 筑砌建筑物的墙基

掘墙 kueʔ^{2} ts‘iɔŋ^{212} | 在地基上挖掘以便建墙基

填寮基 t‘ian^{24} lɑu^{24} ʨi^{44} | 建墙基

结墙 ʨiɛʔ^{4} ts‘iɔŋ^{212} | （用石头、砖块）砌墙

舂墙 tʃuŋ^{44} ts‘iɔŋ^{212} | 夯筑泥墙

打平水 taŋ^{35}p‘iɑŋ^{24}ʃui^{325} | 校准水平线

粉刷 fen^{35}sɔʔ^{4} | 粉刷墙壁

合缝 kɑuʔ^{4}fuŋ^{42} | 在砌好的砖石缝隙之间填抹灰浆

捡漏 ʨian^{35} lɛu^{42} | 捡漏，在屋顶上修整漏雨处

翻漏 xʌn^{44} lɛu^{42} | 大面积的整理房顶的瓦片以防漏雨

洗井 sai^{35}tsɑŋ^{325} | 淘井

洗磨 sai^{35}mu^{42} | 给石磨凿出新磨齿

刉板 kai^{42}pan^{325} | 把木头锯成板

膨楼板 p‘ɛn^{24}lɛu^{24}pan^{325} | 铺楼板

　鞔楼板 mɛn^{24}lɛu^{24}pan^{325}

斗拢 tɛu^{42}luŋ^{325} | 拼装，装配；拼凑，凑齐

楔 saʔ^{4} | 用木片、瓦片之类薄物将桌椅等垫平

砑缝 ŋa^{42}fuŋ^{42} | 在木器的缝隙中填入灰胶、麻丝等填充物以使合缝严密

刮灰 kuaʔ^{4}fɔi^{44} | 刷油漆之前给木器抹灰胶

（五）其他

来 lɔi^{212}

去 ɕiu^{44}

上 ʃɔŋ^{44} | 上去：~车

落 lɔʔ^{4} | 下：~车

滮 piɑu^{44} | 液体细小而急速地喷射

沸 pui^{44} | 飞溅

凸 t‘uʔ^{4} | 向上凸起：种子发芽~出地面

㞘 tuʔ^{4} | 长而尖的物体往外伸出、突出

荷 xo^{44} | 有：~钱。按：《广韵》“胡可切”下：“荷，负荷”，音义略

近，太源畲话去声有作阴平的，姑以此字记词。

冇 mɑu^{212}｜没有：~钱

是 sʅ^{44}

呣消 m̩^{212} siɑu^{44}｜不用

呣使 m̩^{212} sɔi^{325}｜别，不可以

呣得 m̩^{212} tɛʔ^{4}｜别

□ muai^{44}｜不会，“呣解 m̩^{212}xai^{44}”的合音。~来：不会来，不可能来

□ mɔi^{44}｜不要，“呣爱 m̩^{212}ɔi^{44}”的合音。~去：不要去，别去

莫 mɔʔ^{2}｜莫，不要。~去：不要去，别去

二十三　形容修饰

（一）指人

后生 xɛu^{42}sɑŋ^{44}｜年轻

出老 tʃ‘ueʔ^{4}lɑu^{325}｜显老，容貌比实际年龄更显老

健旺 tɕ‘iɛn^{42}vɔŋ^{42}｜健康

壮 tʃɔŋ^{42}｜胖

齐整 ts‘i^{24}tsɑŋ^{325}｜身材匀称；面貌漂亮

爽利 ʃɔŋ^{35}li^{42}｜干净：衣衫~；身材端正，模样清秀：人~

□ suŋ^{212}｜丑：面相~；行为难看：行路~

邋□ laʔ^{2}taʔ^{4}｜脏

眼利 ȵian^{35}li^{42}｜眼睛尖

暴 pɑu^{44}｜（眼睛）凸出

矇 muŋ^{212}｜（视力）模糊

喉咙粗 fu^{24}luŋ^{24}ts‘ʅ^{44}｜嗓门大

打眼 tɑŋ^{35}ȵian^{325}｜显眼

停当 t‘in^{24}tɔŋ^{44}｜人真行

好佬 xɑu^{35}lɑu^{325}｜有本事、厉害，带贬义

在行 ts‘ɔi^{44}xɔŋ^{212}｜内行

荷下数 xo^{44}xa^{42}su^{42}｜处事有办法

冇得讲 mɑu^{24}tɛ^{0}kɔŋ^{325}｜没得说（表示认可）

冇主意 mɑu^{24}tɕy^{35}i^{42}｜没有主见

冇样崽 mɑu^{24} iɔŋ^{42}tsɔi^{325}｜没有样子，不成样子

呣像样 m̩^{212} ts‘iɔŋ^{42}iɔŋ^{42}｜不像话

冇谱 mɑu^{24}pʻu^{325} | 离谱

荷头冇尾 xo^{44}tʻɛu^{212}mɑu^{212}mui^{44} | 有始无终

过头 ku^{42}tʻɛu^{212} | 过分

听讲 tʻɑŋ^{44}kɔŋ^{325} | 听说：~佢呣来啊；乖：该个细崽~得很

仔细 tsɿ^{44}sai^{42} | 细心

发狠 xaiʔ^{4}xɛn^{325} | 勤奋，勤快

　攒劲 tsan^{44}tɕin^{44}

爽撇 sɔŋ^{35}pʻiɛʔ^{4} | 做事干脆果断

硬直 ŋɑŋ^{42}tsʻeʔ^{4} | 刚直有骨气

爽直 sɔŋ^{35}tsʻeʔ^{2} | 直爽，心直口快

稳当 ven^{35}tɔŋ^{42} | （做事）稳妥

省 sɑŋ^{325} | 节约，节俭

精 tɕin^{44} | 精明；小气

大概 tʻai^{42}kʻɔi^{44} | 大方

小量 sɑu^{35}liɔŋ^{42} | 小气，吝啬

死爱 si^{35}ɔi^{44} | 贪婪

善 sɛn^{42} | 善良

乐 lɔʔ^{4} | 高兴

兴 ɕin^{42} | 得意

快活 kʻuai^{42}vaiʔ^{2} | 愉快、快乐；生活安逸

呣快活 m̩^{212} kʻuai^{42} vaiʔ^{2} | 不快乐；不高兴

好过 xɑu^{35}ku^{42} | 舒服

难过 nʌn^{24}ku^{42} | 难受

耻人家 tsʻɿ^{35}ȵin^{24}ka^{44} | 害羞

丑 tɕʻiu^{325} | 脾气坏，凶横

心恶 sin^{44}ŋɔʔ^{4} | 心狠

煞火 saʔ^{4}fu^{325} | 厉害

皮厚 pʻi^{24}kɑu^{42} | 死皮赖脸

嘴丑 tʃɔiʔ^{4}tɕʻiu^{325} | 嘴巴厉害；讲话不吉利

骜里骜包 ŋɑu^{24}li^{0}ŋɑu^{24}pau^{44} | 不听话、不听劝

老□lɑu^{35}tin^{325} | 好管闲事

叽叽□□tɕi^{44} tɕi^{44}kɛʔ^{4} kɛʔ^{4} | 讲话不正规，东拉西扯

□毒 kuaiʔ^{4}tʻuʔ^{4} | 故意使坏，刁难；特别，十分

食冤枉 seʔ^{4}yʌn^{44}vɔŋ^{325} | 得了不该得的好处

捱得住 ŋai^{24}tɛʔ^{0}tɕ‘y^{42} | 受得了

食得苦 seʔ^{2}tɛʔ^{0}k‘u^{325} | 能吃苦

戳眼 tʃ‘ɔʔ^{4}ȵian^{325} | 令人讨厌

戳心 tʃ‘ɔʔ^{4}sin^{44} | 言行伤害人

好骚 xɑu^{42}sɑu^{44} | 好色

好食 xɑu^{42}seʔ^{2} | 贪嘴

活 fuɛʔ^{4} | 灵巧，机灵

古板 ku^{35}pan^{325} | 固执，守旧

古怪 ku^{35}kuai^{44} | 怪里怪气

呆板 ŋɔi^{24}pan^{44} | 不灵活

木 muʔ^{4} | 接受能力差，不灵活

咕里咕龙 ku^{44} li^{0} ku^{44} luŋ^{212} | 糊涂

夹生 kaʔ^{4}sɑŋ^{44} | 人不行

神神兮兮 sɛn^{24}sɛn^{212}ɕi^{44}ɕi^{44} | 疯疯癫癫

荷靠背 xo^{44}k‘ɑu^{42}pɔi^{44} | 有来头，有靠山

　香火背荷人 ɕiɔŋ^{44} fu^{35} pɔi^{44} xo^{44} ȵin^{212}

生当 sɑŋ^{44} tɔŋ^{44} | 陌生

行时 xɑŋ^{24}sɿ^{212} | 行运

倒霉 tɑu^{44}mɔi^{212}

戳膦 tʃ‘ɔʔ^{4}lin^{44} | 糟了

暎鸭 ȵiɑŋ^{44}ɑuʔ^{4} | 放鸭子，喻称事情糟糕，或手头紧张家境不好

（二）指物

好 xɑu^{325}

呣好 m̩^{212}xɑu^{325} | 不好

差 ts‘a^{44} | 差，不行

　麻色 ma^{24} sɛʔ^{4}

呢哪呢哪 ȵi^{44} na^{44}ȵi^{44}na^{44} | 拟喇叭声；表示差、有距离：生活～，一日比一日差

爱紧 ɔi^{44}tɕin^{325} | 重要

呣爱紧 m̩^{212}ɔi^{42}tɕin^{325} | 不要紧

抵钱 ti^{35} ts‘an^{212} | 值钱

长 tʃʻɔŋ[212] | 长；高：~子高个儿

嫩 nuen[42] | 不老：菜~；细：~线

细 sai[44] | 小：~人小孩

阔 xuɛʔ[4] | 宽阔

狭 xaʔ[2] | 狭窄

聱 ŋau[212] | 歪斜，不端正

□ ȵin[44] | 扭曲：衫着~啊

横 iɑŋ[212] | 横直之横

□ tɕʻi[44] | 陡

□ nɛn[212] | 稠，液体中某种固体成分多

浓 ȵiuŋ[212]

清 tsʻɛn[44] | 稀（与“稠”相反）

密 miɛʔ[4]

疏 ɕio[44] | 稀疏

皓 xɑu[42] | 亮

暗 ʌn[42] | 黑暗，光线不强

黑 xɛʔ[4]

□luʔ[4] | 热；烫；水沸

沸 pui[44] | 水开

快 ɕiai[44]

缓 fʌn[44] | 慢

晏 an[42] | 晚，迟

湿 sɤʔ[4]

燥tsɑu[44] | 干

燥爽 tsɑu[44]sɔŋ[325] | 干燥

粗 tsʻɿ[44] | 粗糙

煞 saʔ[4] | （酒）厉害

利 li[42] | （刀）快

结 tɕiɛʔ[4] | 坚固、结实

整 kɛn[325] | 全部完整无缺

烂 lʌn[42] | 破烂：~衫

耗 xɑu[44] | 破，烂。按：《广韵》释“耗”言“减也”，《博雅》释

“耗”言“虚也”；又太源畲话古去声字多有读阴平的。“耗”可作为本字用以记词。

□ ku44 | （器具）磨损钝秃

磨□ mu24 ku44 | 磨损：鞋底～诶一个洞

□ iɛʔ4不饱满，凹瘪：乒乓球～啊滚水泡下就好个

□ t‘eʔ4 | 凹

□ t‘ɛ212 | 凸

□ p‘ɔŋ42 | 谷粒不饱满、空

澄 tin42 | 胶质物发生沉淀

软 ȵyʌn44

就缝 ts‘iu42 fuŋ42 | 器物接缝处非常紧凑

□ iaʔ2 | 滑

酸臭 sʌn44ts‘ɛu42 | 馊

麻嘴 ma212 tʃɔi325 | 味道涩

晾眼 vɔŋ42 ȵian325 | 刺眼

□脚 an325tɕiɔʔ4 | 路面不平或鞋子内有沙子等致使硌脚

着累 ts‘ɔʔ2 lɔi42 | 使受累，辛苦他人的客气话

□人 vɛʔ2ȵin24 | （肥肉）腻人

灼人 tʃɔʔ4ȵin212 | 碘酒刺激伤口的感觉

盾人 tuʔ4ȵin212 | 打赤膊穿蓑衣的感觉

□人家 ɕin24ȵin24ka44 | 令人讨厌

吓人家 xaʔ24ȵin24ka44 | 令人害怕

□ iɔŋ42 | 热闹

闹热 nɑu42ȵiɛʔ2

挤 tɕiɛ325 | 拥挤：街上～得很；在拥挤的空间通过：～过去

见效 tɕiɛn42 xɑu42

顺手 ʃuen42 sɛu325 | 做事顺当

折得多 sɛʔ2 tɛʔ0 to44 | 物品经使用或加工后损耗率高：该罐煤气真～，烧一个星期就完啊

折得少 sɛʔ2 tɛʔ0 sɛu325 | 物品经使用或加工后损耗率低：早米煮饭～

（三）颜色 其他

红 fuŋ212

喧红 ɕian44fuŋ212 | 红颜色非常深

乌 vu^{44} | 黑

蓝 lʌn^{212}

绿 liuʔ^{4}

黄 vɔŋ^{212}

青 tsʻɑŋ^{44}

紫 tsɿ^{325}

白 pʻaʔ^{2}

□碎 pʻɛn^{44}sui^{42} | 物品碎成很多小部分

□光 pʻiaʔ^{4}kuɔŋ^{44} | 光秃秃

□薄 ɕiɛʔ^{4} pʻɔʔ^{2} | 很薄

□厚 piʔ^{4} xɛu^{42} | 很厚

□重 piʔ^{4} tʃʻuŋ^{42} | 很重

□肿 pʻiʔ^{4} tʃuŋ^{325} | 很肿

□臭 pʻiʔ^{4} tsʻɛu^{42} | 很臭

□香 pʻuŋ^{42}ɕiɔŋʔ^{44} | 很香

甜滋滋 tʻan^{24}tsi^{44} tsi^{44} | 甜津津

湿□□ sɤʔ^{4}tɔʔ^{4} tɔʔ^{4} | 湿漉漉

暖□□ nʌn^{44}puŋ^{42} puŋ^{42} | 暖洋洋

二十四 位置方向

前头 tsʻan^{24}tʻɛu^{212} | 前面

屎背 sɿ^{35}pɔi^{44} | 后面

上底 ʃɔŋ^{44} tai^{325} | 上面

□下 tɤʔ^{4}xa^{325} | 下面

内嘚 nɔi^{42} tɛ^{0} | 里面

　里边 li^{35}pan^{44}

外边 ŋai^{42}pan^{44} | 外面

皮□ pʻi^{24} tɛu^{325} | 表面

反边 xʌn^{35}pan^{44} | 反手边，即左边

顺边 ʃuen^{42}pan^{44} | 顺手边，即右边

中间 tʃuŋ^{44} kan^{44}

当央 tɑŋ^{44}ɔŋ^{44} | 正中间，中央

门屎背 muen^{24} sɿ^{35}pɔi^{44} | 门后

寮屎背 $lau^{24}sɿ^{35}pɔi^{444}$ | 屋后

屎底 $tɤʔ^{4}tai^{325}$ | （容器的）底部：碗～

老末屎 $lau^{35}mɔʔ^{4}tɤ^{4}$ | （时间、空间的）最后：老王排队排得～｜老王～来个

墙嘚 $ts'iɔŋ^{24}tɛ^{0}$ | 墙上

地下 $t'i^{42}xa^{42}$ | 地面上

泥嘚 $nai^{24}tɛ^{0}$ | 地下，泥土里

水嘚 $ʃui^{35}tɛ^{0}$ | 水中

门口 $muen^{24}xɛu^{325}$

一边 $iʔ^{4}pan^{44}$ | 旁边

　边边 $pan^{44}pan^{44}$

近边 $tʃ'uen^{42}pan^{44}$ | 附近

反光 $xʌn^{35}kuɔŋ^{44}$ | 逆光

顺光 $ʃuen^{42}kuɔŋ^{44}$ | 顺着光线的方向

角嘚 $kɔʔ^{4}tɛ^{0}$ | 角落

门□ $muen^{24}xan^{325}$ | 跟前

二十五　代词

（一）人称代词

倕 $ŋɔi^{44}$ | 我

倕多 $ŋɔi^{44}to^{44}$ | 我们

　倕多人 $ŋɔi^{44}to^{44}ȵin^{212}$

　倕嘚 $ŋɔi^{44}tɛ^{0}$

倕呢 $ŋɔi^{44}ȵi^{44}$ | 咱们

你 $ȵi^{44}$

你多 $ȵi^{44}to^{44}$ | 你们

　你多人 $ȵi^{44}to^{44}ȵin^{212}$

　你嘚 $ȵi^{44}tɛ^{0}$

佢 $tɕiu^{44}$ | 他

佢多 $tɕiu^{44}to^{44}$ | 他们

　佢多人 $tɕiu^{44}to^{44}ȵin^{212}$

自家 $ts'i^{42}ka^{44}$ | 自己

大家 t‘ai^{42}ka^{44}

别人 p‘iɛʔ^{2}ȵin^{212}

　人家 ȵin^{212} ka^{44}

偃个 ŋɔi^{44} kɛ^{0} | 我的

你个 ȵi^{44} kɛ^{0} | 你的

渠个 tɕiu^{44} kɛ^{0} | 他（她）的

偃多个 ŋɔi^{44} to^{44} kɛ^{0} | 我们的

你多个 ȵi^{44} to^{44} kɛ^{0} | 你们的

渠多个 tɕiu^{44} to^{44} kɛ^{0} | 他们的

（二）指示代词

该 kai^{325} | 这

唔ŋ̍^{325} | 那

该个 kai^{35}kai^{44} | 这个

唔个 ŋ̍^{35}kai^{44} | 那个

该多 kai^{35} to^{44} | 这些

唔多 ŋ̍^{35}to^{44} | 那些

　那多 nai^{42}to^{44}

该落 kai^{35}lɔʔ^{4} | 这里

　该嘚 kai^{325}tɛ^{0}

唔落 ŋ̍^{35}lɔʔ^{4} | 那里

　唔嘚 ŋ̍^{325}tɛ^{0}

　那落 nai^{42}lɔʔ^{4}

该边 kai^{35}pan^{44} | 这边

唔边 ŋ̍^{35}pan^{44} | 那边

该生 kai^{35} sɛn^{44} | 这样

　该样 kai^{35} iɔŋ^{42}

唔生 ŋ̍^{35}sɛn^{44} | 那样

　唔样 ŋ̍^{35} iɔŋ^{42}

　那生 nai^{42}sɛn^{44}

该阵 kai^{35} ts‘en^{42} | 这时

　该时间 kai^{35} sɿ^{24} kan^{44}

唔阵 ŋ̍^{35}ts‘en^{42} | 那时

　唔时间 ŋ̍^{35}sɿ^{24} kan^{44}

该一下 kai^{35} iʔ^{4} xa^{42} | 这会儿

唔一下 ŋ̍^{35}iʔ^{4} xa^{42} | 那会儿

（三）疑问代词

若个 lɔʔ^{2}kai^{44} | 哪个；谁

什个嘚 seʔ^{4}kɛ^{0}tɛ^{325} | 什么

　什嘚 seʔ^{4}tɛ^{325}

　什个 seʔ^{4}kɛ^{0}

　何若 xo^{24}lɔʔ^{4}

若落 lɔʔ^{2}lɔʔ^{4} | 哪里：寮在～？

　若嘚 lɔʔ^{2}tɛ^{0}

若多 lɔʔ^{2}to^{44} | 哪些

样生 iɔŋ^{42}sɛn^{44} | 怎样，怎么

几多 tɕi^{35} to^{44} | 多少：～钱？

　多少 to^{44}sɛu^{325}

几 tɕi^{325} | 多：～远？

几时间 tsi^{35} sɿ^{24} kan^{44} | 什么时候

　什个时间 seʔ^{4}kɛ^{0} sɿ^{24} kan^{44}

几多久 tɕi^{35} to^{44}tɕiu^{325} | 多久

　几久 tɕi^{35} tɕiu^{325}

做什（个）嘚 tso^{42} seʔ^{4}（kɛ^{0}）tɛ^{0} | 为什么

二十六　副词 介词 连词

（一）副词

□□ k‘an^{44}k‘an^{44} | 恰恰

差□□ ts‘a^{44}ti^{0}ti^{325} | 差点儿

一堆 iʔ^{4} tɔi^{44} | 一块儿：大家在～

一下 iʔ^{4} xa^{42} | 一块儿：大家～去

一起 iʔ^{4}tɕ‘i^{325} | 总共：寮嘚～荷十个人；一块儿：大家～去

呐 naʔ^{2} | 只：～有、～够

　□ nan^{42}

尽 ts‘in^{42} | 完全、都：～是好个

□ ɕiai^{44} | 快：～行

差呣多 ts‘a^{44} m̩^{212} to^{44} | 差不多

正 tsɑŋ^{44} | 刚；才

正正 tsɑŋ^{44}tsɑŋ^{44} | 刚刚

整 tsɑŋ^{325} | 成：来呣～来不了

已经 i^{35} tɕin^{44}

就 ts‘iu^{42}

就爱 ts‘iu^{42}ɔi^{44} | 就要，即将

马上 ma^{35}ʃɔŋ^{44}

再 tsai^{42}

再三 tsai^{42} sʌn^{44} | 一再

迟早晏 ts‘ʅ^{24} tsɑu^{35} an^{42} | 迟早，早晚

赶快 kʌn^{35} ɕiai^{44} | 赶紧

还是 xan^{24} sʅ^{42}

又 iu^{42}

还 xʌn^{212}

当真 tɔŋ^{44} tsen^{44} | 确实

呣 m̩^{212} | 不。～去：不去；～好：不好

白 p‘aʔ^{2} | 白白：～话

冇想到 mɑu^{24} siɔŋ^{35} tɑu^{0} | 没有想到，不料

特意 t‘eʔ^{2} i^{44} | 特意，故意

特事 t‘eʔ^{2} sʅ^{42}

怪呣得 kuai^{42} m̩^{212} tɛʔ^{4} | 难怪

讲呣定 kɔŋ^{44} m̩^{212} t‘ɑŋ^{42} | 不一定

正正好 tsɑŋ^{44} tsɑŋ^{44} xɑu^{325} | 刚好，正好

本来 puen^{35} lɔi^{212} | 本来

成□□ sɑŋ^{24}iɑŋ^{212} tɑu^{0} | 接近（指时段）：～半昼大半天

呣止 m̩^{212} tsʅ^{325} | 不止

到处 t‘ɑu^{42} tɕ‘y^{44}

偏偏 p‘iɛn^{44} p‘iɛn^{44}

打先 tɑŋ^{35} san^{44} | 提前

成日 sɑŋ^{24} ȵiʔ^{4} | 整天

一直 iʔ^{4} ts‘eʔ^{2}

一定 iʔ^{4} t‘ɑŋ^{325}

讲嗰来 kɔŋ^{35} m̩^{212} lɔi^{212} | 说不定

难讲 nan^{24}kɔŋ^{325} | 难说，不一定

□也 kai^{325} ia^{325} | 再也：该个事～嗰想做啊

好得 xɑu^{35} tɛʔ^{0} | 幸亏

（二）介词和连词

分 pen^{33} | 把：～茶碗打耗啊把茶碗打掉了；被：～佢打诶一拳被他打了一拳；给：讲分你听讲给你听。

着 tʃɔʔ^{4} | 被：～人骗

得 tɛʔ^{4} | 被：～ 佢晓得啊被他知道了

拿 nan^{44} | 拿，用：～毛笔写；被、让：唔样事嗰使～佢晓得那件事别让他知道；按、依：～偓讲你书还是爱读个依我说你书还是要读的

从 ts‘uŋ^{212} | ～河口来

在 ts‘ɔi^{42} | ～门头坐

当 tɔŋ^{44} | ～面讲

望 mɔŋ^{42} | 往：～前头行

赶 kʌn^{325} | 趁：～热食趁热吃

摎 lɛu^{212} | 和：偓～你两个人我和你两个人；对：拿该行棍拿出来～崽孙讲把这根棍子拿出来跟子孙讲；向：佢～偓借钱他向我借钱；给：～村嘚又做耗几年会计给村里又做了几年会计。按：《广韵》《集韵》“力求切”下：“摎，束也，捋也。”又《集韵》“力交切”下：“物相交也”。可作为本字以之记词

□ ɔiʔ^{4} | 还是，表示选择关系：你去过上饶～未？你去过上饶还是没有(去过)？

介 kai^{42} | 这样、于是，表示承接关系：考上大学～就好啊！

二十七　数量词

（一）数词

一 iʔ^{4}

二 ȵi^{42}

三 sʌn^{44}

四 si^{42}

五 ŋ̍^{325}

六 liuʔ^{4}

七 ts‘iʔ^{4}

八 paiʔ^{4}

九 tɕiu^{325}

十 sɤʔ^{2}

十一 sɤʔ^{2}iʔ^{4}

十二 sɤʔ^{2}ȵi^{42}

二十 ȵi^{42}sɤʔ^{2}

一百二 iʔ^{4}paʔ^{4}ȵi^{42} | 一百二十

两百 liɔŋ^{35}paʔ^{4} | 二百

两百五 liɔŋ^{35}paʔ^{4}ŋ̍^{325} | 二百五十

一千 iʔ^{4}ts‘an^{44}

一万 iʔ^{4}vʌn^{42}

一万二 iʔ^{4}vʌn^{42}ȵi^{42} | 一万二千

第一个 t‘i^{42}iʔ^{4}kai^{44}

第二个 t‘i^{42}ȵi^{42}kai^{44}

一号 iʔ^{4}xɑu^{42}

二号 ȵi^{42}xɑu^{42}

成 ts‘en^{212} | 十分之一

一成 iʔ^{4}ts‘en^{212}

两成 liɔŋ^{35}ts‘en^{212} | 二成

十成 sɤʔ^{2}ts‘en^{212}

零 lin^{212}

一半 iʔ^{4}pʌn^{44}

半个 pʌn^{44}kai^{44}

十几个 sɤʔ^{2}tɕi^{325}kai^{44}

十来个 sɤʔ^{2}lɔi^{212}kai^{44} | 十个左右

百把个 paʔ^{4}pa^{35}kai^{44} | 一百个左右

一百多个 iʔ^{4}paʔ^{4}to^{44}kai^{44}

一百来个 iʔ^{4}paʔ^{4}lɔi^{212}kai^{44} | 一百个左右

上千 ʃɔŋ^{44}ts‘an^{44} | 一千多

千把 ts‘an^{44}pa^{325} | 一千左右

个把两个 kai^{44}pa^{325}liɔŋ^{35}kai^{44} | 一两个

亩把两亩 mɛu^{35}pa^{325}liɔŋ^{35}mɛu^{325} | 一两亩

七八成 ts‘iʔ^{4}paiʔ^{4}ts‘en^{212}

一两百 iʔ^{4}liɔŋ^{325}paʔ^{4} | 一二百

一大半 iʔ^{4}t‘ai^{42}pʌn^{44} | 一半多

一小半 iʔ^{4}sɑu^{325}pʌn^{44}

一个半 iʔ^{4}kai^{44}pʌn^{44}

半斤多滴滴子 pʌn^{44}tʃuen^{44}to^{44}tiʔ^{4} tiʔ^{4} tsɛ^{0} | 半斤多一点点

一半多滴滴子 iʔ^{4} pʌn^{44} to^{44}tiʔ^{4} tiʔ^{4} tsɛ^{0} | 一半多点儿

七八十岁 ts‘iʔ^{4} paiʔ^{4} sɤʔ^{2} sɔi^{44}

三分之二 sʌn^{44} fen^{44}tsɿ^{44}ȵi^{42}

二分之一 ȵi^{42} fen^{44} tsɿ^{44} iʔ^{4}

百分之百 paʔ^{4} fen^{44} tsɿ^{44} paʔ^{4} | 百分之一百

百分之一 paʔ^{4} fen^{44} tsɿ^{44}iʔ^{4}

千分之一 ts‘an^{44}fen^{44} tsɿ^{44} iʔ^{4}

万分之一 vʌn^{42} fen^{44} tsɿ^{44} iʔ^{4}

二十二万两千两百二十三 ȵi^{42} sɤʔ^{2}ȵi^{42}vʌn^{42} liɔŋ^{35}ts‘an^{44} liɔŋ^{35}paʔ^{4}ȵi^{42} sɤʔ^{2}sʌn^{44} | 二十二万二千二百二十三

一块五 iʔ^{4}k‘uai^{44}ŋ̍^{325} | 一块五角

一块半 iʔ^{4}k‘uai^{44}pʌn^{44}

一百零一 iʔ^{4}paʔ^{4}lin^{24}iʔ^{4}

十来斤 sɤʔ^{2}lɔi^{212} tʃuen^{44} | 十斤左右

（二）量词

个 kai^{44} | 个：一～人；粒、颗：一～米、一～花生；只：一～鸡；口：一～塘

样 iɔŋ^{42} | 件：一～东西、一～事、一～衫

蔸 tɛu^{44} | 棵：一～树、一～菜；丛：一～草；条：一～墨；

条 t‘ɑu^{212} | 尾：一～蛇、一～鱼；头：一～牛；条：一～凳

桠 va^{325} | 枝：一～树桠

皮 p‘i^{212} | 匹：一～马；片：一～树叶；扇：一～门；条：一～洗面巾

节 tsaiʔ^{4} | 截：一～甘蔗

栟 p‘iaŋ^{44} | 堵：一～墙

餜 ko^{325} | 团：一～饭、一～泥

□ fʌn^{325} | 瓣：一～柚子

渧 tai⁴⁴ | 滴：一～眼泪；点：一～泥。按：《广韵》"都计切"下："漉也"。可作为本字用以记词。

行 xɑŋ²¹² | 尾：一～鱼、一～蛇

寮 lɑu²¹² | 户：一～人家

栋 tuŋ⁴² | 幢：一～寮（房子）

冢 tuŋ⁴⁴ | 座：一～墓

□ p'ɑŋ⁴⁴ | 座：一～桥

塘 t'ɔŋ²¹² | 滩：一～水

丘 ɕiu⁴⁴ | 块：一～田

□tɛu⁴⁴ | 泡：一～尿

乘 ts'en²¹² | 乘：一～轿

架 ka⁴² | 部：一～机器；台：一～电视机

把 pa³²⁵ | 辆：一～汽车、一～脚踏车；张：一～椅子、一～刀；支：一～枪

张 tʃɔŋ⁴⁴ | 张：一～床；把：一～刀

面 miɛn⁴² | 座：一～钟；页：一～书

场 tʃ'ɔŋ²¹² | 出：一～戏

交 kɑu⁴⁴ | 场：一～雨

□tɕ'i⁴² | 阵：一～香味、一～风

床 tʃ'ɔŋ²¹² | 条：一～被窝（被子）；领：一～草席

身 sɛn⁴⁴ | 套：一～衣裳

头 t'ɛu²¹² | 门：一～亲事

面 miɛn⁴² | 脸：一～泥

口 xɛu³²⁵ | 口：一～酒、一～缸

眼 ȵian³²⁵ | 眼：看一～；家：一～店

注 tsu⁴⁴ | 件，一～货；桩：一～生意；块：一～布；笔：一～钱

块 kuai⁴⁴ | 元：一～钱

帖 t'aiʔ⁴ | 服：一～药

伙 fu³²⁵ | 群：一～人、一～牛

□ tsɿ⁴⁴ | 叠：一～碗

挂 kua⁴² | 串：一～辣椒、一～火炮

兜 tɛu⁴⁴ | 窝：一～蜂、一～鸡

叠 t'ɑuʔ² | 叠、摞：一～纸

把 pa^{325} | 把：一~米

揿 k'ʌn^{44} | 拃，大拇指与中指张开的长度：一~长

餐 ts'an^{44} | 顿：一~饭、打一~

回 fɔi^{212} | 次：来一~；场：闹一~

到 tɑu^{325} | 遍：洗一~

下 xa^{42} | 次：拍一~

呢嘚 ȵi^{44} tɛ^{0} | 一点儿

　呢呢 ȵi^{44}ȵi^{0}

　呢 ȵi^{0}

二十八　附加成分

阿 ai^{44} | 名词前缀：~公祖父、~婆祖母、~爹父亲、~弟弟弟

老 lɑu^{325} | 名词前缀：~啊乌鸦、~爷佬崽老父亲、~娘老母亲、~弟弟弟

崽 tsɔi^{325} | 名词后缀：石~小石头、箩~小箩筐、栗~板栗、猫~小猫、妹~妹妹

鬼 kui^{325} | 名词后缀：小气~、游手~做事不实在的人、细崽~男孩儿

公 kuŋ^{44} | 名词后缀：鸡~公鸡、蚁~蚂蚁、鼻~鼻子

牯 ku^{325} | 名词后缀，一般表雄性畜类：牛~、狗~、猫~

娘 ȵiɔŋ^{212} | 名词后缀，表雌性动物：鸡~、鸭~ 、牛~

婆 p'o^{212} | 名词后缀：□［ȵiʔ^{4}］ ~老鹰

佬 lɑu^{325} | 名词后缀，以地方称人：日本~、福建~、铅山~

头 t'ɛu^{212} | 名词后缀：日~太阳、谷~米中的谷、脚公~脚趾、秤~秤称重量的准确度

嘚 tɛ^{0}名词后缀，构成处所名词：寮~家里、井~井里、上~上面、寮顶~房顶上

啊 a^{0} | 动词完成体标记：食~早饭吃了早饭、佢来~两日他来了两天；动词已然态标记：明头该个时间佢就到诶北京~明天这个时候他早就到北京了

诶 ɛ^{0} | 动词完成体标记：寻~佢三回找了他三次

耗 xɑu^{44} | 动词完成体标记：死~两年死了两年、卖~菜再转寮卖了菜再回家

在 ts'ɔi^{42} | 动词进行体标记：佢~睇书他在看书

正 tsɑŋ^{42} | 动词进行体标记：佢~睇书他在看书

到 tɑu^{44} | 动词持续体标记：带~雨衣带着雨衣

起 ɕi^{325} | 动词持续体标记：门头徛~三个人门口站着三个人

紧 tɕin^{325} | 动词持续体标记：戴~帽寻帽戴着帽子找帽子

过 ku^{42} | 动词经历体标记：以前做～生意；动词重行貌标记：讲～一到再说一遍

着 tʃʻɔʔ^{2} | 动词经历体标记：未作～田，唔晓得作田个苦没种过田，不知道种田的苦

起来 ɕi^{35} lɔi^{212} | 动词起始体标记：天冷～呀天冷起来了

起……来 ɕi^{35} …… lɔi^{212} | 动词起始体标记：客还未来佢就食～酒～呀客人还没到他就喝起酒来

落去 lɔʔ^{2}ɕiu^{42} | 动词继续体标记：天爱冷落去哇天气还要冷下去的

（一）下（iʔ^{4}）xa^{42} | 动词短时貌标记：商量诶～正做事商量商量后才干活

一肩 iʔ^{4} tɕiɛn^{44} | 动词短时貌标记：大家歇～再做大家歇歇再干

睇 tʻai^{2325} | 动词短时貌标记：让偃想想～让我想想看、你问问佢～你去问他看看

个 kɛ^{0} | 动词确然态标记：偃是唔喜欢食梨～我是不喜欢吃梨的；定语标志：偃～书我的书

嘚 tɛ^{325} | 状语标志：慢慢～走慢慢地走

得 tɛʔ^{0} | 补语标志：话～好听说得好听

第四章　太源畲话语法

第一节　名词词缀和重叠

一　名词词缀

（一）“阿［ai^{44}］”

“阿”是太源畲话的一个名词前缀。“阿”用于构成亲属称谓，指称直系的长辈或平辈的亲属。例如：

阿公$_{\text{祖父}}$　阿婆$_{\text{祖母}}$　阿爹$_{\text{父亲}}$　阿㜷$_{\text{母亲}}$　阿伯$_{\text{伯父}}$
阿叔$_{\text{叔叔}}$　阿哥$_{\text{哥哥}}$　阿嫂$_{\text{嫂嫂}}$　阿姐$_{\text{姐姐}}$　阿弟$_{\text{弟弟}}$
阿妹$_{\text{妹妹}}$

以上亲属称谓都用于面称，即当面称呼指称的对象。如在叙述中称呼这些主要的亲属，即述称（也叫引称或背称）这些指称的对象，太源畲话则以第一人称“倨［ŋɔi^{44}］”来构成称谓，例如：

倨公$_{\text{公公}}$　倨□［tsa^{325}］$_{\text{婆婆}}$
倨爹$_{\text{父亲}}$　倨㜷$_{\text{母亲}}$　倨哥$_{\text{哥哥}}$　倨弟$_{\text{弟弟}}$

在这些亲属称谓中，“倨”还有着表示领属的“我的”的意思，即“倨爹”相当于“我（的）爹”。在太源畲话中，一般并不以单说的“爹”来对父亲作述称，“倨”在某种程度上也有了前缀的性质。

（二）“老［lɑu^{325}］”

“老”是太源畲话中与普通话相同的一个名词前缀。与普通话相同的以

“老”为前缀的名词有表姓氏的“老王”、“老雷”，表排行的“老大”、“老三”等。也有一批特有的带“老”缀的词语，例如：

表物名词：　老啊乌鸦

表人名词：

老爷佬崽老父亲　老娘老母亲　老阿伯老伯父
老阿叔老叔父　老弟弟弟　老妹妹妹
老庚同年的男性　老大人老人　老倌老年男性
老头崽不含轻蔑、戏谑意味　老妹崽老姑娘

（三）“崽［tsɔi325］”

“崽”是太源畲话的一个具有非常活跃构词功能的名词后缀。

1. 名词后缀“崽”加在一些名词后有小称的作用，例如：

石崽小石头　石头崽小石子，比“石子”小
人公崽画的人像　猫崽小猫　牛牯崽未成年的小公牛
鸡公崽小公鸡　鸭公崽小公鸭　盏崽小酒杯
碗崽用于盛饭的碗或小碗　瓶崽小瓶
镬崽小锅　箩崽小箩筐　徒弟崽小徒弟
弟崽亲弟弟　妹崽妹妹　裤崽小孩穿的裤
鞋崽小孩穿的鞋　手巾崽手帕　丸崽小药丸

有些是前一部分不能单说的，如“石崽”、“人公崽”、“丸崽”；有些是前一部分可以单说，但单说时不含小称意义，如“牛牯崽”、“鸡公崽”、“镬崽”、“箩崽”、“徒弟崽”。

2. “崽”加在一些名词性词根后形成新词，但不表小称意义，例如：

桃崽桃子　李崽李子　勺崽勺子　盘崽盘子　碟崽碟子
豆崽豆子　鸟崽鸟的统称　□［tan325］褂崽统称上衣，不分长袖短袖
绳崽绳子　索崽索子　蒜头崽蒜头　藠头崽藠头　眼珠崽眼珠

这些名词也有两类情况：一类是前一成分不能单说的，如“桃崽”、

"李崽"、"豆崽"、"鸟崽"；另一类是前一成分可以单说且与加后缀"崽"后意义相同，如"绳崽"、"索崽"。

3. "崽"还可以加在一些词根后构成与原词根意义不同的新词，这些词根多为名词性词根，例如：

栗崽板栗　眼崽小洞　料崽布料　绊崽口吃者

（四）"鬼［kui^{325}］"

太源畲话中以"鬼"为后缀的称人名词有相当部分与普通话的此类名词一样，一般用以指称有不良嗜好或行为的人，带有厌恶意味，例如：

小气鬼　酒鬼　烟鬼　茶鬼

游手鬼做事不实在的人　流打鬼游手好闲的人

但也有一些词语并无厌恶意味，相反带有亲昵色彩，例如：

细崽鬼男孩儿　妹崽鬼女孩儿　取债鬼

（五）"公［$kuŋ^{44}$］"、"牯［ku^{325}］"、"娘［$ȵiɔŋ^{212}$］"、"婆［$p'o^{212}$］"

太源畲话中的名词性后缀"公"、"牯"、"娘"主要用来指称动物的性别。

"公"由表示男性称谓语义发展为表雄性动物的性别语素，一般主要指禽类。指人的例如：

阿公　□［tai^{44}］公岳父　媒人公男性媒人　同年公同年的男性

表雄性禽类，如：鸡公 鸭公

"牯"一般表雄性畜类，如：　牛牯　狗牯　猫牯　羊牯

"娘"表雌性动物，如：　鸡娘　鸭娘　鹅娘　牛娘

这类名词后缀有时扩大到表示不易区分性别的动物——主要是某些昆虫，但并不分雄雌而统一用"公"。例如：

蚁公　　　虾公

极个别的用其他表性别后缀，例如：□［ȵiʔ⁴］婆老鹰

对于一些无生命、无性别之分的事物，太源畲话中也用后缀“公”、“牯”构成的名词来指称，此类事物名称一般含有比喻的意味，例如：

鼻公　　　手公头　　　脚公头

拳头牯　　　石头牯

其中“手公头”、“脚公头”是名词后缀“公”和“头”连用。

“牯”可以构成称人名的名词。如“雷国东”可以称“东牯”。“牯”只作男性人名后缀，且主要用于乳名或昵称。

（六）“佬［lɑu³²⁵］”

“佬”加在地名后表对来自该地方人的称呼，一般带有轻蔑意味，如：

日本佬　　　福建佬　　　浙江佬　　　铅山佬

“佬”也可置于人名后构成对此人的称呼。这时有多种组合方式：

可以是名字加“佬”，如“雷国东”称作“国东佬”；可以是名字中任一字加“佬”，如“雷国东”称作“国佬”或“东佬”；也可以是名字中的某一字（双音节的名字通常是后面的字）的重叠加“佬”，如“雷国东”称作“东东佬”。这一构词类型的共同点是都用于指称男性，特别是青少年，且含亲昵意味。

（七）“头［tʻɛu²¹²］”

太源畲话中有一些与普通话不同的带后缀“头”的名词，例如：

日头太阳　　　谷头米中的谷粒　　　裤头裤腰　　　脓头疮口挤去脓后的肿块

手公头手指　　　脚公头脚趾　　　尺头布料尺寸的准确度　　　秤头表度量的准确度

“头”后附于动词性语素之后，所构成的名词表示对动作行为的价值判断，且常与“有”和“冇［mɑu²¹²］没有”连用：“有＋动词性语素＋头”表值得做该动词所指称的动作，“冇没有＋动词性语素＋头”表不值得做该动词

所指称的动作，例如：

有吃头$_{\text{值得吃}}$——冇吃头$_{\text{不值得吃}}$
有睇头$_{\text{值得看}}$——冇睇头$_{\text{不值得看}}$
有想头$_{\text{值得想}}$——冇想头$_{\text{不值得想}}$
有睒［ȵiaŋ^{44}］头$_{\text{值得指望,即有指望}}$——冇睒［ȵiaŋ^{44}］头$_{\text{不值得指望,即没指望}}$

（八）表方位的名词后缀“嘚［tɛ^{0}］”

太源畲话后缀“嘚［tɛ^{0}］”置于名词后构成处所名词，一般表示“……里”，例如：

寮嘚$_{\text{家里}}$　　井嘚$_{\text{井里}}$　　嘴嘚$_{\text{嘴里}}$
眼嘚$_{\text{眼里}}$　　河嘚$_{\text{河里}}$　　袋嘚$_{\text{袋子里}}$

有时也可表示“……面”或“……上”，例如：

上嘚$_{\text{上面}}$　　寮顶嘚$_{\text{房顶上}}$

二　重叠式名词和名词的重叠

（一）重叠式名词

阴阴天　　上上头　　上上底　　当当央央$_{\text{正中央}}$

这类名词在太源畲话中都有基式，如“阴天”、“上头”、“上底”、“当央”，重叠式名词比其基式具有强调意味，如“阴阴天”较之“阴天”表明天色更加阴沉。

部分重叠式名词需加后缀“崽［tsɔi^{325}］”构成，这类名词有表小的作用，例如：

虫虫崽$_{\text{小虫}}$　　洞洞崽$_{\text{微小的洞}}$　　皮皮崽$_{\text{薄薄的皮}}$
角角崽$_{\text{角落}}$　　钩钩崽$_{\text{小钩子}}$

□［tin42］□［tin42］崽体表的小包、小肿块

（二）名词的重叠

太源畲话中有的名词可以重叠从而具有“每一”的意思，这类可重叠的名词都可以借作量词。例如：

碗碗　　勺勺　　缸缸

还有一种情况是，有些单音节名词重叠后两两相连表某类事物的总称，例如：

箱箱柜柜　　缸缸斗斗

这些用于重叠的单音节名词必须同属于一个上位义场，如“缸”和“斗”的上位义场是“家庭中盛量食物的容器”。

第二节　动词的体貌

太源畲话的动词体貌系统可分为“动态”和“事态”两方面。动态是观察动作的发展变化的过程所区分的体貌类型。太源畲话的动态体貌可分为完成体、进行体、持续体、经历体、起始体、继续体、短时貌、尝试貌、反复貌、重行貌、随意貌等类型。① 事态是从事件的角度观察事件的发生、存在、变化与否所区分的体貌类型，太源畲话的事态体貌可分为已然态、未然态、仍然态、确然态、设然态和先然态等。

表示动词体貌的语法意义的语法成分称为“体貌标记”，可以分别称“体标记”、“貌标记”和“态标记”。表动态意义的标记（体标记和貌标记）与表事态意义的语法标记（态标记）既有明显的区别，有时也有一些联系。体标记和貌标记主要是动态助词和副词，附加在动词前后；态标记主要是事态语气词，附加在句末。动态和事态都可独立地表达体貌，有的也可合在一起共同表达体貌。

① “短时”、“尝试”、“反复”等貌范畴也与动作的发展变化紧密相关，故也归入“动态”类。

一　动态

（一）完成体

完成体表示在某一个特定的时点上，动作或变化已经完成或实现。

完成体表示两种语法意义：一种是动作或变化在某一参照时点已经完毕，另一种表示动作或变化在某一参照时点已经生成某种结果。前一种“完成”语义的表意关注点在动作或变化“过程的结束”，后一种“完成”语义的表意关注点在动作或变化“结果的产生”。为了区别，本书称表示前一种语法意义的完成体为“过程完成体”，表示后一种语法意义的完成体为“结果完成体”。

在普通话中，完成体的体标记只有“了”一个。“了”在作完成体标记时，可以兼具表过程完成意义和结果完成意义的功能。例如：

吃了饭去上学。　　　　拆了旧房子建新房子。

前句中的“了”表示的是过程完成意义，后句中的“了”表示的是结果完成意义。

太源畲话的完成体标记有“啊［a^{0}］”、“诶［ɛ^{0}］”、“秏［xɑu^{44}］”。其中“啊［a^{0}］”、“诶［ɛ^{0}］”与汉语共同语的“了”相当，兼表过程完成意义和结果完成意义，而“秏［xɑu^{44}］”只用于表示结果完成意义。

下面分别讨论这两类完成体标记表示的语法意义及其在不同的句法结构中的使用情况。

1. 啊［a^{0}］、诶［ɛ^{0}］

“啊［a^{0}］”和“诶［ɛ^{0}］”的使用场合没有区分，可以互换使用，黏附在动词、动补结构后面，用于各种句法结构之中。例如：

（1）ŋ̍^{35} kai^{42} sai^{44} tsɔi^{325} pɑŋ^{42} tɕ‘y^{42} a^{0} ŋai^{42} p‘o^{212} m̩^{212} xɛn^{325} tɕiu^{44} tʃuʌn^{35} ɕiu^{42}。

唔个细崽□住啊外婆唔肯佢转去。那个小孩拉住了外婆不让她回去。（V＋补＋啊＋宾）①

① 本书在表示句式时以“V”代表动词，“宾”、“补”代表“宾语”、“补语”。

(2) tɕiu^{44} kɔŋ^{35} ɛ^{0} pʌn^{42} tsɛu^{42} xan^{212} mɑu^{212} kɔŋ^{325} ts'in^{44} ts'ʅ^{325}。

佢讲诶半昼还冇讲清楚。他说了半天还没说清楚。（V＋诶＋时量补）

(3) t'an^{44} tsɑŋ^{42} xɑu^{42} tɕiu^{44} ts'iu^{42} lɔi^{212} a^{0}。

天正皓佢就来啊。天刚亮他就来了。（无宾语）

(4) ŋɔi^{44} ts'en^{212} ɛ^{0} san^{44} xɔi^{212} mɔi^{42} ts'en^{212} tɑu^{42} tɕiu^{44}。

偓寻诶佢三回未寻到佢。我找了三趟都没找到他。（V＋诶＋动量补）

(5) tɕiu^{44} puen^{44} ɛ^{0} liɔŋ^{35} tʃuen^{44} tʃueʔ^{4} ŋɔi^{44}，ŋɔi^{44} tɔŋ^{44} miɛn^{42} ts'iu^{42} puen^{44} ɛ^{0} tɕiu^{44} ts'an^{212}。

佢分诶两斤橘偓，偓当面就分诶钱佢。他给了我两斤橘子，我马上就给了他钱。（V＋诶＋宾＋宾）

(6) tɕiu^{44} mɔi^{35} ȵiʔ^{2} seʔ^{2} ɛ^{0}/ a^{0} tsɑu^{44} p'ʌn^{42} ts'iu^{42} tʃ'ueʔ^{4} ɕiu^{42}。

佢每日食诶/啊早饭就出去。他每天吃了早饭就出去。（V＋诶/啊＋V，连动句）

(7) p'ʌn^{42} lɛu^{212} ts'ɔi^{44} tu^{44} lɑŋ^{44} a^{0}，vu^{44} ȵiɛʔ^{2} lɔi^{212} seʔ^{2}。

饭摎菜都冷啊，焐热来食。饭和菜都凉了，热一热再吃吧。（V＋啊）

(8) tʃɔŋ^{44} san^{44} lɔiʔ^{2}ɛ^{0}/ a^{0} tɕiu^{44} lɑu^{212} kɛ^{0} ŋ̍^{35} kai^{44} tɕiai^{44}。

张三□诶/啊佢寮个唔个鸡。张三杀了他家的那只鸡。（V＋诶/啊＋宾）

(9) kɔŋ^{325} ts'o^{42} a^{0} m̩^{212} ɔi^{44} tɕin^{325}，tsai^{42} kɔŋ^{325} ku^{42} iʔ^{4} tɑu^{44}。

讲错啊不要紧，再讲过一到。讲错了没关系，再讲一遍就是了。（V＋结果补＋啊）

以上带“啊”、“诶”的句子都表示在某一特定时点相关动作或变化的完成或实现。作为完成体标记，“啊”、“诶”都紧附于谓词后。

过程完成体只关注某一动作在特定时点已经完毕而忽略该动作是否已经生成相应的结果，如例句（01）中“□［pɑŋ^{42}］（拉）”的动作在说话的时间点上已经完毕，例句（06）表示在“出去”的时点，“食（吃）”饭的动作也已经完毕。

完成体表结果完成意义时关注的是在某一特定时点，某一动作已经生成相应的结果，或是某一变化已经实现相应的状态，如例句（08）中“□［lɔiʔ^{2}］（杀）”的动作在说话的时间点上已经完毕并且产生了结果，例句（09）表示在要求“再讲”的时候，前一个“讲”的动作已经生成了

“错”的结果。

不管用于表示哪一种完成体意义，由于所表示意义相同，上述例句中的“啊”和“诶”可以互换，至于用“啊”或是用“诶”则完全由说话人的习惯所决定。从语音形式上看，“诶”有可能由“啊”弱化而来。

太源畲话的“啊［a^{0}］”与普通话的“了”一样，还可以用作表示已然语法意义。例如：

（10）ŋɔi^{44} sai^{44} tsɔi^{325} k‘ɑu^{35} ɕi^{325}t‘ai^{42} xɔʔ^{2} a^{0}。

倨细崽考起大学啊。我儿子考上大学了。

（11）tɕiu^{44} kai^{35} kai^{44} sɿ^{24} kan^{44}tɑu^{44} ε^{0} pεʔ^{4} ts‘iɑŋ^{44} a^{0}。

渠该个时间到诶北京啊。他这时候到了北京了。

在例句（11）中，由于句末已出现表已然的“啊［a^{0}］”，句中的完成体只能用“诶［ε^{0}］”，显然是避重复而作分工的语用因素在起作用。

不管用于表示哪一种完成体意义，由于所表示意义相同，上述例句中的“啊”和“诶”可以互换，至于用“啊”或是“诶”则往往由说话人的习惯所决定。

2. “耗①［xɑu^{44}］”

“现代汉语方言的体貌形态手段，大都是从词汇手段虚化来的”，②“结果补语是汉语体标记的重要来源”。③ 太源畲话中的完成体标记“耗［xɑu^{44}］”来源于结果补语，作为完成体标记在句中只表示生成了结果的语法意义。在太源畲话中大致可以看出“耗”虚化直至成为完成体标记的过程，以下例句是按“耗”的意义由实到虚的次序排列的：

（12）ŋɔi^{44} tɑŋ^{35} xɑu^{44} a^{0} iʔ^{4} kai^{44} vʌn^{325}。

倨打耗啊一个碗。我打破了一只碗。

（13）ŋɑu^{212} t‘aʔ^{2} xɑu^{44} va^{0}／ε^{0} ŋ̍^{35} kai^{42} sai^{42} tsɔi^{325} kε^{0} tɕiɔʔ^{4}。

牛踏耗啊／诶唔个细崽个脚。牛踩破了那个小孩的脚。

---

① “耗［xɑu^{44}］”，由“破、烂”义虚化。

② 见刘丹青《东南方言的体貌系统》，载于张双庆主编《动词的体》，香港中文大学中国语言文化研究所吴多泰中国语文研究中心 1996 年版，第 10 页。

③ 同上。

（14）tso^{42} xɑu^{44} va^{0} sɿ^{42} tsai^{42} seʔ^{2} p‘ʌn^{42}。

做耗啊事再食饭。干完了活再吃饭。

（15）mai^{42} xɑu^{44} va^{0} ts‘ɔi^{44} tsai^{42} tʃuʌn^{325} lɑu^{212}。

卖耗啊菜再转寮。卖完了菜再回家。

（16）lɑu^{35} t‘ai^{42} si^{325} xɑu^{44} liɔŋ^{35} nan^{212} na^{0}。

老大死耗两年哪。老大死了两年了。

例句（12）（13）中的“耗”处于结果补语的位置，这两个“耗”还可以充当谓语，说成“碗耗啊”、“脚耗啊”，可见“耗”在这两句中还是属于实词，词义相当于普通话中的“破”（“破烂”之“破”）。正是实词“耗（破）”这种充当补语的功能使其在其他情况下发生虚化成为了可能。

在例句（14）、（15）中，作结果补语的“耗”与动词“做”、“卖”的黏合显然要比前两个例句更为紧密，这两个“耗”已经不能充当谓语而把原句变换成“事耗啊”、“菜耗啊”了。这种只能充当补语的词刘丹青称之为“唯补词”，并认为是“结果补语虚化为标记的真正开端”。在这种情况中“耗”仍然属于补语但还不是体标记，只是兼表了完成体的意义。

例句（16）对应的普通话翻译是“老大死了两年了”，这时“耗”已经不能看成是结果补语而是虚化到了独立成为完成体标记的程度，近似于普通话的“了$_1$”①。值得一提的是，这类以“耗”独立作结果完成体的用法在太源畲话中还不是很普遍，其适用范围下文将讨论。

在划分带有结果补语痕迹的体标记和纯体助词时，本书采用三条具体标准：“1. 能否用在动结式后；2. 适用面的广窄，即类推性的大小；3. 后面能否再带同类体意义的纯体助词”。②

对于如何认识完成体标记“啊”、“耗”的虚化程度，参照以上标准把它们置于一起进行比较：

“啊”可以用在动结式后表示完成体意义，如可以说“老大跌死啊两年嘞”，此句中的“啊”就不能替换成“耗”，这说明“耗”还带有结果补语的语义残留，用在动结式后有语义重复之嫌。

同样作结果完成体标记的“耗”与“啊”在适用范围上有区别：“啊”

① 普通话“吃了饭了”中前一个“了”称“了$_1$”，后一个“了”称“了$_2$”。

② 见刘丹青《东南方言的体貌系统》，载于张双庆主编《动词的体》，香港中文大学中国语言文化研究所吴多泰中国语文研究中心 1996 年版，第 17 页。

可用于表示所有的完成体意义，如例句（01）—（09）；而“耗”仅限于表示生成诸如“完”、“错”等带有消失或消极结果的意义，如例句（15）、（16）。

在“耗”表示完成体时，“啊”可以位于其后形成连用，如例句（15）。

此外，在语音上，“啊”念轻音［a^{0}］①，“耗”念原调［xɑu^{44}］。

以上可以说明，作为完成体标记，“啊”与“耗”的虚化程度是有差异的：“啊”已经可以归于纯体助词一类了；而“耗”作为体助词的虚化还很不彻底，故只能认为尚属于补语性体标记。

在完成体的两种语法意义中，动作的完毕与结果的生成一般是一致的：某一动作或变化一般都会生成相应的结果或状态。但动作的完毕与其所生成的结果或状态有时并不一致，可能会有两种情形，例如：

（17）seʔ^{4} pɑu^{325} a^{0} xʌn^{212} tsʻɔi^{44} seʔ^{2}。

食饱啊还在食。吃饱了还在吃。

（18）ŋɔi^{44} tsʻen^{212} a^{0} tɕiu^{44} ŋ̍^{325} luʔ^{2} fɔi^{212} tu^{44} mɔi^{42} tsʻen^{212} tʃʻɔʔ^{4}。

侄寻啊佢五六回都未寻着。我找了他五六趟都没找到。

例句（17）表示动作已经生成了某种结果但动作变化本身却并未完毕：“食（吃）”已经生成了“饱”的结果然而“食（吃）”这一动作却仍未结束——“还在食”。

例句（18）表示动作已经完毕但并未生成相应的结果：“寻（找）”的动作已经结束，但并没有生成该动作相应的结果——“寻着（找到）”。

当使用同一体标记“啊”表示一般完成体与结果完成体时，其形式上的差异在于：表一般完成体的“啊”多位于动词后，表结果完成体的“啊”一般位于形容词后，或是在同样表结果完成体意义的标记“耗”后。

形容词后加“啊”表示动作或变化已经生成某种结果时有两种情况：

一种情况是“啊”位于作黏合式补语的形容词后，这时形容词表示它前面的动词动作所生成的相应结果，“啊”表示这一结果已经生成。例如：

---

① “啊［a^{0}］”还常常因受前一个音节末尾音素的影响发生读成“呀［ia^{0}］”、“哪［na^{0}］”、“哇［va^{0}］”、“啊［ŋa^{0}］”的同化变读。

（19） tɕiu^{44} nan^{44} tɕian^{44} tɛ^{0} sɑu^{42} ʃɔŋ^{35} li^{42} a^{0} ts‘iu^{42} ɕiu^{42} sai^{35} san^{44} a^{0}。

佢拿间嘚扫爽利啊就去洗衫啊。她把房间打扫干净就去洗衣服了。

（20） ŋɔi^{44} xɑŋ^{212} ku^{42} ɕiu^{42}，t‘ai^{212} ts‘in^{44} ts‘ɿ^{325} a^{0} piaʔ^{4} tɛ^{0} kɛ^{0}ts‘i^{42}。

偓行过去，睇清楚啊壁嘚个字。我走过去，看清楚了墙上的字。

另一种情况是形容词充当主要谓语。例如：

（21） vui^{24} tɕin^{44} ɔi^{44} xaiʔ^{4} xɛn^{325} ȵi^{44} tɛ^{0}，lɑu^{325} a^{0} xɛu^{42} fɔi^{325} ts‘iu^{42} tɕ‘i^{212} ɛ^{0}。

为今爱发狠你嘚，老啊后悔就迟诶。现在你得努力，老了后悔就来不及了。

（22） lʌn^{325} ʃuʔ^{2} a^{0}，tɕ‘ia^{212} ku^{42} t‘ɔi^{212} tɛ^{0} lɔi^{212}。

卵熟啊，搲过台嘚来。鸡蛋熟了，端到桌上来吧。

在这种情形中，形容词前并无动词，但它所表意思跟充当结果补语时是相似的，“啊”在这里表示其前形容词所表变化已经生成了相应的结果。

3. 体标记的位置

“啊”、“诶”表过程完成体或结果完成体意义时黏附在动词、动补结构后面，这是对于一般情况下的完成体标记“啊”、“诶”而言的。在一些疑问句中，“啊”、“诶”的位置就有异于常态，例如：

（23） ŋ̍^{325} kai^{44} sai^{44} tsɔi^{325} pɑŋ^{42} tɕ‘y^{42} tɕiu^{44} ŋai^{42} p‘o^{212} a^{0} mɔi^{42}？

唔个细崽□住佢外婆啊未？那个小孩拉住了他外婆吗？

（24） ——ȵi^{44} sai^{35} ɕi^{325} san^{44} a^{0}/ ɛ^{0} ma^{0}？

你洗起衫啊/诶吗？你洗完衣服了吗？

——sai^{35} ɕi^{325} a^{0}/ ɛ^{0} ia^{0}。

洗起啊/诶呀。洗完了。

（25） ŋɑu^{212} t‘aʔ^{2} xɑu^{44} ŋ̍^{35} kai^{42} sai^{42} tsɔi^{325} kɛ^{0} tɕiɔʔ^{4} a^{0}/ ɛ^{0} ma^{0}？

牛踏耗唔个细崽个脚啊/诶吗？牛踩破了那个小孩的脚吗？

（26） mai^{42} xɑu^{44}ts‘ɔi^{44} va^{0} ts‘ai^{42} tʃuʌn^{35} lɑu^{212}。

卖耗菜哇再转寮？卖完了菜再回家吗？

例句（23）、（24）属于“V＋补＋宾”结构，是动补结构“□［paŋ^{42}］（拉）住”、“洗起（完）”分别接宾语“外婆”、“衣服”。这时完成体标记“啊”、“诶”只能附在宾语后再加上疑问语气词形成疑问句，而不同于一般情况下黏附在动词、动补结构后面。例句（25）、（26）是例句（13）、（15）对应的疑问句形式，这两句中的“耗”是结果补语，或只是结果补语兼表完成体意义，与例句（23）、（24）属于相同结构的句式，所以完成体标记“啊”、“诶”也同样附在宾语后。

至于独立成为结果完成体标记的“耗”，由于其虚化还不很彻底，尚属于补语性体标记，对动词自然还存在着一定的黏附性和依赖性，所以“耗”不能如“啊”、“诶”在“V＋补＋宾”结构的疑问句中一样脱离动词而附在宾语后，例如：

（27）ɔi^{42} ts‘uʔ^{4} xɑu^{44} piaʔ^{4} tɛ^{0} kɛ^{0} ts‘i^{42} mɔi^{42}？

爱促耗壁嘚个字未？要擦了墙壁上的字吗？

＊ɔi^{42} ts‘uʔ^{4} piaʔ^{4} tɛ^{0} kɛ^{0} ts‘i^{42} xɑu^{44} mɔi^{42}？

＊爱促壁嘚个字耗未？

4. 谓词的语义特征

后附完成体标记的动词应该具备“［动作］”和“［完结］”义，否则不能构成完成体。表能愿、判断的动词如“可以、要、肯、会、是”等因为无“［动作］”特征，不能构成完成体。一些表心理活动的动词如“想（希望）、畏（怕）、喜欢”等因为无“［完结］”特征，也不能构成完成体；但是“嫌”这个词在畲民的认知中有从“喜欢”或“不讨厌”变成“讨厌”的含义故具备“［结果］”特征，所以可以说：

（26）tɕiu^{44} ɕiɛn^{212} ɛ^{0} ȵi^{44}，m̩^{212} xɛn^{325} lɛu^{212} ȵi^{44} kɔŋ^{325} va^{42} a^{0}。

佢嫌诶你，呣肯摎你讲话啊。他讨厌你了，不愿和你说话了。

正如上文所述，后面能接完成体标记的形容词有两种情况：一种是形容词做动词的结果补语与动词形成动补结构再附加完成体标记，如例句（19）、（20）；另一种是形容词充当主要谓语，这种形容词也能作结果补语并与相关动词形成如前一种情况的动补结构，如例句（21）、（22）。在这两种情形中，形容词都必须具备“［结果］”语义特征。“省（节约）、善、生当（陌生）、硬直（耿直）、硬里硬包（不听话、不听劝）”等因为没有“［结果］”语义特征，不能充当结果补语，所以不能构成完成体。

（二）进行体

进行体表示动作、变化正处于进行中或状态正在持续变动。太源畲话的进行体用“在［ts‘ɔi^{42}］/正［tsɑŋ^{42}］+V”格式表示，例如：

(27) ŋɔi^{44} ts‘ɔi^{44} seʔ^{2} p‘ʌn^{42}，tɕiu^{44} ts‘ɔi^{44} sai^{35} sɛu^{325}。

偓在食饭，佢在洗手。我在吃饭，他在洗手。

(28) tɕiu^{44} tsɑŋ^{42} tɕiɛu^{44} va^{0}，seʔ^{4} kɛ^{0} tɛ^{325} tu^{44} m̩^{212} seʔ^{2}。

佢正叫哇，什个嘚都唔食。她正哭着呢，什么也不吃。

(29) muen^{24} t‘ɛu^{212} ts‘ɔi^{44}lɔʔ^{2} ʃui^{325}，ȵi^{44} ɔi^{44} tai^{42} san^{325}。

门头在落水，你爱带伞。外面下雨呢，你要带伞。

(30) ai^{44} ȵia^{212} ts‘ɔi^{44} muen^{24} t‘ɛu^{212} tso^{42} san^{44}，ai^{44} tsi^{325} ts‘ɔi^{42} tsɑu^{42} pɔi^{44} tɕy^{35} p‘ʌn^{42}。

阿娘在门头做衫，阿姐在灶背煮饭。妈妈在门口缝衣服，姐姐在厨房里煮饭。

(31) ŋɔi^{44} mɔi^{42} ts‘ɔi^{44}seʔ^{2} p‘ʌn^{42}，ŋɔi^{44} ts‘ɔi^{44} sɑu^{42} lɑu^{212}。

偓未在食饭，偓在扫寮。我没在吃饭呢，我在扫地。

(32) ——kai^{35} tɕian^{44} tɕiu^{44}（ts‘ɔi^{42}）tso^{42} seʔ^{4} kɛ^{0} tɛ^{325}？

该肩佢（在）做什个嘚？这会儿他在干什么？

——tɕiu^{44} fen^{44}（ts‘ɔi^{42}）tʃ‘ɔŋ^{212} tɛ^{0} t‘ai^{35} ɕy^{44}。

佢睏（在）床嘚睇书。他躺在床上看书呢。

太源畲话的进行体比较简单，“在+V”和“正+V”两种格式以“在+V”为常见。

（三）持续体

持续体表示动作所产生的状态在某一段时间内保持不变。对于持续体中所说的状态，“可分为两种情况：一种是动词所表示的动作完成后必然出现的结果，另一种是与动作已经完成与否无必然关系的客观情况。这两种状态以动作是否完成相区别，它们所构成的持续体语法意义也不尽相同。前者构成完成持续体，后者构成静态持续体”。①

① 见李小凡《苏州方言的体貌系统》，载于《方言》1998 第 3 期。

太源畲话中的持续体标记有“到［tɑu^{44}］”、“起［ɕi^{325}］”、“紧［tɕin^{325}］”。

1. 到［tɑu^{44}］

太源畲话持续体标记“到”紧跟在动词后，与普通话中的“着”用法基本相同。例如：

（33）ŋɔi^{44} lɛu^{212} tɕiu^{44} kɔŋ^{35} va^{42} kɛ^{0} sɿ^{24} kan^{44}，tɕiu^{44} kɛu^{44} tɑu^{44} t‘ɛu^{212} seʔ^{4} kɛ^{0} tɛ^{325} m̩^{212} kɔŋ^{325}。

偓摎佢讲话个时间，佢勾到头什个嘚呣讲。我跟他说话的时候，他低着头什么也不说。

（34）tɕiu^{44} tʃɔʔ^{4} tɑu^{44} iʔ^{4} iɔŋ^{42} sin^{44} san^{44}。

佢着到一样新衫。他穿着一件新衣服。

（35）ŋɔi^{44} tai^{42} tɑu^{44} y^{35} i^{44}，m̩^{212} vui^{44} lɔʔ^{2} ʃui^{325}。

偓带到雨衣，呣畏落水。我带着雨衣，不怕下雨。

（36）tɕiu^{44} tɕ‘i^{44} tɑu^{44} lɑu^{24} iɛn^{212} tɕiɔʔ^{4}。

佢徛到寮檐脚。他在屋檐下站着呢。

（37）tɕiu^{44} ts‘o^{44} tɑu^{44} nai^{212} tɛ^{0}，m̩^{212} xɛn^{325} tɕ‘i^{44} ɕi^{35} lɔi^{212}。

佢坐到泥嘚，呣肯徛起来。她在地上坐着，不肯站起来。

（38）ts‘o^{44} tɑu^{44}，mɔʔ^{2} tɕ‘i^{44} ɕi^{35} lɔi^{212}。

坐到，莫徛起来！坐着，不要站起来！

（39）ŋɔi^{44} ɕiu^{42} iʔ^{4} xa^{42}，tuŋ^{44} si^{44} ɔi^{44} t‘ai^{212} tɑu^{44}！

偓去一下，东西爱睇到！我走开一会儿，东西要好好看着！

以上例句可以分成三组：（33）—（35）为一组，（36）、（37）为一组，（38）、（39）为一组。

例句（34）—（35）中动词都是及物动词，后带宾语。例句（33）、（34）中的状态是动作完成后所必然生成的，这类句子中的动词具有“［瞬时］”或“［短时］”语义特征，其所表示的动作虽已完成，但已经生成某种可以观察的状态，且这种状态在一定的时间段内保持不变。例句（33）中的动词“勾（低）”表示（头）向下垂，这一动作在瞬间就完毕了，但同时已经生成了与该动作相应的结果——“头低着”。例句（34）中的动词“着（穿）”表示把衣服鞋帽等物套在身体上，“穿”的动作相对比较短，在说话的时间已经完毕，但形成了可以观察的状态“穿着（新衣服）”。例句（35）中的动词“带”表示随身拿着、携带，具有“［持续］”语义特征，句中的状态“带着”是动词“带”所表动作的持续。

例句（36）、（37）中的动词是不及物动词，后不带宾语。更重要的是，这类句子中含有介词结构作状语的成分，是太源畲话持续体中一种具有比较特别语序的句子。在这类句子中，作处所状语的介词结构在句中的语序与普通话有明显的差异——并非像普通话一样位于中心语前而是位于其后：两句中表处所的状语“在屋檐下”、“在地上”分别位于动词“站”和“坐”后。这时介词“在”必须省略，否则在说听双方看来是有悖交际习惯甚至不合语法的。

例句（38）、（39）是祈使句。

“到”还可以置于连动句中的两个动词之间构成“V_1 + 到 + V_2”式：

（40）tɕiu^{44} ɕi^{35} xʌn^{44} tɕ‘i^{44} tɑu^{44} seʔ^{2}。

佢喜欢徛到食。他喜欢站着吃。

（41）nan^{44} tɑu^{44} t‘iɛn^{42} t‘uŋ^{212} lɛu^{212} ŋɔi^{44} tʃ‘ueʔ^{4} ɕiu^{42} iʔ^{4} xa^{42}。

拿到电筒摎伲出去一下。带着手电和我出去一会儿。

（42）fen^{44} tɑu^{44} t‘ai^{325} ɕy^{44} m̩^{212} xɑu^{325}，iuŋ^{24} i^{42} t‘ai^{35} xuai^{42} ɳian^{325}。

睏到睇书呣好，容易睇坏眼。躺着看书容易看坏眼睛。

在这种连动句中，动作“V_1”持续所形成的状态“V_1 + 到”表示后一动作“V_2”进行的方式：“吃”时的状态是“站着”的、“出去”是“带着手电”的、“看书”时是“躺着”的。这类句子中的“到”不可缺少，否则连续动作“站、吃”、“带手电、出去”、“躺、看书”或是不能成立，或是所表达的意义已经与原句不同了。

一般情况下，连动句中的“V 到”充当状语，表示后一动作的方式，但也可以充当其他的成分，例如：

（43）ts‘o^{44} tɑu^{44} k‘ɑu^{42} ɕy^{44} fuʔ^{2}。

坐到更舒服。坐着更舒服。

（44）lʌn^{212} tɑu^{44} kɛ^{0} sai^{44} ɳy^{325} k‘ɑu^{42} xɑu^{325} tɕiʔ^{4}。

拦到个细鱼较好捉。拦着的小鱼更好执。

（45）ŋ̍^{35} kai^{44} sai^{42} tsɔi^{325} kɛ^{0} tɕiɔʔ^{4} tiɛʔ^{4} tɑu^{44} va^{0}。

唔个细崽个脚跌到啊。那个小孩儿的腿摔着了。

以上三个例句中的“V 到”分别充当主语、定语和谓语。

2. “起［ɕi^{325}］”

“起”在太源畲话中可以表持续体语法意义，其作用与“到”基本一致。例如：

（46）tɕiu^{44} to^{44} pɑŋ^{42} ɕi^{325} sɛu^{325}，piɛn^{44} xɑŋ^{212} piɛn^{44} tʃ‘ɔŋ^{42}。

佢多□起手，边行边唱。他们手拉着手，一边走一边唱。

（47）ts‘a^{44} tɛ^{0} ts‘o^{44} ɕi^{325} liɔŋ^{35} kai^{44} ȵin^{212}。

车嘚坐起两个人。车里坐着两个人。

（48）piaʔ^{4} tɛ^{0} kua^{42} ɕi^{325} iʔ^{4} tʃɔŋ^{44} fa^{42}。

壁嘚挂起一张画。墙上挂着一幅画。

（49）saʔ^{2} t‘ɛu^{212} tɛ^{0} tɑu^{44} ɕi^{325} ts‘i^{42}。

石头嘚雕起字。石头上刻着字。

（50）muen^{24} t‘ɛu^{212} tɕ‘i^{44} ɕi^{325} san^{44} kai^{44} ȵin^{212}。

门头徛起三个人。门口站着三个人。

“起”所表示的持续的体意义，显然是由“起”所表示的动作完成的语义发展而来。例如：

（51）你洗起衫啊/诶吗？你洗完衣服了吗？

在例句（51）中，“起”作结果补语，表示动作的完结。因此，例句（46）—（50）中的“起”应该属于前述持续体中完成持续体的一类。

3. “紧［tɕin^{325}］”

副词“紧”在动词后可以表持续，例如：

（52）tɕiu^{44} sɛu^{325} tɛ^{0} nan^{44} tɕin^{325} iʔ^{4} kai^{44} ts‘a^{212} pɔi^{44}。

佢手嘚拿紧一个茶杯。他手里拿着一个茶杯。

（53）nan^{44} tɕin^{325}！

拿紧！拿着！

（54）tɕiu^{44} k‘ɑu^{42} tɕin^{325} piaʔ^{4} seʔ^{2} ian^{44}。

佢靠紧壁食烟。他靠着墙抽烟。

（55）tai^{42} tɕin^{325} mɑu^{42} ts‘en^{212} mɑu^{42}。

戴紧帽寻帽。戴着帽子找帽子。

在“V＋紧”表持续体句中的动词可以是持续动词，也可以是非持续动词。

持续体与进行体的不同在于，“进行是动作的进行，状态还在变动之中；持续是动作发生之后的状态的持续，状态并未发生变化”。① 所以持续体中的动词一般是可以表状态的动词。对于其中“［瞬时］”性或“［短时］”性的动词，一般情况下所观察到的大都是该动词所表动作完成后形成的状态而非动作本身，这与进行体所关注、反映的动作本身也是不同的。

（四）经历体

经历体表示在过去的某个时候曾经完成过的某个动作、发生过的某种变化或存在的某种状态。太源畲话经历体的体标记有“过［ku^{44}］”和“着［tʃ‘ɔʔ^{2}］”。

1. “过［ku^{42}］”

“在汉语方言中，经历体助词‘过’最具有普遍性和一致性”。② 太源畲话的经历体标记与普通话相同，用“过”来表示且“过”紧附在谓词后面。例如：

（55）ŋɔi^{44} ts‘en^{24} ku^{42} tɕiu^{44} tɕi^{35} fɔi^{212}。

偓寻过佢几回。我找过他几次。

（56）tɕiu^{44} i^{35} ts‘an^{212} tso^{42} ku^{42} sɛn^{44} i^{42}。

佢以前做过生意。他从前做过生意。

（57）ŋɔi^{44} tsɑu^{35} tɕɑu^{325} ts‘iu^{42} t‘ai^{325} ku^{42} kai^{35} pu^{42} t‘iɛn^{42} sɿ^{42} tɕy^{42} a^{0}。

偓老早就睇过该部电视剧啊。我很久前就看过这部电视剧了。

① 见胡松柏《广丰方言动词“体”的表达》，载《暨南大学汉语方言学博士研究生学术论文集》，暨南大学出版社 2001 年版，第 232 页。

② 见李小凡《苏州方言的体貌系统》，载《方言》1998 年第 3 期。

2. “着［tʃʻɔʔ^{2}］”

“着”是太源畲话中另一个用以表示经历体的标记，“着”不能用于以上例句（55）—（57）中，只能用于以下情况。例如：

（58）ŋɔi^{44} seʔ^{2} tʃʻɔʔ^{2} kai^{35} iɔŋ^{42} tsʻɔi^{44}，m̩^{212} xɑu^{35} seʔ^{2}。

偓食着该样菜，嗯好食。我吃过这种菜，不好吃。

（59）ŋɔi^{44} mɔi^{42} kɔŋ^{325} tʃʻɔʔ^{2} kai^{35} ku^{42} va^{42}，ȵi^{44} mɔʔ^{2} kuai^{42} ŋɔi^{44}。

偓未讲着该句话，你莫怪偓。我没说过这句话，你不要责备我。

（60）ȵi^{44} mɔi^{42} tsɔʔ^{4} tʃʻɔʔ^{2} tʻan^{212}，m̩^{212} sɑu^{325} tɛ^{0} tsɔʔ^{4} tʻan^{212} kɛ^{0} kʻu^{325}。

你未作着田，嗯晓得作田个苦。你没种过田，不知道种田的苦。

（61）tsʻan^{212} tɕi^{35} ȵiʔ^{2} lɑŋ^{44} tʃʻɔʔ^{2} a^{0}，tɕin^{44} tsɛu^{44} iu^{42} ȵiɛʔ^{2} ɕi^{35} lɔi^{212} ia^{0}。

前几日冷着啊，今昼又热起来呀。前几天冷过，今天又热起来了。

（62）tɕiu^{44} tʻɛu^{42} ku^{42} xɑu^{35} to^{44} tʻi^{42} fɔŋ^{44}，tsʻiu^{42} sɿ^{42} mɔi^{42} tʻɛu^{42} tʃʻɔʔ^{2} pɛʔ^{4} tɕiɑŋ^{44}。

佢到过好多地方，就是未到着北京。他到过很多地方，就是没到过北京。

适用“着”的表经历体句子必须满足这样一个条件：表达说话者一定的主观态度。

以上用“着”表示经历体的小句后一般都带有后续小句，前后小句具有某种逻辑联系。前句表示的动作、变化或状态是后句动作、变化或状态发生、存在的原因：例句（58）中知道菜“嗯好食（不好吃）”是因为“食着（吃过）”，例句（59）中要求对方“莫怪（不要责备）”自己的理由是“未讲着（没说过）”这句话，例句（60）中“嗯晓得（不知道）”种田的苦是因为“未作着（没种过）”田。例句（61）中前后小句表示两种不同状态的对比：前几天的“冷”与今天的“热”，这也是说话者对“今天”及“前几天”天气的认识。

例句（62）中带“着”的“就是未到着北京”后没有后续小句，但跟前一句“到过好多地方”也形成了类似例句（61）中的两种状态对比，隐含了说话者想去北京的愿望。

与例句（58）—（62）不同的是，例句（55）—（57）是说话者对已存在的某种客观事实或状态的陈述，所以不适用“着”。

但是，在一些疑问句中经历体标记“过”可以用“着”代替。例如：

（63）ȵi^{44} ts‘o^{44} tʃ‘ɔʔ^{2} fui^{44} tɕi^{44} ɔiʔ^{4} mɔi^{42}？

你坐着飞机□未？你坐过飞机还是没有坐过(你坐过飞机没有)？

（64）ȵi^{44} sɔi^{325} tʃ‘ɔʔ^{2} kai^{35} tʃɔŋ^{44} tɑu^{44} ɔiʔ^{4} mɔi^{42} ia^{0}？

你使着该张刀□未呀？你用过这把刀还是没有用过(你用过着把刀没有)？

（65）tɕiu^{44} tɔŋ^{44} tʃ‘ɔʔ^{2} tɕi^{35} nan^{212} lɑu^{35} sɿ^{44} ɔiʔ^{4} mɔi^{42} ia^{0}？

佢当着几年老师□未呀？他当过几年老师还是没有当过(他当过几年老师没有)？

（66）tɕiu^{44} seʔ^{2} tʃ‘ɔʔ^{2} kai^{35} iɔŋ^{42} ʃui^{35} ko^{325} ɔiʔ^{4} mɔi^{42} ia^{0}？

佢食着该样水果□未呀？他吃过这种水果还是没有吃过这种水果(他吃过这种水果没有)？

在这些句子中，“着”的使用同样符合上述对陈述句的要求：说话者在发出疑问时其实有着某种期望，即希望对方作出肯定的回答。如例句（63）—（65）中隐含说话者的倾向性认识：“坐过飞机”、“用过这把刀”、“当过几年老师”、“没吃过这种水果”。

（五）起始体

起始体表示在某一个参照时点或时段，特定动作或变化开始发生、特定状态开始出现。太源畲话的起始体标记是“起来［ɕi^{35} lɔi^{212}］”。

与普通话相似，太源畲话的起始体用“起来”表示。“起来”由体标记“起”加上与其相配套的趋向动词“来”组成，黏附在谓词后表示起始体意义，当动词带宾语时宾语置于“起”和“来”之间形成“起＋宾＋来”结构。例如：

（67）t‘an^{44} lɑŋ^{44} ɕi^{35} lɔi^{212} ia^{0}，ɔi^{42} to^{44} tʃɔʔ^{4} tɕi^{35} iɔŋ^{42} san^{44}。

天冷起来呀，爱多着几样衫。天气冷起来了，要多穿几件衣服。

（68）tɕiu^{44} to^{44} tɑŋ^{325} ɕi^{35} lɔi^{212} ia^{0}，ȵi^{44} ɕiu^{42} kɔŋ^{325} tɕi^{35} ku^{42}。

佢多打起来呀，你去讲几句。他们打起来了，你去说几句(劝一劝)。

（69）xaʔ^{4} xan^{212} mɔi^{42} lɔi^{212} tɕiu^{44} ts‘iu^{42} seʔ^{2} ɕi^{325} tɕiu^{325} lɔi^{212} ia^{0}。

客还未来佢就食起酒来呀。客人还没到他就喝起酒来。

（70）tɕiu^{44} xɑu^{35} lɑu^{325}，tsɑŋ^{42} ȵi^{42} sɤʔ^{2} to^{44} sɔi^{42} ts‘iu^{42} xɔi^{44} ɕi^{325} tʃ‘ɔŋ^{325} tɔŋ^{44} ɕi^{325} lɑu^{35} pan^{325} lɔi^{212} ia^{0}。

佢好佬，正二十多岁就开起厂当起老板来呀。他很能干，才二十多岁就开起工厂做起了老板。

（71）ȵi44 iɔŋ42 sɛn44 tso42 çi325 sɛn44 i42 lɔi212 ia0？

你样生做起生意来呀？你怎么做起生意了？

确定趋向补语是否能看作体标记可以用以下两条标准："1. 关于空间与时间；2. 适用面的广窄"。① 这些标准同样适用于衡量"起来"：上述句子中的"起来"不是表空间轨迹而是表时间轨迹，因此具有体意义，可以确定为起始体标记；"起来"在太源畲话中经常用来表起始体意义并广泛用于各种句式中，使用比较自由，不是临时兼表起始体意义，所以可以认为是专用的起始体标记。

从"起来"在起始体句中的位置来看，有两种情况：一种如例句（67）、（68），"起来"作为一个整体黏附在谓词"冷"、"打"后形成"V＋起来"的形式，这种谓词一般是不及物动词或形容词。另一种情况如例句（69）—（71），在跟带宾语的动词一起表示起始体时，"起来"并不在一起出现在同一位置："起"依然紧附于动词"食（喝）"、"做"后，后面紧接着这些动词的宾语"酒"、"老板"和"生意"，即位于动词和宾语之间；而"来"则与其分离，跟在宾语后形成"V＋起＋宾＋来"的格式。由此可见，"起来"与前面谓词的关系处于一种半离合的状态，可以全部黏附在谓词后，也可以部分地用在宾语之后。但未发现全部用在宾语后面的情况。

在太源畲话中也可以看出起始体标记"起来"的虚化轨迹：

（72）çi35 lɔi212／tsen44 lɔi212，lɔʔ2 t‘an212 tɛ0 tso42 sɿ42！

起来／振来，落田㖞做事！起来（起床），下地干活去！

（73）ʨiu44 çi35 lɔi212／tsen44 lɔi212 nan44 tɑu44 ʃɔŋ42 san44 tʃ‘ɔʔ2 tʃuʔ4 çiu42 a0。

佢起来／振来拿刀上山斫竹去啊。他起来（起床）带上刀上山砍竹子去了。

（74）ʨiu44 li42 t‘ai42，kai35 tʃ‘uŋ44 kɛ0 saʔ2 t‘ɛu212 tu44 ʨy325 çi35 lɔi212 ia0。

佢力大，该重个石头都举起来呀。他力气大，这么重的石头都举起来了。

① 见刘丹青《东南方言的体貌系统》，载于张双庆主编《动词的体》，第23页。

（75） tɕiu^{44} san^{44} ku^{42} va^{42} tu^{44} mɑu^{212} kɔŋ^{325} tɑu^{42} ts‘iu^{42} tɕiɛu^{44} ɕi^{325} lɔi^{212} ia^{0}。

佢三句话冇讲到就叫起来呀。她没说上几句话就哭起来了。

（76） tɕi^{35} nan^{212} mɔi^{42} tɕian^{44} ȵi^{44}，ȵi^{44} tɔŋ^{44} ɕi^{325} lɑu^{35} pan^{325} lɔi^{212} ia^{0}。

几年未见你，你当起老板来呀。几年不见，你做起老板来了。

（77） kai^{35} kai^{44} lo^{212} ŋɔi^{44} puen^{44} ȵi^{44} ɕi^{35} ɕi^{325} t‘ɛu^{24} lɔi^{212}，tɛn^{35} xa^{42} ȵi^{44} ts‘i^{42} ka^{44} piɛn^{44}。

该个箩倨分你起起头来，等下你自家编。这箩筐我先给你起个头，后面就你自己编吧。

例句（72）、（73）中“起来”是动词，具有实在的意义（正因为是动词，句中还可以说无虚化用法的“振来”）。而例句（74）中的“起来”就虚化成了趋向补语，其基本语义要素是运动的空间轨迹，表示“石头”在动作“举”的作用下在空间由低到高的运动轨迹——“起来”。但此时“起来”还没有虚化为体标记或带有体标记的性质，因为它只表空间趋向。

例句（75）—（77）中的“起来”已经虚化到了表时间上的起始：在刚说话的时点开始“哭”，在参照时间段（“几年”）开始“做老板”，在说话的时点开始“起头编”。

（六）继续体

继续体表示在某一参照时点发生的动作或变化还要继续。

1. 体标记——落去［lɔʔ^{2}ɕiu^{42}］

太源畲话的继续体标记是“落去”，其功能与普通话中的继续体标记“下去”基本相同。

起始体与继续体都表示动作、变化在特定的时点、时段发生且将继续下去，两者的不同之处在于关注的时点、时段的差异：起始体主要着眼于动作、变化或状态在某一参照时点开始发生或存在，对将要继续的时段并不关注；而继续体所关注的不仅仅动作、变化所发生的参照时点，更为重要的还是在动作、变化将继续下去的特定时间段。例如：

A 组——

（78） t‘an^{44} ɔi^{44} lɑŋ^{44}lɔʔ^{2} ɕiu^{42} va^{0}，ɔi^{44} to^{44} tʃɔʔ^{4} tɕi^{35} iɔŋ^{42} san^{44}。

天爱冷落去哇，爱多着几样衫。天气还要冷下去的，要多穿几件衣服。

(79) tɕiu^{44} to^{44} taŋ^{325} lɔʔ^{2} ɕiu^{42} va^{0}，ȵi^{44} ɕiu^{42} kɔŋ^{325} tɕi^{35} ku^{42}。

佢多打落去哇，你去讲几句。他们还要打下去的，你去说几句（劝一劝）吧。

B 组——

(80) t‘an^{44} laŋ^{44} ɕi^{35} lɔi^{212} ia^{0}，ɔi^{44} to^{44} tʃɔʔ^{4} tɕi^{35} iɔŋ^{42} san^{44}。

天冷起来呀，爱多着几样衫。天气冷起来了，要多穿几件衣服。

(81) tɕiu^{44} to^{44} taŋ^{325} ɕi^{35} lɔi^{212} ia^{0}，ȵi^{44} ɕiu^{42} kɔŋ^{325} tɕi^{35} ku^{42}。

佢多打起来呀，你去讲几句。他们打起来了，你去说几句（劝一劝）吧。

以上两组例句对应句子的谓词相同，但分别表示继续语义和起始语义。A 组继续体虽表示在特定时点动作、变化在发生、进行，但关注点却在动作、变化将要继续的时段：天气要“继续冷”、他们要“继续打”。B 组起始体只是关注特定时点动作、变化开始发生：天气开始“冷”、他们开始“打”。

值得提出的是，继续体中表示的动作、变化一般在参照时点前已经发生或存在，但这已经不是它所要关注的了。

2. 谓词的语义特征

太源畲话继续体中的谓词必须具有“持续”的语义特征，例如：

(82) ȵiɔŋ^{42} tɕiu^{44} kɔŋ^{35} lɔʔ^{2} ɕiu^{42}，mɔʔ^{2} taʔ^{4} tʃɔi^{325}。

让佢讲落去，莫搭嘴。让他说下去（继续说），不要插嘴。

(83) ȵi^{44} tsai^{42} kai^{35} sɛn^{44} tso^{42} lɔʔ^{2} ɕiu^{42}，ŋɔi^{44} miaŋ^{24} t‘ɛu^{212} ts‘iu^{42} ɕiu^{42}。

你再该生做落去，偓明头就去。你要这样干下去（继续干），我明天就走。

(84) ɔi^{44} t‘ai^{325} kɛ^{0} t‘ai^{325} lɔʔ^{2} ɕiu^{42}，ŋɔi^{44} to^{44} san^{44} xaŋ^{212} a^{0}。

爱睇个睇落去，偓多先行啊。要看的人看下去（继续看），我们先走了。

(85) t‘ai^{325} tau^{42} kai^{35} iɔŋ^{42} tɕiu^{44} vui^{44} a^{0}，ȵian^{325} xauʔ^{2} lɔʔ^{2} ɕiu^{42}。

睇到该样佢畏啊，眼合落去。看见这种场景她害怕了，闭上了眼睛。

(86) t‘ai^{325} ts‘in^{44} ts‘ʅ^{325}，mɔi^{44} tiɛʅ^{4} lɔʔ^{2} ɕiu^{42}。

睇清楚路，□跌落去！看清楚（路），不要摔下去了！

例句（82）—（84）表示继续体意义，标记“落去”所附着的谓词

“讲”、“做”、“看”具有“持续”语义，这与继续体所具有的动作、变化将要继续的语法意义是相吻合的。例句（85）、（86）中“落去”前的谓词“合”、“跌”不具“持续”语义特征，同时“落去”只表空间轨迹而不表时间轨迹，并不带有体的意义，因此“落去”只是这两个动词的趋向补语。

（七）短时貌

短时貌表示动作行为进行的时间比较短暂。太源畲话表示短时貌的语法形式较丰富，有“V 一下”、“VV”、“V 一肩”等表示短时意义的格式。

1.“V＋（一）下［iʔ⁴ xa⁴²］”

以貌标记“（一）下”黏附于动词后表示短时语法意义，是太源畲话最常见的形式。例如：

（87）t‘ai⁴² ka⁴⁴ ɕiɛʔ⁴ iʔ⁴ xa⁴² tsai⁴² tso⁴²。

大家歇一下再做。大家歇歇再干。

（88）ŋɔi⁴⁴ t‘ɛu⁴² t‘an²¹² tɛ⁰ xɑŋ²¹² iʔ⁴ xa⁴² ts‘iu⁴² tʃuʌn³⁵ lɔi²¹²。

偓到田嘚行一下就转来。我到地里走走就回来。

（89）ȵi⁴⁴ ts‘o⁴⁴ tɑu⁴⁴，ŋɔi⁴⁴ yeʔ² ɕiu⁴² pɔʔ⁴ iʔ⁴ xa⁴² san⁴⁴。

你坐到，偓入去拨一下衫。你坐着，我进去换一换衣服。

（90）tɕiu⁴⁴ ɕiɔŋ⁴² ts‘an³⁵ muen²¹² ŋai⁴² t‘ai³²⁵ iʔ⁴ xa⁴² ts‘iu⁴² tʃ‘ueʔ⁴ ɕiu⁴² a⁰。

佢向槺门外睇一下就出去啊。他往窗外看了看就出去了。

（91）sin⁴⁴ tɕ‘i²⁴ t‘an⁴⁴，ŋɔi⁴⁴ ts‘ɔi⁴⁴ lɑu²¹² tɛ⁰ t‘ai³²⁵ iʔ⁴ xa⁴² t‘iɛn⁴² sɿ⁴²，mɔi⁴² tʃ‘ueʔ⁴ muen²¹²。

星期天，偓在寮嘚睇一下电视，未出门。星期天，我在家看看电视，没出门。

（92）tɕiu⁴⁴ mi³⁵ ȵiʔ² ts‘ɔi⁴⁴ lɑu²¹² tɛ⁰ nuŋ⁴² iʔ⁴ xa⁴² p‘ʌn⁴²，sai³²⁵ iʔ⁴ xa⁴² san⁴⁴，tai⁴² iʔ⁴ xa⁴² sai⁴⁴ ȵin²¹² ts‘iu⁴² mɑu²¹² sɿ⁴² tso⁴² a⁰。

佢每日在寮嘚弄一下饭，洗一下衫，带一下细人就冇事做啊。她每天在家做做饭，洗洗衣服，带带小孩就没什么事了。

（93）tɕiu⁴⁴ to⁴⁴ lɑu²¹² tɛ⁰ ȵin²¹² ʃɔŋ⁴⁴ liɔŋ⁴² ɛ⁰ iʔ⁴ xa⁴² tsɑŋ⁴² tso⁴² sɿ⁴²。

佢多寮嘚人商量诶一下正做事。他们一家人商量商量后才开始干活。

以上例句中，（87）—（89）中表短时体的动作“歇”、“行”、“拨［pɔʔ⁴］”在说话的时点上尚未开始，这说明短时体可以包含未发生的动作、行为。例句（90）—（93）中表短时体的动作“睇”、“弄”、“洗”、“带”、“商量”在说话的时点上已经完毕，所以短时体也可以包含完成体。在包含完成体的四句中，例句（90）—（92）中动词是单音节动词，其完成体标记是零形式，即标记“诶”已经省略，“诶”也可以出现在这些动词后与短时体标记“一下”同现说成“睇诶一下”、“弄诶一下”、“洗诶一下”、“带诶一下”；例句（93）中是双音节动词“商量”，这时动词和“一下”之间必须插入完成体标记，即“诶”必须与短时貌的标记“一下”同现：“商量诶一下”。

短时貌的标记“一下”在单音节动词后时，“一”可以缺省而只说“V下”，如前六个例句表短时的动词可以说成“歇下”、“行下”、“拨［pɔʔ^{4}］下”、“睇下”、“弄下”、“洗下”、“带下”，但此时动词与“下”并不是一个整体：表动作尚未开始的动词“歇”、“行”、“拨［p□^{4}］”与“下”之间有语音上的停顿；表动作已经完毕的动词“睇”、“弄”、“洗”、“带”与“下”之间或是有完成体标记“诶”，即使没有“诶”的发音也存在其发音动作。与此相对的是，短时体标记“一下”在双音节动词后时“一”不能缺省，如例句（93）中只能说“商量一下”而不能说成“商量下”。

适用于带“（一）下”表示短时貌的动词在语义上应该是自主动词，动词“歇”、“行”、“拨［pɔʔ^{4}］”、“睇”、“弄”、“洗”、“带”、“食”、“听”、“商量”等都是自主动词，故可以附加上“（一）下”表示短时的体意义。“跌”、“□□［t‘ai^{44}ȵiɔŋ^{44}］（忘记）”、“畏”这类非自主动词不能与“（一）下”一起构成短时貌，“会”、“可以”、“愿”、“要”、“肯”、“敢”等能愿动词也不能加上“（一）下”构成短时貌。

2. “V＋V”格式

太源畲话中的“VV”格式跟普通话一样，是动词重叠表示短时的语法意义。但其使用范围比普通话中的动词重叠要小，只限于带宾语的单音节动词或双音节动词。如上述例句（89）、（91）、（92）、（93）可以说成：

（94）ȵi^{44} ts‘o^{44} tɑu^{44}，ŋɔi^{44} yeʔ^{2} ɕiu^{42} pɔʔ^{4} poʔ^{4} san^{44}。

你坐到，侄入去拨拨衫。你坐着，我进去换一换衣服。

（95）sin^{44} tɕ‘i^{24} t‘an^{44}，ŋɔi^{44} ts‘ɔi^{44} lɑu^{212} tɛ^{0} t‘ai^{35} t‘ai^{325} t‘iɛn^{42} sɿ^{42}，mɔi^{42} tʃ‘ueʔ^{4} muen^{212}。

星期天，侄在寮嘚睇睇电视，未出门。星期天，我在家看看电视，没出门。

（96）tɕiu^{44} mɔi^{35} ȵiʔ^{2} ts‘ɔi^{44} lɑu^{212} tɛ^{0} nuŋ^{42} nuŋ^{42} p‘ʌn^{42}，sai^{35} sai^{325}

san^{44}，tai^{42} tai^{42} sai^{44} ȵin^{212} ts‘iu^{42} mɑu^{212} sɿ^{42} tso^{42} a^{0}。

佢每日在寮嘚弄弄饭，洗洗衫，带带细人就冇事做啊。她每天在家做做饭，洗洗衣服，带带小孩就没什么事了。

(97) tɕiu^{44} to^{44} lɑu^{212} tɛ^{0} ȵin^{212} ʃɔŋ^{44} liɔŋ^{42} ʃɔŋ^{44} liɔŋ^{42} ɛ^{0} tsɑŋ^{42} tso^{42} sɿ^{42}。

佢多寮嘚人商量商量诶正做事。他们一家人商量商量后才干活。

而在动词不带宾语的情况下，“VV”与紧接在其后的语气助词“嘚[tɛ^{0}]”一起才能表短时体意义。如上述例句（87）、（88）、（90）可以说成：

(98) t‘ai^{42} ka^{44} ɕiɛʔ^{4}ɕiɛʔ^{4} tɛ^{0} tsai^{42} tso^{42}。

大家歇歇嘚再做。大家歇歇再干。

(99) ŋɔi^{44} t‘ɛu^{42} t‘an^{212} tɛ^{0} xɑŋ^{24} xɑŋ^{212} tɛ^{0} ts‘iu^{42} tʃuʌn^{35} lɔi^{212}。

俹到田嘚行行嘚就转来。我到地里走走就回来。

(100) tɕiu^{44} ɕiɔŋ^{42} ts‘an^{35} muen^{212} ŋai^{42} t‘ai^{35} t‘ai^{325} tɛ^{0} ts‘iu^{42} tʃ‘ueʔ^{4} ɕiu^{42} a^{0}。

佢向槺门外睇睇嘚就出去啊。他往窗外看了看就出去了。

3. “V＋一肩［iʔ^{4} tɕiɛn^{44}］”格式

太源畲话中“V一肩”也是表示短时貌的语法形式。例如：

(101) t‘ai^{42} ka^{44} ɕiɛʔ^{4} iʔ^{4} tɕiɛn^{44} tsai^{42} tso^{42}。

大家歇一肩再做。大家歇歇再干。

(102) ŋɔi^{44} t‘ɛu^{42} t‘an^{212} tɛ^{0} xɑŋ^{212} iʔ^{4} tɕiɛn^{44} ts‘iu^{42} tʃuʌn^{35} lɔi^{212}。

俹到田嘚行一肩就转来。我到地里走走就回来。

(103) tɕiu^{44} ɕiɔŋ^{42} ts‘an^{35} muen^{212} ŋai^{42} t‘ai^{325} iʔ^{4} tɕiɛn^{44} ts‘iu^{42} tʃ‘ueʔ^{4} ɕiu^{42} a^{0}。

佢向槺门外睇一肩就出去啊。他往窗外看了看就出去了。

(104) sin^{44} tɕ‘i^{24} t‘an^{44}，ŋɔi^{44} ts‘ɔi^{44} lɑu^{212} tɛ^{0} t‘ai^{325} iʔ^{4} tɕiɛn^{44} t‘iɛn^{42} sɿ^{42}，mɔi^{42} tʃ‘ueʔ^{4} muen^{212}。

星期天，俹在寮嘚睇一肩电视，未出门。星期天，我在家看看电视，没出门。

（105）tɕiu^{44} mɔi^{35} ȵiʔ^{2} ts‘ɔi^{44} lɑu^{212} tɛ^{0} nuŋ^{42} iʔ^{4} tɕiɛn^{44} p‘ʌn^{42}，sai^{44} iʔ^{4} tɕiɛn^{44} san^{44}，tai^{42} iʔ^{4} tɕiɛn^{44} sai^{44} ȵin^{212} ts‘iu^{42} mɑu^{212} sɿ^{42} tso^{42} a^{0}。

佢每日在寮嘚弄一肩饭，洗一肩衫，带一肩细人就冇事做啊。她每天在家做做饭，洗洗衣服，带带小孩就没什么事了。

根据以上例句可以对和“一肩”搭配使用的动词的语义特征及表示短时意义的标记“一肩”的虚化程度作大致的分析。

“一肩”所黏附的动词表示的动作、行为在具体的语境中总是暗含着与特定相对动作、行为的比较，由于短时体本身就有时短量小的内在语义要求，两者的比较中前者就必须具有力小时短的语义特征。例句（101）中的“歇”相对于“做”显然是轻松的行为，事实上正是“做”累了才有了“歇”的需求；例句（102）——（104）中的“行”、“睇”也是不费力的动作；至于例句（105）中的“弄饭”、“洗衫”、“带细人”虽是体力劳动且不一定轻松，但在说话者看来却并非如此，因为与句中暗含的其他劳动（如田间劳动）相比较，这些动词所表动作的强度几乎可以与“歇”一类等同视之了。

界定体标记有四条标准：“1. 意义的虚化；2. 结构关系的黏着；3. 功能上的专用；4. 语音的弱化（轻声或合音）”。① 短时体标记“一肩”似乎来源于表时量的副词，太源畲话中有“担一肩”、“扛一肩”的说法，其中的“一肩”就是表示“担、扛”等肩部动作持续的时间②，但在上述例句中，“一肩”已不再限于表示肩部动作的时间，其意义产生了虚化。“一肩”与动词的黏附比较紧密，不论动词带宾语与否，“一肩”总黏附在其后（如例句（101）—（103）中的“歇一肩”、“行一肩”、“睇一肩”；例句（104）、（105）中的“睇一肩电视”、“弄一肩饭”、“洗一肩衫”、“带一肩细人”，不能将“一肩”与动词拆开表达成“睇电视一肩”、“弄饭一肩”、“带细人一肩”或其他形式。在功能上，“一肩”只用于表示时短量小的语法意义，是专门的短时体标记。但在语音形式上，“一肩”尚未出现诸如轻声、合音及脱落等语音变化，可见其虚化尚不彻底。因此，可以认为太源畲

① 见李如龙《前言》，载于张双庆主编《动词的体》，香港中文大学中国语言文化研究所吴多泰中国语文研究中心 1996 年版，第 6 页。

② 以肩膀“担、扛”需换肩，一边肩膀持续“担、扛”的时间一般来说不会太长，这正是“一肩”能表短时的语义基础。

话中的“一肩”是尚未完全虚化的短时貌标记，还带有时量补语的痕迹。

（八）尝试貌

尝试貌表示试着做某一动作或行为。太源畲话用动词重叠式加上“睇［tʻai^{325}］（看）”来表示尝试意义。例如：

（106）xo^{44} seʔ^{4} kɛ^{0} tɛ^{325} xɑu^{35} pʻan^{42} xaiʔ^{4}，ȵiɔŋ^{42} ŋɔi^{44} ɕiɔŋ^{35} ɕiɔŋ^{325} tʻai^{325}。

有什个嘚好办法，让偓想想睇。有什么好办法，让我想想看。

（107）ȵi^{44} ku^{44} ku^{44} tʻai^{325}，kai^{35} kai^{44} sɿ^{42} seʔ^{4} kɛ^{0} tɛ^{325}？

你估估睇，该个是什个嘚？你猜一下看，这是什么？

（108）kai^{35} iɔŋ^{42} san^{44} ȵi^{44} tʃɔʔ^{4} tɛ^{0} m̩^{212} xɑuʔ^{2} sen^{44}，tʃɔʔ^{4} tʃɔʔ^{4} ŋ̍^{35} iɔŋ^{42} tʻai^{325}。

该样衫你着得唔合身，着着唔样睇。这件衣服你穿着不合身，穿穿那件看。

例句（106）—（108）中分别用“想想睇”、“估估睇”、“着着睇”来表示尝试，动词“想”、“估”、“着”不带宾语，“睇”紧接在动词后面形成“VV + 睇”格式。

当动词带宾语时，“睇”要与动词分离而置于宾语后形成“VV + 宾 + 睇”式。例如：

（109）ŋɔi^{44} ia^{325} m̩^{212} ɕiɑu^{325} tɛʔ^{0} tɕin^{44} tsɛu^{44} seʔ^{42} kɛ^{0} tɛ^{325} ȵiʔ^{2} tsɿ^{325}，ȵi^{44} muen^{42} muen^{42} tɕiu^{44} tʻai^{325}。

偓也唔晓得今朝什个嘚日子，你问问佢睇。我也不知道今天是什么日子，你去问他看看。

（110）tʃɔʔ^{4}tʃɔʔ^{4}kai^{35} iɔŋ^{42} san^{44} tʻai^{325}，xɑuʔ^{2} m̩^{212} xɑuʔ^{2} sen^{44}？

着着该样衫睇，合唔合身？穿穿这件衣服，看合不合身？

尝试貌与短时貌在语法形式上不同，如上所述，前者用“V + 一下”、“VV”、“V + 一肩”等格式来表示；后者用“VV + 睇”、“VV + 宾 + 睇”等格式来表示，附加在重叠式动词后的“睇”是尝试貌与短时貌的“VV”相区别的标记。尝试貌与短时貌在语法意义上也是不同的，前者表示尝试某一动作、行为，该动作、行为是面向未来、尚未发生的，因此不能与完成体相容；而后者表示动作、行为进行的时间比较短暂，所涉的动作、行为可以是尚未发生的，也可以是过去了的，因此可以包含完成体。

由于尝试貌的语法意义是试着做一做某个动作，该动作持续的时间比较短暂，所以与短时貌有密切的联系。在“短时貌”一节所列的例句中，表示动作尚未发生的句子一般都可以在动词重叠的基础上加上“睇”从而形成尝试貌。

因此，尝试貌与短时貌是既有区别也有联系的：尝试一般意味着短时轻量，而短时轻量却并不意味着尝试。

（九）反复貌

反复貌表示某个动作、行为在一段时间内多次反复进行。太源畲话表示反复意义的格式有两种：一种是动词三次重叠构成“VVV”式，另一种是在动词重叠式的中间加上“啊”构成“V + 啊 + V”式。在这两种格式中构成反复貌的动词都必须是单音节动词。例如：

（111）ŋɔi^{44} to^{44} piɛn^{44} xɑŋ^{212} piɛn^{44} kɔŋ^{325}，kɔŋ^{35} kɔŋ^{35} koŋ^{325}/ kɔŋ^{325} a^{0} kɔŋ^{325} ts‘iu^{42} t‘ɛu^{42} a^{0}。

倕多边行边讲，讲讲讲/讲啊讲就到啊。我们边走边说，说着说着就到了。

（112）ʨiu^{44}tʃ‘ɔŋ^{44} tʃ‘ɔŋ^{44} tʃ‘ɔŋ^{44}/ tʃ‘ɔŋ^{44} a^{0} tʃ‘ɔŋ^{44} ts‘iu^{42} ŋa^{325} a^{0} xɛu^{24} luŋ^{212}。

佢唱唱唱/唱啊唱就哑啊喉咙。他唱着唱着就哑了喉咙。

（113）ʨiu^{44}t‘ai^{35} t‘ai^{35} t‘ai^{325}/ t‘ai^{325} a^{0} t‘ai^{325} ts‘iu^{42} man^{42} man^{42} xɑuʔ^{2} ɕi^{325} ȵian^{325} fen^{44} tʃ‘ɔʔ^{2} a^{0}。

佢睇睇睇/睇啊睇就慢慢合起眼睏着啊。他看着看着慢慢地闭上眼睛睡着了。

（114）ts‘iaʔ^{2} ts‘iaʔ^{2} ts‘iaʔ^{2}/ ts‘iaʔ^{2} a^{0} ts‘iaʔ^{2} ts‘iu^{42} ŋaiʔ^{2} tʃ‘ɔʔ^{2} sɛʔ^{2}。

嚼嚼嚼/嚼啊嚼就啮着舌。嚼着嚼着就咬到了舌头。

在必要时以上例句都可以补上充当时间状语的成分，如“倕多边行边讲话”、“唱歌个时间”、“睇电视个时间”、“日昼佢食苞粟的时间”，这说明在不表示反复貌时，句中的动词都可以带宾语，但要构成反复体，这些动词就不能再带宾语了。

太源畲话中表示反复貌的“VVV”格式、“V + 啊 + V”格式必定充当连谓结构的前项，其后必须接另一个表相关动作的动词性成分充当连谓结构的后项，如例句（112）—（114）中的“哑啊喉咙”、“睏着啊”、“咬着舌”，例句（111）中的“到”孤立地说与“讲（话）”并无关系，但在该句的语境中却是可以理解存在一定的语义关系的。反复貌是两种动作的转化，这种转化是在前一种动作、行为反复进行到中途后发生或完成的，所以又可以称为转变貌。

在太源畲话中，反复貌除了表示动作、行为在一定的时间段内反复多次进行这一基本语义外，还表示后一个动作的发生有出乎意料或不合意愿的附加意味。如例句（111）、（113）的“讲讲讲/讲啊讲就到啊”、“睇睇睇/睇啊睇就慢慢合起眼睏着啊”表示后一个动作是在前一动作反复进行到中途时出乎意料地发生的；而例句（112）、（114）的“唱唱唱/唱啊唱就哑啊喉咙”、“嚼嚼嚼/嚼啊嚼就咬着舌”中后一动作或情形的发生无论对当事人还是叙述者来说都是不愿意看到的，即不合意的。

（十）重行貌

重行貌表示出于某种需要，对已完成的某一动作、行为再次完全重复一遍。太源畲话表示重行意义的基本格式是“V + 过［ku^{42}］”。例如：

（115）ŋɔi^{44} mɑu^{212} t‘ɑŋ^{44} ts‘in^{44} ts‘ɿ^{325}，ȵi^{44} kɔŋ^{35} ku^{42} iʔ^{4} tɑu^{44}。

倨冇听清楚，你讲过一到。我没听清，你再说一遍。

（116）ai^{44} paʔ^{4} iɔŋ^{325} kɛ^{0} ʨiai^{44} si^{325} xɑu^{44} a^{0}，ʨiu^{44} tɑŋ^{35} suʌn^{42} iɔŋ^{325} ku^{42} iʔ^{4} tɛu^{44}。

阿伯养个鸡死耗啊，佢打算养过一兜。我伯父养的鸡死光了，他打算再养一窝。

（117）kai^{35} iɔŋ^{42} san^{44} m̩^{212} xɑu^{325}，ȵi^{44} nan^{44} ku^{42} iʔ^{4} iɔŋ^{42}。

该样衫唔好，你拿过一样。这件衣服不好，你再拿一件。

（118）ʨiu^{44} nan^{24} ʨi^{44} xan^{212} sai^{44}，tʌn^{44} m̩^{212} ɕi^{325} kai^{35} tʌn^{42} ts‘ai^{212}，ȵi^{44} vo^{325} ku^{42} iʔ^{4} kai^{44} ȵin^{212}。

佢年纪还细，担唔起该担柴，你喽过一个人。他年纪还小，挑不起这担柴，你再叫一个人。

（119）kai^{35} tʃɔŋ^{44} fa^{42} m̩^{212} xɑu^{35} t‘ai^{325}，ŋɔi^{44} fa^{42} ku^{42} iʔ^{4} tʃɔŋ^{44}。

该张画唔好睇，倨画过一张。这幅画不好看，我再画一幅。

表重行的句子中包含两个完全相同的动作、行为，后者是对前者的重复并且是必要的。这两个动作、行为可以同时出现在句中，如例句（116）中的“养”，在“养过”之前已经有过“养”鸡的行为，只是因为没有“养”好（“死耗啊”）才有必要重新进行后一个“养”的行为。两个动作、行为在句中也可以不同现而让前者隐含于句义中，如例句（115）中，说话人要求对方“讲过”前，对方已经有过“讲”的动作，只是因为说话人“冇听清楚”而认为对方有必要把这个“讲”的过程完全重复一遍；例句（117）中说话人要求对方“拿过”之前，对方也已经“拿”了，因为“拿”的“衫”“唔好”，即说话人认为不合意才要求对方重新进行“拿”的动作；同理，例句（118）、（119）中也是因为说话人对前一个动作、行为的结果不满意而认为必须重复这一动作、行为。由此可知，太源畲话的重行体还有其附加意义：完全重复一个动作、行为是因为该动作、行为的过程或结果在说话人看来不符合某种预期，即不合意。当然，情况并非总是如此，如例句（116）也可以说成“阿伯养个鸡卖耗啊，佢打算养过一兜”，这时重复“养”的行为就不是因为前一次“养”的结果不合意，相反，是该行为成功实现预期而正常进行下一个周期——重复前一次行为。

多数情况下，重行貌与反复貌的区别在于：重行貌是一个动作、行为在结束后重新发生，反复貌是一个动作在一段时间内反复多次后转变为另一个新的动作、行为，即前者只有一种动作的重复而后者则有两种动作的存在；重行貌中动作的再次重复是因为该动作上一次的过程或结果不合意，反复貌是前一动作反复进行到中途时出乎意料地发生了后一个动作，后一个动作是不合意的；反复貌适用的动词具有“-瞬时”性，而重形貌适用的动词则没有这种限制，既可以是瞬时性动词，也可以是非瞬时性动词。此外，用于反复貌的动词可以是自主动词也可以是非自主动词，而用于重行貌的动词只能是自主动词。

（十一）随意貌

动词的随意貌表示动作的随意性。太源畲话的随意貌没有完全虚化的貌标记，是用副词“打乱［tɑŋ^{35}lʌn^{42}］”来表示的。例如：

（120）ŋɔi^{44} tɑŋ^{35}lʌn^{42} seʔ^{2} ɛ^{0} tɕi^{35} xɛu^{325} ts‘iu^{42} tʃ‘ueʔ^{4} ɕiu^{42} a^{0}。

佢打乱食诶几口就出去啊。他胡乱吃了几口就出门了。

（121）ŋɔi^{44} tɑŋ^{35}lʌn^{42} xan^{44} ɛ^{0} tɕi^{35} iɛʔ^{2} ɕy^{44} ts‘iu^{42} puen^{44} ɕy^{44}vʌn^{212} puen^{44}tɕiu^{44} a^{0}。

佢打乱翻诶几页就分书还分佢啊。我随便翻了几页就把书还给他了。

（122）tɕiu^{44} ts‘ɔi^{44} nai^{212} tɛ^{0} tɑŋ^{35}lʌn^{42} kueʔ^{4} ɛ^{0} iʔ^{4} xa^{42} ts‘iu^{42} tʃuʌn^{35}

lɑu^{212} a^{0}。

佢在泥嘚打乱掘诶一下就转寮啊。他在地里随随便便挖了一会儿就回家了。

以上例句中“打乱”置于动词前表示该动作、行为的随意性，使动作、行为带上了一种不经心的、任意的色彩。在随意貌中，动作、行为持续的时间可以比较短暂，如例句（120）、（121）中的“食几口”饭、“翻几页”书的时间；也可以比较长，如例句（122）的“在泥嘚掘”的时间可能是一两个钟头。但不管随意性动作所持续的时间长度如何，在说话人看来都是短暂的，因为这段时间与动作行为完成的常规时间相比显然要短得多，所以就出现了例句（122）这种实际时间可能并不短但说话人认为很短暂（“一下”）的情况。

二 事态

（一）已然态

已然态表示新的事态已经发生。太源畲话的已然态用句末的“啊[a^{0}]”来表示。

一般情况下，特别是在陈述句中，完成体标记与已然体标记“啊[a^{0}]”可以在句中同现，但这时句中的完成体标记只能是“诶[ɛ^{0}]”而不会是“啊[a^{0}]”，这是为避免两个“啊”频繁出现于句中而造成重复。例如：

（123）ko^{42} ɛ^{0} tuŋ^{44} tsɿ^{42} ȵiʔ^{2} tsɛu^{42} man^{42} man^{42} tʃ‘ɔŋ^{212} a^{0}，ia^{42} ɛ^{0} tʌn^{325} na^{0}。

过诶冬至日昼慢慢长啊，夜诶短哪。过了冬至白天渐渐变长了，夜晚变短了。

（124）miɑŋ^{24} t‘ɛu^{212} kai^{35} kai^{44} sɿ^{24} kan^{44} tɕiu^{44} ts‘iu^{42} t‘ɛu^{42} pɛʔ^{4} tɕiɑŋ^{44} a^{0}。

明头该个时间佢就到诶北京啊。明天这个时候他早就到北京了。

（125）ŋɔi^{44} tso^{42} a^{0} san^{44} kai^{42} tʃuŋ^{44} t‘ɛu^{212} a^{0}，xan^{212} ɔi^{42} tso^{42} o^{0}？

倠做诶三个钟头啊，还爱做哦？我做了三个小时了，还要做下去啊？

例句（123）、（124）中谓词“过”、“到”和宾语“冬至”、“北京”之间的完成体标记“诶”与句末的已然态标记“啊”同现，例句（125）是谓词“做”和时量补语“三个钟头”间的完成体标记“诶”与句末已然态标记“啊”同现。这些句子中的“诶”不能省略说成“过冬至日昼慢慢长啊”、“明头该个时间佢就到北京啊”、“偓做三个月啊”。也就是说，完成体标记“诶”与已然态标记“啊”必须同现。

但在一些句子中完成体标记“诶”与已然态标记“啊”并不同现。例如：

（126）ŋɔi^{44} sai^{44} tsɔi^{325} k‘ɑu^{35} ɕi^{325} t‘ai^{42} xɔʔ^{2} a^{0}。

偓细崽考起大学啊。我儿子考上大学了。

（127）tɕ‘iu^{212} xan^{44} puen^{44} t‘uŋ^{42} tɛ^{0} ɕiu^{42} a^{0}。

球翻分洞嘚去啊。球滚到洞里去了。

（128）ts‘an^{212} tu^{44} nan^{44} tʃuʌn^{325} lɔi^{212} ia^{0}，ts‘iu^{42} kai^{325} ȵi^{44} ȵi^{0}。

钱都拿转来呀，就该呢呢。钱都拿回来了，就这么一点儿。

（129）tɕiu^{44} k‘ɔʔ^{4} muen^{212} kɛ^{0} sɿ^{24} kan^{44} ŋɔi^{44} fen^{44} na^{0}。

佢觳门个时间偓睏哪。他来敲门的时候我已经睡了。

（130）xan^{212} xo^{44} ȵi^{44} tɛ^{0} ts‘an^{212} ŋɔi^{44} m̩^{212} puen^{44} ȵi^{44} na^{0}。

还荷呢嘚钱偓呣分你哪。还有一点钱我不给你了。

例句（126）—（128）中完成体标记“诶”被省略了，这里的“诶”也可以补出来，如说成“偓细崽考起诶大学啊”、“球翻分诶洞嘚去啊”、“钱都拿诶转来呀”。这些加上了完成体标记“诶”的句子与原句所表达的意义完全相同，但说话者认为加上“诶”后会导致句子的不连贯，所以严格地说“诶”不是省略而是不应出现，即完成体标记“诶”与已然体标记“啊”在这类句子中不能同现。这些句子与例句（123）—（125）的差异在于句中的动词“考”、“翻”、“拿”后都带了趋向补语（“起”、“分”、“转来”）。

例句（129）中动词“睏”是不及物动词，后面紧跟已然态标记“啊”，完成体标记“诶”不与“啊”相连出现。

以下是几个已然态疑问句：

（131）ŋɔi^{44} seʔ^{2} ɛ^{0} p‘ʌn^{42} na^{0}，ȵi^{44} seʔ^{2} ɔiʔ^{4} mɔi^{42}？

偓食诶饭哪，你食□未？我吃了饭了，你吃了还是没有吃（你吃了没有）？

（132）——ȵi^{44} ȵin^{42} tɛʔ^{0} tɑu^{44} tɕiu^{44} sɿ^{42} lɔʔ^{2} kai^{44} ɔiʔ^{4} mɔi^{42}？

你认得到佢是若个□未？你认出他是谁还是没有认出（你认出他是谁没有）？

——ȵin^{42} tʃʻueʔ^{4} lɔi^{212} ia^{0}

认出来呀。认出来了。

（133）——ȵi^{44} nan^{44} tsʻɔʔ^{2} pu^{44} ȵiʔ^{2}mai^{325} kɛ^{0} tuŋ^{44} si^{44} piɔŋ^{44} puen^{44} lɔʔ^{4} lɔʔ^{2} a^{0}？

你拿昨晡日买个东西放分若落啊？你把昨天买的东西放在哪儿了？

——piɔŋ^{44} puen^{44} tʻɔi^{212} tɛ^{0}。

放分台嘚。放在桌子上了。

（134）ȵi^{44} tɕi^{35} sɿ^{212} tʻɛu^{42} tʻai^{42} ŋan^{212} a^{0}？

你几时到太源啊？你什么时候去太源了？

例句（131）、（132）是一般疑问句。在一般疑问句中，已然体标记“啊”后面紧跟已经具有疑问语气助词功能的否定词“未［mɔi^{42}］”，因此这两句话用普通话也可以理解成“你吃了没有”、“你认出她是谁了没有”。

例句（133）、（134）是特殊疑问句。在特殊疑问句的句末只用已然态标记“啊”而不跟其他疑问语气词连用。

（二）未然态

未然态表示新的事态尚未出现。太源畲话的未然态是在谓词前加否定时间副词“还未［xan^{212}mɔi^{42}］”。未然态只有否定式没有肯定式。例如：

（135）ɕiɔŋ^{325} tɕi^{35} xa^{42} li^{24} kuŋ^{44}，ʃui^{325} xan^{212} mɔi^{42} lɔʔ^{2}。

响几下雷公，水还未落。只打了几个雷，雨还没下呢。

（136）ŋɔi^{44} xan^{212} mɔi^{42} seʔ^{2} pʻʌn^{42}，ȵi^{44} tɛn^{325} iʔ^{4} xa^{42}。

偃还未食饭，你等一下。我还没吃饭，你等一会儿吧。

（137）tɕiu^{44} tʃʻueʔ^{4} ɕiu^{42} kɛ^{0} sɿ^{24} kan^{44} tʻan^{44} xan^{212} mɔi^{42} xɑu^{42}。

佢出去个时间天还未皓。他出去的时候天还没亮。

（138）ȵi^{44} xan^{212} mɔi^{42} muen^{42} ŋɔi^{44}，iɔŋ^{42} sɛn^{44} tsʻiu^{42} tso^{42} ɛ^{0} lɛ^{0}？

你还未问偃，样生就做诶嘞？你还没问我，怎么就干了呢？

在太源畲话的未然态中，表否定的“未［mɔi^{42}］”一般可以单用于谓词前而“还”可以略去不说，句末不出现表未然的语气词（标记）。

未然态与已然态否定式的区别在于前者表否定的副词是“未［mi^{42}］”，

后者是“唔［m̩^{212}］”。例如：

（139）t‘an^{44} m̩^{212} lɑŋ^{44}，ŋɔi^{44} mɔi^{42} tʃɔʔ^{4} ɑu^{325}。
天唔冷，佢未着袄。天不冷，我没穿棉袄。
（140）t‘an^{44} m̩^{212} lɑŋ^{44}，ŋɔi^{44} m̩^{212} tʃɔʔ^{4} ɑu^{325}。
天唔冷，佢唔着袄。天不冷，我不穿棉袄。

例句（139）是未然态，例句（140）是已然态的否定式：跟例句（139）不同，“唔着袄”不是表“着袄”的事态尚未出现，而是表“唔着袄”的事态已经出现，这一新事态是针对“着袄”这种旧事态（其他人已经“着袄”或本来认为应该“着袄”）的。又如：

（141）ŋɔi^{44} tsɑŋ^{44} tʃuʌn^{35} lɔi^{212}，mɔi^{42} seʔ^{2} ts‘a^{212}。
佢正转来，未食茶。我刚回来，没喝茶。
（142）kai^{325} tɕi^{35} ȵiʔ^{2} fen^{44} m̩^{212} tʃ‘ɔʔ^{2}，ŋɔi^{44} m̩^{212} seʔ^{2} ts‘a^{212}。
该几日睏唔着，佢唔食茶。这几天睡不着，我不喝茶。

从例句（141）、（142）中更能看出：因为“刚回来”，“未食茶”这一新事态尚未出现；而因为“睏唔着”，“唔食茶”这种事态已经出现一段时间（“几日”）了。

（三）仍然态

仍然态表示某一事态在到参照时点为止的一段时间内保持不变。太源畲话仍然态的语法形式是在谓词前用时间副词“还［xʌn^{212}］”。例如：

（143）sɑŋ^{24} ȵiʔ^{2} ɛ^{0} tɕiu^{44} xʌn^{212} ts‘ɔi^{44} t‘an^{212} tɛ^{0} tso^{42} sɿ^{42}。
成日诶佢还在田嘚做事。一整天了他还在田里干活。
（144）paiʔ^{4} tian^{325} tʃuŋ^{44} a^{0} tɕiu^{44} xʌn^{212} m̩^{212} tsen^{44} tʃ‘ɔŋ^{212}。
八点钟啊佢还唔振床。八点钟了他还不起床。

例句（143）是仍然态的肯定形式，例句（144）是否定形式。

仍然态的否定形式与未然态的不同在于其否定副词用“唔”且前面必须用时间副词“还”而构成“还唔＋V”格式；未然态表否定的“未”一

般可以单用于谓词前而“还”可以略去不说。

仍然态与已然态的否定式也有区别：已然态否定式着眼于当前某种带否定意义的事态已经出现，其否定副词“唔”前不能用时间副词“还”；仍然态虽然也着眼于当前但还隐含有指向未来的意味，表示在特定参照时点存在的某种事态可能还将持续下去，所以必须用时间副词“还”，此外，说话人对这种事态的存续一般是持负面评价的，故“还”一般又带有说话者特定的情感色彩。

（四）确然态

确然态表示确定某种事态的客观存在。太源畲话表示确然意义的语法形式是在句末加语气词“个［kɛ^{0}］”，同时在句中谓词或其否定式前加表强调的判断词“是［sɿ^{42}］”，构成“是［sɿ^{42}］……个［kɛ^{0}］”格式。例如：

（145）ŋɔi^{44} sɿ^{42} tɕ‘i^{212} mo^{24} t‘ɔʔ^{4} ts‘a^{44} ɕiu^{42} ts‘en^{24} fɔŋ^{44} kɛ^{0}。

伛是骑摩托车去陈坊个。我是骑摩托车去陈坊的。

（146）kai^{35} kai^{44} ȵin^{212} sɿ^{42} ȵiɔŋ^{42} ȵin^{24} ka^{44} ɕiɛn^{212} kɛ^{0}。

该个人是让人家嫌个。这个人是很让人讨厌的。

（147）ŋɔi^{44} sɿ^{42} m̩^{212} ɕi^{35} xʌn^{44} seʔ^{2} li^{212} tsɔi^{325} kɛ^{0}。

伛是唔喜欢食梨个。我是不喜欢吃梨的。

（148）taʔ^{4} sɤɿ^{4} kɛ^{0} san^{44} tʃɔʔ^{4} tɑu^{44} sɿ^{42} m̩^{212} ɕy^{44} fuʔ^{2} kɛ^{0}。

涿湿个衫着到是唔舒服个。淋湿了的衣服穿着是不舒服的。

确然态与已然态的不同在于：已然态的关注点是出现了新事态而确然态并不如此，它主要是对某一存在的客观事实加以认定。如例句（145）的已然态表述应该是“伛骑摩托车去陈坊啊”，表示新事态“骑摩托车去陈坊”已经出现，这一新事态是针对“走路去陈坊”、“坐车去陈坊”这一类旧事态而言的；而“伛是骑摩托车去陈坊个”只是表明“骑摩托车去陈坊”这一客观事实，不关注上述其他旧事态。因此，确然态与已然态在面对相同的事实时由于关注点的不同而产生语义上的差异。

（五）设然态

设然态表示假设某种事态发生或存在后，再由此发生或存在某种动作行为或事态。例如：

(149) ȵi^{44} ɔi^{44} tʃʻueʔ^{4} ɕiu^{42}，vo^{325} ŋɔi^{44} iʔ^{4} ku^{42}。

你爱出去，喽偓一句。你如果出去就叫我一声。

(150) tɕiu^{44} ɔi^{44} xaiʔ^{4} ɕi^{35} fu^{325} lɔi^{212}，lɔi^{2} kai^{44} kɔŋ^{325} tɕiu^{44} tu^{44} mɑu^{24} iuŋ^{42}。

佢爱发起火来，若个讲佢都冇用。他要是生起气来，谁说他都没用。

(151) sɔŋ^{44} san^{44} kɛ^{0} lu^{42} ɔi^{44} siu^{44} xɑu^{325} va^{0}，ŋɔi^{44} to^{44} tsʻiu^{42} fɔŋ^{44} pʻiɛn^{42} na^{0}。

上山个路爱修好啊，偓多就方便哪。上山的路要是修好了，我们就方便了。

可见，太源畲话的设然态语句必须有两个小句，其语法形式是在前一小句的谓词前加表示假设的副词“爱［ɔi^{44}］（要）”，但这个“爱（要）”一般情况下在句中可以省略，看来设然态在太源畲话中尚未成为独立的语法范畴。

（六）先然态

先然态表示必须待某一动作行为的完成或某一事态的出现后才发生另一种动作行为或出现另一种事态。太源畲话的先然态是在句首用“等［tɛn^{325}］”，在后项表后续动作行为的谓词前加“再［tsai^{42}］”，构成“等［tɛn^{325}］……再［tsai^{42}］……”格式。例如：

(152) tɛn^{325} ʃui^{325} tɕy^{42} ia^{0} tsai^{42} ɕiu^{42}。

等水住呀再去。等雨停了再去。

(153) tɛn^{325} tɕiu^{44} kɑu^{44} ɕin^{42} kɛ^{0} sɿ^{24} kan^{44} ȵi^{44} tsai^{42} lɛu^{212} tɕiu^{44} ʃɔŋ^{44} liɔŋ^{42} kai^{325} iɔŋ^{42} sɿ^{42}。

等佢高兴个时间你再摎佢商量该样事。等他高兴的时候你再跟他商量这件事。

(154) tɛn^{325} tɕiu^{44} taʔ^{4} en^{42} lɛ^{0} ŋɔi^{44} to^{44} tsai^{42} kɑu^{42} ɕiɛn^{42} ȵi^{44}。

等佢答应嘞偓多再告现你。等他答应了我们再告诉你。

(155) tɛn^{325} li^{35} tsɔi^{325} fuŋ^{212} ŋa^{0} tsai^{42} tʃʻuʌn^{44} lɔi^{212} seʔ^{2}。

等李子红啊再川来食。等李子熟了再摘来吃。

第三节 形容词、数量词和代词

一 形容词的生动形式和“级”

（一）形容词的生动形式

形容词的生动形式是在形容词基本形式基础上变化派生而来的。太源畲话有以下形容词生动形式的构成格式。

1. “XA”式

太源畲话中，很多单音节形容词前可以加上一个修饰性语素而构成一个新的形容词，例如：

a	笔直	冰冷	铁硬
	滚壮	飘轻	飞滚
b	□［ɕiɛʔ⁴］薄	□［piʔ⁴］厚	□［piʔ⁴］重
	□［p‘iʔ⁴］肿	□［p‘iʔ⁴］臭	□［p‘uŋ⁴²］香

这类形容词表义比所由构成的单音节形容词所表示的性状在程度上更为深化、强烈，如“冰冷”表示很冷，“□［piʔ⁴］重”表示很重。

以上两组“XA”式形容词，a组中的“X”具有实在意义，或用作喻体，或摹写状态。而b组中的“X”则无实在语义，仅仅是一个意义虚化了的音节，一般也没有合适的字可记录。

2. “XXA”式

a	冰冰冷	笔笔直	喷喷香	
	□□［p‘iʔ⁴ p‘iʔ⁴］臭		□□［tɛʔ⁴ tɛʔ⁴］苦	
b	摇摇动	爬爬动	跌跌倒	排排倒
c	翻翻起	翘翘起	指指起描写手指指指点点	
	□□［ŋɑu²⁴ŋɑu²¹²］起描写（头、肢体等）歪向一边			

以上三组“XXA”式形容词，a组中“A”为形容词，b、c组的“A”本属动词，但它们重叠并后附“动”、“倒”和“起”时就已具备了形容词的功能，即不再表动作而是表状态了。如“爬爬动”是描写虫子蠕动的样

子，“跌跌倒”是描写跌跌撞撞的样子，“眼翻翻起”是描写眼睛翻白眼的样子。

3. “XAXA”式

“XAXA”式形容词由双音节形容词“XA”重叠而成，表示程度比所由构成的“XA”式形容词更进一层。例如：

铁硬铁硬　　喷香喷香　　滚壮滚壮

这类形容词的基式“XA”中“A”是核心的形容词性语素。

4. “AXX”式

这类形容词由中心语素加叠音后缀构成，根据中心语素的词性的不同又可分为以下两种形式：

a　血淋淋　　水汪汪　　肉嘟嘟

b　燥烘烘　　碎末末　　饱咕咕

乌□□［tuŋ⁴⁴tuŋ⁴⁴］　　乌□□［p‘ɛʔ⁴p‘ɛʔ⁴］

矮□□［tɛʔ⁴tɛʔ⁴］

扁□□［lɛ⁴²lɛ⁴²］　　硬□□［kɔʔ⁴kɔʔ⁴］

老□□［kɛʔ⁴kɛʔ⁴］　　嫩□□［iu⁴⁴iu⁴⁴］

a组“AXX”式形容词中的“A”是名词性语素，意在描摹物态充分具有“A”的一种状态，如“肉嘟嘟”描写人（通常指小孩）胖乎乎身上长满了肉的样子。b组“AXX”式形容词中的“A”是形容词性语素。

5. “AABB”式

太源畲话“AABB”式形容词与普通话一样，都是由双音节形容词“AB”中两个音节分别重叠后构成，所表示的性状在程度上比基式“AB”格式更深。例如：

辛辛苦苦　　新新鲜鲜　　龌龌龊龊非常肮脏

邋邋遢遢形容不讲卫生　　清清当当形容很孝顺

古古怪怪　　肥肥壮壮　　笔笔直直

6. “A 里 AB” 式

太源畲话的“A 里 AB”式形容词的构成方式与普通话一样：在双音节形容词“AB”前加上第一个语素“A”和轻声的“里［li^{0}］”，这类形容词含有对所描述性状的嫌恶意味。例如：

古里古怪　　糊里糊涂　　啰里啰唆　　懵里懵懂

7. “ABAC” 式

大头大面　　软手软脚　　好手好脚　　笨手笨脚
鬼头鬼脑　　呆［$ŋɔi^{212}$］头呆［$ŋɔi^{212}$］脑

太源畲话“ABAC”式形容词中“A”是形容词性语素，语素“B”和“C”一般都是名词性语素且同属于一个类属义场，如“头”与“面”、“手”与“脚”同属身体部位类；也有的两个语素只是对某一事物不同的指称，如“头”与“脑”。

8. “大/细 + 量词” 式

太源畲话中形容词“大”和“细［sai^{44}］小”可以与部分量词构成一种比较特别的格式，描写适用该量词的物品状态的大小。例如：

大张/细张　　大双/细双　　大个/细个　　大碗/细碗

说这张纸“大张”即意为这张纸“大”，说“细张”即意为这张纸“细（小）”。这类形容词前可加“蛮”修饰，如“蛮大张”、“蛮细张”以进一步强调所描述性状。形容词性语素“大”、“细”也可重叠而形成比较级，如“大大个”、“细细个”。

“大碗/细碗”中的量词是借用量词，要注意太源畲话说“大碗/细碗”会有两种语境。说“一个大碗/细碗”，“大碗/细碗”是名词性短语；说“饭装得大碗/细碗”，则不仅是说饭用大碗盛或用小碗盛，而且更着重指饭盛得满不满。

9. “着［$tʃ'ɔʔ^{2}$］A” 式

“着 A”式形容词表示所描写的对象（只限于人）因受外界某种事物或某种动作、行为的影响而处于某种不适、不快的状态，“着 A”式中的

"着"有使人遭受的意思。例如：

a　着骗受骗　　着吓受惊吓　　着魇遭遇梦魇
b　着累受累　　着愁发愁　　着气因某人某事而生气

a组"着A"式形容词中的"A"是动词性或名词性语素，表示所遭受的动作或事物，如"着骗"中的"骗"、"着魇"中的"魇"。b组"着A"式形容词中的"A"是形容词性或动词性语素，表示人处于某种状态或发生某种动作，如"着愁"中的"愁"、"着气"中的"气"。

10. "A人家"式

"A人家"式形容词与"着A"式形容词在语义上有相通之处，表示所描写的人处于形容词性语素"A"所表示的状态。不过"A人家"式形容词主要在描写一种主观感受。例如：

冷人家感觉冷　　痒人家感觉痒　　吓人家感觉害怕
耻人家害羞　　□［vɔŋ³²⁵］人家干呕

"耻人家"是感觉可耻，即为"害羞"，"□［vɔŋ³²⁵］"是想呕吐而吐不出来，这也是一种纯主观的感觉。

（二）形容词"级"的差别

形容词的生动形式是应人们追求表达的形象生动和精细区别性状程度而产生的。就形容词程度的差异而言，太源畲话中某些表同一性状的不同格式的形容词可以构成一个表性状程度的级差序列。例如：

白白式［p‘aʔ²p‘aʔ²sɿ⁴⁴］⟶白［p‘aʔ²］⟶雪白［siɛʔ⁴p‘aʔ²］⟶雪雪白［siɛʔ⁴siɛʔ⁴p‘aʔ²］/白雪雪［p‘aʔ²siɛʔ⁴siɛʔ⁴］/雪白雪白［siɛʔ⁴p‘aʔ²siɛʔ⁴p‘aʔ²］

薄薄式［p‘ɔʔ²p‘ɔʔ²sɿ⁴⁴］⟶薄［pɔʔ²］⟶□薄［ɕiɛʔ⁴p‘ɔʔ²］⟶□□薄［ɕiɛʔ⁴ɕiɛʔ⁴p‘ɔʔ²］/□薄□薄［ɕiɛʔ⁴p‘ɔʔ²ɕiɛʔ⁴p‘ɔʔ²］

上述以"白"、"薄"为基本形式（单音节）的系列形容词，按箭号箭头方向程度渐增，依次为"轻微级（A A式）"、"基本级（A）"、"较高级（XA）"、"最高级（XXA / AXX/ XA XA）"。其中最高级有几种格式。就形容词总体情况来看，未必每个单音节形容词都可以构成极差序列，具有级差的形容词也未必都有完整的序列（或缺基本级以外的某一个级①，或缺最高级中的某一个格式）。

前面所述“大/细+量词”式形容词的基本式及其重叠式也可以构成级差序列。例如：

细细张［sɛ44 sɛ44 tʃɔŋ44］/细张张［sɛ44 tʃɔŋ44 tʃɔŋ44］⟶细张［sɛ44 tʃɔŋ44］⟶大张［t‘ai42 tʃɔŋ44］⟶大大张［t‘ai42 t‘ai42 tʃɔŋ44］/大张张［t‘ai42 tʃɔŋ44 tʃɔŋ44］

细细个［sɛ44 sɛ44 kai44］/细个个［sɛ44 kai44 kai44］⟶细个［sɛ44 kai44］⟶大个［t‘ai42 kai44］⟶大大个［t‘ai42 t‘ai42 kai44］/大个个［t‘ai42 kai44 kai44］

这一类形容词格式级差序列由小（细）到大程度渐增依次为：“最低级（细细+量）/（细+量量）”、“低级（细+量）”、“高级（大+量）”、“最高级（大大+量）/（大+量量）”。

二 特色量词和数量结构

太源畲话的数量词系统中，数词与汉语普通话相同。以下只概要讨论一些具有方言特色的量词和数量结构。

（一）特色量词

有特色的量词

（1）表机器、机械、装置的量词“乘［ts‘en212］”、“架［ka42］”

乘：车｜风车｜花轿｜犁

架：缝纫机｜钟

但与“自行车”搭配的量词只用“部［p‘u42］”。

（2）表条状物的量词“行［xɑŋ212］”、“莌［tɛu44］”

---

① 如“A A式”格式的词就极少，故“A A式”格式未列入前述“形容词的生动格式”之中。

行：树｜草｜线｜头毛头发｜绳｜皮带｜扁担｜竹竿｜尾巴
蔸：禾｜荆棘

（3）表动物的量词“头［t‘ɛu^{212}］”、“条［t‘ɑu^{212}］”、“个［kɔi^{44}］”

头：猪｜牛｜羊｜马
条：狗｜兔｜猫｜鼠｜虎｜豹｜狼｜蛇
个：鸡｜鸭｜鹅｜野鸡｜老鸦乌鸦｜日婆老鹰｜蚁｜蜈蚣｜蚊崽蚊子

（4）其他量词

张［tʃɔŋ^{44}］：刀｜锄头
堂［t‘ɔŋ^{212}］：家具｜吹打指一套民乐乐器，也指代民乐演奏班子
眼［ȵian^{325}］：店｜泉
身［sɛn^{44}］：衫裤
窠［k‘o^{44}］：鸡｜小猪
兜［tɛu^{44}］：鸡｜蜂
□［sai^{325}］：一～禾同一趟插的禾苗
担［tʌn^{44}］：一～谷田
□［tuŋ^{212}］：一～谷田

其中“担［tʌn^{44}］”和“□［tuŋ^{212}］”本都是表容积的量词：一担等于四“□［tuŋ^{212}］”。旧时水稻产量较低，大抵一亩田可收四担稻谷。“担”和“□［tuŋ^{212}］”因此可以用来构成表示水田面积的量词。“四担谷（田）”即一亩，“一担谷（田）”即四分之一亩，“两□［tuŋ^{212}］谷（田）”即八分之一亩。

（二）量词的重叠

1. 量词直接重叠

当数词是“一”时，重叠其后的量词表示“每一”的意思。例如：

一张张　　一双双　　一日日　　一点点　　一滴滴

如果在该数量结构后再加上“崽［tsɔi³²⁵］”则有了表数量少的含义。例如：

一点点崽　　一滴滴崽　　一丝丝崽
一双双崽　　一碗碗崽　　一张张崽

“点”、“滴”、“丝”本来就有“小、少”义，“双”、“碗”、“张”带上“崽”才有“小、少”之义。

普通话中有一些量词重叠表示“每一”义的，如“天天”、“年年”、“棵棵”。太源畲话中这种用法更为广泛，例如：

回回　　下下每一次　　口口

也有数量结构经重叠后表示“逐一”或分组逐次的。例如：

一个一个　　一脚一脚一步一步　　一堆一堆
一日一日　　两行两行　　三把三把

2. “量词＋打＋量词”格式

这是量词重叠中插入“打”表“每一”义。例如：

拳打拳　　行打行　　枪打枪　　碗打碗　　丘打丘

说“枪打枪未空枪”，意为“每枪都没有打空枪”；说“丘打丘田都种谷”，意为“每块田都种稻子”。

（三）特殊的数量结构

1. “数＋量＋崽［tsɔi³²⁵］”格式

这一格式表数量不多，数词可以是：“半”、“一”、“两”、“三”，一般强调主观认识。

适用于这一格式的量词可以是：“碗”、“杯”、“镬锅”、“甑”、“缸”、“瓮”、“车”、“盏小杯”。

值得注意的是，量词“壶”不能用于此格式中表量少义。

而其中“一＋量＋崽”式中的量词可重叠形成“一＋量＋量＋崽”式，

这时后者所表示的量比前者又更少。例如：

一碗碗崽　一杯杯崽　一镬镬崽　一甑甑崽
一缸缸崽　一瓮瓮崽　一车车崽　一盏盏崽

也可以在量词重叠的基础上省略"一"，例如：

碗碗崽　杯杯崽　镬镬崽　甑甑崽
缸缸崽　瓮瓮崽　车车崽　盏盏崽

2. "度量衡单位＋把［pa^{325}］（崽［$tsɔi^{325}$］）"格式

表一个单位左右的物量，有言其少量的意味，这时数词必定是"一"且已省略。例如：

双把（崽）鞋　升把（崽）米　箩把（崽）谷
担把（崽）谷　两把（崽）酒
斤把（崽）□［pi^{212}］肉　里把（崽）路

3. "大［$t'ai^{42}$］/细［sai^{44}］＋量词"格式

这种结构表示量词所指称事物的形体的大小，说"一大担谷"或"一细（小）担谷"，意即作量词的担子有大小区别。例如：

大担　大行　大伙　大杯　大堆
细担　细行　细伙　细杯　细堆

这一形式还可以构成"大大/细细＋量词"的格式，进一步强调量词形体的大小特征。例如：

大大担　大大行　大大伙　大大杯　大大堆
细细担　细细行　细细伙　细细杯　细细堆

基式"大/细＋量词"前可加"蛮［man^{212}］"以强调数量之多少、性状之强弱。例如：

蛮大只很大一只	蛮大行很大一根
蛮大伙很大一伙	蛮大杯很大一杯
蛮细只很小一只	蛮细行很小一根
蛮细伙很小一伙	蛮细杯很小一杯

也可加“呣［m̩^{212}］”表数量不多或不少、性状不强或不弱。例如：

呣大只不大一只	呣大行不大一根
呣大伙不大一伙	呣大杯不大一杯
呣细只不小一只	呣细行不小一根
呣细伙不小一伙	呣细杯不小一杯

基式“大/细+量词”还可以重叠，形成比较级。例如：

大只大只	大行大行	大堆大堆
大袋大袋	大口大口	大菜篮大菜篮
细只细只	细行细行	细堆细堆
细袋细袋	细口细口	

（四）数量词的使用

数词是“一”的时候，往往可以省略，只说量词就可以了。例如：

分倨把刀//分把刀倨。给我一把刀。

食碗饭。吃一碗饭。

走里路。走一里路。

数量词“一”后有零数时可以省略“一”：

佢还了倨斤半谷。他还了我一斤半谷子。

倨袋㖞还荷块六钱。我口袋里还有一块六角钱。

三　代词

（一）人称代词

太源畲话人称代词一览表

第一人称	单数	主格 领格	𠊎 [ŋɔi^{44}] 𠊎个 [ŋɔi^{44} kɛ^{0}]
	复数		𠊎多 [ŋɔi^{44}to^{44}] 𠊎多人 [ŋɔi^{44}to^{44}ȵin^{212}] 𠊎呢 [ŋɔi^{44}ȵi^{44}]
第二人称	单数	主格 领格	你 [ȵi^{44}] 你个 [ȵi^{44} kɛ^{0}]
	复数		你多 [ȵi^{44}to^{44}] 你多人 [ȵi^{44}to^{44}ȵin^{212}]
第三人称	单数	主格 领格	佢 [tɕiu^{44}] 佢个 [tɕiu^{44} kɛ^{0}]
	复数		佢多 [tɕiu^{44}to^{44}] 佢多人 [tɕiu^{44}to^{44}ȵin^{212}]
全　指			大家 [t‘ai^{42}ka^{44}]
自　指			自家 [ts‘i^{42}ka^{44}]
他　指			人家 [ȵin^{24} ka^{44}] 别人 [p‘iɛʔ^{2}ȵin^{212}]

1. 基本形式

单数：𠊎、你、佢

太源畲话中人称代词有读音类化的特点。三个人称“𠊎 [ŋɔi^{44}]”、“你 [ȵi^{44}]”、“佢 [tɕiu^{44}]”都读阴平调。

复数：第一人称“𠊎多”和“𠊎多人”表示包括说话人在内的多个人。第二人称“你多”和“你多人”表示包括听话人在内的多个人。第三人称“佢多”和“佢多人”表说话人和听话以外的多个人。

与“𠊎多”、“你多”、“佢多”相比较，“𠊎多人”、“你多人”、“佢多人”往往表示较多人数的复数。不多的两三个人，一般只说“𠊎多”、“你多”、“佢多”，如“你多两个人”、“你多两三个人”。“𠊎多人”、“你多人”、“佢多人”还带有与其他部分人群相区分的意味，常见用于对举的情况。例如：

佢多人呣好，还是你多人听讲。他们（那些人）不好，还是你们（这些人）听话。

第二人称复数、第三人称复数没有与第一人称相对应的“你呢［ȵi^44］”式和“佢呢［ȵi^44］”式。在语用过程中，第一人称复数“偓呢”会更多地用于表包括说话人和听话人在内的多个人，相当于普通话的“咱们”。例如：

偓多等诶好久，偓呢三个人一下去睇电影。我们等了好久，咱们三个人一块去看电影。

2. 人称代词作定语

做定语时，用于表示普通事物的名词之前一定要加表领属的助词“个［$k\varepsilon^0$］”，例如：

偓个钢笔　　佢多个钱　　你个书　　自家个事

用于表示人的名词和方位短语之前加不加“个”都行，以不加为常见，加了“个”有特别强调领属关系的意思。例如：

偓个舅爹我的舅舅　　偓个寮㖿我的家里

在这里，“偓个舅爹”即有了强调“舅爹”是“偓”的而非“你”的或其他人的；在“偓”的“寮㖿”而不是他人“寮㖿”。

3. “自家”

自指代词“自家”不确指某一人称，可以指某人或某物自身。例如：

偓/你/佢食自家（个）饭受自家管。我/你/他吃自己的饭自己做主。

自家赚到钱来自家用。自己赚钱自己花。

可在前加上人称代词来表示确指，如“偓自家”、“你自家”、“佢自家”、“ 偓多自家”、“你多自家”、“佢多自家”。

4. “人家”、“别人”

“人家”、“别人”都属于他指，指称说话人和听话人外的人，可以是单数也可以是复数，可以泛指也可以确指。例如：

人家/别人可以做好个事偓也可以做好。别人能做好的事我也能做好。

<u>人家</u>/<u>别人</u>个东西呣可以乱动。别人的东西不能乱动。

偓多要靠自家做，莫老望<u>人家</u>/<u>别人</u>。我们要靠自己劳动，不能总指望别人。

太源畲话中尚看不出“人家”、“别人”有明显的用法差异。

（二）指示代词

太源畲话中指示代词作近指、远指两分。近指代词以“该［kai³²⁵］”为区别性语素构成，远指代词以“唔［ŋ̍³²⁵］”为区别性语素构成。表近指的“该”与表远指的“唔”读音类化，读上声。

指示代词系列如下：

1. 指人或事物

近指：该个［kai³⁵kai⁴⁴］这个　　该多［kai³⁵ to⁴⁴］这些

远指：唔个［ŋ̍³⁵kai⁴⁴］那个　　唔多［ŋ̍³⁵to⁴⁴］那些

那多［nai⁴²to⁴⁴］那些

2. 指处所

近指：该落［kai³⁵ɔʔ⁴］这里

该嘚［kai³²⁵tɛ⁰］这里

该边［kai³⁵pan⁴⁴］这边

远指：唔落［ŋ̍³⁵lɔʔ⁴］那里

唔嘚［ŋ̍³²⁵tɛ⁰］那里

唔边［ŋ̍³⁵pan⁴⁴］那边

那落［nai⁴²lɔʔ⁴］那里

3. 指时间

近指：该阵［kai³⁵ ts‘en⁴²］这时

该时间［kai³⁵ sɿ²⁴ kan⁴⁴］这时

该一下［kai³⁵ iʔ⁴ xa⁴²］这一会

远指：唔阵［ŋ̍³⁵ts‘en⁴²］那时

唔时间［ŋ̍³⁵sɿ²⁴ kan⁴⁴］那时

唔一下［ŋ̍^{35}iʔ^{4} xa^{42}］那一会

4. 指情状

近指：该生［kai^{35} sɛn^{44}］这样

该样［kai^{35} iɔŋ^{42}］这样

远指：唔生［ŋ̍^{35}sɛn^{44}］那样

唔样［ŋ̍^{35} iɔŋ^{42}］那样

那生［nai^{42}sɛn^{44}］那样

太源畲话中还有几个以“那［nai^{42}］”为中心语素构成的指示代词：那多［nai^{42}to^{44}］、那落［nai^{42}lɔʔ^{4}］、那生［nai^{42}sɛn^{44}］。“那多”、“那落”、“那生”从其所表的指示语义看，可以作“那些”、“那里”、“那样”理解。例如可以说：

未是该多，是那多。不是这些，是那些。

未是该落，是那落。不是这里，是那里。

未是该生，是那生。不是这样，是那样。

可以与“该多”、“该落”、“该生”相对举，表明“那［nai^{42}］”的指示语义是远指。但在太源畲话中，实际语用过程中这样的对举表述在表远指时更倾向于使用“唔多”、“唔落”、“唔生”，表明“那［nai^{42}］”的远指语义弱于“唔［ŋ̍^{35}］”。这也许意味着太源畲话在更早期时指示代词有过三分（近指、较远指、最远指）的格局。

（三）疑问代词

太源畲话中疑问代词以“若［lɔʔ^{2}］”、“什［se^{4}ʔ］”、“几［tɕi^{325}］”、“样［iɔŋ^{42}］”为中心语素构成。疑问代词系列如下：

1. 问事物

问事物的疑问代词有“什个嘚［se^{4}kɛ^{0}tɛ^{325}］什么”。“什个嘚”有“什嘚［seʔ^{4}tɛ^{0}］”和“什个［seʔ^{4}kɛ^{0}］”的简略式。

作主语、宾语时，用“什个嘚”和“什嘚”。作宾语时，“什个嘚”与简略式“什嘚”相比较有着强调意味。例如：

街嘚什个（嘚）便宜？

你做什个嘚？你在做什么？——你做什嘚？你在做什么？

在这两句中，前一句的语气明显要重于后一句——“什个嘚”要重读，因而带有质问的意味。

在做定语时一般用简略式“什个”和“什嘚”。例如：

你寮新买个电视是什个/什嘚牌子？你家新买的电视是什么牌子的？

2. 问时间

问时间的疑问代词有“几时间［tɕi^{35} sɿ^{24} kan^{44}］”、“几久［tɕi^{35} tɕiu^{325}］”。其中“几时间”是问时点，“几久”是问时长。例如：

你几时间去河口？你什么时候去河口？

佢来诶几久啊？他来了多长时间了？

3. 问处所

疑问代词“若落［lɔʔ^{2}lɔʔ^{4}］”和“若嘚［lɔʔ^{4}tɛ^{0}］”问处所，表示“什么地方”。例如：

你到若落/若嘚去？你到哪里去？

4. 问指别

疑问代词“若个［lɔʔ^{2} kai^{42}］”指“哪个”，“若多［lɔʔ^{2} to^{44}］”是指“哪些”，对相关事物中需要指别的部分作出询问。例如：

若个鸡卵是好个？(这些鸡蛋中)哪个鸡蛋是好的？

若多柴要搬到寮檐下啊？(这些柴火中)哪些柴火需要搬到屋檐下？

5. 问人

问人的疑问代词有“若个［lɔʔ^{2} kai^{44}］”、“什个嘚人［se^{4} kɛ^{0} tɛ^{325} ȵin^{212}］”。“若个”由问指别发展为问人，“什个嘚人”由问事物的“什个嘚”加“人”构成。例如：

今朝若个去放牛?今天哪个(谁)去放牛?

路嘚走过来个是什个嘚人?路上走过来的是什么人(谁)?

“什个嘚人”与“若个”比还多一层问身份的意思，即“做什么的人”。

6. 问数量

问数量的疑问代词有“几多［$tɕi^{35}$ to^{44}］”及其简略式“几［$tɕi^{325}$］”。例如：

该个鱼几多钱一斤?这鱼多少钱一斤?

佢来诶几多/几日啊?他来了多少天了?

来诶几个人啊?来了几个人啊?

该个鸡荷几多重?这只鸡有多重?

7. 问程度

问程度的疑问代词有“几多［$tɕi^{35}$ to^{44}］”及其简略式“几［$tɕi^{325}$］”。例如：

该个东西荷几多/几贵啊?这东西有多贵?

该落去南昌荷几多/几远?这里去南昌有多远?

8. 问情状

问情状“怎样、怎么样”用“样生［$iɔŋ^{42}sɛn^{44}$］”表示。例如：

佢个人样生?他这个人怎样?

该个事样生讲?这件事怎样说?

9. 问原因

问原因“为什么”时用“做什个嘚［tso^{42} $seʔ^{4}kɛ^{0}$ $tɛ^{325}$］”表示，其中“个”在诘问语气明显的句子中常丢失而说成“做什嘚［tso^{42} $se^{4}tɛ^{325}$］”。例如：

昨日晡你做什（个）嘚唔来斫毛竹?昨天你为什么不来砍毛竹?

第四节　副词、介词、连词和结构助词

一　副　词

副词主要用来修饰动词、形容词等谓词，以说明动作行为或性质状态等所涉及的范围、时间、程度、频率以及肯定或否定的情况。

以下着重考察太源畲话中的程度副词和否定副词。

（一）程度副词

程度副词主要用来修饰形容词或心理活动动词、助动词以及某些动词性短语，表示程度的情况。

程度副词根据与所修饰的中心词语结合时的位置可以分前加和后附两类。

下面讨论几个太源畲话中有特点的程度副词的使用情况。

1. “蛮［man^{212}］”、“老［$lɑu^{325}$］”、“好［$xɑu^{325}$］”、“还［xan^{212}］”

太源畲话中作程度副词的“蛮”、“老”、“好”、“还”都表示程度高，大体相当于普通话的“很”。

“蛮”只用于前加，组合能力较强，能修饰形容词（形容词生动形式除外）和心理动词、能愿动词和一些动词短语以及方位词。例如：

蛮好	蛮闹热	蛮发狠$_{勤奋}$	蛮不出老$_{不显老}$
蛮解会	蛮想	蛮喜欢	蛮情愿
蛮顾家	蛮讲规矩	蛮看得起	蛮经得用
蛮讲得起话	蛮赚过呢㖞钱	蛮前	蛮前底$_{前面}$

“老”用于“大”、“高”、“长”、“远”、“深”、“重”等单音节形容词的前面，这些形容词表示体积或年纪、高度、长度、距离、深度、重量等方面数量大，前加“老”作修饰，在表示程度高之外，带有夸张的意味。例如：

老大个人$_{年纪很大的人}$　　　　路老远个$_{路很远的}$

“老”用于表示时间的早晚程度时，可以分别用在“早”和“晏$_{晚}$”的前面，说“老早”和“老晏”。例如：

渠日日老早去学堂，老晏才转来。他天天很早去学校，很晚才回来。

“老”用于这些形容词之前，还可以有重叠的“老老大”、“老老深”的说法，表示相对更高的程度。例如：

唔老老远个山坞若个去哦！那么很远很远的山旮旯谁去呀！

“好”作程度副词的例子如：

好高很高　　好煞火很厉害　　好看得起很看得起　　好喜欢食很喜欢吃

“还”作程度副词表示程度高，用于“好＋动”格式的形容词之前。例如：

还好食很好吃　　还好睇很好看　　还好听很好看　　还好嫽很好看

从组合能力和使用频率来看，“老”、“好”、“还”都不及“蛮”。

2. “很［xɛn³²⁵］”

“很”在太源畲话中也有和普通话一样的用法，例如说“很忙”、“很小气”，但“很”用于前加是受共同语影响的新兴说法。口语中“很”只用于后附，并且除了与普通话一样说“多得很”、“小气得很”以外，更常见的是直接附在形容词之后作补语，表示程度过分。例如：

倕该星期忙很啊。我这个星期忙得很。
渠小气很啊。他小气得很。
该细崽后生很啊。这孩子年轻得很。

比较太源畲话中的“很忙”和“忙很”，两者表义是有不同的。说“很忙”是对状态的描述，说“忙很”则在描述时兼作评价，带有对“忙”持不认可、不赞成的态度，即便是上述例子“后生很”中的“后生”本一般是表积极意义的也是如此。另外，“忙很”一般用于句末，后面需带“啊”，是一种已然的状态。

（二）否定副词

1. 呣［m̩²¹²］

"呣"是使用最广泛的否定副词，相当于普通话的"不"。例如：

> 俚呣晓得渠在若落。我不知道他在哪儿。
> 该个妹子呣高呣矮。这个姑娘不高不矮。

"呣使［m̩²¹² sɔi³²⁵］"、"呣得［m̩²¹² tɛʔ⁴］"表示劝阻，相当于普通话的"别"、"不要"、"不能"。例如：

> 寮㖞个事你呣使做。家里的事你别做。
> 事爱一桩桩㖞做，呣得抢快。事要一件件地做，不要抢快。

"呣"可以构成"呣消［m̩²¹² siɑu⁴⁴］"，表示客观上的不需要，相当于普通话的"不用"、"用不着"。例如：

> 菜自家种，呣消买㖞。菜自己种，不用买。

"呣"与"爱［ɔi⁴⁴］（要）"组合成"呣爱［m̩²¹² ɔi⁴⁴］"，相当于普通话的"不要"。"呣爱"或表示主观上不希望得到（"爱"是动词），或表示禁止、劝阻（"爱"是助动词），相当于普通话的"不要"。例如：

> 该个人呣爱钱。这人不要钱。
> 该个事呣爱做。这事情不要（别）做。

否定动词的"呣爱［m̩²¹² ɔi⁴⁴］"可以速读成合音词"□［mɔi⁴⁴］"，如说"该个事□［mɔi⁴⁴］做这事情不要（别）做"。

"呣"与能愿动词"解［xai⁴⁴］（会）"组合成"呣解［m̩²¹²xai⁴⁴］"，否定动词，表示客观上不可能实现某动作行为，相当于普通话的"不会"。例如：

天落水啊，佢呣解来呀。天下雨了，他不会来了。

“呣解［$m^{212}xai^{44}$］”可以速读成合音词“□［$muai^{44}$］”。

2. 未［$mɔi^{42}$］

普通话中的否定词“没有”有动词和副词两种用法。太源畲话中动词“没有”说“冇［$mɑu^{212}$］”，而用“未［$mɔi^{42}$］”作副词。“未”常用于对已然事物或动作的否定。例如：

倨寮唔冇摩托车。我家没有摩托车。

佢昨日晡夜唔未睇电视。他昨天晚上没有看电视。

值得注意的是，“未”还可以用在疑问句的句末而具有语气词的功能，表示对已然事物的询问，例如：

你食啊饭未？你吃了饭吗？

你去过上饶□［$ɔiʔ^{4}$］未？你去过上饶还是没有（去过）？

“未”用在疑问句句末，严格来说还不是真正的语气词。句子只是一种肯定否定供选择作答的疑问句的省略形式，即“你食啊饭未”实际上是由“你食啊饭未食啊饭”省略而成，“未”由于后面不再带后附成分且处于句末，便有了虚化为语气词的演变。（参见本章第五节“句法结构”“一句式”。）

“未［$mɔi^{42}$］”与前述“呣爱［m^{212} $ɔi^{44}$］”的合音形式“□［$mɔi^{44}$］”音近（仅有声调的差异，太源畲话中本有相当一批古去声字读阴平），并且都用于否定动词，两者在语用中有发生混淆的可能，故需注意其区别。例如：

［$mɔi^{42}$］食饭——［$mɔi^{44}$］食饭

前是“没有吃饭”，后是“不要（别）吃饭”。

3. “莫［$mɔʔ^{2}$］”

作否定词的“莫”用法与“唔使”、“唔得”相当，有所不同的是“莫”一般用于独词祈使句中表否定。例如：

莫去，就在倕寮嘚住。别走了，住在我家里吧。

（打断他人的话）莫话！莫话嘞！别说！别说了！

（三）其他副词

1. “正［tsɑŋ⁴⁴］”和“正正［tsɑŋ⁴⁴tsɑŋ⁴⁴］”

太源畲话中，“正”和“正正”是时间副词，用于动词之前表示事情或动作在不久前发生，相当于普通话的“刚”、“刚才”。例如：

倕正食诶两个大粽，食唔落该大碗饭。我刚吃了两个大粽子，吃不下这么大一碗饭。

倕从河口来正正下车。我从河口来刚刚下车。

“正正”应是由“正”重叠构成，“正正”的语义和功能与“正”基本一致。但“正”还有一种用法不为“正正”所有，即“正”还相当于普通话的“才”，表示事情发生得晚或结束得晚。例如：

倕爹是九三年正死。我爹是九三年才死。

倕寮嘚到九〇年上半年正分开。我家到九〇上半年才分开（家）。

因此太源畲话中有些用“正”作时间副词的句子究竟是表示“刚”还是表示“才”，需要依赖语境才能确定。例如：

佢寄来个书倕今朝正收到。他寄来的书我今天（刚？/才？）收到。

如果说“佢上个星期寄来个书”，按一般的邮递速度理解是有点晚，应该是“才”；如果说“佢昨日寄来个书”，显然不晚，故只能作“刚”理解了。

2. “纳［naʔ²］”和“交［kɑu⁴⁴］”

“纳”是范围副词，相当于普通话中的“只”，表示限于某个范围。例如：

倕袋嘚纳荷十块钱，未够买车票。我口袋里只有十块钱，不够买票。

芒种栽禾，纳够养鸡嫲。到芒种插秧，（收获的稻子）只够喂母鸡。

“交”作范围副词，表示周遍意义，相当于普通话中的“遍”，只用于动词之后。例如：

偓寻交了街嘚个店，都未买到你讲个唔本书。我找遍了街上的店铺，都没有买到你说的那本书。

分东西爱分交，未分交得人恼。分东西要分遍，没有分遍惹人责怪。

二 介词和连词

介词置于名词、名词性的代词和某些短语前面与之组成介词短语，用以修饰动词、形容词等谓词。连词用于连接词（短语）或句子。下面讨论几个太源畲话中有特点的介词、连词的使用情况。

（一）“分［puen44］”

“分”作介词，兼表示被动和处置。介词通常由动词分化发展而来的，因而与动词有着密切的关系。介词“分”也由动词发展而来。“分”作动词，本意为“分合”之“分”，由此引申为表示“给予”。例如：

一寮分开四寮。一家分开成四家。

佢分诶一本书偓。他给了我一本书。

表“给予”的“分”也可用在动词后面。例如：

该本书送分你。这本书送给你。

莫急，偓讲分你听。不要着急，我讲给你听。

“送分”、“讲分”中的“分”有分析为介词和分析为助词的不同看法，表明其还有一定的表示“给予”的实义而介词的虚化程度还不很彻底。只是在以下句子中“分”才可以确定为介词。例如：

佢分狗啮伤啊一个脚。他被狗咬伤了一只脚。

偓分佢打诶一拳。我被他打了一拳。

“分狗啮伤”、“分佢打”中的“分”属于表示被动的介词，在被动句中引进动作的施动者，相当于普通话中的“被”。被动介词“分”表示被动的语义应系由“给予”义引申而来。

太源畲话中作介词的“分”还用于表示“处置”语义。例如：

佢分茶碗打耗啊。他把茶碗打掉了。

妹在寮内分门金。妹在屋里把门关。(歌词)

“分茶碗打耗”、“分门金”中的“分”显然属于表示处置的介词，引介出接受动作的对象，表示其受到动作的影响而产生某种结果或状态，相当于普通话中的“把”。处置介词“分”表示处置的语义也是由“给予”义引申出来的，即动作主体“给予”(施加)动作给动作的对象。

由同一个“给予”语义向不同方向引申的结果是使太源畲话中“分”作介词的句子有可能形成一个具有两种语义对立的歧义句。例如：

老二分老大打死啊。老二被老大打死了。//老二把老大打死了。

这类歧义句的构成条件是“分”前后的两个涉动名词都具有生命力并能实施句中动词所表示的动作。(参见本章第五节“句法结构”“一　句式”)

(二)“着［tʃɔʔ4］”、“得［tɛʔ4］”

“着［tʃɔʔ4］”和“得［tɛʔ4］”都是表示被动的介词。

该个鸡着 佢拿脚缚起来啊。这只鸡被我把脚绑起来了。

唔样事得 佢晓得啊。那件事被他知道了。

“着”表示被动的语义是由“着”的“穿着”义(如“着衫穿衣服”)引申出来的，即“被接受”(遭受)动作主体的动作。“着”在构词中也有表示“遭受”语义的，如“着吓受惊”、“着累受累”。这种表示“遭受”的语义使“着”在构造句子时发展成为被动介词。

“得”表示被动的语义则是由“得”的“获得”义(如“得空有了空闲”)引申出来的，也是“被获得”(遭受)动作主体的动作。

太源畲话中“分”、“着”、“得”三个被动介词在语用中是可以互换使用的。

不过从使用频率来看，“分”是最常用的。

太源畲话中的被动介词还有“等［tɛn325］”、“让［ȵiɔŋ325］”两个。不过这两个介词应该是受本地赣语铅山话的影响的结果。从词源来看，只有“分”才是太源畲话的固有词语，“等”、“让”以及“得”都是借贷词语。“着”的性质则还需做深入一步的考察。

（三）“拿［nan44］”

介词“拿”也由动词发展而来。作动词的“拿”表示“拿持”，并由“拿持”义引申出表示“给予”的语义。例如：

拿分侹一本书侹。拿给我一本书。

拿本书侹。给我一本书。

“拿分侹一本书”中，“拿”主要还是表示“拿持”，“拿本书侹”中，“拿”则已经表示“给予”了。

由表示“给予”再进一步发展，就是表示被动了。例如：

该个鸡着 侹拿脚缚起来啊。这只鸡被我把脚绑起来了。

唔样事嗂使拿佢晓得。那件事别让他知道。

“拿”作介词除了表示被动以外，还可以用来表示对象和依据。表示对象的，相当于普通话的“用”和“跟”；表示依据的，相当于普通话的“依”、“按”。例如：

拿苦个时间打比为今日子好很诶。跟苦的时候对比现在的日子太好了。

该样衫是拿好料子做个。这件衣服是用好料子做的。

拿侹讲你书还是爱读个。依我说你书还是要读的。

（四）摎①［lɛu212］

“摎”相当于普通话的“和、跟、同、与”，首先作连词，连接名词性成分。例如：

① 《广韵》《集韵》“力求切”下：“摎，束也，捋也。”又《集韵》“力交切”下：“物相交也”。可作为本字以之记词。

倕摎你两个人我和你两个人

以前山场主要靠该个油茶摎该个竹。以前山林主要靠这个油茶和这个毛竹。

“摎”从连词用法中进一步发展出作介词的用法。例如：

佢摎倕多一下食饭。他和我们一块吃饭。

□［nan⁴⁴］头你摎倕到河口去。明天你和/跟我去河口。

以上两句的“摎”可以作连词理解，但已经在向介词演变，即句中动词在语义上着重指向“摎”之前的名词。

族长拿该行棍拿出来摎崽孙讲。族长把这根棍子拿出来跟子孙讲。

置于上句则只能作介词理解了，即句中动词只能是句首名词的动作，介词及其后面的名词作动词的状语。这里作介词的“摎”引介的是动词的对象，可以相当于说“对”，“摎崽孙讲”即“对子孙讲”。

“摎”也因引介对象而有“向……”之意，例如：

佢摎倕借钱。他向我借钱。

“摎”也可以表示“给……”、“替……”，例如：

倕摎村嘚又做耗几年会计。我给村里又做了几年会计。

你摎倕带一封信去唔边。你替我带一封信去那边。

有时表示“给”的“摎”也是用动词之后，构成一个“给予句”。例如：

拿山多个啰分摎该个冇山个人。把山多的分给这个没有山的人。

三　结构助词

结构助词附着在其他语言单位前后组成某种结构。它的特征在于附着性很强，一般读轻声。太源畲话中的结构助词从与所附中心成分的关系上看可以分为三类。

（一）定语标志

太源畲话中与普通话的“的”相当、用作定语标志的是“个［$k\varepsilon^{0}$］”。“个”作助词用在定语和中心语之间。例如：

倨个书我的书　　　　齐整个妹崽漂亮的女孩
太源出个纸太源出产的纸

也可构成“个”字短语，整个短语相当于一个名词。例如：

倨个我的(东西)　　　　使个用的(东西)
倨昨日买个我昨天买的(东西)　　　　别人送个人家送的(东西)

“个”还可以用于动词与宾语之间以强调动作的主语、时间、地点、方式等。例如：

倨多在河口食个昼饭。我们在河口吃的午饭。
头回是若个请个客啊?上次是谁请的客啊?

（二）状语标志

太源畲话中，形容词作状语，状语与中心语之间的结构标志一半情况下多呈零形式。例如说：“慢慢行慢慢走”、“快呢嘚去快点儿去”。

一些单音节形容词重叠作状语，所带的后附成分“嘚［$t\varepsilon^{325}$］”具有状语标志的性质。少数双音节形容词作状语时也有带“嘚”的说法。例如：

a. 乖乖嘚去乖乖地去　　　　慢慢嘚走慢慢地走
　轻轻嘚摸轻轻地摸　　　　好好嘚读好好得读
b. 大胆嘚讲大胆地说　　　　发狠嘚做勤快地做

带“嘚”的状语有突出描摹动作状态的意味，可以比较“慢慢嘚行”与“慢慢行”：

慢慢行，过日再来嫽。慢走，改日再来玩。

天落水啊，路嘚慢慢嘚行。天下雨了，路上慢慢地走。

前句“慢慢行”只是一种礼貌用语，后句“慢慢嘚行”是着意的交代提醒。

注意作状语标志的“嘚［$tɛ^{325}$］”读的是重音，与“（快）呢嘚点儿（去）”和“路嘚路上”中作后缀成分的“嘚［$tɛ^{0}$］”（读轻声）有语音差异。

（三）补语标志

太源畲话中，表情状的补语常带补语标志“得［$tɛʔ^{0}$］”。“得”作结构助词的用法与普通话基本相同。例如：

大得快长得快　　话得好听说得好听

老得牙齿都跌耗啊。老得牙齿都掉光了。

第五节　句法结构

句法是组词造句的规则，包括句子（词组）的构成、句子成分和句子类型等内容。本节考察太源畲话中句法结构的主要特点，对相关句式和语序方面的一些情况作概要分析。

一　句式

句式是句子的类型格式。以下考察太源畲话中的处置句、被动句、双宾句、比较句和疑问句等几种主要句式的结构特点。

（一）处置句

处置句的所谓处置，是指动作的接受者（处置对象，即受事）受到动作的影响而产生某种结果或状态。

太源畲话表示句子所要表达的处置语义有两种方法。一种是使用动宾结构把处置对象置于宾语位置，或把处置对象置于句首充当受事主语，如：

（1）$ȵi^{44}$ $seʔ^{2}$ a^{0} kai^{35} kai^{44} li^{35} $tsɔi^{325}$！

你食啊该个梨崽！你吃了这个梨子！

（2）kai^{35}iɔŋ^{42} sɿ^{42} lɑu^{35} t‘ai^{42} kɑu^{42} ɕiɛn^{42} ɛ^{0} lɑu^{35} ȵi^{42}。

该样事老大告现诶老二。这件事老大告诉了老二。

另一种方法是用介词引出处置对象，构成“介词＋处置对象＋动词”的句式来表示。一般所谓处置句，即指这类用介词把动作的受事提到动词之前的句子。太源畲话中的处置句与普通话中“把＋处置对象＋动词”的“把”字句形式基本一致，差别在所用介词不同。例如：

（3）ts‘uʔ^{4} tʃɔŋ^{325} nan^{44} kai^{35} xɑŋ^{212} kuen^{42} nan^{44} tʃ‘ueʔ^{4} lɔi^{212} lɛu^{212} tsɔi^{35}suen^{44} kɔŋ^{325}。

族长拿该行棍拿出来摎崽孙讲。族长把这根棍子拿出来对子孙讲。

（4）ɕiai^{44} ȵi^{44} tɛ^{0} nan^{44} ʨiu^{44} ts‘ɑŋ^{325} lɔi^{212}！

快呢嘚拿佢请来！赶快把他请来！

（5）ʨiu^{44} puen^{44} ts‘a^{24} vʌn^{325} tɑŋ^{325} xɑu^{44} a^{0}。

佢分茶碗打耗啊。他把茶碗打掉了。

（6）mɔi^{42} ts‘ɔi^{44} lɑu^{24} nɔi^{42} puen^{44} muen^{24} ʨin^{44}。

妹在寮内分门金。妹在屋里把门关。（歌词）

太源畲话处置句引介处置对象的介词有“拿［nan^{44}］”、“分［puen^{44}］”两个。“拿”的动词义是“拿、持”（见例句03中后一个“拿”），“分”的动词义是“给予”（如说“拿钱分倕把钱给我”）。作介词的“拿”、“分”所表语义由动词实义虚化而来。

值得注意的是太源畲话引介处置对象的“拿”可以有直接加在动词之前的说法，从而使得“拿”有了助词的性质。例如：

（7）san^{44}lin^{212} ŋʌn^{24} san^{44} sɿ^{42} ts‘iʔ^{2} t‘i^{325} kɛ^{0}，tɑŋ^{35} pɔi^{44} iu^{42}nan^{44} san^{42} a^{0}。

山林原先是集体个，打背又拿散啊。山林原来是集体的，后来又把（山林）解散了。

（二）被动句

被动句是主语为受事的句子。前述例句（02）“该样事老大告现诶老二”表示了主语的被动语义，但一般不认为这属于句式上的被动句。被动句的语法标志是句中有引介动作施事（施事可以隐去，但一般能补出）的被动词。太源畲话中被动句式比较单一，即只有“受事＋被动词＋施事＋动词”的格式，没有普通话中的隐去施事的“受事＋被动词＋动词”的格式。被动句所使用的被动介词则有“分［puen^{44}］”、“着［tʃɔʔ^{4}］”、“得［tɛʔ^{4}］”三个。例如：

（8）tɕiu^{44} puen^{44} kɑu^{325} ȵiɛʔ^{2} ʃɔŋ^{44} a^{0} iʔ^{4} kai^{44} tɕiɔʔ^{4}。

佢分狗啮伤啊一个脚。他被狗咬伤了一只脚。

（9）ŋi^{44} puen^{44} tɕiu^{44} tɑŋ^{325} a^{0} iʔ^{4} tʃ‘uʌn^{212}。

侹分佢打了一拳。我被他打了一拳。

（10）kai^{44} iɔŋ^{42} sɿ^{42} tʃɔʔ^{4} tɕiu^{44} sɑu^{325} tɛʔ^{0} a^{0}。

该样事着佢晓得啊。这件事被他知道了。

（11）tɕiu^{44} kɛ^{0} ɕy^{44} tʃɔʔ^{4} ŋɔi^{44} nan^{44} lɔi^{212} a^{0}。

佢个书着侹拿来啊。他的书被我拿来了。

（12）tɕiu^{44} kɛ^{0} san^{44} tɛʔ^{4} ȵin^{212} sɿ^{44} lʌn^{42} a^{0}。

佢个衫得人撕烂啊。他的衣服被人撕破了。

（13）kai^{44} iɔŋ^{42} sɿ^{42} m̩^{212} si^{325} tɛʔ^{4} tɕiu^{44} sɑu^{325} tɛʔ^{0} a^{0}。

该样事唔使得佢晓得。这件事别让他知道。

太源畲话中，介词“分”可以在处置句中引出处置对象，也可以在被动句中引介动作施事，因此有一类句子就成为包含着“处置”和“被动”两种语义的“歧义句”。

（14）kɑu^{325} puen^{44} p‘ʌn^{42} tsen^{42} tɑŋ^{325} xʌn^{44} a^{0}。

狗分饭甑打翻啊。狗把饭甑打翻了。

（15）p‘ʌn^{42} tsen^{42} puen^{44} kɑu^{325} tɑŋ^{325} xʌn^{44} a^{0}。

饭甑分狗打翻啊。饭甑被狗打翻了。

（16）lɑu^{35} t‘ai^{42} puen^{44} lɑu^{35} ȵi^{42} tɑŋ^{325} ʃɔŋ^{44} a^{0}。

老大分老二打伤啊。老大把老二打伤了。// 老大被老二打伤了。

“分”之所以能兼表示处置语义和被动语义于一身，显然与“分”表示“给予”的动词义有关。语言中的“给予”义动词，有虚化为表示处置和表示被动的两个不同演变方向。太源畲话的"分"恰恰同时兼有两个不同方向的虚化结果。

当然从实际语用情况来看，这种歧义一般并不影响交际，因为依赖语境将使多数句子语义得到确定，如例句（14）、（15）。同时为了避免产生歧义，还可以在句式选择上作出调整。如例句（16）可以说"老大打伤啊老二"、"老二着老大打伤啊"以明确"老二"作为处置对象的句义。

太源畲话中作介词的"着"和"得"只引介施事。

（三）双宾句

双宾句指谓语动词后面有两个宾语的句子。表示给某人以某物的"给予"义是双宾句的最主要的语义类别。太源畲话中的给予动词是"分[puen^{44}]"，表给予的"分"显然由"分合"之"分"引申而来。太源畲话中表给予的双宾句中，除给予动词外，直接宾语（表物）和间接宾语（表人）的位置与普通话也有不同。例如：

（17）ʨiu^{44} puen^{44} ɛ^{0} iʔ^{4} puen^{325} ɕy^{44} ŋɔi^{44}。

佢分诶一本书偓。他给了我一本书。

（18）ʨiu^{44} puen^{44} ɛ^{0} liɔŋ^{35} tʃuen^{44} tʃueʔ^{4} ŋɔi^{44}，ŋɔi^{44} tɔŋ^{44} miɛn^{42} ts'iu^{42} puen^{44} ɛ^{0} ʨiu^{44} ts'an^{212}。

佢分诶两斤橘偓，偓当面就分诶钱佢。他给了我两斤橘子，我当面就给了他钱。

在例句中（17）、（18）中，直接宾语"一本书"、"两斤橘"、"钱"在前而间接宾语"偓"、"佢"在后。

（19）nan^{44} puen^{325} ɕy^{44} puen^{44} ŋɔi^{44}！

拿本书分偓！给我一本书！

例句（19）也是太源畲话的表给予的一种常见句式，不过这已经不是双宾句了。句中的"拿"还有较实在的动作义，句子可以视为连动句。由于句中语义重点在表给予，"拿"也有了向表示处置语义演变的趋势。

（四）比较句

比较句指表示比较的句子。比较句分同级比较和差级比较两类。

比较甲、乙两事物是否相等叫同级比较。太源畲话中的同级比较句有与普通话基本相同的"甲 + 摎/跟 + 乙 + 一样 + 比较项"的句式。例如：

（20）t‘ai^{44} lɛu^{212} ko^{44} iʔ^{4} iɔŋ^{42} kɑu^{44}。

弟摎哥一样高。哥哥和弟弟一般高。

甲、乙两事物相比较，甲超过或不如乙叫差级比较。太源畲话中差级比较有多种句式。表“甲超过乙”的差级比较句有：

（21）kai^{35} kai^{44} pi^{325} ŋ̍^{35} kai^{44} xɑu^{325}。

该个比唔个好。这个比那个好。（甲＋比＋乙＋比较项）

（22）kai^{325} kai^{44} xɑu^{325} sɿ^{42}/ ku^{42}ŋ̍^{325} kai^{44}。

该个好似/过唔个。这个比那个好。（甲＋比较项＋似/过＋乙）

（23）t‘ai^{44} pi^{325} ko^{44} k‘ɑu^{42} kɑu^{44}。

弟比哥较高。弟弟比哥哥更高。（甲＋比＋乙＋较＋比较项）

太源畲话中表“甲不如乙”的差级比较句也有几种句式：

（24）ŋ̍^{35} kai^{44} mɑu^{325} kai^{35} kai^{44} xɑu^{325}。

唔个冇该个好。那个没这个好。（甲＋冇＋乙＋比较项）

（25）ŋ̍^{35} kai^{44} pi^{325} m̩^{212}ku^{42}/ʃɔŋ^{44} kai^{35} kai^{44} xɑu^{325}。

唔个比呣过/上该个好。（甲＋比呣过/上＋乙＋比较项）

（26）ŋɔi^{44} pi^{325} tɕiu^{44} m̩^{212}ku^{42}。

俚比佢呣过。（甲＋比＋乙＋呣过）

（27）ŋɔi^{44} lɛu^{212} tɕiu^{44}pi^{325} m̩^{212}tɛʔ^{4}。

俚摎佢比呣得。（甲＋摎/跟＋乙＋比呣得）

（五）疑问句

太源畲话疑问句的类型和构成与普通话基本相同，有是非问、特指问、选择问三种疑问句式。

1. 是非问句

是非问句是可以用“是”或“不是”、“有”或“没有”以及动词的肯定式或否定式等作简单的肯定或否定回答的疑问句。

（28）——tɕin^{44}tsɛu^{44} sɿ^{42} sin^{44}tɕ‘i^{24} ȵiʔ^{2} pɛ^{0}？——sɿ^{42}// m̩^{212} sɿ^{42}。

——今朝是星期日呗？今天是星期日吗？——是//呣是。是//不是。

(29) ——ȵi^{44}xo^{44} ts‘an^{212} pɛ^{0}？——xo^{44}//mɑu^{212}。

——你荷钱呗？你有钱吗？——荷//冇。有//没有。

(30) ——tɕiu^{44}lɔi^{212} ia^{0} pɛ^{0}？——sɿ^{42} ɛ^{0}，lɔi^{212} ia^{0}//mɔi^{42} lɔi^{212}。

——佢来呀呗？他来了吗？——是诶，来呀//未来。是的，来了//没有来。

(31) ——kai^{35} iɔŋ^{42} sɿ^{42}tɕiu^{44}sɑu^{35} tɛʔ^{0} pɛ^{0}？——sɿ^{42} ɛ^{0}，sɑu^{35} tɛʔ^{0}//mɔi^{42} sɑu^{35} tɛʔ^{0}。

——该样事佢晓得呗？这件事他知道吗？——是诶，晓得//未晓得。是的，知道//不知道。

太源畲话中是非问句句末一般都带疑问语气词“呗［pɛ^{0}］”。

2. 特指问句

特指问句是用疑问代词指明疑点的疑问句，要求用具体的词语就疑点作出回答。太源畲话的各个疑问代词都可以用来发问。例如：

(32) ——tɕin^{44}tsɛu^{44} lɔi^{212} kɛ^{0}sɿ^{42}lɔʔ^{2}kai^{44}？——lɑu^{35} vɔŋ^{212}。

——今朝来个是若个？今天来的是谁？——老王。

(33) ——liɔŋ^{35}kai^{44}li^{24}tsɔi^{325} ȵi^{44}ɔi^{44}lɔʔ^{2}kai^{44}？——sai^{44} kɛ^{0}。

——两个梨崽你爱若个？两个梨子你要哪个？——细个。小的。

(34) ——ȵi^{44} ɕiu^{42} lɔʔ^{2} lɔʔ^{4} a^{0}？——xo^{24} k‘ɛu^{325}。

——你去若落啊？你上哪儿去？——河口。

(35) ——ȵi^{44} ts‘ɔi^{44}tso^{42} sɛʔ^{4} kɛ^{0}？——k‘ʌn^{42} ɕy^{44}。

——你在做什个？你在干什么？——看书。

(36) ——kai^{35} kai^{44} tuŋ^{44} si^{44} xo^{44} tɕi^{35} tʃ‘uŋ^{42}？——san^{44} tʃuen^{44}。

——该个东西荷几重？这个东西有多重呢？——三斤。

(37) ——ȵi^{44} lɔi^{212} a^{0}tɕi^{35} to^{44}tɕiu^{325}？——xɑu^{35}tɕiu^{325}。

——你来啊几多久？你来了多久？——好久。

(38) ——ȵi^{44} lɑu^{212} tɛ^{0} t‘ai^{42} sai^{44} tɔi^{42} ȵi^{44} iɔŋ^{42} sɛn^{44}？——man^{24} xɑu^{325}。

——你寮嘚大细对你样生？你家里大小对你怎样？——蛮好。

(39) ——tɕiu^{44} kɔŋ^{325} ts‘iu^{42} xɑŋ^{212}，iɔŋ^{42} sɛn^{44} tɛn^{35} ɛ^{0} pʌn^{42} tsɛu^{42} tu^{44} mɑu^{212} ɕiu^{42}？——mɑu^{24} k‘uŋ^{42}。

——佢讲就行，样生等诶半昼都冇去？他说就走，怎么等了半天还没去呢？——冇空。没有时间。

3. 选择问句

选择问句是并列若干项目让听话者选择一项作答的疑问句。太源畲话中的选择问句有三种句式。

(40) ——ȵi^{44} sɿ^{42} seʔ^{2} ian^{44} nɛ^{0} xan^{24} sɿ^{42} seʔ^{4} ts‘a^{212}？——seʔ^{2} ian^{44}。

——你是食烟呢还是食茶？你是抽烟呢还是喝茶？——食烟。抽烟。

(41) ——ts‘o^{44} tɑu^{0} seʔ^{2} xɑu^{325} xan^{24} sɿ^{42} tɕ‘i^{44} tɑu^{0} seʔ^{2} xɑu^{325}？——tɕ‘i^{44} tɑu^{0} seʔ^{2} xɑu^{325}。

——坐到食好还是徛到食好？坐着吃好还是站着吃好？——徛到食好。站着吃好。

(42) ——sɿ^{42}ȵi^{44} to^{44} ɕiu^{44} xan^{24} sɿ^{42}ŋɔi^{44} to^{44} ɕiu^{44}？xan^{24} sɿ^{42}t‘ai^{42} ka^{44} iʔ^{4} xa^{42} ɕiu^{44}？——t‘ai^{42} ka^{44} iʔ^{4} xa^{42} ɕiu^{44}。

——是你多去还是偓多去？还是大家一下去？是你们去还是我们去？还是大家一块去？——大家一下去。大家一块去。

例句（40）—（42）的句子格式是“A＋还是＋B（＋还是＋C）”，并列选项可以超过两项。

(43) ——xan^{212} xo^{44} p‘ʌn^{42} mɑu^{212} p‘ʌn^{42}？——mɑu^{212} p‘ʌn^{42}ɛ^{0}。

——还荷饭冇饭？还有没有饭？——冇饭诶。没有饭了。

(44) ——kai^{325} kai^{42} tuŋ^{44} si^{44} seʔ^{2} tɛʔ^{4} seʔ^{2} m̩^{212} tɛʔ^{4}？——seʔ^{2} tɛʔ^{4}。

——该个东西食得食呣得？这个东西吃得吃不得？——食得。吃得(可以吃)。

(45) ——ȵi^{44} sɑu^{325} tɛʔ^{0}/ sɑu^{325} m̩^{212} sɑu^{325} tɛʔ^{0}？——m̩^{212} sɑu^{325} tɛʔ^{0}。

——你晓得/晓呣晓得？你知不知道？——呣晓得。不知道。

例句（43）—（45）的句子格式是“A＋-A”，并列选项只限两项，且两项为一正一反①，两项之间可以不用连词连接。

（46）——ȵi^{44} ɕiu^{44} ku^{42} ʃɔŋ^{44} iɛu^{212} ɔiʔ^{4} mɔi^{42}？——mɔi^{42}ɕiu^{44} ku^{42}。

——你去过上饶□未？你去过上饶没有？——未去过。没有去过。

（47）——ȵi^{44} xan^{212} tɕi^{42} tɛʔ^{0} ɔiʔ^{4} mɔi^{42}？——tɕi^{42} tɛʔ^{0}。

——你还记得□未？你还记不记得？——记得。

（48）——kai^{35} to^{35} xa^{44} ɕiɔŋ^{44} tɛʔ^{0} xɛn^{325} sɿ^{42} ɔiʔ^{4} mɔi^{42}？——sɿ^{42}（ɕiɔŋ^{44} tɛʔ^{0}xɛn^{325}）。

——该朵花香得很是□未？这朵花香得很是不是？——是（香得很）。

（49）——seʔ^{2} ɛ^{0} p‘ʌn^{42} ɕiu^{42} xɑu^{325} ɔiʔ^{4} mɔi^{42}？——m̩^{212} xɑu^{325}。

——食诶饭去好□未？吃了饭再去好不好？——嘸好。不好。

例句（46）——（49）的句子格式是“A＋□［ɔiʔ^{4}］＋未［mɔi^{42}］”，并列两个选项：肯定的“A”和否定的“未［mɔi^{42}］（＋A）”（后项中的A隐去），“□［ɔiʔ^{4}］”是连词，作用相当于“还是”。

例句（46）、（47）中的“A”都是已然的行为现象，故句式不适用于对未然的发问，如不能说：

（50）——＊ȵi^{44} tɕin^{44} tsɛu^{44} ɕiu^{44} ʃɔŋ^{44} iɛu^{212} ɔiʔ^{4} mɔi^{42}？——m̩^{212}ɕiu^{44}。

——＊你今朝去上饶□未？你今天去上饶不去？——嘸去。不去。

例句（50）作否定回答只能用“嘸$_{不}$”而不能用“没有”，故说法不成立。

例句（48）、（49）是对性状的发问，其否定回答虽然也用“嘸$_{不}$”，但句子还是说得通，表明这种句末的“……□［ɔiʔ^{4}］未”已经有凝合为句末疑问语气词的意味，只是尚未彻底虚化，还有如例（50）这样的不适用于对未然现象发问的情况。

就太源畲话的情况看，一些既适合作是非问又适合作选择问的疑问表

① 有一种看法把这些疑问句归为一类，称“正反问句”或“反复问句”。

达，往往更多地使用“A + □ [ɔiʔ^{4}] + 未 [mɔi^{42}]”的句式。如前例句(31)“佢来呀呗？他来了吗？”发问者更倾向于说成“佢来呀□ [ɔiʔ^{4}]未？他来了还是没有(来)？”

二　语序

语序是指语言成分在组合时的位置顺序。太源畲话中语序方面的特点主要是状语后置以及某些动词性短语中补语和宾语的位置与普通话有所差异。

（一）状语后置

所谓状语后置是相比较普通话而言的，即有些在普通话中通常作状语的成分在太源畲话中置于谓语动词之后作补语，起补充说明的作用。情况有以下几种。

1. 表时间先后和表方位的成分后置

太源畲话中表时间在先的时间词“起 [ɕi^{325}]”不用于动词之前而用于动词之后，例如：

(50) ŋɔi^{44} xɑŋ^{212} ɕi^{325}，ȵi^{44}tɛn^{325} xa^{0}lɔi^{212}。

侹行起，你等下来。我先走，你待会儿来。

(51) ȵi^{44} to^{44} tsʻɔi^{44}kai^{35} lɔʔ^{2}tsʻo^{44} xa^{0}ɕi^{325}，tɛn^{325} xa^{0}ȵin^{24}lɔi^{24} tɕʻi^{212}ɛ^{0} tʻai^{42} ka^{44} iʔ^{4} xa^{42} ɕiu^{44}。

你多在该落坐下起，等下人来齐诶大家一起去。你们在这里先坐一会儿，待会儿人来齐了大家一块去。

太源畲话中，“侹行起”与“侹先行”是语义同值的两种句式。它们还可以同时使用构成糅合式，说“侹先行起”。

方位词“前头 [tsʻan^{24} tʻɛu^{212}]”、“屎背 [sɿ^{325} pɔi^{42}]”常在用动词之后作补语，例如：

(50) ŋɔi^{44} xɑŋ^{212} tsʻan^{24} tʻɛu^{212}，ȵi^{44}xɑŋ^{212}sɿ^{325} pɔi^{42}。

侹行前头，你行屎背。我在前面走，你在后面走。

2. 表加量、减量的成分的后置

太源畲话中，表示数量增减的“多 [to^{44}]”、“少 [sɛu^{325}]”也常用于动词之后补语位置上。例如：

(51) ȵin^{44}tsɛu^{4} t‘an^{44}laŋ^{44}。ȵi^{44}tʃɔʔ^{4} to^{44}liɔŋ^{35}iɔŋ^{42} san^{44}。

今朝天冷，你着多两样衫。今天天冷，你多穿两件衣服。

(52) seʔ^{2}an^{42}ɔi^{44}seʔ^{2} sɛu^{325}ȵi^{44} tɛ^{0}。

食晏爱食少呢嘚。吃晚饭要少吃点儿。

表示加量的“凑［ts‘ɛu^{42}］”在太源畲话中是必须用于句末的。例如：

(53) mɔi^{42}seʔ^{2} pau^{323}，seʔ^{2}（iʔ^{4}）vʌn^{325}ts‘ɛu^{42}。

未食饱，食（一）碗凑。没吃饱，再吃一碗。

(54) mɔi^{42} tau^{42}ʃɔŋ^{44}k‘o^{42} sɿ^{24}kan^{44}，lau^{325}（iʔ^{4}）xa^{0}t‘ɛu^{42}。

未到上课时间，嫽（一）下凑。没到上课时间，再玩一会儿。

例句（53）、（54）还可以糅合“凑”和“再［tsai^{42}］”构成“再……凑”格式，说“再吃（一）碗凑”、“再坐（一）下凑”。

3. 表程度过分的“很”作补语

“很［xɛn^{325}］”在太源畲话中的主要用法是直接附于形容词之后作补语，表示程度过分。例如：

(55) tɕiu^{44}kai^{35} liɔŋ^{35}kai^{44}mɔŋ^{24}xɛn^{325} ɛ^{0}。

佢该两个月忙很诶。他这两个月太忙了。

(56) kai^{35}kai^{44} sai^{44} tsɔi^{325} xɛu^{42}saŋ^{44}xɛn^{325} ɛ^{0}。

该个细崽后生很诶。这个孩子太年轻了。

太源畲话也说“很忙”，但“很忙”和“忙很”两者表义是有不同的。说“很忙”是对状态的描述，说“忙很”则在描述时兼作评价，带有对“忙”持不认可、不赞成的态度，即便是例（56）中的“后生”（“后生”一般来说是正面的评价）本是表积极意义的也是如此。

（二）补语和宾语的位置

太源畲话中，当动词带可能补语且又带宾语时，补语和宾语的位置有几种情况。在肯定式中，宾语的位置可以在“得”和补语之间，也可以在整个动补短语之后。例如：

（56）ŋɔi^{44} kaŋ^{325} tɛʔ^{4} tɕiu^{44} ku^{42}/kaŋ^{325} tɛʔ^{4} ku^{42} tɕiu^{44}。

倕讲得佢过/讲得过佢。我说得过他。

（56）kai^{35} kai^{44} lʌn^{24} tsɔi^{325} tʃɔŋ^{44} tɛʔ^{4} sɤʔ^{4} tʃuen^{44} ts‘a^{24} iɑuʔ^{2} lɔʔ^{2}/tʃɔŋ^{44} tɛʔ^{4} lɔʔ^{2} sɤʔ^{4} tʃuen^{44} ts‘a^{24} iɑuʔ^{2}。

该个篮崽装得十斤茶叶落/装得落十斤茶叶。这只篮子装得下十斤茶叶。

在否定式中，宾语和补语的位置则可以有三种情况。例如：

（56）ŋɔi^{44} kaŋ^{325} m̩^{212} tɕiu^{44} ku^{42}/kaŋ^{325} tɕiu^{44} m̩^{212} ku^{42}/ kaŋ^{325} m̩^{212} ku^{42} tɕiu^{44}。

倕讲呣佢过/讲佢呣过/讲呣过佢。我说不过他。

（56）kai^{35} kai^{44} sai^{44} tsɔi^{325} ɔŋ^{44} m̩^{212} sɤʔ^{4} tʃuen^{44} ts‘a^{24} iɑuʔ^{2} lɔʔ^{2}/tʃɔŋ^{44} sɤʔ^{4} tʃuen^{44} ts‘a^{24} iɑuʔ^{2} m̩^{212} lɔʔ^{2}/ tʃɔŋ^{44} m̩^{212} lɔʔ^{2} sɤʔ^{4} tʃuen^{44} ts‘a^{24} iɑuʔ^{2}。

该个篮崽装呣十斤茶叶落/装十斤茶叶呣落/装呣落十斤茶叶。这只篮子装不下十斤茶叶。

（三）双宾句中宾语的位置

太源畲话中表给予的双宾句中，直接宾语（表物）和间接宾语（表人）的语序与普通话也有不同。（见前“句式”中“双宾句”。）

第六节　语法例句

本节选录太源畲话语法例句80句。语句按实际语音使用国际音标注音，音标下以宋体汉字记录方言语句。一些词语本字未考或难以确定，使用方言中同音字记录，以便体现词语音节在方言音系中的音韵地位，同音字下画单浪线“ ”。少数无合适同音字的则用方框符号“□”表示。个别词语考虑书面理解的方便以训读字（取汉字的字义而赋予方言的读音）记录，训读字下画双浪线“ ”。小号楷体字是与方言语句对应的共同语说法。双斜线“//”表示其前后句子可以互换，单斜线“/”表示其前后词语可以互换

（必要时在可以互换的词语下分别画单横线“__”）。

（1） kai^{44} ku^{42} va^{42} kɔŋ^{325} san^{44} xaʔ^{4} iɔŋ^{42} sɛn^{44} kɔŋ^{325}？

该句话讲山客样生讲？这句话用畲族话怎么说？

（2） ŋɔi^{44} in^{44} m̩^{212} in^{44} kɔi^{44} lɔi^{212}？// ŋɔi^{44} in^{44} kɔi^{44} lɔi^{212} m̩^{212} lɔi^{212}？// ŋɔi^{44} in^{44} kɔi^{44} lɔi^{212} ɔiʔ^{4} mɔi^{42}？

偓应嘸应该来？// 偓应该来嘸来？// 偓应该来□未？我应该来不应该来？

（3） ȵi^{44} lɔi^{212} tɛʔ^{0} tsɑŋ^{325} lɔi^{212} m̩^{212} tsɑŋ^{325}？// ȵi^{44} lɔi^{212} m̩^{212} lɔi^{212} tɛʔ^{0} tsɑŋ^{325}？

你来得整来嘸整？// 你来嘸来得整？你来得了来不了（你能来吗）？

（4）（xan^{212}） xo^{44} p‘ʌn^{42} mɑu^{212} p‘ʌn^{42}？

（还） 荷饭有饭？还有饭吗（还有没有饭）？

（5） ȵi^{44} ɕiu^{44} ku^{42} ʃɔŋ^{42} iɛu^{212} ɔiʔ^{4} mɔi^{42}？

你去过上饶□未？你去过上饶没有（你去过上饶还是没有去过上饶）？

（6） ȵi^{44} sɑu^{325} tɛʔ^{0}/ sɑu^{325} m̩^{212} sɑu^{325} tɛʔ^{0}？

你晓得 / 晓嘸晓得？你知不知道？

（7） ȵi^{44} ȵin^{42} tɛʔ^{0}/ ȵin^{42} m̩^{212} ȵin^{42} tɛʔ^{0}？// ȵi^{44} ȵin^{42} ɛʔ^{0} ɔiʔ^{4} mɔi^{42}？

你认得 / 认嘸认得？// 你认得□未？你认识不认识（你认识还是不认识）？

（8） ŋɔi^{44} xai^{212} tɕi^{42} m̩^{212} tɕi^{42} tɛʔ^{0}？//ȵi^{44} xai^{212} tɕi^{42} tɛʔ^{0} ɔiʔ^{4} mɔi^{42}？

你还记嘸记得？// 你还记得□未？你还记不记得（你还记得不记得）？

（9） ŋɔi^{44} tui^{42} ȵi^{44} m̩^{212} tɕi^{325}/ m̩^{212} tɕi^{325} ȵi^{44}。

偓对你嘸起 /嘸起你。我对不起你。

（10） ȵi^{44} tɑŋ^{35} san^{44} xɑŋ^{212}，ŋɔi^{44} tɑŋ^{35} p‘ɔi^{44}。

你打先行，偓打背。你在前面走，我在后面走。

（11） kai^{35} iɔŋ^{42} sɿ^{42} lɑu^{35} t‘ai^{42} kɑu^{44} ɕiɛn^{42} lɛ^{0} lɑu^{35} ȵi^{42}。

该样事老大告现嘞老二。这件事情老大告诉了老二。

（12） kai^{35} kai^{44} t‘ai^{42}，ŋ̍^{35} kai^{44} sai^{44}，liɔŋ^{35} iɔŋ^{42} lɔʔ^{2} iʔ^{4} kai^{44} xɑu^{325}？

该个大，唔个细，两样若一个好？这个大，那个小，这两个东西哪个好呢？

（13） kai^{35} kai^{44} pi^{325} ŋ̍^{35} kai^{42} xɑu^{325}。// kai^{325} kai^{44} xɑu^{325} sɿ^{42} ŋ̍^{325} kai^{44}。

该个比唔个好。// 该个好似唔个。这个比那个好。

(14) ŋ̍^{35} kai^{44}mɑu^{212} kai^{35} kai^{44}xɑu^{325}。//ŋ̍^{35} kai^{44}pi^{325} m̩^{212} ku^{42}/ ʃɔŋ^{42} kai^{325} kai^{42}xɑu^{325}。

唔个有该个好。// 唔个比呣过/上该个好。那个不如这个好。

(15) kai^{35} kai^{44}xo^{44} m̩^{212} xo^{44} ŋ̍^{35} kai^{44}t' ai^{42}?

该个荷呣荷唔个大?这个有那个大没有?

(16) t' ai^{44} lɛu^{212} ko^{44} iʔ^{4} iɔŋ^{42} kɑu^{44}。

弟摎哥一样高。哥哥和弟弟一般高。

(17) t' ai^{44} pi^{325} ko^{44} k' ɑu^{42} kɑu^{44}, t' ai^{44} kɑu^{44} sɿ^{42} ko^{44}。

弟比哥较高，弟高似哥。弟弟比哥哥更高，弟弟高过哥哥。

(18) ŋɔi^{44} pi^{325} m̩^{212} ku^{42} tɕiu^{44}。// ŋɔi^{44} pi^{325} tɕiu^{44} m̩^{212} ku^{212}。// ŋɔi^{44} lɛu^{212} tɕiu^{44} pi^{325} m̩^{212} tɛʔ^{4}。

偓比呣过佢。//偓比佢呣过。//偓摎佢比呣得。我比不上他。

(01) ŋɔi^{44} tʃɔi^{35} p' un^{42}, kɔŋ^{325} m̩^{212} ku^{42} tɕiu^{44}/ tɕiu^{325} m̩^{212} ku^{42}。

偓嘴笨，讲呣过佢/佢呣过。我嘴笨，说不过他。

(19) kai^{35} kai^{44} sai^{44} tsɔi^{325} lɛu^{212} xɛu^{24} sɛn^{44} iʔ^{4} iɔŋ^{42}, tɑŋ^{35} lʌn^{42} p' a^{212}。

该个细崽摎猴狲一样，打乱爬。这个孩子像猴子似的，到处乱爬。

(20) ——ȵi^{44} sɑŋ^{44} sɛʔ^{4} kɛ^{0} tɛ^{325}? ——ŋɔi^{44} sɑŋ^{44} lɔi^{212}。——ȵi^{44} sɑŋ^{44} lɔi^{212}, ŋɔi^{44} ia^{325} sɑŋ^{44} lɔi^{212}, ŋɔi^{44} liɔŋ^{35} kai^{44} ȵin^{212} tu^{44} sɑŋ^{44} lɔi^{212}。

——你姓什个嘚?你贵姓?——偓姓雷。我姓雷。——你姓雷，偓也姓雷，偓两个人都姓雷。我姓雷。你姓雷，我也姓雷，我们两个人都姓雷。

(21) ——lɔʔ^{2} kai^{44}? ——sɿ^{42} ŋɔi^{44}, ŋɔi^{44} sɿ^{42} lɑu^{35} lɔi^{212}。

(有人敲门) ——若个?谁呀?——是偓，偓是老雷。是我，我是老雷。

(22) ——lɑu^{35} t' ai^{42} lɛ^{0}? ——lɑu^{35} t' ai^{42} ts' ɔi^{42} lɑu^{24} tɛ^{0}。

——老大嘞?老大呢?——老大在寮嘚。老大在家里。

(23) ——tɕiu^{44} ts' ɔi^{44} tso^{42} seʔ^{4} kɛ^{0} tɛ^{325}? ——tɕiu^{44} ts' ɔi^{44} seʔ^{2} p' ʌn^{42}。

——佢在做什个嘚?他在干什么?——佢在食饭。他在吃着饭呢。

(24) ——tɕiu^{44} xai^{212} mɑu^{212} seʔ^{2} lɑu^{0} va^{0}? ——tɕiu^{44} xai^{212} mɑu^{212}, tɛn^{35} iʔ^{4} xa^{0} ts' iu^{42} seʔ^{2} lɑu^{0} va^{0}。

——佢还冇食唠哇?他还没有吃完吗?——佢还冇，等一下就食唠哇。他还没有，再有一会儿就吃完了。

(25) tɕiu^{44} kɔŋ^{325} ts‘iu^{42} xɑʔ^{212}，iɔŋ^{42} sɛn^{44} tɛn^{35} lɛ^{0} pʌn^{42} tsɛu^{42} tu^{44} mɑu^{212} ɕiu^{44}？

佢讲就行，样生等嘞半昼都冇去？他说就走，怎么这半天了还没去呢？

(26) tɕiu^{44} ts‘ɔi^{42}ŋ^{35} lɔʔ^{4} lɛu^{24} p‘iɛʔ^{2} ȵin^{212} kɔŋ^{35} va^{42}。

佢在唔落摎别人讲话。他正在那儿跟人说话呢。

(27) ——ȵi^{44} ɕu^{42} lɔʔ^{2} lɔʔ^{4} a^{0}？——ŋɔi^{44} ɕiu^{44} tɕiai^{44} tɛ^{0}。

——你去若落啊？你上哪儿去？——厓去街嘚。我上街去。

(28) ——ȵi^{44} tso^{42} sɛʔ^{4} kɛ^{0}？——ŋɔi^{44} ɕiu^{42} mai^{35} ts‘ɔi^{44}。

——你做什个？你干什么去？——厓去买菜。我买菜去。

(29) xɑu^{325} tsɑŋ^{325} lɛ^{0} xɑʔ^{212}，mɔi^{44} tɑŋ^{35} p‘u^{42} ɕi^{35} tsɛu^{325}！

好整嘞行，□打步起走！好好的走，不要跑！

(30) ȵi^{44} kɔŋ^{325} tɛʔ^{0} xɛn^{35} xɑu^{325}，ȵi^{44} xan^{212} xai^{44} kɔŋ^{325} sɛʔ^{4} kɛ^{0} tɛ^{325}？

你讲得很好，你还解讲什个嘚？你说得很好，你还会说什么呢？

(31) ȵi^{44}（tsai^{42}）kɔŋ^{325} ku^{42} i‘^{4} p‘iɛn^{42}。

你（再）讲过一遍。你再说一遍

(32) iɔŋ^{42} sɛn^{44} pan^{42} lɛ^{0}？

样甚办嘞？怎么办呢？

(33) mɔi^{42} sɿ^{42}ŋ^{325} sɛn^{44} pan^{42}，sɿ^{42} kai^{35} sɛn^{44} pan^{42}。

未是唔生办，是该生办。不是那么办，是要这么办的。

(34) ts‘ɔi^{44}ŋ^{325} pan^{44}，mɔi^{42} ts‘ɔi^{44} kai^{35} lɔʔ^{2}。

在唔边，未在该落。在那儿，没在这儿。

(35) ——ɔi^{44} tɕi^{35} to^{44} kɛu^{42}？——t‘ai^{42} to^{44} a^{0}，ɔi^{44} m̩^{212} tɑu^{34}ŋ^{325} to^{44}，xo^{44} kai^{35} to^{44} ts‘iu^{42} kɛu^{42}。

——爱几多够？要多少才够呢？——太多啊，爱呣到唔多，荷该多就够。太多了，要不了那么多，有这么多就够了。

(36) yaiʔ^{2} kɔŋ^{325} yaiʔ^{2} to^{44}，yaiʔ^{2} xɑŋ^{212} yaiʔ^{2} yʌn^{325}。

越讲越多，越行越远。越讲越多，越走越远。

(37) ——tɕiu^{44} tɕin^{44} nan^{212} tɕi^{35} to^{44} sɔi^{44}？——t‘ai^{42} k‘ai^{325} san^{44} sɤʔ^{2} ai^{44} sɔi^{44}。

——佢今年几多岁？他今年多大岁数？——大概三十挨岁。大概三十来岁吧。

(38) ——kai^{35} kai^{44} tuŋ^{44} si^{44} xo^{44} tɕi^{35} tʃ'uŋ^{42}? ——xo^{44} ŋ̍^{325} sɤʔ^{2} tʃuen^{44} tʃ'uŋ^{42} ɛ^{0}。| naʔ^{2} xo^{44} ŋ̍^{325} sɤʔ^{2} tʃuen^{44} nɛ^{0}。

——该个东西荷几重?这个东西有多重呢?——荷五十斤重诶。有五十斤重呢。(往重里说) | 呐荷五十斤呢。只有五十斤重呢。(往轻里说)

(39) ——kai^{35} kai^{44} tuŋ^{44} si^{44} xɑu^{35} tʃ'uŋ^{42}, ȵi^{44} nan^{44} m̩^{212} nan^{44} tɛʔ^{0} tsɔi^{325}/ t'uŋ^{42}? ——ŋɔi^{44} nan^{44} tɛʔ^{0} ɕi^{325}/ t'uŋ^{42}, tɕiu^{44} nan^{44} m̩^{212} ɕi^{325}/ t'uŋ^{42}。

——该个东西好重，你拿呣拿得起/动?这个东西很重,你拿得动拿不动?——俚拿得起/动，佢拿呣起/动。我拿得动,他拿不动。

(40) kai^{35} kai^{44} tuŋ^{44} si^{44} m̩^{212} tɕ'iɑŋ^{44} ŋɛ^{42}, liɛn^{212} ŋɔi^{44} tu^{44} nan^{44} m̩^{212} ɕi^{325}/ t'uŋ^{42}。

该个东西呣轻诶，连俚都拿呣起/动。这个东西真不轻,连我都拿不动。

(41) ——puen^{44} ŋɔi^{44} iʔ^{4} puen^{325} ɕy^{44}! // nan^{44} puen^{325} ɕy^{44} puen^{44} ŋɔi^{44}! ——ŋɔi^{44} seʔ^{2} ts'ɔi^{44} mɑu^{212} ɕy^{44}, nan^{44} m̩^{212} tʃ'ueʔ^{4} lɔi^{212}。

——分俚一本书! //拿本书分俚!给我一本书!——俚实在冇书，拿呣出来。我实在没有书,拿不出来。

(42) tɕiu^{44} puen^{44} lɛ^{0} iʔ^{4} puen^{325} ɕy^{44} ŋɔi^{44}。

佢分嘞一本书俚。他给了我一本书。

(43) vo^{325} tɕiu^{44} ɕiai^{44} ȵi^{0} ko^{44} lɔi^{212} ts'en^{24} ŋɔi^{44}。

喽佢快呢过来寻俚。

(44) ɕiai^{44} ȵi^{0} tɛ^{0} nan^{44} tɕiu^{44} ts'ɑŋ^{325} lɔi^{212}!

快呢嘚拿佢请来!

(45) seʔ^{2} ŋɛ^{0} p'ʌn^{42} man^{42} man^{42} tɛ^{325} xɑŋ^{212}, mɔʔ^{2} xɑŋ^{212} ɕiai^{44} ia^{0}!

食诶饭慢慢嘚行，莫行快啊。吃了饭要慢慢地走,不要跑!

(46) m̩^{212} i^{42}tɕin^{325}。// puʔ^{4} iɑu^{42} tɕin^{325}。

呣爱紧。// 不要紧。不要紧(没关系)。

(47) lɔi^{212} p'i^{42}/ p'uŋ^{44} xa^{0} tɛ^{0} kai^{35} to^{35} xa^{44} ɕiɔŋ^{44} m̩^{212} ɕiɔŋ^{44}! ɕiɔŋ^{44} tɛʔ^{0} xɛn^{325} sɿ^{42} iʔ^{4} mi^{42}?

来鼻/□下嘚该朵花香呣香! 香得很是□未?来闻闻这朵花香不香!香得很是不是?

(48) ——ȵi^{44} sɿ^{42} seʔ^{2} ian^{44} nɛ^{0} xan^{212} sɿ^{42} seʔ^{4} ts'a^{212}? ——ian^{44} ia^{35} xɑu^{325}, ts'a^{212} ia^{35} xɑu^{325}, ŋɔi^{44} tu^{44} m̩^{212} ɔi^{44}。

——你是食烟呢还是食茶?你是抽烟呢还是喝茶?——烟也好，茶也好，俚都呣爱。烟也好，茶也罢，我都不要。

(49) i^{44} sɿ^{44} vo^{325} ȵi^{44} to^{44} fen^{44} iʔ^{4} tɕiɛn^{44}，seʔ^{2} ian^{44} seʔ^{2} ts‘a^{212} tu^{44} m̩^{212} sɔi^{325} seʔ^{2}。

医师喽你多睏一肩，食烟食茶都呣使食。医生叫你多睡一睡，抽烟或者喝茶都不可以。

(50) ——m̩^{212} tsɑu^{325} va^{0}，ɕiai^{44} ȵi^{0} ɕiu^{44}！——vui^{24} tɕin^{44} xan^{212} tsɑu^{325}，tɛn^{325} iʔ^{4}tɕiɛn^{44}/xa^{42} tsai^{42} ɕiu^{44}。

——呣早哇，快呢去！不早了，快去吧！——为今还早，等一肩/下再去。这会儿还早着呢，等会儿再去好吧。

(51) ——seʔ^{2} ɛ^{0} p‘ʌn^{42} ɕiu^{44} xɑu^{325} ɔiʔ^{4} mɔi^{42}？——seʔ^{2} ɛ^{0} p‘ʌn^{42} ɕiu^{44} ts‘iu^{42} lɔi^{212} m̩^{212} t‘ɔi^{42} ia^{0}。

——食 诶 饭 去 好 □ 未？吃了饭再去好不好？——食 诶 饭 去 就 来 呣 待呀。吃了饭再去就来不及了。

(52) ts‘ai^{42} ȵi^{44} ɕiu^{44}m̩^{212} ȵi^{44}，ŋɔi^{44} tsuŋ^{35} sɿ^{42} ɔi^{44} ɕiu^{44}。

在你去呣去，倨总是爱去。不管你去不去，反正我是要去的。

(53) ŋɔi^{44} tsuŋ^{325} sɿ^{42} ɔi^{44} ɕiu^{42}。

倨总是要去。我非去不可。

(54) ŋɔi^{44} ȵi^{0} piɛn^{44} xɑŋ^{212} piɛn^{44} kɔŋ^{325}。

倨呢边行边讲。咱们一边走一边说。

(55) kɔŋ^{325} ɛ^{0} iʔ^{4} p‘iɛn^{42}，iu^{42} kɔŋ^{325} iʔ^{4} p‘iɛn^{42}。

讲诶一遍，又讲一遍。说了一遍，又说一遍。

(56) kai^{35} iɔŋ^{42} tuŋ^{44} si^{44} xɑu^{325} sɿ^{42} xɑu^{325}，ts‘iu^{42} sɿ^{42} t‘ai^{42} kui^{44} ia^{0}。

该样东西好是好，就是太贵呀。这东西好是好，就是太贵。

(57) tɕiu^{44} seʔ^{2} ɛ^{0} p‘ʌn^{42} na^{0}，ȵi^{44} seʔ^{2} ɛ^{0} mɔi^{42} a^{0}？

佢食诶饭哪，你食诶未啊？他吃了饭了，你吃了没有呢？

(58) ——tɕiu^{44} ts‘ɔi^{44} lɔʔ^{4} lɔʔ^{2} seʔ^{2} kɛ^{0} p‘ʌn^{42}？——tɕiu^{44} ts‘ɔi^{44} ŋɔi^{44} lɑu^{24} tɛʔ^{0} seʔ^{2} kɛ^{0} p‘ʌn^{42}。

——佢 在 若 落 食 个 饭？他在哪儿吃的饭？——佢 在 倨 寮 嘚 食 个饭。他是在我家里吃的饭。

(59) ——seʔ^{2} xɑu^{44} kai^{325} vʌn^{325} p‘ʌn^{42}！

——食耗该碗饭！吃了这碗饭！

(60) lɔʔ^{2} ʃui^{325} ia^{0}。ʃui^{325} m̩^{212} lɔʔ^{2} a^{0}，ɔi^{44} t‘an^{44} ts‘ɑŋ^{212} a^{0}。

落水呀。下雨了。水呣落啊，爱天晴啊。雨不下了，天要晴了。

(61) an^{42} na^{0} m̩^{212} xɑu^{325} va^{0}，ŋɔi^{44} to^{44} ɕiai^{44} ȵi^{0} xɑŋ^{212}。

晏哪呣好哇，倠多快呢行。迟了就不好了，我们快点走吧。

(62) tɕi^{44} to^{44} ts'ɔi^{44} kɔŋ^{35} va^{42}。

佢多在讲话。他们正在说话。

(63) t'ɔi^{212} tɛ^{0} piɔŋ^{44} ɛ^{0}iʔ^{4} vʌn^{325} ʃui^{325}。

台嘚放诶一碗水。桌上放着一碗水。

(64) ——ts'o^{44} tɑu^{0} seʔ^{2} xɑu^{325} xan^{24} sɿ^{42} tɕ'i^{44} tɑu^{0} seʔ^{2} xɑu^{325}？——ts'o^{44} tɑu^{0} seʔ^{2} pi^{325} tɕ'i^{44} tɑu^{0} seʔ^{2} k'ɑu^{42} xɑu^{325}。

——坐到食还是徛到食好？坐着吃好还是站着吃好？——坐到食比徛到食较好。坐着吃比站着吃好些。

(65) tɕ'i^{44} tɑu^{0}！lu^{42} tɛ^{0} sɑu^{35} sin^{44} ȵi^{0} tɛ^{0}！

徛到！路嘚小心呢嘚！站着！路上小心点儿！

(66) tɔŋ^{44} sin^{44} mɔŋ^{2} tiɛʔ^{4} lɔŋ^{2} ɕiu^{44} p'a^{212} tu^{44} p'a^{212} m̩^{212} tuŋ^{44} lɔi^{212}！

当心莫跌落去爬都爬呣□来！小心跌下去爬也爬不起来！

(67) fen^{44} tʃ'ɔʔ^{2} a^{0}。ku^{35} tʃ'ɔʔ^{2}/tɑu^{44} a^{0}。

睏着啊。估着/到啊。睡着了。猜着了。

(68) lɑŋ^{44} tɑu^{44} a^{0}。m̩^{212} sɔi^{325} fɔŋ^{44}/tʃ'ɔʔ^{2} tɕiʔ^{4}，man^{42} man^{42} lɛ^{0} lɔi^{212}。

冷到啊。唔使慌/着急，慢慢嘞来。着凉了。不要着急，慢慢儿来。

(69) ——kai^{325} kai^{44} tuŋ^{44} si^{44} seʔ^{2} tɛʔ^{4} seʔ^{2} m̩^{212} tɛʔ^{4}？——kai^{325} sɿ^{42} ʃuʔ^{2} kɛ^{0}，seʔ^{2} tɛʔ^{4}。

——该个东西食得食呣得？这个东西吃得吃不得？——该是熟个，食得。这是熟的，吃得。

(70) nan^{44} ŋ̍^{325} kai^{44} tuŋ^{44} si^{44} nan^{44} puen^{44} ŋɔi^{44}。

拿唔个东西拿分倠。把那个东西拿给我。

(71) xo^{44} ȵi^{0} tsɿ^{44} ts'ai^{42} nan^{44} t'ai^{42} iɔŋ^{212} vo^{325} ȵiʔ^{4} t'ɛu^{212}。

荷呢□在拿太阳喽日头。有些地方把太阳叫做日头。

(72) tɕiu^{44} sɛu^{325} faiʔ^{2}，fa^{42} tɛʔ^{0} xɑu^{35} t'ai^{325}。

佢手活，画得好睇。他手巧，画得很好看。

(73) tɕiu^{44} mɔŋ^{212} tɛʔ^{0} xɛn^{325} nɛ^{0}，mɔŋ^{212} a^{0} p'ʌn^{42} tu^{44} t'ai^{44} ȵiɔŋ^{44} ɛ^{0} seʔ^{2}。

佢忙得很呢，忙啊饭都□□诶食。他忙得很，忙得连饭都忘了吃。

(74) mɔʔ^{2} ɕiu^{44}，ts‘iu^{42} ts‘ɔi^{44} ŋɔi^{44} lɑu^{212} tɛ^{0}tʃɔŋ^{325}。

莫去，就在偓寮嘚住。别走了，住在我家里吧。

(75) lɑu^{24}/ tɕian^{42} tɛ^{0} ts‘o^{44} a^{0} xɑu^{35} to^{44} ȵin^{212}，t‘ai^{325} ɕy^{44} kɛ^{0} t‘ai^{325} ɕy^{44}，sia^{325} ts‘i^{42} kɛ^{0} sia^{325} ts‘i^{42}，t‘ai^{325} pɑu^{42} tsɿ^{325} kɛ^{0} t‘ai^{325} pɑu^{42} tsɿ^{325}。

寮/间嘚坐啊好多人，睇书个睇书，写字个写字，睇报纸个睇报纸。屋里坐着很多人，看书的看书，写字的写字，看报的看报。

(76) ɔi^{44} kɔŋ^{325} tɕiu^{44} kɛ^{0} xɑu^{325} va^{42}，mɔʔ^{2} kɔŋ^{325} tɕiu^{44} kɛ^{0} xai^{42} va^{42}。

爱讲佢个好话，莫讲佢个坏话。要说他的好话，不要说他的坏话。

(77) ——t‘ɛu^{24} fɔi^{212} sɿ^{42} lɔʔ^{2} kai^{44} ts‘ɑŋ^{35} kɛ^{0} xaʔ^{4} a^{0}? ——sɿ^{42} ŋɔi^{44} ts‘ɑŋ^{325} kɛ^{0}。ȵi^{44} ts‘ɑŋ^{325} ŋɔi^{44} kɛ^{0} xaʔ^{4} a^{0}。

——头回是若个请个客啊?上次是谁请的客?——是偓请个。你请偓个客啊。是我请的。你得请我的客了。

(78) tɕin^{44} tsɛu^{44} k‘ɔi^{44} fɔi^{42} sɿ^{42} lɔʔ^{2} kai^{44} tso^{42} tsu^{325} siʔ^{2} a^{0}?

今朝开会是若个做主席啊?今天开会谁的主席?

(79) ——ȵi^{44} sɿ^{42} lɔʔ^{2} iʔ^{4} nan^{212} lɔi^{212} kɛ^{0}? ——ŋɔi^{44} sɿ^{42} ts‘an^{24} nan^{212} lɔʔ^{2} iɛn^{24} san^{44} lɔi^{212} kɛ^{0}。

——你是若一年来个?你是哪年来的?——偓是前年落铅山来个。我是前年到铅山来的。

(80) tɕiu^{44} ɕiu^{44} ku^{42} ʃɔŋ^{44} iɛu^{212}，ŋɔi^{44} mɔi^{42} ɕiu^{44} ku^{42} o^{0}。

——佢去过上饶，偓未去过哦。他去过上饶，我没有去过。

第五章　太源畲话标音材料

本章太源畲话标音材料根据田野调查所得选择录入，共收5首歌谣、3类38条谚语，3篇故事传说和3篇主题谈话。歌谣、谚语严格照实记录，故事传说和主题谈话略经删节整理，尽量保留口语面貌。语句按实际语音使用国际音标注音，音标下以宋体汉字记录方言语句。一些词语本字未考或难以确定，使用方言中同音字记录，以便体现词语音节在方言音系中的音韵地位，同音字下划单浪线“﹏”。少数无合适同音字的则用方框符号“□”表示。个别词语考虑书面理解的方便以训读字（取汉字的字义而赋予方言的读音）记录，训读字下划双浪线“≈”。为便于阅读，材料中以行文中夹注（外加括号）和页下注的方式做必要的注释。

第一节　歌谣谚语

一　歌谣

（一）妹揿篮崽郎担肩

男：

ȵiʔ^{4}　t‘ɛu^{212}　lɔʔ^{2}　san^{44}　in^{44}　kɔŋ^{35}　iɛn^{212}，

日　头　落　山　阴　港　沿（河边），

mɔi^{42}　k‘ʌn^{325}　lʌn^{24}　tsɔi^{325}　lɔŋ^{212}　tʌn^{44}　tɕiɛn^{44}，

妹　揿（提）　篮　崽（篮子）　郎　担　肩（挑担），

mɔi^{42}　k‘ʌn^{325}　lʌn^{24}　tsɔi^{325}　ts‘an^{24}　t‘ɛu^{212}　xɛn^{212}，

妹　揿　篮　崽　前　头　行，

lɔŋ^{24}　tʌn^{44}　tɕiɛn^{44}　t‘iɑu^{44}　sɿ^{35}　pɔi^{44}　kɛn^{44}，

郎　担　肩　挑　屎　背（后面）　跟，

sɑu^{35} tɛʔ^{0} xo^{44} iɛn^{212} sɿ^{42} mɑu^{24} iɛn^{212}。

晓得(知道) 荷(有) 缘是(还是) 冇(没有) 缘。

女：

ȵiʔ^{4} tʻɛu^{212} lɔʔ^{2} san^{44} in^{44} kɔŋ^{35} xo^{212}，

日 头 落 山 阴 港 河(泛指河流)，

lɔŋ^{24} tɕʻi^{212} pʻaʔ^{2} ma^{325} mɔi^{44} tɕʻi^{24} lo^{212}，

郎 骑 白 马 妹 骑 骡，

lɔŋ^{24} tɕʻi^{212} pʻaʔ^{2} ma^{325} ʃɔŋ^{44} tɕiai^{44} sɛʔ^{4}，

郎 骑 白 马 上 街 歇，

mɔi^{44} tɕʻi^{24} lo^{24} tsɔi^{325} xa^{42} tɕiai^{44} tsʻo^{44}，

妹 骑 骡 崽 下 街 坐，

lɔŋ^{35} ȵin^{212} sin^{44} sɿ^{44} tsʻa^{44} m̩^{212} to^{44}。

两 人 心 思 差 呣(不) 多。

(二) 高山落水水淅淅

男：

kɑu^{44} san^{44} lɔʔ^{2} ʃui^{325} ʃui^{325} si^{44} si^{44}，

高 山 落 水(下雨) 水 淅 淅，

ko^{44} lɔi^{212} muen^{24} ŋai^{42} tsa^{42} tsuŋ^{44} sɔi^{44}，

哥 来 门 外 借 棕 蓑(蓑衣)，

mɔi^{44} tsʻɔi^{44} lɑu^{24} nɔi^{42} puen^{44} muen^{212} tɕin^{44}，

妹 在 寮(屋) 内 分(把) 门 金(关)，

ko^{44} tsʻɔi^{44} lɑu^{24} ŋai^{42} ʃui^{35} tʃuŋ^{44} tɕʻi^{44}，

哥 在 寮 外 水 中 徛(站)，

vo^{35} mɔi^{44} puen^{44} muen^{24} ɕiai^{44} ɕiai^{44} xɔi^{44}。

喽(喊) 妹 分 门 快 快 开。

女：

kɑu^{44} san^{44} ven^{24} lu^{42} lu^{42} fui^{44} fui^{44}，

高 山 云 露(雾) 露 霏 霏，

muen^{24} ŋai^{42} ko^{44} lɔi^{24} tsa^{42} tsuŋ^{44} sɔi^{44}，

门 外 哥 来 借 棕 蓑，

tsuŋ^{44} sɔi^{44} tɑu^{44} tsʻɔi^{44} tsʻan^{24} lɑu^{24} iɛn^{212}，

棕 蓑 吊 在 前 寮 檐，

liʔ^{4} t‘ɛu^{212} ka^{44} ts‘ɔi^{44} xɛu^{42} lɑu^{24} pɔi^{44},
笠 头(斗笠) 挂 在 后 寮 背,
ko^{44} ɔi^{44} siɔŋ^{35} mɔi^{44} an^{44} pu^{42} lɔi^{212}。
哥 爱(要)想 妹 晏 晡(晚上) 来。

(三) 该山冇荷那山高

男:
kai^{35} san^{44} mɑu^{24} xo^{44} nai^{42} san^{44} kɑu^{44},
该(这) 山 冇 荷 那 山 高,
nai^{42} san^{44} xo^{44} tɛu^{44} xɑu^{35} sian^{44} t‘ɑu^{212},
那 山 荷 蔸(棵) 好 仙 桃,
ȵin^{24} sɑŋ^{44} ŋai^{325} lɔi^{212} ɕy^{42} sɑŋ^{44} kɑu^{44},
人 生 矮 来 树 生 高,
siɔŋ^{35} seʔ^{2} sian^{44} t‘ɑu^{212} sin^{44} xaiʔ^{4} tsiɑu^{44}。
想 食 仙 桃 心 发 焦。

女:
kai^{35} san^{44} mɑu^{24} xo^{44} nai^{42} san^{44} ti^{44},
该 山 冇 荷 那 山 低,
nai^{42} san^{44} xo^{44} tɛu^{44} xɑu^{35} sian^{44} li^{212},
那 山 荷 蔸 好 仙 梨,
sɛu^{35} nan^{44} tʃuʔ^{4} kʌn^{44} k‘ɔʔ^{4} tɕi^{35} kai^{42},
手 拿 竹 竿 殻(敲) 几 个,
siɔŋ^{35} seʔ^{2} sian^{44} t‘ɑu^{212} xɛn^{35} iuŋ^{24} i^{42}。
想 食 仙 桃 很 容 易。

(四) 郎荷心来妹荷心

lɔŋ^{212} xo^{44} sin^{44} lɔi^{212} mɔi^{44} xo^{44} sin^{44},
郎 荷 心 来 妹 荷 心,
m̩^{212} p‘a^{42} san^{44} kɑu^{44} ʃui^{325} iu^{42} sen^{44},
呣 怕 山 高 水 又 深,
san^{44} kɑu^{44} ia^{35} xo^{44} iɑŋ^{24} p‘ai^{24} lu^{42},
山 高 也 荷 横 排 路(山坡上的路),
ʃui^{325} sen^{44} ia^{35} xo^{44} pai^{35} t‘u^{42} ȵin^{212},
水 深 也 荷 摆 渡 人。

tsɿ^{35} ɔi^{44} liɔŋ^{35} ȵin^{212} sin^{44} liɛn^{24} sin^{4}。

只 爱 两 人 心 连 心。

(五) 鸡公上岭尾拖拖

tɕiai^{44} kuŋ^{44} ʃɔŋ^{44} liɑŋ^{44} mui^{325} t‘o^{44} t‘o^{44},

鸡 公 上 岭 尾 拖 拖,

ɑuʔ^{4} tsɔi^{325} lɔʔ^{2} t‘an^{212} seʔ^{2} tsɑu^{35} vo^{212},

鸭 崽(鸭子)落 田(下田) 食 早 禾(早稻),

t‘ai^{42} ȵin^{212} sɿ^{44} liɔŋ^{42} mɑu^{24} p‘ʌn^{42} seʔ^{2},

大 人 思 量 冇 饭 食,

sai^{44} ȵin^{212} sɿ^{44} liɔŋ^{42} mɑu^{24} kuŋ^{44} p‘o^{212}。

细 人(小孩)思 量 冇 公 婆。

二 谚语

(一) 生产谚语

lɔi^{212} tɑŋ^{325} tɕin^{44} ts‘eʔ^{2} ts‘an^{212}, ȵi^{42} ŋuaiʔ^{2} ʃui^{325} liɛn^{24} liɛn^{212}, san^{44} ŋuaiʔ^{2} mɑu^{24} ʃui^{325} tso^{42} iɔŋ^{44} t‘an^{212}。

雷 打 惊 蛰 前, 二 月 水 连 连, 三 月 冇 水 做 秧 田。

sɑu^{35} mʌn^{325} ts‘an^{24} xɛu^{42}, tsɔi^{44} vo^{212} tsɔi^{44} t‘ɛu^{42}。

小 满 前 后, 栽 禾 栽 豆。

muŋ^{35} li^{0} muŋ^{35} tuŋ^{325}, ts‘ɛn^{44} mɛn^{212} xa^{42} tʃuŋ^{325}。

懵 里 懵 懂, 清 明 下 种。

mɔŋ^{24} tʃuŋ^{42} tsɔi^{44} vo^{212}, naʔ^{2} kɛu^{42} iɔŋ^{325} tɕiai^{44} mo^{212}。

芒 种 栽 禾, 纳(只)够 养 鸡 嫲。

mɔŋ^{24} tʃuŋ^{42} mɔŋ^{24} tʃ‘ueʔ^{4}, xa^{42} tsɿ^{42} vo^{212} tʃ‘ueʔ^{4}。

芒 种 芒 出, 夏 至 禾 出。

nan^{24} ts‘ɛn^{212} ʃuʔ^{2} m̩^{212} ʃuʔ^{2}, ɔi^{44} t‘ai^{325} tsɑŋ^{44} ŋuaiʔ^{2} san^{44} kai^{42} liuʔ^{4}。

年 成 熟 唔 熟, 爱 睇(看)正 月 三个六(农历初六、十六、二十六)。

tʃ‘uen^{44} tsɑŋ^{44} ȵiʔ^{4}, xa^{42} tsɑŋ^{44} sɿ^{212}。

春 争 日, 夏 争 时。

seʔ^{2} ku^{42} tʃuŋ^{44} ts‘iu^{44} ts‘a^{212}, ts‘iu^{42} nan^{44} tsɛu^{42} lɔi^{24} pa^{212}。

食 过 中 秋 茶, 就 拿 昼 来 爬。

(中秋后白天变短，中午要抓紧干活)

paiʔ^{4} ŋuaiʔ^{2} tsɔi^{44} tsʻɔi^{44} puŋ^{44} tʃʻɔi^{44} tʻai^{42}，tɕiu^{35} ŋuaiʔ^{2} tsʻɔi^{44} lin^{24} tɛʔ^{0}tʻai^{42}，sɤʔ^{2} ŋuaiʔ^{2} tsɔi^{44} tsʻɔi^{44} si^{325} m̩^{212} xai^{42} tʻai^{42}。

八月栽菜风吹大，九月栽菜淋得大，十月栽菜死呣解(会)大。

tsʻiʔ^{4} ŋuaiʔ^{2} tʃuŋ^{42} tɕʻiɑu^{42} tʻɛu^{212}，paiʔ^{4} ŋuaiʔ^{2} tʃuŋ^{42} tʻai^{42} sʌn^{44}。

七月种蕌头，八月种大蒜。

tsʻan^{44} tɛu^{44} tsuŋ^{44}，vʌn^{42} tɛu^{44} tʻuŋ^{212}，tsɔi^{35} sen^{44} san^{44} tʻai^{42} m̩^{212} xai^{42} tʃʻuŋ^{212}。

千蔸棕，万蔸桐，崽孙(子孙)三代呣解穷。

（二）气象谚语

ȵiʔ^{4} tɛ^{0} tʻai^{35} tuŋ^{44}，ia^{42} tɛ^{0} tʻai^{35} sai^{44}。

日嘚(白天)睇东，夜嘚(夜里)睇西。(言看未来天气的观察方向)

vu^{44} ven^{212} lʌn^{24} tuŋ^{44}，mɔi^{42} sɿ^{42} ʃui^{325} tsʻiu^{42} sɿ^{42} puŋ^{44}。

乌云拦东，未(不)是水就是风。

(早晨东边天空布乌云预兆当日有风雨)

ȵi^{325} tɕʻiɛn^{44} lu^{42}，ɔi^{44} lɔʔ^{2} ʃui^{325}。

蚁牵路，爱落水。

si^{42} tɕiu^{325} xʌn^{44} tsɑu^{44}，lɔʔ^{2} ku^{42} ŋan^{24} siɑu^{44}。

四九翻糟，落过元宵。

(四九这一天变天将会有很长的雨雪天气)

ŋ̍^{35} ŋuaiʔ^{2} sɤʔ^{2} san^{44} lɔʔ^{2} iʔ^{4} kɑu^{44}，sai^{42} tɛʔ^{0} nʌn^{24} san^{44} tʃuʔ^{4} iɑuʔ^{2} tsɑu^{44}。

五月十三落一交，晒得南山竹叶[火曹]。

(农历五月十三日下雨预示夏天干旱)

ven^{24} tsa^{44} tʃuŋ^{44} tsʻiu^{44} ŋuaiʔ^{2}，ʃui^{325} taŋ^{325} ʃɔŋ^{44} ŋʌn^{24} tɛn^{44}。

云遮中秋月，水打上元灯。

tʃʻuŋ^{24} iɔŋ^{212} mɑu^{24} ʃui^{325} iʔ^{4} tuŋ^{44} tsʻɑŋ^{212}。

重阳冇水一冬晴。

tsʻɛn^{44} mɛn^{212} ɔi^{44} mɛn^{212}，kuʔ^{4} y^{325} ɔi^{44} y^{325}。

清明爱(要)明，谷雨爱(要)雨。

ts‘ɛn^{44} mɛn^{212} t‘ʌn^{42} saiʔ^{4}, kuʔ^{4} y^{325} t‘ʌn^{42} ʃɔŋ^{44}。

清 明 断 雪，谷 雨 断 霜。

ts‘iʔ^{4} ŋuaiʔ^{2}ts‘iu^{44} puŋ^{44} ɕi^{325}, paiʔ^{4} ŋuaiʔ^{2} tɕ‘ian^{42} tɕ‘ian^{42} liɔŋ^{212}。

七 月 秋 风 起，八 月 渐 渐 凉。

p‘aʔ^{2} lu^{42} tʃ‘uen^{44} fuen^{44}, ȵiʔ^{4} ia^{42} p‘iaŋ^{24} puen^{44}。

白 露 春 分，日 夜 平 分。

tʌn^{325} t‘ɛu^{42} tuŋ^{44} tsɿ^{42}, tʃ‘ɔŋ^{212} t‘ɛu^{42} xa^{42} tsɿ^{42}。

短 到 冬 至，长 到 夏 至。（言白昼时间长短）

ts‘uŋ^{24} paʔ^{4} tsɔi^{325} xaiʔ^{4} iʔ^{4} ts‘uen^{44}, ȵin^{212} xɑu^{35} fuen^{44}; ts‘uŋ^{212} paʔ^{4}

松 柏 崽 发 一 寸，人 好 睏；松 柏

tsɔi^{325} xaiʔ^{4} iʔ^{4}ts‘aʔ^{4}, ȵian^{325} ts‘iu^{42} fuen^{44} kuɛʔ^{4} laʔ^{4}。

崽 发 一尺，眼 就 睏 □ □。（言春夏人困倦）

（三）生活谚语

ʃɔŋ^{42} liɔŋ^{212} m̩^{212} tsɑŋ^{42} xa^{42} liɔŋ^{212} ts‘ia^{212}。

上 梁 呣 正 下 梁 斜。

san^{44} t‘ɔi^{42} m̩^{212} t‘tɤʔ^{2} ɕy^{44}, tɔŋ^{42} ku^{42} iʔ^{4} t‘ɛu^{24} tɕy^{44}。

三 代 呣 读 书，当 过 一 头 猪。

sin^{44} tɕiɔŋ^{44} mɑu^{212} lɑu^{35} tɕiɔŋ^{44} laiʔ^{2}。

新 姜 冇 老 姜 辣。

san^{44} tʃuŋ^{44} mɑu^{212} lɑu^{35} fu^{325}, xɛu^{24} tsɔi^{325} tʃ‘uŋ^{44} pa^{42} vɔŋ^{212}。

山 中 冇 老 虎，猴 崽 充 霸 王。

ȵin^{212} mɔŋ^{42} kɑu^{44} tɕ‘y^{42} tsɛu^{325}, ʃui^{325} mɔŋ^{42} ti^{44} tɕ‘y^{42} liu^{212}。

人 望 高 处 走，水 望 低 处 流。

m̩^{212} p‘a^{42} san^{44} kɑu^{44}, ts‘iu^{42} p‘a^{42} tɕiɔʔ^{4} ȵyʌn^{44}。

呣 怕 山 高，就 怕 脚 软。

tu^{325} pau^{325} a^{0} mʌn^{35}t‘ɛu^{212} xo^{44} kueʔ^{4}, tu^{325} tɕ‘yi^{44} a^{0} ia^{35} kɔʔ^{4}

肚 饱 啊 馒 头 荷 骨，肚 饥 啊 野 葛

mɑu^{212} tsa^{44}。

冇 渣。

tsɿ^{325} pau^{44} m̩^{212} tɕ‘y^{42} fu^{325}, saiʔ^{4} mai^{24} m̩^{212} tɕ‘y^{42} ȵin^{212}。

纸 包 呣 住 火，雪 埋 呣 住 人。

tso^{42} sɿ^{42} mɑu^{24} iɔŋ^{42}, piɛn^{44} tɑŋ^{325} piɛn^{44} siɔŋ^{42}。

做 事 冇 样，边 打 边 像。

ȵin^{212} ɔi^{44} tʃuŋ^{44} sin^{44}，fu^{325} ɔi^{44} k‘uŋ^{44} sin^{44}。
人 爱(要) 忠 心，火 爱(要) 空 心。
ȵin^{212} sɑŋ^{44} tsɑŋ^{44} xɛu^{325} ɕyi^{44}，si^{325} ia^{0} tsɑŋ^{44} xɑŋ^{24} ɕiɔŋ^{44}。
人 生 争 口 气，死 呀 争 行(炷)香。
ts‘ɛn^{42} m̩^{212} li^{24} t‘o^{212}，kuŋ^{44} m̩^{212} li^{24} p‘o^{212}。
秤 嘸 离 砣，公 嘸 离 婆。
ɕy^{42} t‘ai^{42} ɕy^{42} xɔi^{44} va^{44}，tsɔi^{325} t‘ai^{42} tsɔi^{325} puen^{44} ka^{44}。
树 大 树 开 桠，崽(儿子) 大崽 分 家。
ai^{325} sɿ^{42} ai^{325}，iʔ^{4} tu^{325} kuai^{42}。
矮 是 矮，一肚 怪。

第二节 故事传说

一 畲族姓氏传说

kɛn^{44} ȵi^{44} tɛ^{0} sai^{44} ȵin^{212} kɔŋ^{325}，vɔŋ^{35} nan^{212} lɑu^{35} t‘ai^{42} ȵin^{212} tʃ‘uʌn^{212}
跟你 嘚(你们)细人(小孩)讲，往 年 老 大 人(老人家) 传
puen^{44} ŋɔi^{44}to^{44}，va^{42} sɑŋ^{42} lɔi^{212}、sɑŋ^{42} lʌn^{212}、sɑŋ^{42} tʃuŋ^{44}、sɑŋ^{42} p‘ʌn^{212} si^{42}
分(给)倨 多(我们)，话(说) 姓雷、姓 蓝、姓 钟、姓 盘 四
iɔŋ^{42} kɛ^{0} ȵin^{212}，ts‘iu^{42}sɿ^{42} si^{42} sɑŋ^{42} iɔŋ^{42} sɛn^{44} tɕ‘i^{35}ŋʌŋ^{212}。
样(种) 个(的)人，就 是 四 姓 样 生(怎样)起 源。

ŋɔi^{44} tɛ^{0} lɑu^{35} tsɿ^{35} tsuŋ^{44} tʃ‘ueʔ^{4} sɛ^{44} i^{35} xɛu^{42}，sɑŋ^{42} lɔi^{212} kɛ^{0} ȵin^{212} ts‘iu^{42}
倨嘚(我们)老 祖 宗 出 世 以后，姓 雷 个 人 就
t‘ai^{42} ȵin^{212}p‘au^{44} puen^{44} kɑu^{44} sin^{44} vɔŋ^{24} tai^{44} ɕiu^{42}，tsɑŋ^{44} tsɑŋ^{44} p‘uŋ^{44} tɑu^{44}
大人 抱 分(给) 高 辛 皇 帝① 去，正正(刚刚) 碰 到
t‘an^{44} tɛ^{0} sɑŋ^{35} li^{24} kuŋ^{44}。kɑu^{44} sin^{44} vɔŋ^{24} tai^{44} ts‘iu^{42} va^{42}：“ȵi^{44} kai^{35} kai^{44}
天 嘚(天上) 响 雷 公。高 辛 皇 帝 就 话：“你 该(这)个
sai^{44} ȵin^{212} na^{0} ts‘iu^{42} sɑŋ^{42} lɔi^{212}！” t‘i^{42}ȵi^{42} kai^{44} ia^{35} sɿ^{42} t‘ai^{42} ȵin^{212} iɔŋ^{44}
细 人 哪 就 姓 雷!” 第 二 个 也 是 大 人 养(生)

① 即帝喾，传说中远古“五帝”之一。

lɔʔ^{2} lɔʔ^{0} i^{35} xɛu^{42}, ia^{24} ȵia^{212} iu^{42} p‘au^{44} puen^{44} kɑu^{44} sin^{44}vɔŋ^{24} tai^{44} nɛ^{0} ɕiu^{42},
落来(下来) 以后，爷娘又 抱 分 高 辛 皇 帝 呢 去，
mɑu^{212}seʔ^{4}kai^{0}tɛ^{0}iu^{42} p‘uŋ^{44} tɑu^{44} lɔʔ^{2} ʃui^{325} ia^{0}, ts‘iu^{42} iuŋ^{42} lʌn^{212}k‘ʌn^{325} tɛʔ^{0}
有 什个嘚(什么)又 碰 到 落水(下雨)呀，就 用 篮 揿 得
ɕiu^{42}。kɑu^{44} sin^{44} vɔŋ^{24}tai^{44}ts‘iu^{42} va^{42}:“ȵi^{44} kai^{35} kai^{44} iuŋ^{42} lʌn^{212} k‘ʌn^{325} lɔi^{212}
去。高 辛 皇 帝 就 话:“你 该 个 用 篮 揿 来
ts‘iu^{42} sɑŋ^{42} lʌn^{212}!” xai^{24} xo^{44} iʔ^{4} kai^{44} sɑŋ^{42} tʃuŋ^{44}kɛ^{0} lɛ^{0} p‘au^{44} puen^{44} vɔŋ^{24}
就 姓 蓝!” 还荷(有) 一个 姓 钟 个嘞 抱 分 皇
ʃɔŋ^{42} sɑu^{325}, kɑu^{44} sin^{44} vɔŋ^{24} tai^{44} tsɑŋ^{44} tsɑŋ^{44} t‘ɑŋ^{44} tɑu^{42} tʃuŋ^{44} sɑŋ^{44}, ts‘iu^{42}
上 晓， 高 辛 皇 帝 正 正 听 到 钟 声， 就
va^{42}:“ȵi^{44} kai^{35} kai^{44}ts‘iu^{42}sɑŋ^{42} tʃuŋ^{44}!” xai^{24} xo^{44} iʔ^{4} kai^{44} mɑu^{24} seʔ^{4}kɛ^{0} tʃɔŋ^{44}
话:“你 该 个 就 姓 钟!” 还 荷 一个 有什个(什么) 装
ts‘iu^{42} vu^{325} kai^{44} t‘aʔ^{2} tsɔi^{325}。xʌn^{42}lɑu^{35} ȵin^{212} va^{42} p‘ʌn^{212}, ŋɔi^{44} to^{44} san^{44}
就 舞(弄) 个 碟崽(碟子)。 汉佬人(汉族人) 话 盘， 偓 多 山
xaʔ^{4}ȵin^{212} ts‘iu^{42} va^{42} t‘aʔ^{2}tsɔi^{325}。kɑu^{44} sin^{44}vɔŋ^{212} tai^{44} ts‘iu^{42} va^{42}:“ȵi^{44}
客人(畲民自称)就 话 碟 崽。 高 辛 皇 帝 就 话:“你
kai^{35} kai^{44} ts‘iu^{42} sɑŋ^{42} p‘ʌn^{212} no^{0}!” si^{42} kai^{44} sai^{44} tsɔi^{325} ts‘iu^{42}va^{42} si^{42} sɑŋ^{42}:
该 个 就 姓 盘 喏!” 四 个 细崽(儿子) 就 话 四 姓:
sɑŋ^{42} lɔi^{212} kɛ^{0}、sɑŋ^{42} lʌn^{212} kɛ^{0}、sɑŋ^{42} p‘ʌn^{212} kɛ^{0}、sɑŋ^{42} tʃuŋ^{44} kɛ^{0}。ia^{35}sɿ^{42}
姓 雷 个、姓 蓝 个、 姓 盘 个、姓 钟 个。 也是
si^{42} ɕiɑŋ^{44} t‘ai^{44}。
四 兄 弟。

二 祖杖个传说

ts‘ɔi^{44} sa^{44} ts‘uʔ^{2} tʃuŋ^{44} ts‘uʔ^{2} kɛ^{0} ts‘uʔ^{2} tʃɔŋ^{325} lɑu^{24} tɛ^{0}, kɔʔ^{4} lɑu^{212}
在 畲 族 宗 族 个 族 长 寮嘚(家里)，各 寮(家)
tu^{44} xo^{44} tiɑu^{44} va^{44}tsɿ^{35} kuŋ^{44} luŋ^{24} tɕ‘i^{212} t‘ɛu^{24} siɔŋ^{42} kɛ^{0}kuai^{35} kuen^{42}, kai^{35}
都 荷雕(刻) 哇祖公(祖先) 龙麒① 头 像 个 拐 棍， 该

① 龙麒：即盘瓠，畲族传说中的开族祖先，高辛皇帝妻子耳中的金虫，咬死番王，化成犬首人形，娶高辛皇帝三女。

xɑŋ^{212} kuen^{42} tsʻiu^{42} vo^{325} "pʻʌn^{24}ku^{44} kuen^{42}"。xo^{44} kai^{35} xɑŋ^{212} kuen^{42}，pʻuŋ^{44}
行(根)棍就喽"盘瓠棍"。荷该行棍，碰
tɑu^{42} lɑu^{24} tɛ^{0} xo^{44} tʻai^{42} sɿ^{42}，tsʻuʔ^{4}tʃɔŋ^{325}tsʻiu^{42} nan^{44} kai^{35} xɑŋ^{212} kuen^{42} nan^{44}
到寮嘚荷大事，族长就拿(把)该行棍拿
tʃʻueʔ^{4} lɔi^{212} lɛu^{212} tsɔi^{35}suen^{44} kɔŋ^{325}。
出来摎(对)崽孙(子孙)讲。

luŋ^{24} tɕʻi^{212} tɑŋ^{35} xɑu^{44} xʌn^{44} vɔŋ^{212} i^{35} xɛu^{42}，tsʻiu^{42} lɛu^{212} kɑu^{44} sin^{44}vɔŋ^{24}
龙麒打耗(打败)番王①以后，就摎(跟)高辛皇
tai^{44}kɛ^{0}san^{44} ȵiu^{325} sɑŋ^{212} ɛ^{0} tsʻin^{44}。xɛu^{42} lɔi^{212} luŋ^{24} tɕʻi^{212} m̩^{212} ŋʌn^{42} tso^{42}
帝个三女成诶(了)亲。后来龙麒呣愿做
kuʌn^{44}，tsʻiu^{42}lɛu^{212} san^{44} kuŋ^{44} tɕy^{325} tai^{42} ɕi^{325} sai^{44} ȵin^{212}ɕiu^{44} nʌn^{24} fɔŋ^{44} ŋa^{0}。
官，就摎三公主带起(着)细人去南方啊(了)。

luŋ^{24} tɕʻi^{212} lɛu^{212} sai^{44} ȵin^{212} tsʻɔi^{44} fuŋ^{42} fɔŋ^{24} san^{44} tʃɑŋ^{325}。xo^{44} iʔ^{4} ȵiʔ^{4}，
龙麒摎细人在凤凰山②掌(住)。荷一日，
ʃɔŋ^{44} san^{44}tɑŋ^{35} tʃʻuŋ^{42}。xɑŋ^{24} a^{0} xɑu^{35} yʌn^{325} tsʻiu^{42} tʻai^{35}tɑu^{44} iʔ^{4} tɑu^{24} san^{44}
上山打铳(打猎)。行啊(了)好远就睇到一条山
iɔŋ^{212} tsʻɔi^{44} saʔ^{2} piaʔ^{4}tʻɛu^{212} ɔi^{44} tiɛʔ^{4} lɔʔ^{2} lɔi^{212} ia^{0}，luŋ^{24} tɕʻi^{212} tsʻiu^{42}
羊在石壁头爱跌落来呀，龙麒就
ʃɔŋ^{44} ɕiu^{42} tɕiu^{42} tɕiu^{44}，tsʻi^{42} ka^{44} tʻaʔ^{2} tʻɔʔ^{4} iʔ^{4}tɕiɔʔ^{4}，tsʻiu^{42} tiɛʔ^{4} lɔʔ^{2} lɔi^{212}
上去救佢(它)，自家踏脱一脚，就跌落来
tiɛʔ^{4} si^{325} ia^{0}。
跌死呀。

san^{44} kuŋ^{44} tɕy^{325} lɛu^{24} sai^{44} ȵin^{212} ɕiu^{44} tsʻen^{212} tɕiu^{44}，tsʻen^{212} tɑu^{44} xɛu^{42}
三公主摎细人去寻佢(他)，寻到后
luŋ^{24} tɕʻi^{212}si^{325} xɑu^{44} a^{0}，m̩^{212} xai^{44} ɛn^{42} na^{0}。
龙麒死耗啊(死了)，呣解(会)应呐。

san^{44} kuŋ^{44} tɕy^{325} tʃuʌn^{35} lɔi^{212} fuen^{44} tsʻiu^{42} miɛn^{24} muŋ^{42}，muŋ^{42} tɑu^{44} luŋ^{24}
三公主转来(回来)睏(睡觉)就眠梦(做梦)，梦到龙

① 番王：畲族传说中与高辛皇帝争夺天下的另一国的国王。
② 凤凰山：传说中畲族的发祥地，在广东省潮安、丰顺两县境内。

tɕʻi^{212}kɔŋ^{325} ɔi^{44} lɔi^{212} tɕiu^{44} kɛ^{0} pʻuen^{212}, xo^{44} iʔ^{4} tɕy^{44} vɔŋ^{24} tʻʌn^{212} ɕy^{42}, tsʻiu^{42}
麒讲 爱 来 佢 个 坟， 荷 一 株 黄 檀 树， 就
ȵiɔŋ^{42} kai^{35} kai^{44}vɔŋ^{24} tʻʌn^{212} ɕy^{42} tʃɔʔ^{4} lɔʔ^{2} lɔi^{212}, tso^{42} kuai^{35} kuen^{42}。i^{35}xɛu^{42}
让 该 个黄 檀 树 斫落 来， 做 拐 棍。以后
kai^{35} kai^{44} kuai^{35} kuen^{42} tsʻiu^{42}xai^{44} tsɿ^{35} tian^{325} tɕiu^{44} to^{44} tʻɛu^{42} lɔʔ^{4} lɔʔ^{2} ɕiu^{44}
该 个 拐 棍 就 解 指 点 佢 多(他们) 到 若 落(哪里) 去
xɔi^{44} san^{44} tsʻɔŋ^{42}ȵiɛʔ^{4}。
开 山 创 业。

tɛn^{325} san^{44} kuŋ^{44} tɕy^{325} saŋ^{35} lɔi^{212} i^{35} xɛu^{42} siɔŋ^{35} ɕi^{325} ia^{0}, tsʻiu^{42} nan^{44}
等 三 公 主 醒 来 以后 想 起 呀， 就 拿
pʻuen^{24} tʻɛu^{212}kɛ^{0} vɔŋ^{24} tʻʌn^{212}ɕy^{42} tʃɔʔ^{4} lɔʔ^{2} lɔi^{212} tso^{42} saŋ^{212}lɛ^{0}iʔ^{4} tsʻan^{44}
坟 头 个 黄 檀 树 斫 落 来 做 成嘞(了) 一 千
lin^{24} ȵi^{42} sɤʔ^{4} si^{42} xaŋ^{212} kuai^{35}kuen^{42}, kuai^{35} kuen^{42} tʻɛu^{212} tiau^{44} a^{0} luŋ^{24} tɕʻi^{212}
零 二 十 四 行 拐棍， 拐 棍 头 雕 啊 龙 麒
tʻɛu^{24} nʌn^{44} kɛ^{0} siɔŋ^{42}, puen^{44} puen^{42} si^{42}saŋ^{42} kɛ^{0} tsɔi^{35} suen^{44}。
头 □ 个 像， 分分(分给) 四 姓 个 崽 孙。

san^{44} xaʔ^{4} tsɔi^{35} suen^{44} tsʻuŋ^{24} kuɔŋ^{35} tuŋ^{44} sian^{44} tʻɛu^{42} fuʔ^{4} tɕyʌn^{44}, tsʻuŋ^{24}
山 客 崽 孙 从 广 东 迁 到 福 建， 从
fuʔ^{4} tɕyʌn^{44}iu^{42}ɕian^{44} tʻɛu^{42} tsʻɛʔ^{4} kɔŋ^{44}, tsʻuŋ^{24} tsɛʔ^{4} kɔŋ^{44} iu^{42} ɕian^{44} tʻɛu^{42}
福 建 又 迁 到 浙 江， 从 浙 江 又 迁 到
kɔŋ^{44} sai^{44}。iʔ^{4} lu^{42} pʻa^{24} san^{44}pʻa^{24} liaŋ^{44}, m̩^{212} xai^{44} xaŋ^{24} tsʻo^{42} lu^{42}, xai^{44}
江 西。一 路 爬 山 爬 岭， 呣 解 行 错 路， 解
xaŋ^{24} tsʻo^{42} lɛ^{0}, tsʻiu^{42} nan^{44} kai^{35} xaŋ^{24} kuen^{42}nan^{44} tʃʻueʔ^{4} lɔi^{212} ɕiɔŋ^{42} tʻan^{44}
行 错 嘞， 就 拿 该 行 棍 拿 出 来 向 天
tɛ^{0} vo^{325} iʔ^{4} ku^{42} “luŋ^{24}tɕʻi^{212}”, kuai^{35} kuen^{42} tsʻiu^{42} xai^{44} tsɿ^{35}tʃʻueʔ^{4} lu^{42}
嘚 喽一句“龙 麒”， 拐 棍 就 解 指出 路
lɔi^{212}, va^{42} tɕi^{44} to^{44}tʻɛu^{42} lɔʔ^{4} lɔʔ^{2} ɕiu^{44} tʃɔŋ^{325}, tsʻɔi^{44} lɔʔ^{4} lɔʔ^{2} ɕiu^{44} tsɔʔ^{4}
来，话 佢 多到 若 落 去 掌， 在 若落 去 作
tʻan^{212}、tsʻen^{24}saŋ^{44} faiʔ^{2}。
田、寻 生 活。

kai^{35} kai^{44} kuai^{35} kuen^{42} mɔʔ^{4} tʻai^{44} ȵiɔŋ^{44}, tɕin^{44} xɛu^{42} tʻɔi^{42}tʻɔi^{42} tʃʻuʌn^{24}
该 个 拐 棍 莫 □□(忘记)， 今 后 代 代 传

lɔʔ^{2} ɕiu^{44}。

落 去。

三　雷申英①传略

ŋɔi^{44} ȵiʔ^{2} sɑu^{325} miɑŋ^{24} tsʻi^{42} tsʻiu^{42} vo^{325} lɔi^{24} sɛn^{44} in^{44}，lɑu^{24} tɛ^{0} ɛ^{0} ŋʌn^{24}

𠊎 二 嫂 名 字 就 喽 雷 申 英，寮 嘚 诶 原

lɔi^{212} tsʻiu^{42} vu^{24} li^{24} ŋʌn^{212} ȵin^{212}，vo^{325} sa^{44} tsʻuʔ^{2} tsʻuen^{44}。tɕiu^{44} ia^{35} sɿ^{42}

来 就狐狸岩② 人，喽 畲 族 村。佢 也 是

sɑŋ^{42} lɔi^{212}，taʔ^{4} tɛʔ^{0} yʌn^{325} tɛʔ^{0} xɛn^{325}，kɔŋ^{325} m̩^{212} tsʻin^{44} tsʻɿ^{325} sɿ^{42} tɕi^{35} to^{44}

姓 雷，搭 得 远 得 很，讲 唔 清 楚 是 几 多

tʻɔi^{42}，tɕiu^{44} sɑŋ^{44} lɔi^{212} ŋɔi^{44} ia^{35} sɑŋ^{44} lɔi^{212}，tɕiu^{44} sɿ^{42} sɑŋ^{44} "tʻi^{42}" ŋɔi^{44} ia^{35}

代，佢 姓 雷 𠊎 也 姓雷，佢 是 姓"地"③𠊎 也

sɿ^{42} sɑŋ^{44} "tʻi^{42}"。kan^{42} tʻɛu^{44} tɕi^{35} to^{44} tʻɔi^{42}，ia^{325} kɔŋ^{35} m̩^{212} tsʻin^{44} tsʻɿ^{325} sɿ^{42}

是 姓 "地"。间(隔) 到 几 多代，也讲 唔 清 楚 是

tɕi^{35} to^{44} tʻɔi^{42} ia^{0}。

几多代 呀。

tɕiu^{44} sɿ^{42} ŋ̍^{35} liuʔ^{4} nan^{212} tsʻiu^{42} kɔŋ^{35} puen^{44} ŋɔi^{44} lɑu^{212} kai^{35} lɔʔ^{2} lɔi^{212} ia^{0}。

佢 是五 六 年 就 讲 分④ 𠊎 寮 该落(这里)来 呀。

tʻɛu^{44} kai^{35} lɔʔ^{2} lɔi^{212} i^{35} xɛu^{42} lɛ^{0} iʔ^{4} tsʻeʔ^{2} ŋ̍^{325} kɛ^{0} sɿ^{24} kan^{44} tsʻiu^{42} sɿ^{42} ka^{44}

到 该落 来 以后 嘞一直唔(那) 个 时间 就 是 家

tʻin^{212} fu^{42} ȵiu^{325}。tɕiɛʔ^{4} ko^{325} i^{35} xɛu^{42} tsʻiu^{42} va^{42} tʻʌn^{42} liɛn^{42} iʔ^{4} xa^{42}，tɑŋ^{35}

庭 妇 女。结 果以后 就 话 锻 炼一下，打

pɔi^{44} tsʻɔi^{44} tsʻuen^{44} tɛ^{0} vu^{325} ɛ^{0} iʔ^{4} xa^{42}。tɔŋ^{44} ɛ^{0} xɑu^{325} tɕi^{35} nan^{212} sɑŋ^{44} tsʻan^{35}

背(后来)在村 嘚 舞(搞) 诶(了)一下。当 诶好 几 年 生 产

tɔi^{44} tʃɔŋ^{325}。i^{35} xɛu^{42} tsʻuen^{44} tɛ^{0} tɔŋ^{44} xɑu^{44} tɕi^{35} nan^{212} kɛ^{0} fu^{42} ȵiu^{325} tɕy^{35} yen^{42}。

队 长。以后 村 嘚 当耗(当过) 几 年 个妇 女 主 任。

---

① 雷申英（1938—1990），女，畲族，太源畲族乡建国后培养的少数民族女干部之一，曾任乡妇联主任、省妇联执行委员，事略收入《铅山畲族志》（方志出版社，1999）"人物"章。

② 狐狸岩：太源畲族乡中一个纯畲民自然村。

③ 铅山县境内姓雷的畲民有所谓"天雷"和"地雷"的分别。自称"天雷"的畲民汉化程度更高。目前还在使用"山客话"的雷姓畲民都属于"地雷"。

④ 讲分：说给，议婚嫁与。

tɕiu^{44} iʔ^{4} kuʌn^{42} kɔŋ^{35} va^{42}、tso^{42} sɿ^{42} tu^{44} sɿ^{42} ŋaŋ^{42} ts‘eʔ^{2}。ia^{35} xai^{44} tso^{42},
佢 一 贯 讲 话、做 事 都 是 硬直(耿直)。也 解 做,

tso^{42} tɛʔ^{0}xau^{325}, kɔŋ^{35} va^{42} ia^{325} xɛn^{35} kɔŋ^{325}, ia^{325} xai^{44} kɔŋ^{325}。ŋ̍^{325} kɛ^{0} sɿ^{24}
做 得好, 讲 话 也 肯 讲, 也 解 讲。唔 个 时

kan^{44} vo^{325} ɕiɔŋ^{44} tɛ^{0}, vo^{35} fuen^{44} tʃ‘ɔŋ^{325} lo^{0}, t‘ai^{42} ka^{44}ɕiu^{44} ʃɔŋ^{44} tɛ^{0} kɔŋ^{325},
间 喽 乡 嘚, 喽 分 场 啰, 大 家 去 上嘚(上面) 讲,

ts‘iu^{42} t‘ai^{35} tɕiu^{44} ɕi^{325}。tɕiɛʔ^{4} ko^{325}ts‘iu^{42} nan^{44} tɕiu^{44} vu^{35} kai^{44} sɿ^{42} iuŋ^{42}
就 睇(看) 佢 起。结 果 就 拿(让)佢 舞 个 试 用

kɛ^{0}, kau^{35} fu^{42} ȵiu^{35} ɕy^{35} yen^{42}, xan^{24} mau^{24} tʃuʌn^{35}tsɛn^{42}。vu^{325} ɛ^{0} san^{44} nan^{212}
个, 搞 妇 女 主 任, 还 冇 转正。 舞 诶 三 年

xan^{24} sɿ^{42} si^{42} nan^{212} i^{35} xɛu^{42} va^{0}, ts‘iu^{42}t‘ɛu^{42} tɕiu^{35} lin^{24} nan^{212}kai^{42} ts‘iu^{42} vui^{42}
还 是 四 年 以 后哇, 就 到 九 零 年 介(于是) 就 为

tɕiu^{44} tsuʌn^{35} tsɛn^{42}。i^{35} ts‘an^{212} nɛ^{0} tɕiu^{44} ts‘iu^{42} sɿ^{42} iʔ^{4} kuʌn^{42} tso^{42} sɿ^{42}xɛn^{35}
佢 转 正。以 前 呢 佢 就 是 一 贯 做 事 肯

tso^{42}、xɛn^{35} kɔŋ^{325}, tso^{42} tɛʔ^{0} xau^{325}、tso^{42} tɛʔ^{0} m̩^{212} xai^{42}, ʃɔŋ^{44} tɕiʔ^{4} ia^{325}t‘ai^{35}
做、肯 讲, 做 得 好、做 得 唔 坏, 上 级 也 睇

tɛʔ^{0}tɕiu^{44} ɕi^{325}, xa^{42} miɛn^{42} ia^{325} iuŋ^{35} fu^{42} tɕiu^{44}。tɕiu^{44} ts‘ɔi^{44} liuʔ^{4} liuʔ^{4} nan^{212}
得佢 起, 下 面 也 拥 护 佢。佢 在 六 六 年

ven^{24} fa^{42} t‘ai^{42} kɛʔ^{4} min^{42} kai^{325} iʔ^{4} nan^{212}, xan^{24} t‘ɛu^{42} pɛʔ^{4} tɕiaŋ^{44} kuʌn^{44} li^{325}。
文 化 大 革 命 该 一 年, 还 到 北 京 观 礼。

xan^{212} tɕian^{42} ɛ^{0} mau^{24}tɕy^{35} siʔ^{2}, tɕian^{42} ɛ^{0} tsɛu^{44} tsuŋ^{35} li^{325}。tsɛu^{44} tsuŋ^{35} li^{325}
还 见 诶 毛 主 席, 见 诶 周 总 理。 周 总 理

xai^{212} ia^{42} tɛ^{0} lɛ^{0} pʌn^{42} ia^{42} lɔi^{212} ts‘a^{24}tɕian^{42}, kɔŋ^{35} va^{42}, muen^{42} tɕiu^{44} kɛ^{0} sɿ^{42}。
还 夜 嘚 嘞 半 夜 来 查见, 讲 话, 问 佢 个 事。

tɕiu^{44} miaŋ^{42} tɛ^{0} m̩^{212} tsaŋ^{44} ɕyi^{44}, si^{325} tsau^{325} t‘ɛʔ^{0} xɛn^{325} ma^{0}。kai^{35} kai^{44}
佢 命嘚(命中) 唔 争 气, 死 早 得 很 嘛。该 个

mau^{24} pan^{42}xaiʔ^{4}, tɕiu^{44} sɿ^{42} saŋ^{44} p‘iaŋ^{42}si^{325}。
冇 办法, 佢 是 生 病 死。

第三节 主题谈话①

一 查家岭②个山林

ŋɔi^{44} kɔŋ^{325} iʔ^{4} kai^{44} ŋɔi^{44} to^{44} tsa^{44} ka^{44} liɑŋ^{44} kai^{325} kai^{44} san^{44} lin^{212} kɛ^{0}
偓 讲 一 个 偓 多 查 家 岭 该个(这个)山 林 个
kuʌn^{35} li^{325}。
管 理。

ts‘uŋ^{24} kai^{35} fɔŋ^{42} ts‘an^{212} t‘ɛu^{44} vui^{24} tɕin^{44} vui^{24} tsɿ^{325} iʔ^{4} k‘uŋ^{42} sɿ^{42} tɕi^{35}
从 解 放 前 到 为今(现在) 为 止 一 共 是 几
sɤʔ^{2} nan^{212} na^{0}。ts‘uŋ^{24} kai^{35} fɔŋ^{42} ts‘an^{212} lɔi^{212} kɔŋ^{325} ɛ^{0} sɿ^{42} puen^{44} tso^{42} iʔ^{4} lɑu^{212}
十 年哪。从 解 放 前 来 讲 诶是 分 做 一 寮
iʔ^{4} fu^{42}，kɔʔ^{4} ȵin^{212} kuʌn^{325} kɔʔ^{4} ȵin^{212} kɛ^{0}，mɔi^{35} ȵin^{212} lɑu^{24} tɛ^{0} lɛ^{0} tu^{44} xɑu^{325}
一 户，各 人 管 各 人 个，每 人 寮 嘚 嘞 都 好
tɕi^{35} iɔŋ^{42} kɛ^{0} san^{44}：kai^{35} kai^{44} ts‘a^{24} tsɔi^{325} san^{44}、mɑu^{24} tʃuʔ^{4} san^{44}、ts‘ɑŋ^{44}
几 样个山：该 个 茶崽(茶子) 山、毛 竹 山、青
san^{44}、p‘uen^{24} san^{44}。si^{42} iɔŋ^{42} kɛ^{0} san^{44}，san^{44} iɔŋ^{42} san^{44} nɛ^{0} sɿ^{42} k‘o^{35} i^{325} xo^{44}
山、坟 山③。四 样 个 山，三 样 山 呢 是 可以 荷
ts‘an^{212} kɛ^{0} sɛu^{44} iʔ^{4}，p‘uen^{24} san^{44} sɿ^{42} k‘o^{35} i^{325} tɑŋ^{35} lʌn^{42} kɛ^{0}。kai^{35} to^{44} san^{44}
钱 个 收 益，坟 山 是 可以 打 乱 个。该多(这些)山
tʃ‘ɔŋ^{212} ts‘iu^{42} puen^{44} xɔi^{44} iʔ^{4} lɑu^{212} iʔ^{4} lɑu^{212}，ts‘iu^{42} kɔʔ^{4} ȵin^{212} kuʌn^{35} kɔʔ^{4}
场(山林地) 就 分开 一寮 一寮，就 各 人 管 各
ȵin^{212} kɛ^{0}。i^{35} ts‘an^{212} san^{44} tʃ‘ɔŋ^{212} tɕy^{35} iɑu^{42} k‘ɑu^{42} kai^{35} kai^{44} iu^{24} ts‘a^{212}
人 个。以 前 山 场 主 要 靠 该 个 油 茶
lɛu^{212} kai^{35} kai^{44} tʃuʔ^{4}，tʃɔʔ^{4} ts‘ai^{212} lɛu^{212} kai^{35} kai^{44} san^{44} ɕy^{42}、ts‘a^{24} tsɔi^{325} ia^{0}
摎 该 个 竹，斫 柴 摎 该 个 杉 树、茶 崽 呀

① 主题谈话：发音合作人围绕确定的主题所进行的讲述。
② 查家岭：发音合作人雷申有所住的纯畲民自然村。
③ 青山：泛指长有林木的山。坟山：关乎村落风水的山，一般用作公共墓地。

kɛn^{44} puen^{325} tɕʻiu^{42} m̩^{212} ti^{35} tsʻan^{212}，tsʻiu^{42} kʻɑu^{42} tsʻi^{42} ka^{44} lɑu^{24} tɛ^{0} ɔi^{44}
根 本 就 呣 抵钱(值钱)，就靠 自 家 寮 嘚 爱

sɔi^{325}，tsʻiu^{42} tʃɔʔ^{4} ȵi^{0} san^{44} ɕy^{42}，tʃɔʔ^{4} ȵi^{0} kai^{35} kai^{424} san^{44} ɕy^{42}，tʃʻuŋ^{42} tian^{325}
使(用)，就 斫 呢(点) 杉树，斫 呢 该 个 杉 树，重 点

tsʻiu^{42} kʻɑu^{42} kai^{35} kai^{44} iu^{24} tsʻa^{212}。tsʻa^{212} tsɔi^{325} tɕy^{35} iɑu^{42} sɿ^{42} kʻo^{35} i^{325} tsa^{42}
就 靠 该 个 油 茶。茶崽 主 要 是 可 以 榨

iu^{212} seʔ^{2}。nan^{24} nan^{212} ɔi^{44} tsɑŋ^{325}，tsɑŋ^{325} ɛ^{0} tsʻiu^{42} kʻɑu^{42} xɛn^{35} tʃɔʔ^{4}，m̩^{212}
油 食。年 年 爱 整①，整 诶 就较(更) 肯着(生长)，呣

tsɑŋ^{325} kɛ^{0} lɛ^{0} tsʻiu^{42} kʻɑu^{42} m̩^{212} tʃɔʔ^{4}，tsʻiu^{42} tʃɔʔ^{4} tɛʔ^{0} sɛu^{325} sɛn^{42} tsɿ^{44} m̩^{212}
整 个嘞 就 较 呣 着，就 着 得 少 甚至 呣

tʃɔʔ^{4}；tsɑŋ^{325} lɛ^{0} kɛ^{0} ɛ^{0} tsʻiu^{42} tʃɔʔ^{4} tɛʔ^{0} to^{44}，tʃɔʔ^{4} kɛ^{0} tsʻa^{24} tsɔi^{325} tʻai^{42}
着； 整 嘞个唉 就 着 得 多，着 个 茶 崽 大

kai^{44}，tʃʻueʔ^{4} iu^{212} liʔ^{4} kʻɑu^{42} kɑu^{44}。tʃuʔ^{4} san^{44} nɛ^{0}，tɕy^{35} iɑu^{42} sɿ^{42} kʻɑu^{42}
个(个儿大)，出 油 率 较 高。竹 山 呢，主 要 是 靠

kai^{35} kai^{44} ian^{44} liɑu^{42}。kai^{35} fɔŋ^{42} tsʻɿ^{44} tɕʻi^{212} kɛ^{0} sɿ^{24} kan^{44}，tʃuʔ^{4} san^{44} m̩^{212}
该 个 腌 料②。解 放 初 期 个时 间，竹 山 呣

kʻɑu^{42} vui^{24} tɕin^{44} iʔ^{4} iɔŋ^{42}，muai^{44} tʃɔʔ^{4} tʃuʔ^{4} mai^{42}，mɑu^{24} ȵin^{212} ɔi^{44} kɛ^{0}，tsʻiu^{42}
较 为 今 一样， □③斫 竹 卖， 有 人 爱 个， 就

tʃyʌn^{44} muen^{212} sɿ^{42} ian^{44} liɑu^{42}，ian^{44} liɑu^{42} lɛ^{0}，kai^{35} iʔ^{4} tʻɔŋ^{212} iʔ^{4} tʻɔŋ^{212} kɛ^{0}
专 门 是 腌 料， 腌 料嘞， 该 一 筒 一 筒 个

ian^{44} liɑu^{42}，mɔi^{35} ka^{44} mɔi^{35} fu^{42} kɔʔ^{4} ȵin^{212} ian^{44} kɔʔ^{4} ȵin^{212} kɛ^{0}，ian^{44} nɛ^{0} lɛ^{0}
腌 料， 每 家 每 户 各 人 腌 各人 个， 腌 呢 嘞

kɛ^{0} liɑu^{42} tsʻiu^{42} mai^{42} puen^{44} ȵin^{24} ka^{44} tso^{42} tsɿ^{325}。tsʻiu^{42} kʻɑu^{42} liɔŋ^{35} iɔŋ^{42}
个 料 就 卖 分 人 家 做 纸。 就 靠 两 样

ɕiu^{44} iuŋ^{24} sɛn^{44}：tsɔʔ^{4} tʻan^{212}、ian^{44} liɑu^{42}。ian^{44} liɑu^{42} tsʻiu^{42} mai^{42} tsʻan^{212}，
去 营 生：作 田、 腌 料。 腌 料 就 卖 钱，

tsɔʔ^{4} tʻan^{212} tsʻiu^{42} seʔ^{2} pʻʌn^{42} no^{0}。tsʻa^{24} tsɔi^{325} san^{44} tsɑŋ^{325} ɛ^{0} lɛ^{0} xo^{44} iu^{212}，
作 田 就 食 饭 喏。茶 崽 山 整 诶嘞荷 油，

① 整：整理，即整枝以及除草、施肥。

② 腌料：加工毛竹造纸的一道工序，把毛竹置于熟石灰中褪去竹膜及竹青。

③ □muai^{44}：不会，“呣解［m̩^{212} xai^{42}］”的合音。

ts‘iu^{42} sɿ^{42} ts‘‘i^{42} ka^{44}saŋ^{44} fuɛʔ^{2} ʃɔŋ^{42} seʔ^{2} kɛ^{0} iu^{212}，m̩^{212} siɑu^{44} mai^{35}tɛʔ^{0}
就 是自 家生 活 上 食 个油， 呣消(不用) 买得
iu^{212}。so^{35} i^{325} nɛ^{0} i^{35} ts‘an^{212} ts‘iu^{42}k‘ɑu^{42} kai^{35} sɛn^{44} kɔʔ^{4} ȵin^{212} ka^{44} iʔ^{4}
油。所以 呢以 前 就 靠 该生(这样) 各人 家 一
lɑu^{212} iʔ^{4} fu^{42}。
寮 一户。

si^{42}tɕiu^{35} nan^{212} ts‘iu^{42} kai^{35} fɔŋ^{42} na^{0}，ŋ̍^{35} ȵi^{42} nan^{212} ts‘iu^{42} t‘u^{35} kɔi^{325}，
四九 年 就 解 放 哪，五 二 年 就 土 改，
t‘ɛu^{212} va^{0}ŋ̍^{35}san^{44} nan^{212} ts‘iu^{42} fuʔ^{4} ts‘a^{212}，ŋ̍^{35}ȵi^{42} nan^{212} puen^{44} t‘ɛu^{44}iʔ^{4}
到 哇五三 年 就 复 查。五 二 年 分 到 一
lɑu^{212} iʔ^{4} fu^{42}，xɛu^{42} lɔi^{212} iu^{42}nan^{44} san^{44} lɛ^{0}，xɛu^{42} lɔi^{212} iu^{42} tsɔi^{42} puen^{44} kɛ^{0}。
寮一户， 后 来 又拿(把) 散嘞， 后 来 又 再 分 个。
nan^{44} san^{44} to^{44} kɛ^{0} lo^{0} puen^{44} lɛu^{212} kai^{35}kai^{44} mɑu^{24} san^{44} kɛ^{0} ȵin^{212}，t‘i^{42} tɕy^{325}
拿 山 多 个啰 分 摎 该 个 冇 山 个 人，地 主
fu^{42} nuŋ^{212} kɛ^{0}san^{44} ts‘iu^{42} puen^{44} tʃ‘ueʔ^{4} lɔi^{212}。ts‘iu^{42} k‘ɑu^{42} tsen^{42} fu^{325} xɑu^{35}
富 农 个山 就 分 出 来。 就 靠 政 府 好
tsen^{42} ts‘aʔ^{4}，kɔŋ^{325} iʔ^{4} ku^{42} ts‘iu^{42} sɿ^{42} kɛ^{0}：lɔʔ^{2} kai^{44} san^{44}puen^{44}lɔʔ^{2} iʔ^{4} kai^{44}，
政 策， 讲 一句 就 是个： 若(哪)个山 分 若 一 个，
lɔʔ^{2} kai^{44} san^{44} puen^{44} lɔʔ^{2} iʔ^{4} kai^{44}。ŋ̍^{35} san^{44} nan^{212} iu^{42} fuʔ^{4} ts‘a^{212}，kai^{35} kai^{44}
若个 山 分 若 一个。五 三 年 又 复 查， 该 个
san^{44}na^{0} tu^{44} xan^{24} mɑu^{24} piɛn^{42} t‘uŋ^{42}，xan^{24} sɿ^{42} iʔ^{4} iɔŋ^{42}。
山 哪都 还 冇 变 动， 还 是 一样。

ts‘uŋ^{24}ŋ̍^{35} si^{42} nan^{212} xɔi^{44} sɿ^{325} lɛ^{0} ts‘uʔ^{2} ts‘an^{44} ts‘uʔ^{2} ts‘an^{44} ts‘iu^{42} vo^{325}
从 五 四 年 开 始 嘞 逐 渐 逐 渐 就 喽
tʃuʌn^{35}fu^{42} ts‘ɿ^{42}tsɿ^{325}。vui^{24} tɕin^{44} vo^{325} saŋ^{44} ts‘an^{35} tsɿ^{325}。fu^{42} ts‘ɿ^{42} tsɿ^{325}
转 互 助组。 为 今 喽 生 产 组。 互 助 组
ts‘iu^{42} sɿ^{42} tɑŋ^{35} fu^{325} va^{0}，tɑŋ^{35} fu^{325}tʃuŋ^{42} t‘an^{212}，tɑŋ^{35} fu^{325} kuʌn^{35}san^{44}，
就 是 打 伙 哇， 打 伙种 田， 打 伙 管 山，
ts‘iu^{42} sɿ^{42} ts‘iʔ^{2} t‘i^{325} ɕin^{42} kɛ^{0} tɑŋ^{35} fu^{325}。ŋ̍^{35} si^{42}nan^{212} ts‘iu^{42} tʃuʌn^{35} t‘ɛu^{44}
就 是 集 体 性 个 打 伙。五 四 年 就 转 到
ts‘ɿ^{44} tɕiʔ^{4} sa^{42}。ŋ̍^{35}ŋ̍^{325} nan^{212} ts‘iu^{42} tʃuʌn^{35} kɑu^{44} tɕiʔ^{4} sa^{42}，t‘ɛu^{42}ɛ^{0}ŋ̍^{35} paiʔ^{4}
初 级 社。五五 年 就 转 高 级 社， 到 呃五 八

nan^{212} ts'iu^{42} tʃuʌn^{35} ȵin^{24} min^{212} kuŋ^{44} sa^{42}。ȵin^{24} min^{212} kuŋ^{44} sa^{42} kɛ^{0} sɿ^{212}
年 就 转 人 民 公 社。人 民 公 社 个 时
kan^{44} nɛ^{0} ts'iu^{42} vu^{325} tɛʔ^{0} tʃ'ɔŋ^{212}，vu^{35} xɑu^{44} kai^{35} kai^{44} ȵi^{42} sɤʔ^{2} to^{44} nan^{212}，
间 呢 就 舞 得 长， 舞 耗 该 个 二 十 多 年，
tʃ'uŋ^{212} ŋ̍^{35} paiʔ^{4} nan^{212} ɕi^{325}，liuʔ^{4} paiʔ^{4} nan^{212}、ts'iʔ^{4} paiʔ^{4} nan^{212} t'ɛu^{44} va^{0}
从 五 八 年 起，六 八 年、 七 八 年 到 哇
paiʔ^{4} lin^{212} nan^{212} i^{35} xɛu^{42} lɛ^{0} mʌn^{42} mʌn^{42} tsɿ^{0} tʃɔŋ^{325} kɔi^{325} fa^{42} vui^{212} ɕiɔŋ^{44} nɛ^{0}，
八 零 年 以 后嘞 慢 慢 子 场 改 划 为 乡 呢，
m̩^{212} vo^{325} ȵin^{24} min^{212} kuŋ^{44} sa^{42}，ts'iu^{42} vo^{325} ɕiɔŋ^{44}，t'an^{212} na^{0} san^{44} na^{0} iʔ^{4}
呣 喽 人 民 公 社， 就 喽 乡， 田 哪 山 哪 一
ts'ʔ^{2} t'ɛu^{44} paiʔ^{4} ȵi^{42} nan^{212} i^{35} ts'an^{212} tu^{44} sɿ^{42} iu^{212} ts'iʔ^{2} t'i^{325} tsɔʔ^{4} t'an^{212}，
直 到 八 二 年 以 前 都 是 由 集 体 作 田，
ts'iʔ^{2} t'i^{325} lɔi^{212} kuʌn^{35} san^{44}，ts'iʔ^{2} t'i^{325} lɔi^{212} kɑu^{35} fu^{42} ȵiɛʔ^{4}，ŋ̍^{35} sɛn^{44} kɛ^{0}
集 体 来 管 山， 集 体 来 搞 副 业， 唔 生 个
tʃ'uŋ^{42} tian^{325} xan^{24} sɿ^{42} ian^{44} liɑu^{42}。t'ɛu^{44} liuʔ^{4} lin^{212} nan^{212} i^{35} xɛu^{42} ts'iu^{42}
重 点 还 是 腌 料。 到 六 零 年 以 后 就
piɛn^{42} vui^{212} lin^{24} kuʌn^{35} tsan^{42} kai^{42} ts'iu^{42} kuʌn^{325} sɛu^{44} ɕy^{42}，ts'iu^{42} k'o^{35} i^{325}
变为 林 管 站 介 就 管 收 树， 就 可以
tʃɔʔ^{4} mɑu^{24} tʃuʔ^{4} mai^{42}，tʃɔʔ^{4} ɕy^{42} mai^{42}，tʃɔʔ^{4} ts'uŋ^{24} paʔ^{4} tsɔi^{325} mai^{42}，ŋ̍^{35}
斫 毛 竹卖， 斫 树 卖， 斫 松 柏 崽 卖，唔
kai^{44} sɿ^{24} kan^{44} nɛ^{0} tʃɔʔ^{4} ts'ai^{212} tɕi^{44} puen^{35} ʃɔŋ^{44} m̩^{212} mai^{42} kɛ^{0}，ts'iu^{42} sɿ^{42} ts'uŋ^{24}
个 时 间 呢 斫 柴 基 本 上 呣 卖 个，就 是 松
paʔ^{4} tsɔi^{325}，va^{42} san^{44} ɕy^{42}，san^{44} ɕy^{42} m̩^{212} xɑu^{35} mai^{42} kɛ^{0}，ɔi^{44} tso^{42} lɑu^{212}。
柏 崽， 话 杉 树，杉 树 呣好 卖 个， 爱 做 寮。
so^{35} i^{325} xan^{24} ian^{44} liɑu^{42}，ian^{44} t'ɛu^{42} ts'iʔ^{4} lin^{24} nan^{212} vui^{24} tsɿ^{325}，ts'iʔ^{4} lin^{24}
所以 还 腌 料， 腌 到 七 零 年 为 止， 七 零
nan^{212} i^{35} xɛu^{42} ts'iu^{42} tɕi^{44} puen^{325} ʃɔŋ^{44} ȵin^{42} vui^{212} ian^{44} liɑu^{42} fa^{24} m̩^{212} lɔi^{212} lɛ^{0}，
年 以后 就 基 本 上 认 为 腌 料 划 呣 来 嘞，
ts'iu^{42} kɔi^{325} xɑu^{44} va^{0}，ts'iu^{42} m̩^{212} ian^{44}，ts'iu^{42} tʃuen^{44} muen^{212} tʃɔʔ^{4} tʃuʔ^{4}，
就 改 耗 哇，就 呣 腌， 就 专 门 斫 竹，
mai^{42} lin^{24} kuʌn^{35} tsan^{42}。sɿ^{35} i^{325} ŋ̍^{35} kai^{44} so^{24} kan^{44} ts'iu^{42} tsɔʔ^{4} tʃuʔ^{4}。tʃɔʔ^{4} iʔ^{4}
卖 林 管 站。 所以 唔个 时 间 就 斫 竹。 斫 一

ts'a44 kai35kai44tʃuʔ4 ts'iu42 mai42 iʔ4 k'uai42 to44 ts'an212, m̩212 k'ɑu42vui24 ȶɕin44
车 该 个 竹 就 卖 一 块 多 钱，呣 较 为 今
no0, vui24 ȶɕin44iʔ4p'ɔi42 ts'iu42sɑŋ212 sɤʔ4 pɔi42 ia0。
喏，为今一倍 就成 十倍 呀。

tʃ'uŋ24 paiʔ4 san44 nan212 ts'iu42 iu24 iu212 tʃuŋ44 iɔŋ44 kɛ0 tsen42 ts'aʔ4 piɛn42
从 八 三 年 就 由 于 中 央 个 政 策 变
na0, kɔi35xɑu44 va0, i35 ts'an212 sɿ42 seʔ2 t'ai42 ko44 p'ʌn42 no0, ts'iʔ2 t'i325 kɛ0
哪，改耗 哇，以 前 是 食 大 锅 饭 喏，集 体 个
lo0, tʃ'uŋ24 paiʔ4 san44nan212 xɔi44 sɿ325 mʌn42 mʌn42 lɛ0 ts'iu42 nan44 t'an212puen44
啰，从 八 三 年 开 始 慢 慢 嘞就 拿 田 分
t'ɛu44 iʔ4 lɑu212 iʔ4 fu42, nan44san44 tɑŋ35 lʌn42 ts'iu42 puen44 t'ɛu44 mɔi35 lɑu212
到 一 寮 一 户，拿 山 打 乱 就 分 到 每 寮
mɔi35 fu42, so35 i325 ts'iu42 puen44 t'ɛu44mɔi35 fu42 kuʌn35 li325, t'an212 na0 san44
每 户，所 以 就 分 到 每 户 管 理，田 哪 山
na0, iʔ4 ts'eʔ2 t'ɛu44 vui24 ȶɕin44, iu24 ts'i42ka44 tsɔʔ4, ts'i42 ka44 kuʌn325, ts'i42
哪，一直 到 为 今，由 自 家 作，自 家 管，自
ka44 mai42 ts'an212, ts'i42 ka44 sɔi325, fu42 siɔŋ44 m̩212 kʌn44sɛʔ2, iu44 tɛʔ0ȵi42
家 卖 钱，自 家 使，互 相 呣 干 涉，有 得 二十
sɤʔ2ŋ̍35liuʔ4 nan212 lɛ0。
五 六 年 嘞。

vui24 ȶɕin44tɔi44san44 kuʌn35 li325ts'iu42 k'ɑu42 xaiʔ4 xɛn325 lɛ0。mɔi35 lɑu212
为今 对 山 管 理 就 较 发狠(勤快)嘞。每 寮
mɔi35fu42 t'uŋ42 tian325 ts'iu42 k'ɑu42 san44 seʔ2 p'ʌn42。tɔi44t'an212 lɔi24 kɔŋ325
每 户 重 点 就 靠 山 食 饭。对 田 来 讲
muen42 t'i212 m̩212 t'ai42, t'an212 tsɔʔ2 m̩212 tsɔʔ2 m̩212 ɔi44ȶɕin325, vui24 ȶɕin44 liɔŋ24
问 题 呣 大，田 作 呣 作 呣爱紧(不要紧)，为 今 粮
seʔ2 kuɔŋ44 mai325, tɕy35 iɑu42 sɿ42k'ɑu42 san44, san44 tʃ'ɔŋ212 ts'iu42 puen44
食 光 买，主 要 是靠 山，山 场 就 分
t'ɛu42mɔi35 lɑu212 mɔi35 fu42 kuʌn325, tʃ'uŋ42 tian325sɿ42 k'ɑu42 mai42 tʃuʔ4,
到 每 寮 每 户 管，重 点 是 靠 卖 竹，
tʃuʔ4、ɕy42 tu44 pi325 kuʔ4 k'ɑu42 ti35 ts'an212 lɛ0。i35 ts'an212 ɕy42 sɿ42san44
竹、树 都 比 谷 较 抵 钱 嘞。以 前 树 是 三

kʻuai^{42} to^{44} tsʻan^{212} iʔ^{4} liʔ^{2} fɔŋ^{44}, vui^{24} ʨin^{44} kɛ^{0} ɕy^{42} mai^{42} ŋ̍^{35} paʔ^{4} to^{44} kʻuai^{42}
块 多钱 一立方， 为今个树卖五百多块
iʔ^{4}fɔŋ^{44}, iʔ^{4} paʔ^{4} ʨi^{35} sɤʔ^{2} pʻɔi^{42}; tʃuʔ^{4} lɛ^{0} vɔŋ^{35} fɔi^{212} iʔ^{4} kʻuai^{42} to^{44} tsʻan^{212}
一方， 一百几十倍； 竹嘞 往回(以往) 一块多钱
iʔ^{4} xɑŋ^{212}, vui^{24}ʨin^{44} sɤʔ^{2} ȵi^{42} san^{44}kʻuai^{42} tsʻan^{212} iʔ^{4} xɑŋ^{212}, iʔ^{4} pʻɔi^{42} xʌn^{44}
一行(根)，为今 十二三块钱一行， 一倍翻
lɛ^{0} tsʻiʔ^{4} paiʔ^{4} pʻɔi^{42}。
嘞七八倍。

vɔŋ^{35} nan^{212} kuʌn^{35} san^{44} sɿ^{42} mɑu^{212} tsʻan^{212} kɛ^{0}, tsʻi^{42} ka^{44} kuʌn^{35} tsʻi^{42}
往年 管山是冇钱个，自家管自
ka^{44} kɛ^{0}, vui^{24} ʨin^{44} nɛ^{0} tsŋ^{35} san^{44} tsen^{42} fu^{325} xan^{24} xai^{44} paiʔ^{4} tsʻan^{212} lɔi^{212} kɛ^{0}。
家个，为今呢整山政府还解拨钱来个。
ȵi^{44} tsɑŋ^{325} ȵi^{44}tsʻi^{42} ka^{44} kɛ^{0} san^{44}, xai^{24} pu^{44} tsʻan^{212} puen^{44} ȵi^{44}, ȵi^{44} mai^{42}
你整你自家个山， 还补钱分(给)你，你卖
kɛ^{0} tsʻan^{212} tsen^{42} fu^{325} iu^{42} m̩^{212} sɛu^{44}sɔi^{325}, xai^{212} m̩^{212} sɛu^{44} tsʻan^{212} tsuʌn^{35} ɕiu^{44},
个钱政府又呣收税，还呣收钱转去，
kɛn^{44} vɔŋ^{35} nan^{212} vʌn^{24} tsʻian^{212} sɿ^{42}liɔŋ^{35} fɔi^{212} sɿ^{42}。vui^{24}ʨin^{44} kʻuŋ^{42} tsʻan^{35}
跟往年完全是两回事，为今共产
tɔŋ^{325} kɛ^{0} tsen^{42} tsʻaʔ^{4} pi^{325} i^{35} tsʻan^{212} yaiʔ^{2} vu^{325}yaiʔ^{2}xɑu^{325}, iʔ^{4} ȵiʔ^{2} iʔ^{4} ȵiʔ^{2}、
党个政策比以前越舞越好，一日一日、
iʔ^{4} nan^{212} iʔ^{4} nan^{212}, tu^{44} pi^{325} vɔŋ^{35}nan^{212} kɛ^{0}xɑu^{325}。kai^{35}fɔŋ^{42} tsʻan^{212} iu^{24}ko^{325}
一年一年，都比往年个好。解放前如果
xo^{44} tʻɔi^{42} ʨy^{325}kɛ^{0}lɛ^{0} xai^{24} ɔi^{44} kɑu^{44} tʻi^{42} ʨy^{325} kɛ^{0} tsɿ^{44}, vui^{24} ʨin^{44} m̩^{24} sɑu^{44}
荷地主个嘞还爱交地主个租，为今呣消
kɑu^{44} tsɿ^{44}, tsen^{42} fu^{325} xan^{212} nan^{44} tsʻan^{212} puen^{44} ȵi^{44}, so^{35} i^{325} vui^{24}ʨin^{44} sɛn^{44}
交租，政府还拿钱分你，所以为今生
faiʔ^{2} iʔ^{4} ȵiʔ^{2} iɛ^{0} pi^{325} iʔ^{4} ȵiʔ^{2} xɑu^{325}, tsʻiu^{42} tsʻin^{42} sin^{44}tsʻin^{42} i^{42} tsɔʔ^{2} xɑu^{325}
活一日诶比一日好，就尽心尽意作好
tʻan^{212}、kuʌn^{325}xɑu^{325} san^{44}。
田、管好山。

二 佴个寮嘚①（上）

ŋɔi44 kɔŋ325 xa0 ŋɔi44 to44 tsa44 ka44 liɑŋ44 a0 lɑu24 tɛ0 kɛ0 ts‘in24 k‘ɔŋ42。
佴 讲 下 佴 多 查 家 岭 啊 寮 嘚 个 情 况。
puen35 lɔi212 tsa44 ka44 liɑŋ44 vɔŋ35 nan212 iʔ4 ts‘eʔ2 tu44 sɑŋ42 tsa44 kɛ0 tʃɔŋ325，so35
本 来 查 家 岭 往 年 一 直 都 姓 查 个 掌，所
i325 kɔŋ325 vo325 tsa44 ka44 liɑŋ44。ts‘iu42 liɔŋ35 kai44 t‘i42 fɔŋ44：ʃɔŋ44 tsa44 ka44
以 讲 喽 查家 岭。就 两 个 地 方：上 查 家
liɑŋ44，xa42 tsa44 ka44 liɑŋ44。vui24 tɕin44 lɔi22 kɔŋ325 nɛ0 ʃɔŋ44 tsa44 ka44 liɑŋ44
岭，下 查 家 岭。为 今 来 讲 呢 上 查 家 岭
sɿ42 mɑu24 ȵin212 tʃɔŋ325 ŋa0，xo44 ȵin212 kɛ42 ts‘iu42 sɿ42 ŋɔi44 to44 xa42 tsa44 ka44
是 有 人 掌 啊，荷 人 个 就 是 佴 多 下 查 家
liɑŋ44。ŋɔi44 to44 sɿ42 iʔ4 kai44 a0，xa42 tsa44 ka44 liɑŋ44 sɿ42 xɑŋ44 xɛu324 va0，kaʔ4
岭。佴 多 是 一 个 啊，下 查 家 岭 是 坑 口 哇，隔
xɔi44 san44 si42 li325 lu42，li212 ɕiɔŋ44 tsɛn42 fu325 xo44 sɤʔ2 to44 li325 lu42，li212 ts‘ɛn212
开 三 四 里 路，离 乡 政 府 荷 十 多 里 路，离 陈
fɔŋ44 tɕiai44 tɛ0 xo44 ȵiʔ2 sɤʔ2 lɔi212 li325 lu42。
坊 街 嘚 荷 二 十 来 里 路。

kai35 fɔŋ42 sɿ24 kan44 xo44 ŋ35 liuʔ4 lɑu212 ȵin212，naʔ2 xo44 san44 sɤʔ2 kai44
解 放 时 间 荷 五 六 寮 人，纳(只) 荷 三 十 个
ȵin212，vui24 tɕin44 nɛ0 mɑu24 iʔ4 tɕ‘iʔ325 ts‘ɔi44 lɑu24 tɛ0，iu24 ko325 iʔ4 tɕ‘iʔ325
人，为 今 呢 有 一 起 在 寮 嘚，如 果 一 起
ts‘ɔi44 lɑu212 sɿ42 sɤʔ2 ŋ325 liuʔ4 fu42 va0，xo44 ts‘iʔ4 paiʔ4 sɤʔ2 ȵin212 na0。vui24
在 寮 是 十 五 六 户 哇，荷 七 八 十 人 哪。为
tɕin44 ts‘ɔi44 lɑu212 kɛ0 xan24 xo44 sɤʔ2 lɔi212 fu42 ȵin212，xan24 xo44 si42 sɤʔ2 lɔi24
今 在 寮 个 还 荷 十 来 户 人，还 荷 四 十 来
kai44 ȵin212。in44 vui212 vui24 tɕin44 tɕy35 iɑu42 sɿ42 ȵin24 xɛu325 k‘uŋ42 tsɿ42，iu24
个 人。因 为 为 今 主 要 是 人 口 控 制，如
ko325 mɔi42 sɿ42 ȵin24 xɛu325 k‘uŋ42 tsɿ42、tɕi42 fa42 sɛn44 iuʔ4 lɔi24 kɔŋ325，ts‘iu42
果 未(不) 是 人 口 控 制、计 划 生 育 来 讲，就

① 主题谈话《佴个寮嘚》系发音合作人雷申有关于家庭情况的自述。

in^{44} kɔi^{44} sɿ^{42} xo^{44} liuʔ^{4} tsʻiʔ^{4} sɤʔ^{2} kai^{44} ȵin^{212}。vui^{24} tɕin^{44} xan^{212} xo^{44} sɤʔ^{2}lɔi^{212}
应 该 是 荷 六 七 十 个 人。 为 今 还 荷 十 来
lau^{24} tɛ^{0}，xau^{325} to^{44} lau^{24} tɛ^{0} tu^{44} sɿ^{42} tsʻen^{24} kuŋ^{44} tsɔʔ^{4} kɛ^{0} tʃʻueʔ^{4} ɕiu^{44} va^{0}，
寮 嘚，好 多 寮 嘚 都 是 寻 工 作 个 出 去 哇，
pʻʌn^{212}tʃʻueʔ^{4} ɕiu^{42} tʃɔŋ^{325} a^{0}。mau^{212} iʔ^{4} tʃʻeʔ^{2} tsʻɔi^{44} iʔ^{4} tɔi^{44}，iu^{24} ko^{325}
盘(搬) 出 去 掌 啊。冇 一 直 在 一 堆(一块)， 如 果
tsʻɔi^{44} iʔ^{4} tɔi^{44} tsʻiu^{42} sɿ^{42} xo^{44}sɤʔ^{2}tsʻiʔ^{4} paiʔ^{4} lau^{212} ȵin^{212} na^{0}，xo^{44}tsʻiʔ^{4}
在 一 堆 就 是 荷 十 七 八 寮 人 哪， 荷 七
paiʔ^{4} sɤʔ^{2}ȵin^{212} na^{0}，saŋ^{24} paʔ^{4} ȵin^{212} na^{0}。tʻi^{42} miaŋ^{212} tsʻiu^{42} vo^{325} tsa^{44} ka^{44}
八 十 人 哪，成 百 人 哪。地 名 就 喽 查 家
liaŋ^{44}，vui^{24} tɕin^{44} vo^{325} iʔ^{4} kai^{44} saŋ^{44} tsʻan^{35} tsɿ^{325}，ia^{35}vo^{325} iʔ^{4} kai^{44} tsʻɿ^{42}
岭，为 今 喽 一 个 生 产 组， 也 喽 一 个 自
iɛn^{24} tʃʻuen^{44}。
然 村。

tsʻuŋ^{24} ŋɔi^{44} lau^{212} tɛ^{0} lɔi^{24} kɔŋ^{325} ɛ^{0}，ŋɔi^{44} vui^{24} tɕin^{44} liuʔ^{4} sɤʔ^{2} to^{44} sɔi^{44} ia^{0}。
从 𠊎 寮 嘚 来 讲 诶， 𠊎 为 今 六 十 多 岁 呀。
ŋɔi^{44}kɔŋ^{44} si^{325} kɛ^{0} sɿ^{24} kan^{44} nɛ^{0} ŋɔi^{44} ia^{212} xo^{44} ȵi^{42} sɤʔ^{4} to^{44} sɔi^{44} ia^{0}。ŋ̍^{35} sɛn^{44}，
𠊎 公 死 个 时 间 呢 𠊎 爷 荷 二 十 多 岁 呀。唔 生，
tsʻiu^{42} sɿ^{42} liuʔ^{4} ŋ̍^{35} nan^{212} pa^{0}，ŋɔi^{44} kɔŋ^{44} si^{325}。ŋɔi^{44} tia^{44} sɿ^{42} tɕiu^{35} san^{44} nan^{212}
就 是 六 五 年 吧， 𠊎 公 死。𠊎 爹 是 九 三 年
tsaŋ^{44} si^{325}。ŋɔi^{44} iʔ^{4} lau^{212}ȵin^{212} i^{35} tsʻan^{212} sɿ^{42} iʔ^{4} lau^{212}，vui^{24} tɕin^{44} puen^{44}
正(才)死。𠊎 一 寮 人 以 前 是 一 寮， 为 今 分
saŋ^{212} si^{42} lau^{212} ȵin^{212} na^{0}。tsiu^{35} lin^{24}nan^{212} i^{35}tsʻan^{212}ŋ̍^{35} kai^{44} sɿ^{24} xɛu^{42} iʔ^{4}
成 四 寮 人 哪。 九 零 年 以 前 唔 个 时 候 一
lau^{212} ȵin^{212} to^{44}，iʔ^{4} lau^{212} tsʻiu^{42} xo^{44} iʔ^{4} sɤʔ^{2} paiʔ^{4}kai^{44} ȵin^{212} seʔ^{2} pʻʌn^{42}，
寮 人 多， 一 寮 就 荷 一 十 八 个 人 食 饭，
liɔŋ^{35} tsɔʔ^{4} taʔ^{4} liɔŋ^{35} kai^{44}。sɿ^{42} si^{42} ɕiaŋ^{44} tʻai^{42}，lau^{35} tʻai^{42}mɔi^{212} saŋ^{24} ka^{44}，
两 桌 搭 两 个。是 四 兄 弟， 老 大 未(没) 成 家，
tʻɛu^{42} tsʻiʔ^{4} si^{42} nan^{212} si^{42} sɤʔ^{2} liuʔ^{2} sɔi^{44} tsaŋ^{44} si^{325}。tu^{44} sɿ^{42} taŋ^{35} fu^{325} seʔ^{2}
到 七 四 年 四 十 六 岁 正(才)死。 都 是 打 伙 食

p‘ʌn^{42} kɛ^{0}。t‘ɛu^{42} iʔ^{4} tɕiu^{35} tɕiu^{35} lin^{212} nan^{212} ʃɔŋ^{44} pʌn^{44} nan^{212} tsɑŋ^{44} puen^{44}

饭个。到一九九零年上半年正(才)分

xɔi^{44} ka^{44}。sai^{44} ȵin^{212} tu^{44} t‘ai^{42} ia^{0}，ia^{212} ia^{35} ts‘iu^{42} lɑu^{325} va^{0}。puen^{44} xɔi^{44} i^{35}

开家。细人都大呀，爷也就老哇。分开以

xɛu^{42} sɿ^{42} san^{44} lɑu^{212}，vui^{24} tɕin^{44} iu^{42} piɛn^{42} sɑŋ^{212} si^{42} lɑu^{212}，tɕy^{35} iɑu^{42} sɿ^{42}

后是三寮，为今又变成四寮，主要是

lɑu^{35} san^{44} tɕiu^{44} liɔŋ^{35} kai^{44} tsɔi^{325} t‘ai^{42} tɛʔ^{0} tsɑu^{325}，tɕ‘iu^{42} puen^{44} xɔi^{44}。

老三佢两个崽大得早，就分开。

ts‘uŋ^{24} ŋɔi^{44} ts‘i^{42} ka^{44} lɔi^{212} kɔŋ^{325} nɛ^{0}，ŋɔi^{44} sɿ^{42} iʔ^{4} tɕiu^{35} si^{42} ŋ̍^{35} nan^{212}

从佴自家来讲呢，佴是一九四五年

tʃ‘ueʔ^{4} sɛ^{44} kɛ^{0}，xan^{24} sɿ^{42} kai^{35} fɔŋ^{42} ts‘an^{212}。tɕiu^{35} sɔi^{44} ia^{0} tsɑŋ^{44} xɔi^{44} sɿ^{325}

出世个，还是解放前。九岁呀正开始

t‘ɤʔ^{2} ɕy^{44}。ŋ̍^{35} san^{44} nan^{212} ts‘ɔi^{44} ts‘i^{24} ka^{44} tsɛu^{44}，t‘ɤʔ^{2} a^{0} pʌn^{44} nan^{212}。

读书。五三年在齐家洲，读啊半年。

t‘i^{42} ȵiʔ^{2} nan^{212} ŋ̍^{35} si^{42} nan^{212} ŋɔi^{44} to^{44} ts‘i^{42} ka^{44} san^{44} xɛu^{325} tʃ‘uen^{44} tɛ^{0} lɛ^{0}

第二年五四年佴多自家山口村嘚嘞

tʃ‘iu^{42} ts‘en^{24} liʔ^{2} xɔʔ^{2} t‘ɔŋ^{212}，ŋ̍^{35} kai^{44} sɿ^{24} kan^{44} xɔʔ^{2} t‘ɔŋ^{212} mɑu^{212}，ts‘iu^{42}

就成立学堂，唔个时间学堂冇，就

nan^{44} t‘i^{42} tɕy^{325} kɛ^{0} lɑu^{212} tsen^{44} sɛu^{44} ku^{42} lɔi^{212} tso^{42} xɔʔ^{2} t‘ɔŋ^{212}。ts‘uŋ^{24} ŋ̍^{35} si^{42}

拿地主个寮征收过来做学堂。从五四

nan^{212} ts‘iu^{42} tʃ‘ueʔ^{4} ɛ^{0} san^{44} xɛu^{325} ɕiu^{44} t‘ɤʔ^{2} ɕy^{44}，t‘ɤʔ^{2} ɛ^{0} sɑu^{35} xɔʔ^{2}。ŋ̍^{35}

年就出诶山口去读书，读诶小学。五

paiʔ^{4} nan^{212} xa^{42} pʌn^{44} nan^{212} ts‘iu^{42} ɛ^{0} ts‘en^{212} fɔŋ^{44} t‘ɤʔ^{2} ɛ^{0} pʌn^{44} nan^{212} ɕy^{44}，

八年下半年就诶陈坊读诶半年书，

ts‘iu^{42} sɿ^{42} t‘ɤʔ^{2} kɑu^{44} sɑu^{325}。t‘ɤʔ^{2} ɛ^{0} pʌn^{44} nan^{212} ɕy^{44}。ŋ̍^{35} tɕiu^{35} nan^{212} in^{44}

就是读高小。读诶半年书。五九年因

vui^{212} sɑŋ^{44} faiʔ^{2} k‘u^{325} tɛʔ^{0} xɛn^{325} ts‘iu^{42} mɑu^{24} ɛ^{0} t‘ɤʔ^{2}，ts‘iu^{42} ɛ^{0} lɑu^{212} xɑu^{44}

为生活苦得很就冇诶读，就诶留耗

iʔ^{4} nan^{212}，t‘ɛu^{42} ɛ^{0} liuʔ^{4} lin^{24} nan^{212} nɛ^{0}，iu^{42} tʃuʌn^{44} muen^{212} pan^{42} kai^{35} kai^{44}

一年，到诶六零年呢，又专门办该个

kɑu^{44} sɑu^{325} kɛ^{0} xɔʔ^{2} t‘ɔŋ^{212}，ts‘iu^{42} liuʔ^{6} lin^{24} nan^{212} kɛ^{0} xa^{42} pʌn^{44} nan^{212} t‘ɤʔ^{2}

高小个学堂，就六零年个下半年读

ɛ^{0} pʌn^{44} nan^{212}，liuʔ^{4} iʔ^{4} nan^{212} iu^{42} mɑu^{24} t‘ɤʔ^{2} a^{0}，ts‘iu^{42} ts‘ɔi^{44} lɑu^{24}tɛ^{0} lɑu^{24}
诶半年，六一年又冇读啊，就在寮嘚留
xɑu^{44} iʔ^{4} nan^{212}，t‘ai^{35} t‘ai^{325} xa^{42} ŋɑu^{212}，ia^{35} mɑu^{24} tso^{42} sɿ^{42}。
耗一年，睇(看)睇下牛，也冇做事。

liuʔ^{4} ȵi^{42} nan^{212} nɛ^{0} ts‘iu^{42} t‘ɛu^{42} fen^{44} tʃ‘ɔŋ^{325} ɕiu^{44} tso^{42} t‘uŋ^{44} sin^{42}yʌn^{212}：
六二年呢就到分场去做通讯员：
suŋ^{44} suŋ^{44}t‘uŋ^{44} tsɿ^{44} lo^{0}，tɑŋ^{35} xɔi^{44} ʃui^{325} ia^{0}，xo^{44} ȵin^{24} xaʔ^{4} lɔi^{212} tsɛu^{44} t‘ɔi^{42}
送送通知啰，打开水呀，荷人客来招待
a^{0}，ts‘iu^{42} vo^{325} t‘uŋ^{44}sin^{42} yʌn^{212}。t‘ɛu^{42} liuʔ^{4} liuʔ^{4} nan^{212} ts‘iu^{42} vo^{325} kɑu^{35}
啊，就喽通讯员。到六六年就喽搞
sa^{42} kɑu^{44} va^{0}。sa^{42} kɑu^{44} tɕiɛʔ^{4} suʔ^{4}lɛ^{0} ts‘iu^{42} nan^{44} ŋɔi^{44} ts‘uŋ^{212} fen^{44} tʃ‘ɔŋ^{325}
社教哇。社教结束嘞就拿偓从分场
tiɑu^{42} tʃuʌn^{35} ŋɔi^{44} to^{44} tʃ‘uen^{44} lɔi^{212} tso^{42} kuai^{44}tɕi^{42}。tɔŋ^{44} xɑu^{44} san^{44} nan^{212}
调转偓多村来做会计。当耗三年
kuai^{44} tɕi^{42}，liuʔ^{6} tɕiu^{35} nan^{212} iu^{42} mɑu^{24} tso^{42} va^{0}。ts‘iʔ^{4} iʔ^{4}nan^{212} puen^{44} t‘ɛu^{42}
会计，六九年又冇做哇。七一年分到
sɑŋ^{44} ts‘an^{35}tɔi^{44} ia^{212}，ts‘iu^{42} tso^{42} a^{0} sɑŋ^{44} ts‘an^{35} tɔi^{44} tsɔŋ^{325}，tso^{42} t‘ɛu^{42}
生产队呀，就做啊生产队长，做到
ts‘iʔ^{4} si^{42} nan^{212}。t‘ɛu^{42} ɛ^{0} ts‘iʔ^{4}ŋ^{35} nan^{212} tɔŋ^{44} t‘ai^{42} tɔi^{44} kɛ^{0} fu^{42}t‘ai^{42} tɔi^{44}
七四年。到诶七五年当大队个副大队
tsɔŋ^{325}，vu^{325}xɑu^{44} iʔ^{4} nan^{212}，t‘ɛu^{42} ɛ^{0} ts‘iʔ^{4} liuʔ^{4} nan^{212} ts‘iu^{42} tɔŋ^{44} tsɑŋ^{42}
长，舞耗一年，到诶七六年就当正
t‘ai^{42} tɔi^{44} tsɔŋ^{325}，ŋɔi^{44} kɛ^{0}tɔŋ^{35} yʌn^{212} ia^{35} sɿ^{42} ts‘uŋ^{212} ts‘iʔ^{4} liuʔ^{4} nan^{212} tɔŋ^{44}
大队长，偓个党员也是从七六年当
kɛ^{0}。t‘ɛu^{42} va^{0} paiʔ^{4} lin^{24} nan^{212} nɛ^{0} tɛ^{0}，xa^{42} pʌn^{44} nan^{212} xɔi^{44} sɿ^{325} ŋɔi^{44} ts‘iu^{42}
个。到哇八零年呢嘚，下半年开始偓就
t‘ɛu^{42} si^{44} xɑŋ^{44} tʃ‘uen^{44} tɔŋ^{44} ɕy^{44} tɕi^{44}，vu^{325} t‘ɛu^{42}paiʔ^{4} ts‘iʔ^{4} nan^{212} vui^{24}
到西坑村当书记，舞到八七年为
tsɿ^{325}。t‘ɛu^{42} va^{0} paiʔ^{4} paiʔ^{4} nan^{212} nɛ^{0} t‘ai^{42} ŋʌn^{24}ɕiɔŋ^{44} vu^{325} ɛ^{0}iʔ^{4}kai^{44} ɕiɔŋ^{44}
止。到哇八八年呢太源乡舞诶一个香
k‘uen^{325} tʃ‘ɔŋ^{325}，vo^{325} ŋɔi^{44} ɕiu^{44} tɔŋ^{44} tʃ‘ɔŋ^{35} tʃɔŋ^{325}，iu^{42} vu^{325} xɑu^{44} iʔ^{4}
菌厂，喽偓去当厂长，又舞耗一

nan^{212}。t‘ɛu^{42} va^{0} paiʔ^{4} ʨiu^{35} nan^{212} ŋɔi^{44} ts‘iu^{42} tʃuʌn^{35} lɑu^{24} tɛ^{0} lɔi^{212} ia^{0}, in^{44}
年。到 哇 八 九 年 佢 就 转 寮 嘚来 呀，因

vui^{212} lɑu^{24} tɛ^{0}puen^{44} ka^{44}。ŋɔi^{44} ts‘iu^{42} tɑŋ^{35} pɑu^{42} kɑu^{42}, ŋɔi^{44} vo^{325} tɛʔ^{4} lɑu^{212}
为 寮 嘚分 家。佢 就 打 报 告，佢 喽 得 寮

lɔi^{212}, ts‘iu^{42} iu^{42} lɛu^{212}ts‘uen^{44} tɛ^{0} iu^{42} tso^{42} xɑu^{44} ʨi^{35} nan^{212} kɛ^{0} kuai^{42} ʨi^{42}。t‘ɛu^{42}
来，就 又 摎村 嘚 又 做 耗 几 年 个 会 计。到

paiʔ^{4} ȵi^{42} nan^{212} kɛ^{0} sɿ^{24} kan^{44} tʃ‘ueʔ^{4} ɕiu^{42} t‘ɛu^{42} nʌn^{24} tʃ‘ɔŋ^{44}, vo^{325} siɛn^{44}
哇 八 二 年 个时 间出 去 到 南 昌，喽先

tsin^{42} ko^{42}ȵin^{212}, ia^{35} sɿ^{42} mu^{24} fʌn^{42} t‘ɔi^{42} piɑu^{325}。ŋɔi^{44} to^{44} sɿ^{42} ɕiu^{44} ɛ^{0} si^{42}
进 个人，也 是 模 范 代 表。佢 多是 去诶四

iɑŋ^{42}ȵin^{212} xɔi^{44} fɔi^{42}: lɑu^{35}sɔŋ^{44}tʃɔŋ^{325} iʔ^{4} kai^{44}, xai^{24} xo^{44} i^{44} yʌn^{42}li^{0} kɛ^{0}lɑu^{35}
样 人 开 会：老 乡 长 一个，还 荷医 院里个老

i^{44} sɿ^{44}, sɑŋ^{44} fɔŋ^{212} vo^{325} fɔŋ^{24}tʃuŋ^{44} fa^{212}, xan^{24} xo^{44} lɔi^{24} ʨin^{44}xa^{44}, ts‘iu^{42}
医师，姓 黄 喽 黄中 华，还 荷 雷 金 花，就

sɿ^{42} i^{44} yʌn^{42} li^{0} kɛ^{0} i^{44} sɿ^{44}, ŋɔi^{44} sɿ^{42} tʃ‘uen^{44}tɛ^{0} kɛ^{0} ɕy^{44} ʨi^{44}。paiʔ^{4} san^{44}
是医 院 里个医师，佢 是 村 嘚 个 书 记。八 三

nan^{212} nɛ^{0}, tsen^{42} fu^{325} tsu^{35}tseʔ^{4} si^{42} p‘i^{44} sɛu^{35} su^{42} min^{24} ts‘uʔ^{2}t‘ɛu^{42}pɛʔ^{4}
年 呢，政 府 组 织 四 批 少 数 民 族 到 北

ʨiɑŋ^{44}ɕiu^{44} kuʌn^{44} li^{325}, ŋɔi^{44} to^{44} kɔŋ^{44} sɛ^{44} sɿ^{42} t‘i^{42} iʔ^{4} p‘i^{44}, iʔ^{4} k‘uŋ^{42}sɿ^{42}
京 去 观 礼，佢 多 江 西 是 第 一 批，一 共 是

ɕiu^{44}ɛ^{0} liuʔ^{4} kai^{44} sɛn^{325} ȵin^{212}, ŋɔi^{44} to^{44} kɔŋ^{44} sɛ^{44} sɛn^{325} sɿ^{42} ɕiu^{44} ɛ^{0} sɤʔ^{2}ŋ̍^{325}
去诶 六 个 省 人，佢多 江 西 省 是 去 诶 十 五

kai^{44}ȵin^{212}。nan^{44}ŋɔi^{44} ʃɔŋ^{44} iɛu^{212} t‘i^{42} ʨ‘y^{44} ts‘iu^{42} sɿ^{42} liɔŋ^{35} kai^{44} ȵin^{212}: ŋɔi^{44}
个 人。拿 佢 上 饶 地 区 就 是 两 个 人：佢

to^{44} liɔŋ^{35} piɑu^{35} ɕiɑŋ^{44} t‘ai^{44}, ŋ̍^{35} kai^{44} kui^{42}ɕi^{42}tʃɔŋ^{44} p‘iɑŋ^{212} i^{44} yʌn^{42}, xan^{24}
多 两 表 兄 弟，唔 个 贵 溪 樟 坪 医 院，还

sɿ^{42} yʌn^{42} tʃɔŋ^{325}, ʨiu^{44} sɿ^{42} t‘ai^{44}, ŋɔi^{44} sɿ^{42}ko^{44}。t‘ɛu^{42} pɛʔ^{4} ʨiɑŋ^{44}, i^{35}xɛu^{42}
是 院 长，佢 是 弟，佢 是哥。到 北 京，以 后

ts‘iu^{42} t‘ɛu^{42} t‘an^{44} tsin^{44}, t‘ɛu^{42} ian^{44} t‘ɔi^{24}, t‘ɛu^{42} ts‘in^{44}tɑu^{325}, t‘ɛu^{42}
就 到 天 津，到 烟 台，到 青 岛，到

san^{44}tuŋ^{44} kɛ^{0} sɛn^{325} fɔi^{42} ʨi^{35} nʌn^{212}。i^{35} xɛu^{42} xan^{24} t‘ɛu^{42} nʌn^{24} ʨin^{44}, xan^{24}
山 东 个 省 会 济 南。以 后 还 到 南 京，还

tʻɛu^{42} ʃɔŋ^{44} xɔi^{325}。tʻɛu^{42} nʌn^{24} ʨin^{44}tsʻiu^{42} tʻɛu^{42} tʃuŋ^{44} san^{44} lin^{212} na^{0}，tʃʻan^{44}
到上海。到南京就到中山陵哪，参
kuʌn^{44} suen^{44}tʃuŋ^{44} san^{44}，tʻai^{325} ɛ^{0} ʨiu^{44} kɛ^{0} pʻuen^{212}。tsʻɔi^{44}ʃɔŋ^{44} xɔi^{325}a^{0}
观孙中山，睇诶佢个坟。在上海啊
ŋɔi^{44} tsʻan^{44}kuʌn^{44} vo^{325}vu^{24} suŋ^{44} xɛu^{325} kai^{35} kai^{44} tʻi^{42} fɔŋ^{44}，xan^{24} tʃuʌn^{44}muen^{212}
偓参观喽吴淞口该个地方，还专门
tʻɛu^{42} suen^{44} tʃuŋ^{44} san^{44} kɛ^{0}pu^{44} ȵiɔŋ^{212}vo^{325} suŋ^{42} ʨʻin^{42} lin^{212}，xan^{24} tʻai^{325} ɛ^{0}
到孙中山个妇娘(妻子)喽宋庆龄，还睇诶
ʨiu^{44} lɑu^{24} tɛ^{0}。
佢寮嘚。

pɛʔ^{4} ʨiɑŋ^{44} ŋɔi^{44} tʻɛu^{42} ku^{42} liɔŋ^{35} tsʻɿ^{42}，xan^{24} xo^{44} tsʻiʔ^{4} ŋ̍^{35} nan^{212} xan^{24}
北京偓到过两次，还荷七五年还
sɿ^{42} tsʻiʔ^{4} si^{42}nan^{212} kuŋ^{44} sa^{42}tsu^{44} tseʔ^{4} kɛ^{0}，vo^{325} nuŋ^{24} ȵiɛʔ^{4} xɔʔ^{2} tʻai^{42} sai^{42}。
是七四年公社组织个，喽农业学大寨。
iʔ^{4}kʻuŋ^{42}sɿ^{42} ɕiu^{44} a^{0} iʔ^{4}kai^{44} to^{44}ŋuaiʔ^{2} kɛ^{0} sɿ^{24} kan^{44}。tsʻuŋ^{24} ʃɔŋ^{44} iɛu^{212} tsʻo^{44}
一共是去啊一个多月个时间。从上饶坐
fu^{35} tsʻa^{44}。tsʻuŋ^{24} fu^{24} nʌn^{212} tsʻan^{44}kuʌn^{44} mɑu^{24} ʨy^{35} siʔ^{2} kɛ^{0} lɑu^{35} ka^{44}，ʨiu^{44}
火车。从湖南参观毛主席个老家，佢
lɑu^{24} a^{0} tʻai^{35} ɕi^{325}，tʻai^{325} a^{0} i^{44} xɛu^{42} tʻɛu^{42} a^{0}xo^{24} nʌn^{212} fuŋ^{24} ʨʻi^{24} ʨʻy^{212}，
寮啊睇起，睇啊以后到啊河南红旗渠，
i^{44}xɛu^{42} tsʻiu^{42} tʻɛu^{42}tʻai^{42} sai^{42}。tsʻan^{44} kuʌn^{44} i^{35} xɛu^{42} lɛ^{0} kai^{42}tsʻiu^{42} tsʻo^{44}
以后就到大寨。参观以后嘞介就坐
fu^{35} tsʻa^{44} tʃuʌn^{35} tʻɛu^{42} pɛʔ^{4} ʨiɑŋ^{44}，tʻɛu^{42} pɛʔ^{4} ʨiɑŋ^{44} tʃuʌn^{44} muen^{212} iu^{42}
火车转到北京，到北京专门又
tsʻan^{44}kuʌn^{44} ɛ^{0} ku^{42} ɕy^{42} vɔŋ^{24} tai^{44} tʃɔŋ^{325} kɛ^{0} lɑu^{212}，vo^{325} ku^{42} kuŋ^{44}。
参观诶过去皇帝掌个寮，喽故宫。

三 偓个寮嘚（下）

ŋɔi^{44} kai^{35} kai^{44} lɑu^{212} lɛ^{0} vɔŋ^{35} nan^{212} kai^{35} fɔŋ^{42} tsʻan^{212} sɿ^{42} iʔ^{4} tuŋ^{42} liuʔ^{4}
偓该个寮(房子)嘞往年解放前是一栋六

p‘iaŋ^{44} kɛ^{0}lau^{212}，kai^{35} fɔŋ^{42} ts‘an^{212} tɕi^{35} sɤʔ^{2} nan^{212} ȵiɔŋ^{42} fu^{325} sɛu^{44} xau^{44} va^{0}，
栟① 个寮，解 放 前 几 十 年 让 火 烧 耗 哇，
taŋ^{35}pɔi^{44} ts‘iu^{42} tso^{42}ɛ^{0}iʔ^{4} kai^{44} kɔi^{42} tʃuʔ^{4} kɛ^{0} kɔi^{42} iauʔ^{2}kɛ^{0}，tʃɔŋ^{325} t‘ɛu^{42}
打 背(后来)就 做 诶一个盖 竹 个 盖 叶个，掌 到
ŋ̍^{35} san^{44} nan^{212}，sɿ^{42} kai^{35} fɔŋ^{42}xɛu^{42}，puen^{44} nɛ^{0} san^{44} t‘ɛu^{212} tɛ^{0}，kai^{42} ts‘iu^{42}
五 三 年，是 解 放 后，分 呢 山 头 嘚，介 就
xo^{44} ɕy^{42} ia^{0}。tuŋ^{44} xa^{42} sɿ^{24} kan^{44} tɕ‘iu^{42} tso^{42}ku^{42} iʔ^{4} kai^{44} sai^{44} sai^{44} kɛ^{0}、si^{42}
荷 树 呀。冬 下 时 间 就 做 过一 个 细 细 个、四
p‘iaŋ^{44}、iʔ^{4} tʃ‘ɔŋ^{42} san^{44} ts‘aʔ^{4} liuʔ^{4} kau^{44} kɛ^{0} lau^{212}，kai^{35}kai^{44} lau^{212} ts‘iu^{42}
栟、一 丈 三 尺 六 高 个 寮，该 个 寮 就
tʃɔŋ^{325} t‘ɛu^{42} iʔ^{4} tɕiu^{35} liuʔ^{4} ts‘iʔ^{4} nan^{212}，iu^{42} ka^{44} iʔ^{4} p‘iaŋ^{44}，tɕ‘iu^{42}ŋ̍^{35}p‘iaŋ^{44}。
掌 到 一 九 六 七 年，又 加 一 栟，就 五 栟。
t‘ɛu^{42} iʔ^{4} tɕiu^{35} ts‘iʔ^{4} tɕiu^{35} nan^{212} ts‘aʔ^{4} xau^{44} ɕiu^{44}，tso^{42} ku^{42}。ts‘iʔ^{4} ŋuaiʔ^{2}
到 一 九 七 九 年 拆 耗 去，做 过。七 月
pʌn^{44} kɛ^{0}sɿ^{21} kan^{44} tʃɔʔ^{4} ɕy^{42}。paiʔ^{4} ŋuaiʔ^{2} sɤʔ^{2} liuʔ^{4} lɛ^{0}，tsaŋ^{42} ɕi^{35} kuŋ^{44}，iu^{42}
半 个时 间 斫 树。八 月 十 六嘞，正 起 工，又
tso^{42} ku^{42} kai^{44} liuʔ^{4}p‘iaŋ^{44}，sɿ^{42} iʔ^{4} tʃ‘ɔŋ^{42} tɕiu^{35} liuʔ^{4} kau^{44}，kai^{35} kai^{44} liuʔ^{4}
做 过 个 六 栟，是 一 丈 九 六 高，该 个 六
p‘iaŋ^{44} tso^{42} ku^{42} xɛu^{42}，iu^{42} tso^{42}ɛ^{0} liɔŋ^{35} p‘iaŋ^{44}。ts‘an^{24} t‘ɛu^{212} xan^{24} tso^{42}
栟 做 过 后，又 做诶 两 栟。前 头 还 做
ɛ^{0} iaŋ^{24} lau^{212}。kai^{35} sɿ^{42} lau^{24} tɛ^{0} kɛ^{0} tɕ‘in^{24} k‘uɔŋ^{42}。
诶 横寮(厢房)。该 是 寮 嘚个 情 况。

ŋɔi^{44} kuŋ^{44}ŋɔi^{44} p‘o^{212} sɿ^{42} san^{44} sɤʔ^{2} liuʔ^{4} sɔi^{44} tsaŋ^{44} iɔŋ^{325} ŋɔi^{44} tia^{44}，ts‘iu^{44}
偓 公 偓 婆 是三 十 六 岁 正 养 偓 爹，就
iɔŋ^{325} ɛ^{0}tɕiu^{44} iʔ^{4} kai^{44} ȵin^{212}，mɔi^{42} iɔŋ^{325} t‘i^{42} ȵi^{42} kai^{44}：ʃɔŋ^{44} mau^{24} tsi^{325}
养 诶佢 一 个 人，未 养 第 二 个：上 有 姊
mau^{24} ko^{44}，xa^{42} mau^{24}t‘ai^{44} mau^{24}mɔi^{42}，ts‘iu^{42} iʔ^{4} kai^{44} t‘uʔ^{4} ku^{44} lʌn^{35} tsɔi^{325}。
有 哥，下 有 弟 有 妹，就 一 个 独 孤 卵 崽②。
tɕiu^{44} t‘ai^{42} ɛ^{0} t‘au^{325} ŋɔi^{44} ȵia^{212}，ŋɔi^{44}ȵia^{212} sɿ^{42} saŋ^{42} xo^{212}kɛ^{0}，vo^{325} xo^{24}sian^{44}
佢 大 诶 讨 偓 娘，偓 娘 是 姓 何 个，喽 何 仙

① 栟：房子纵向的墙一堵叫一栟。

② 独孤卵崽：单睾丸，喻称独子，有戏谑意味。

fuŋ^{42}，ŋɔi^{44} ȵia^{212} lɔi^{212} ɛ^{0} i^{35} xɛu^{42} tɕ‘iu^{42}iɔŋ^{325} ɛ^{0} liuʔ^{4} kai^{44}：si^{42} kai^{44} nʌn^{212}
凤，佴 娘 来 诶以后 就 养 诶六 个：四 个 男
kɛ^{0}，liɔŋ^{35} kai^{44}ȵiu^{325} kɛ^{0}。liɔŋ^{35} kai^{44} ȵiu^{325} kɛ^{0} sai^{44}kɛ^{0} sɿ^{24} kan^{44} sɑŋ^{44}p‘iɑŋ^{42}
个，两 个 女 个，两 个 女 个细 个时 间 生 病
mɑu^{24} t‘ai^{35} xɑu^{325}，ts‘iu^{42} si^{35} xɑu^{44} va^{0}，ts‘iu^{42} sɛn^{42} lɛ^{0} ŋɔi^{44} si^{42}ɕiɑŋ^{44} t‘ai^{44}，
冇 睇 好，就 死 耗 哇，就 剩 嘞佴 四 兄 弟，
si^{42} ɕiɑŋ^{44} t‘ai^{44} ŋɔi^{44} sɿ^{42} tsɔi^{42} sai^{44} kɛ^{0}。
四 兄 弟 佴 是 最 细(小)个。

t‘ai^{42} kɛ^{0} ko^{44} kɔŋ^{44} kɔŋ^{44} kai^{35} fɔŋ^{42} kɛ^{0} sɿ^{24} kan^{44}，sɤʔ^{2} ts‘iʔ^{4} paiʔ^{4} sɔi^{44}，
大 的哥 刚 刚 解 放 个时 间，十 七 八 岁，
ŋ̍^{35} sɛn^{44}sɑŋ^{44} faiʔ^{2} k‘u^{325}，kɛn^{44} tɛʔ^{0} ia^{24} ȵiʔ^{4} ȵiʔ^{4} t‘ɛu^{42} fuʔ^{4} tʃyʌn^{44} tan^{44}
唔 生 生 活 苦，跟 得 爷 日 日 到 福 建 担
mai^{325}、tan^{44} tuŋ^{44} si^{44}，tan^{44} xaiʔ^{4} tɕiɔʔ^{4} ts‘ʌn^{42} p‘ʌn^{42} seʔ^{2}，tɕiu^{44} sɿ^{42}xɑŋ^{24}
米、担 东 西，担 发 脚① 赚 饭 食，佢 是 行
ʃɔŋ^{44} xɑu^{44} va^{0}，tɕiɔʔ^{4} t‘uŋ^{42}，tɕiu^{44} iɔʔ^{2}seʔ^{2} xɑu^{44} san^{44} liɔŋ^{35} tan^{42} tu^{44} mɑu^{24}
伤 耗 哇，脚 疼，佢 药食 耗 三 两 担 都 冇
iuŋ^{42}。mɑu^{24} i^{44} xɑu^{325}，tɛʔ^{4} ɛ^{0} tɕi^{35} nan^{212} nɛ^{0}ts‘iu^{42} piɛn^{42} ɛ^{0}iɛu^{44} tɛ^{0}，ts‘iu^{42}
用。冇 医 好，得诶(过了)几年 呢 就 变 诶 腰 嘚，就
t‘o^{24}pɔi^{44}。tɕiu^{44} ia^{325} kɔŋ^{325} ɛ^{0} pu^{44} ȵiɔŋ^{212}，tɕiɛʔ^{4} ko^{325} tɕiɔʔ^{4}mɔi^{42} xɑu^{325}，nan^{44}
驼 背。佢 也 讲 诶妇 娘，结 果 脚 未 好，拿
pu^{44}ȵiɔŋ^{212} ts‘iu^{42} t‘ɔi^{44} xɑu^{44} va^{0}，ts‘iu^{42} mɑu^{24} sɑŋ^{24} ka^{44}。seʔ^{2} ts‘iu^{42}iʔ^{4}tʃ‘eʔ^{2}
妇 娘 就 退 耗 哇。就 冇 成 家。食 就 一 直
lɛu^{212} ŋɔi^{44} to^{44} tu^{44} sɿ^{42} iʔ^{4} xa^{42} seʔ^{2}。tɕiu^{44} tso^{42} ka^{44} vu^{42} sɿ^{42} xan^{24} tso^{42}：lɑu^{24}
摎 佴 多都 是一下(一起)食。佢 做 家 务 事 还 做：寮
tɛ^{0}a^{0}，tai^{42} sai^{44} ȵin^{212} na^{0}，xan^{24} ȵiɑŋ^{42} ŋɑu^{212} va^{0}，lɑu^{24} tɛ^{0} iɔŋ^{325} tɕy^{44} va^{0}，
嘚啊，带 细 人 哪，还 暎牛(放牛)哇，寮 嘚养 猪 哇，
tso^{42} kai^{35} to^{44}sɿ^{42}。p‘ʌn^{42} tɕiu^{44} xan^{24} sɿ^{42} ts‘an^{42} tɛʔ^{0} tɑu^{44} seʔ^{2}。tɕiu^{44} seʔ^{2}
做 该 多事。饭 佢 还 是 赚 得 到 食。佢 食
t‘ɛu^{42} si^{42} sɤʔ^{4} liuʔ^{4} sɔi^{44}。kɑu^{44}ɕiaiʔ^{4} ŋaiʔ^{4}，si^{325} ia^{0}。tu^{44} sɿ^{42} ŋɔi^{44} to^{44} tɕi^{35}
到 四 十 六 岁。高 血 压，死 呀。都 是佴 多 几

① 担发脚：做挑夫。

kai^{44} ɕiɑŋ^{44} ɕiɑŋ^{44} t'ai^{44} t'ai^{44} iʔ^{4} ɕi^{35} suŋ^{42} tɕiu^{44} ʃɔŋ^{44} san^{44} kɛ^{0}。
个兄兄弟弟一起送佢上山个。

lɑu^{35} ȵi^{42}、lɑu^{35} san^{44} tu^{44} sɑŋ^{24} ɛ^{0} ka^{44} kɛ^{0}，lɑu^{35} ȵi^{42} xo^{44} san^{44} kai^{44} ȵiu^{325}，
老二、老三都成诶家个，老二荷三个女，
xo^{44} liɔŋ^{35} kai^{44} tsɔi^{325}。t'ai^{42} kɛ^{0} tsɔi^{325} vui^{24} tɕin^{44} ts'iu^{42} xo^{44} liɔŋ^{35} kai^{44} suen^{44}，
荷两个崽。大个崽为今就荷两个孙，
sɿ^{42} ʃɔŋ^{44} pau^{44} t'ai^{44}。tɕiu^{44} pu^{44} ȵiɔŋ^{212}，ts'iu^{42} sɿ^{42} ŋɔi^{44} ȵi^{42} sɑu^{325}。paiʔ^{4}
是双胞胎。佢妇娘，就是偓二嫂。八
tɕiu^{35} nan^{212} xan^{24} sɿ^{42} tɕiu^{35} lin^{24} nan^{212} tʃuʌn^{35} xɑu^{44} tsen^{42}，kɑu^{325} tsen^{42} ɕiɛʔ^{2} kɛ^{0}
九年还是九零年转耗正，搞政协个
liɛn^{24} lɔʔ^{2} yʌn^{212}。kɔŋ^{44} kɔŋ^{44} t'iɑu^{24} tsɿ^{44}，ŋ̍^{35} ŋuaiʔ^{2} nɛ^{0} t'iɑu^{24} ɛ^{0} tsɿ^{44}，ŋ̍^{35}
联络员。刚刚调资，五月呢调诶资，五
ŋuaiʔ^{2} ɕi^{35} ku^{44} sɑŋ^{44} p'iɑŋ^{42}，ts'i^{42} ka^{44} tu^{44} mɑu^{24} liɑŋ^{35} ku^{42} kuŋ^{44} tsɿ^{44}，liɔŋ^{35}
月起过(开始)生病，自家都冇领过工资，两
san^{44} kai^{44} ŋuaiʔ^{2} kuŋ^{44} tsɿ^{44} tu^{44} sɿ^{42} kai^{35} to^{44} ȵin^{212} ɕiu^{44} liɑŋ^{325}。tɕiu^{44} sɿ^{42} tsɿ^{35}
三个月工资都是该多人去领。佢是子
kuŋ^{44} ŋʌn^{212}，xan^{24} t'ɛu^{42} nʌn^{24} tʃ'ɔŋ^{44} i^{44} ia^{0}，i^{44} mɑu^{24} i^{44} xɑu^{325}，ts'iʔ^{4} ŋuaiʔ^{2}
宫癌，还到南昌医呀，医冇医好，七月
kan^{44} ts'iu^{42} si^{325} ia^{0}。kɔŋ^{44} kɔŋ^{44} p'uŋ^{42} tɛʔ^{0} xɑu^{325}，t'ɛu^{24} ȵiʔ^{4} si^{325}，t'i^{42} ȵi^{42}
间就死呀。刚刚碰得好，头日死，第二
ȵiʔ^{4} suen^{44} tsɔi^{325} ts'iu^{42} tʃ'ueʔ^{4} sɿ^{44} a^{0}。
日孙崽就出世啊。

lɑu^{35} san^{44} nɛ^{0}，tɕiu^{44} liɔŋ^{35} kai^{44} sai^{44} tsɔi^{325}，t'ai^{42} kɛ^{0} vo^{325} p'in^{24} nɛ^{0}，
老三呢，佢两个细崽，大个喽平呢，
lɑu^{35} ȵi^{42} vo^{325} fa^{212}，liɔŋ^{35} ȵin^{212} tu^{44} t'ɑu^{325} ɛ^{0} pu^{44} ȵiɔŋ^{212}。t'ai^{42} kɛ^{0} sin^{44}
老二喽华，两人都讨诶妇娘。大个新
p'iu^{44} ia^{325} iɔŋ^{35} xɑu^{44} liɔŋ^{35} kai^{44} suen^{44} tsɔi^{325}，iʔ^{4} kai^{44} vo^{325} tsɿ^{35} iuŋ^{325}，iʔ^{4}
妇(儿媳)也养耗两个孙崽，一个喽子勇，一
kai^{44} vo^{325} tsɿ^{35} fa^{212}。tɕiu^{44} mɑu^{24} iɔŋ^{325} mɔi^{42} tsɔi^{325}，iɔŋ^{325} liɔŋ^{35} kai^{44} ts'iu^{42} tɕiɛʔ^{4}
个喽子华。佢冇养妹崽(女儿)，养两个就结
tsaʔ^{4} ia^{0}。lɑu^{35} ȵi^{42} ia^{35} t'ɑu^{325} ɛ^{0} pu^{44} ȵiɔŋ^{212}，ia^{35} iɔŋ^{325} ɛ^{0} liɔŋ^{325} kai^{44}。t'ai^{42}
扎呀。老二也讨诶妇娘，也养诶两个。大

kɛ^{0} sɿ^{42} mɔi^{42} tsɔi^{325}，sai^{44} kɛ^{0} sɿ^{42} sai^{44} tsɔi^{325}：mɔi^{42} tsɔi^{325} sɤʔ^{2} san^{44} sɔi^{44} ia^{0}，
个是妹崽，细个是细崽：妹崽十三岁呀，
sai^{44} tsɔi^{325} ia^{35} sɿ^{42} paiʔ^{4} tɕiu^{35} sɔi^{44} ia^{0}。
细崽也是八九岁呀。

ŋɔi^{44} ts'i^{42} ka^{44} lɛ^{0}，t'ɑu^{35} pu^{44} ȵiɔŋ^{212} ia^{35} t'ɑu^{325} tɛʔ^{0} ts'ʔ^{212}，ŋɔi^{44} sɿ^{42}
偓自家嘞，讨妇娘也讨得迟，偓是
ȵi^{42} sɤʔ^{2} si^{42} sɔi^{44} kɔŋ^{35} sɑŋ^{212}，ȵi^{42} sɤʔ^{2} ŋ̍^{35} sɔi^{44} tɕiɛʔ^{4} fen^{44}。tɕiu^{44} sɿ^{42} ŋ̍^{35} ȵi^{42}
二十四岁讲成，二十五岁结婚。佢是五二
nan^{212} tʃ'ueʔ^{4} sɛ^{44} kɛ^{0}，ŋɔi^{44} sɿ^{42} si^{42} ŋ̍^{35} nan^{212}，ŋɔi^{44} t'ai^{42} tɕiu^{44} ts'iʔ^{4} sɔi^{44}。
年出世个，偓是四五年，偓大佢七岁。
tɕiu^{44} tʃuʌn^{35} lɑu^{212} lɔi^{212} i^{35} xɛu^{42} iɔŋ^{325} ɛ^{0} san^{44} kai^{44}：t'ai^{42} kɛ^{0} sɿ^{42} mɔi^{42} tsɔi^{325}，
佢转寮来以后养诶三个：大个是妹崽，
t'i^{42} ȵi^{42}、t'i^{42} san^{44} kai^{44} sɿ^{42} sai^{44} tsɔi^{325}。t'ai^{42} kɛ^{0} sai^{44} tsɔi^{325} lɛ^{0}，kɔŋ^{44} kɔŋ^{44}
第二、第三个是细崽。大个细崽嘞，刚刚
kɔŋ^{35} sɑŋ^{212} pu^{44} ȵiɔŋ^{212}，tɕiɛʔ^{2} ɛ^{0} fen^{44}，nuŋ^{42} ɛ^{0} tsiu^{325}，tɕiu^{44} miɑŋ^{42} ŋ̍^{212} tsɑŋ^{44}
讲成妇娘，结诶婚，弄诶酒，佢命唔争
ɕyi^{44}，tso^{42} ts'i^{35} tsai^{42} kui^{325}，tɕiɛʔ^{2} fen^{44} xɛu^{42} si^{42} ȵiʔ^{4} ts'iu^{42} sɑŋ^{44} p'iɑŋ^{42}，
气，做取债鬼①，结婚后四日就生病，
tɕiʔ^{4} p'iɑŋ^{42} ts'iu^{42} si^{35} xɑu^{44} va^{0}。vui^{24} tɕin^{44} ts'iu^{42} sɿ^{42} sai^{44} kɛ^{0}，vo^{325} fa^{42} ku^{325}
急病就死耗哇。为今就是细个，喽化牯②
va^{0}。tɕiu^{44} iʔ^{4} tʃ'eʔ^{2} sɿ^{42} t'ɤʔ^{2} ɕy^{44}，tɕiu^{44} lɑu^{24} tɛ^{0} kɛ^{0} sɿ^{42} ts'in^{212} mɑu^{24} tso^{42}
哇。佢一直是读书，佢寮嘚个事情冇做
ku^{42}，tɕiu^{44} t'ɤʔ^{2} ɛ^{0} sɿ^{44} fʌn^{42} tʃ'ueʔ^{4} lɔi^{212} i^{35} xɛu^{42} iʔ^{4} ts'eʔ^{2} kau^{44} ɕy^{44}。tɕiu^{44}
过，佢读诶师范出来以后一直教书。佢
t'ɑu^{325} pu^{44} ȵiɔŋ^{212} xo^{44} san^{44} si^{42} nan^{212} na^{0}，vui^{24} tɕin^{44} iɔŋ^{325} kai^{44} sai^{44} kɛ^{0}，
讨妇娘荷三四年哪，为今养个细个，
kai^{35} kai^{44} suen^{44} tɛ^{0} vo^{325} tsɿ^{35} tsen^{44}，ɕy^{44} miɑŋ^{212} vo^{325} pɔʔ^{4} lɔi^{42}，lɔi^{24} pɔʔ^{4}
该个孙嘚喽子祯，书名(学名)喽博睿，雷博
lɔi^{42}，ŋɔi^{44} to^{44} lɑu^{24} tɛ^{0} kɛ^{0} ts'i^{42} xɑu^{42} vo^{325} tsɿ^{35} tsen^{44}。tɕiu^{44} vui^{24} tɕin^{44} san^{44}
睿，偓多寮诶个字号喽子祯。佢为今三

① 取债鬼：称短寿者。

② 化牯：讲述者之子雷化的乳名。

sɔi^{44} ia^{0}。vui^{24} tɕin^{44} ŋ̍^{325} yen^{35} ɕy^{325} iɔŋ^{325} tɕi^{35} kai^{44} kɛ^{0} lo^{0}。tsen^{42} fu^{325} kɛ^{0} tsen^{42}
岁呀。为 今 呣 允 许 养 几 个 个 啰。政 府 个 政
tsaʔ^{4}，ŋɔi^{44} fuʔ^{2} ts'uŋ^{212} tsen^{42} tsaʔ^{4}，m̩^{325} ɔi^{44}。
策，偓 服 从 政 策，呣 爱。

ȵi^{42} sɤʔ^{2} nan^{24} ts'an^{212} sɿ^{42} iʔ^{4} lɑu^{212}，ts'iʔ^{4} paiʔ^{4} kai^{44} ȵin^{212} seʔ^{2} p'ʌn^{42}；
二 十 年 前 是 一 寮，七 八 个 人 食 饭；
vui^{24} tȵin^{44} ts'iu^{42} piɛn^{42} sɑŋ^{212} ɛ^{0} si^{42} lɑu^{212} va^{0}。kai^{35} fɔŋ^{42} ts'ɿ^{44} tɕ'i^{212} sɿ^{42} liuʔ^{4}
为今 就 变 成 诶四 寮 哇。解 放 初 期 是 六
ts'iʔ^{4} kai^{44} ȵin^{212} seʔ^{2} p'ʌn^{42}，vui^{24} tɕin^{44} ka^{44} luŋ^{325} lɔi^{212} ia^{0} ts'iu^{42} sɿ^{42} ȵiʔ^{2}
七 个 人 食 饭，为 今 加 拢 来 呀 就 是二
sɤʔ^{2} to^{44} kai^{44} ȵin^{212} seʔ^{2} p'ʌn^{42} no^{0}。
十 多 个 人 食 饭 喏。

结　　语

本书一至五章已经简要介绍了太源畲话的源流分布情况，分别从语音、词汇、语法方面对太源畲话的面貌作了较全面的描写，所选录的标音材料也给读者提供了足够形成整体语感的较完整的成篇语料。以下是本书作者经过长期调查研究所获得的几点对太源畲话的结论性认识。

（一）太源畲话的语言性质

对太源畲话这样一类“畲话”的性质，学术界的看法不尽相同。歧见归结起来有两点：一、畲话究竟是畲族的本民族语言还是汉语？二、畲话属于汉语方言，是不是客家方言的一支？

考察一种语言的性质，其主要依据应该是语言结构的特点，同时也需要参考使用这种语言的语言社团的社会历史文化背景。

就太源畲话的情况看，本书二、三、四章对其语音、词汇、语法面貌的描写，表明太源畲话的语言结构有着许多与汉语东南方言中的闽、粤、客、赣诸方言相同的特点，其中较多的特点与客家方言和赣方言相同。当然也有一些非汉语的语言特点。

考察太源畲话的历史，我们可以采用游本良所著《畲族语言》一书对畲族语言发展阶段的划分：一、隋唐时期的古代阶段；二、宋元时期的近代阶段；三、明清到现在的现代阶段。[①] 太源畲民的先祖在古代阶段的生活区域和语言状况已经无从考察，但在近代阶段生活于闽西和闽西北是可以确知的，也可以推知近代阶段太源畲民的先祖所使用的语言应该已经具备了现代太源畲话的基本形态。同时太源畲民先祖于明清时期入赣定居，其所用语言几百年间发生的最大变化应该是接受了赣方言铅山话的相当大的影响。因此，表现在太源畲话语言结构上的，赣方言的特点并不少于客家方言的特点。

关于畲话是不是畲族本民族语言的问题，我们认为可以类比于“名从

---

① 参见游本良《畲族语言》，福建人民出版社 2002 年版，第 15 页。

主人”的原则，充分考虑畲民的语言认同这样一个非常重要的参考因素。语言是民族识别的主要标志之一。说实话，现代畲族汉化程度很高，就太源畲民的情况看，畲话几乎是他们自成一个民族的唯一的标志了。从这一角度出发，我们认为，畲民所说的语言凡是不同于本地的汉语方言又不明确属于汉语其他方言（也包括官话这样的共同语）的，都应该看作是畲民的本民族语言，尽管它具有相当多的汉语的特点，但并不能说它就是汉语。

本书认定太源畲话的语言性质是：

太源畲话是太源畲民作为母语传承的、用作畲民社区交际语的民族语言，是兼有汉语闽、粤、客、赣方言特点而以客、赣方言特点为主的汉语型语言。

（二）太源畲话的濒危现状

语言濒危指的是一种语言使用的人数越来越少而行将消亡。太源畲话显然已经处于濒危状态。

濒危语言的特征在内在语言结构方面，表现为语言接触过程中母语的结构要素受与之相接触的另一处于强势地位的外来语言的影响而发生缺失和替换。本书作者在论述方言接触问题时曾归纳了方言接触的方式和表现的种种具体类型。[①] 其中主要且常见的是结构要素的叠置，叠置是结构要素最终发生缺失、替换的必经的过渡阶段。太源畲话中的结构要素叠置的现象特别丰富。例如：大量的异读（苦：fu^{325}／$k‘u^{325}$，边：pan^{44}／$pian^{44}$），大量的实同名异的狭义同义词（夜晚：晏晡/夜嘚，看家：睇寮/守寮），同义的语法成分（持续体标记：坐<u>到</u>/<u>起</u>两个人）。叠置现象是母语固有语言成分与从外来语言中移植过来的借用语言成分并存的结果，其进一步演变，便是弃用母语成分只使用借用成分，于是结构要素替换最终完成进而改变语言的面貌。太源畲话语言结构展示出来的特点既有过程中的状态也有终结的状态，叠置反映的是过程中的状态。

濒危语言的特征在外部语言功能方面，表现为语言接触过程中语言社区中母语运用的萎缩，语言使用者成为使用母语和与之相接触的另一处于强势

① 参见胡松柏《赣东北方言调查研究》，江西人民出版社2009年版，第526—554页，即：音读的移植、音读的仿拟、音读的更替、音读的叠置，词语的移植、词语的仿拟、词语的融合、词语的叠置，语法成分的移植、语法成分的融合、语法成分的变异、语法成分的叠置。该书中列太源畲话为所调查的31处汉语方言点之一，是出于讨论问题的方便。正如本书前面对太源畲话性质讨论所言，太源畲话与汉语方言还是需要加以区别的。

地位的外来语言的双语者。语言社区的双语制是社区语言濒危最终发生语言替换的必经的过渡阶段。双语运用有均衡与失衡两种状况：母语与外来语言的使用有对内、对外区别明显的不同空间，属于均衡的双语运用；失衡的双语运用则是在对内的空间也发生母语萎缩而使用外来语言。在失衡的双语运用状态下，语言使用者个人的母语濒危有两类情况：一、由于母语运用空间萎缩导致个人母语能力下降而成为母语能力衰退者；二、新成长的社区成员由于母语运用空间萎缩而无法形成母语能力，成为以外来语言为母语的母语改换者，进一步加剧整个社区母语运用空间的萎缩。就太源畲话的情况看，目前还在使用畲话的畲民都属于畲话和铅山话的双语者：在畲话社区内部说畲话，在社区以外对本地汉民说铅山话。部分畲民村落的双语制尚处于均衡状态，更多的畲民村落双语制已经处于失衡状态，即畲民在村里、家里有时也不得不说铅山话了，根本的原因就是有了属于母语改换者的新一代畲民。

从总体上看，太源畲族乡境内的畲民双语运用均衡且能够熟练运用母语的只有老年人了，他们可以称为母语能力完全者。中青年多数属于母语能力衰退者，而低幼儿童基本上已经属于母语改换者了。

语言发生濒危演变直至最终消亡，应该是一个长期的时间过程，有着阶段性的特点。本书作者在考察赣东北地区的方言岛①的语言（方言）濒危现象时，把语言濒危演变过程分为显性濒危和隐性濒危两个阶段。“方言岛的濒危其实是与方言岛的整个历史过程相伴生的。方言岛自形成之日起，就在周边的本地方言以及其他的移民方言的影响下发展。方言岛居民的语言制度一旦实行祖籍地方言和本地方言（或其他的移民方言）的‘双语（方言）制’，便表明方言岛已经开始了其濒危演变。……只有当方言岛的居民中最新成长的一代人放弃了其祖籍地方言而只能使用其他方言的时候，方言岛才呈现实质性的濒危演变态势，开始了方言岛的消亡之变。我们称这一状况为显性濒危，而此前的状况则为隐性濒危。”并把已进入显性濒危阶段的方言岛依其濒危程度分为“高度濒危”、“中度濒危”和“低度濒危”三种情况：“高度濒危，指祖籍地方言只在老年人群（60 岁以上）中使用，其消失时间将在一代（30 年左右）之内。中度濒危，指祖籍地方言还在中年（40 岁）以上人群中使用，其消失时间将在两代（50 年左右）之内。低度濒危，指祖籍地方言还在青年（20 岁）以上人群中使用，其消失时间将在

---

① 太源畲话也是呈岛状分布的，适合与方言岛放在一起讨论。

三代（80年左右）之内。”[①]

据上述分析，我们可以确定太源的畲民村落在畲话濒危演变过程上多数已经进入显性濒危阶段，至于究竟属于濒危程度中高度、中度、低度的哪一类，不同的村落还有不同的表现。

（三）太源畲话的未来预测

进入显性濒危阶段的语言，不管其濒危程度如何，都有一个最重要的标志，就是幼童一代都不再使用前辈的母语，这一语言社区在可以预见的未来行将消亡。

任何一个物种的消失，都是令人惋惜的，何况这是与人们生活关系最为密切的语言。然而这是一个无法改变的事实，一个无法扭转的趋势。20世纪以来，特别是进入改革开放时期，畲山不再与世隔绝，现代文明源源不断地进入，畲民的生产、生活方式发生了极大的改变。山居的畲民也纷纷出山，部分人甚至一走就不再回（近30年来，太源全乡的人口数没有增加，一直在2000左右，表明在人口不断增长的背景下局部区域外迁人口对增长人口的抵消）。外出求学、工作等更广泛空间的生产、生活联系的客观需求，追求现代物质生活和精神生活的主观愿望，使得畲话不再是年轻畲民首选的交际用语。语言的价值就在于运用，而没有了运用的主观愿望和客观需求，语言也就没有了存在的条件。

本书作者把赣东北地区发生语言（方言）濒危的方言岛分成“严重濒危”的和“轻微濒危”的两类，太源畲话列于严重濒危一类之首位[②]，“就目前情况看，最先有消亡之虞的是畲话，太源、樟坪两个畲族乡虽说畲民人口近2000，但说畲话的主体人口只有老年人了。”[③] 根据以上的分析，太源畲话还能延续的时间也就在两三代以内了。

本书作者曾指出赣东北的方言岛濒危演变方向有以下两种情况：一、替换为本地方言，这是方言岛濒危演变的最主要方向；二、替换为其他的共处移民方言。[④] 太源境内没有其他移民语言，太源畲话濒危演变最终方向是替

① 参见胡松柏《赣东北方言濒危现状述略》（首届濒危方言学术研讨会论文，2009·广州）

② “严重濒危方言”条下依次排列：畲话、官话、广东话、汀州话、浙江话，“轻微濒危方言”条下依次排列：麻山话、南丰话、建宁话，福建话，河南话。参见胡松柏《赣东北方言濒危现状述略》（首届濒危方言学术研讨会论文，2009·广州）

③ 同上。

④ 同上。

换为作为铅山县境内主要交际用语的赣方言铅山话。至于有没有可能直接替换为普通话，这至少在目前来说还只是一种理论设想，虽说有少数幼儿园和家庭在积极地对幼儿施行普通话教育，但在太源乃至铅山县这样的地方目前还看不到普通话有占领居民用语全部空间的可能。

语言濒危演变是不可逆转的，然而延缓这一演变还是有可能的。近年来太源民族学校（设有小学部和初中部）开设了畲族语言课程，这是培养、巩固儿童畲话母语能力的教学尝试，值得嘉许。至于其效果如何，目前尚难判定。衷心希望有志于保存、传承畲族文化的畲乡教育工作者能探索出一条积极可行的路子来。

（四）太源畲话的语言学价值

太源畲话是江西省境内不多的人口规模较大的畲话点之一，具有非常珍贵的语言样本价值。

对一种行将消亡的语言的现状面貌作全面的描写和记录，是学术界提出的补救濒危语言的办法之一，即“语言档案编制”。所谓语言档案编制，指将濒危语言的语音、词汇、语法以能体现语言特点的民间文学形式等成篇语料按照语言学科学的方式完整记录下来的过程。这是我们作为个体的语文工作者所唯一能做的。[①] 本书所做，正是语言档案编制性质的工作。鉴于太源畲话的语言样本价值，对我们所做的太源畲话的调查研究工作给予较高一些的评价，应该并不为过。

从语言学研究方法的角度看，太源畲话的学术价值还体现在两个方面，即为语言的比较研究和语言的动态研究提供了理想、合适的个案对象。

对太源畲话作比较研究，包括太源畲话与江西省境内其他畲话点的比较，太源畲话与闽、粤、浙三省畲话的比较，太源畲话与赣方言铅山话的比较，太源畲话与客家方言及闽、粤方言的比较，太源畲话的内部比较等。

对太源畲话作动态研究，包括太源畲话社区语言制度演变考察，太源畲话代际语用差异考察，太源畲话不同类型家庭语用差异考察，太源畲话定点家庭语用历时跟踪考察等。

在完成了太源畲话的单点、静态的考察任务之后，上述比较研究和动态研究将是我们研究工作的新目标。希望能够获得太源畲话研究的新成果。

---

① 补救濒危语言的另一办法是“语言复兴”。语言复兴指通过政治、媒体或教育的手段来增加语言使用者的数目的过程。语言复兴需要依赖社会的力量才能进行。

参 考 文 献

［1］汪华光：《铅山畲族志》，方志出版社 2004 年版。

［2］游文良：《畲族语言》，福建人民出版社 2002 年版。

［3］赵则玲：《浙江畲话研究》，浙江人民出版社 2004 年版。

［4］胡松柏：《赣东北方言调查研究》，江西人民出版社 2009 年版。

［5］刘纶鑫：《贵溪樟坪畲话研究》，中国社会科学出版社 2008 年版。

［6］胡松柏：《铅山方言研究》，中国社会科学出版社 2008 年版。

［7］胡松柏、孙　刚：《赣东北铅山县太源畲话记略》，《客赣方言研究　第五届客方言暨赣方言首届研讨会论文集》（刘纶鑫主编，香港霭明出版社 2004：）。

［8］胡松柏、胡德荣：《江西铅山太源畲话动词动态体貌的考察》，《赣学》（南昌人文学院、南昌大学赣学研究院编）第 2 辑（江西教育出版社 2009 年版）。

［9］胡松柏：《江西武宁畲话述略》，第二届濒危方言学术研讨会（湖南吉首 2011 年版）。

［10］胡松柏：《江西上饶铁山小溪畲民官话的形成与发展》，《双语双方言（八）》（陈恩泉主编，香港汉学出版社 2005 年版）。

［11］胡松柏：《赣东北方言濒危现状述略》，首届濒危方言学术研讨会（广州 2009 年版）。

［12］上饶地区地方志办公室：《上饶地区志》，方志出版社 1998 年版。

［13］江西省铅山县地名办公室：《江西省铅山县地名志》，内部印行 1985 年版。

［14］袁家骅等：《汉语方言概要》（第二版），文字改革出版社 1989 年版。

［15］侯精一主编：《现代汉语方言概论》，上海教育出版社 2002 年版。

［16］游汝杰：《汉语方言学导论》，上海教育出版社 2000 年版。

［17］詹伯慧主编：《汉语方言及方言调查》（第二版），湖北教育出版版

社 2001 年版。

[18] 陈昌仪主编:《江西省方言志》,方志出版社 2005 年版。

[19] 陈昌仪:《赣方言概要》,江西教育出版社 1991 年版。

[20] 李如龙、张双庆主编:《客赣方言调查报告》,厦门大学出版社 1992 年版。

[21] 刘纶鑫主编:《客赣方言比较研究》,中国社会科学出版社 1999 年版。

[22] 蓝小玲:《闽西客家方言》,厦门大学出版社 1999 年版。

[23] 丁声树等:《现代汉语语法讲话》,商务印书馆 1961 年版。

[24] 朱德熙:《语法讲义》,商务印书馆 1982 年版。

[25] 黄伯荣主编:《汉语方言语法类编》,青岛出版社 1996 年版。

[26] 何耿镛:《客家方言语法研究》,厦门大学出版社 1993 年版。

[27] 张双庆主编:《动词的体》,香港中文大学中国语文研究中心 1996 年版。

[28] 李小凡:《苏州方言的体貌系统》,《方言》1998 年第 3 期。

[29] 胡松柏:《广丰方言动词"体"的表达》,《暨南大学汉语方言学博士研究生学术论文集》(暨南大学出版社 2001 年版)。

[30] 中国社会科学院语言研究所编:《方言调查字表》,商务印书馆 1981 年版。

[31] 中国社会科学院语言研究所方言研究室资料室编:《汉语方言词语调查条目表》,《方言》2003 年第 1 期。

[32] 中国社会科学院、澳大利亚人文科学院:《中国语言地图集》,[香港] 朗文出版(远东)有限公司 1987 年版。

[33] 颜　森:《广集韵谱》,江西人民出版社 2006 年版。

[34] 葛剑雄主编:《中国移民史》,福建人民出版社 1997 年版。

后　　记

还是在读初中的时候，我认识了在镇医院里工作的父亲的一位同事，知道了这位姓兰的医生居然是畲族人。自己总纳闷的是，兰医师和他的家人，穿衣和说话和我们都一样，哪里看得出少数民族的样子？后来到了1985年，我在上饶师专（现在是师院了）工作，兼任新生班主任，学生中有一位兰姓同学便属畲族，从他那里知道他母亲也即他外婆家里还说着叫做“兰雷话”的一种畲族语言（他家里父亲和他已经不说）。已经做了语言学专业教师的我，立即意识到在赣东北（当时师专生源都来自赣东北本地）大多数地方畲民已经使用当地汉语方言的背景下，这种“兰雷话”有着珍贵的语言学价值。遗憾并且惭愧的是后来很长时间都没能腾出时间去作更多的了解。

十年前的“五一”假日，因为做项目研究，我第一次去了位于铅山县西南一隅的太源。就住在乡政府楼上那久未有来客住过的客房里。乡政府所在的太源坪只有几十户人家，两山夹溪，傍水一坪，小街依山而蜿蜒。几天里，举目野花翠竹，入耳溪声鸟鸣，倒也领略了些山居野趣。当然更有收获的是，对因了地理之隔得以保存在深山里的畲民语言，有了一个概况性的初步了解。

2006年，我已经在南昌大学供职，获批立项了以畲族语言为题的专项课题，决定对太源畲话作全面深入的调查。德荣刚考入随我攻读硕士学位，便带上他一起再赴铅山。这一次，我们进入了畲山更深处。太源民族学校的雷化老师安排我们去他家。我们与学校的几位老师相伴，搭乘电动车顺山间公路盘旋而上，在一处山湾把车停放在路边人家屋檐下，徒步登山，迤逦数里，来到查家岭——本书主要发音合作人雷申有先生所住的村落。查家岭位于岭上山坳里，有十多户人家，松竹繁茂，绿树掩映中瓦屋菜畦相间，只是手机接打电话要爬到更高的坡上才行，畲民每家庭院里都架着一口用来接收电视信号的“锅”。

雷申有一家以“山客人”特有的热情接待我们，以对民族文化的挚爱配合我们的调查。此后，我和德荣前前后后去了多次，其中德荣还两次只身前往。这样算下来我们在雷先生家里住的日子不少。夏午纳凉，冬夜向火，主客围桌共餐，师生抵足而眠，这种真正最基层的田野调查虽说有苦有累，然而更多乐趣、情调也在其中。下面选录两首即景小诗以作回味：

其一

炊烟轻上坳风凉，　　捺菜堪调麂肉香。
饭罢庭前闲话趣，　　祖孙三代不同腔。

捺菜（山民自制的一种腌菜）和麂子肉是地道的山珍，其味入口难忘。麂子肉在城里自属罕见，捺菜虽说在浙赣线南昌至上饶段列车上也有作为土特产卖的，但那用料和味道与雷家所制相比自是有所不及。作为语言工作者，“三代不同腔”的情状更让我们思索良多。雷申有夫妇相互说畲话，他们与儿子雷化只是偶尔说畲话而主要说铅山话，因为雷化已不太会说畲话了，至于对在山外工作的非畲民的儿媳只能说铅山话，而更令人惊讶的是对上幼儿园的孙子都说普通话了。我们不由得深深感慨这个畲民家庭语言更替演变速度之快。

其二

电筒光曳霰纷落，　　簌簌唯闻打叶声。
脚底相呼慎冰溜，　　晓行下岭赴归程。

上面这首诗所记，是南方大冰雪的 2008 年冬天。那次在山里住了三四天，夜里骤冷，雷先生凭他的山居生活经验判断马上要下雪。情况紧急，一商量，决定第二天立即下山。于是天未大亮，冒着直灌脖子的雪霰，踏着吱嘎作响的冰凌，雷氏父子打着手电陪送我们登上返程。下得山来，雷化一辆车带我和德荣两人，过太源坪直奔陈坊，搭班车到湖坊，再搭车到弋阳，等到上了去南昌的火车，那雪花已经纷纷扬扬举目四下茫茫了。我想，那回如果稍有迟疑，困在山上至少十天半个月的，还真不知道会是个什么情形哪。

寒暑易节，从 2002 年首次去太源算起，十年过去了。太源畲话的书稿也终于完成。其实，书稿还是有不少粗疏之处，本应再放一放，沉淀一下，想来可以琢磨得更完善一些。只是已经处于濒危状态的太源畲话的衰颓演变眼下正呈现出加速的趋势，似乎容不得我们再慢工出细活了。今年春上为了最后核对一下语料去铅山，考虑食宿的方便，我们只到陈坊，把雷申有先生邀到陈坊街上来住。才两年工夫，陈坊这样一个小地方居然也有了不亚于准三星级的酒店，开着宝马的老板是本地人，晚饭后邀我们去KTV包厢K歌，只是苦了雷先生一直靠着沙发打盹。雷化已经由太源调出山来到陈坊中心小学教书，并且在县城买了房子，正在装修，即将携妻儿搬到县城河口镇去住。畲话在雷氏这一家，确乎难以为继了。太源畲话从总体上看也正是在这样的传统文化与现代文明激烈冲突的过程中，无可避免地走向衰亡。作为语文工作者，我们唯一能做的恐怕也只有对太源畲话尽快作好抢救性记录了。现在我们把书稿付梓，也正是想把所记录的全面资料尽早地呈现给社会。

校毕出版社寄来的校样，心里泛起了几丝轻松、几丝欣慰。畲族语言的研究今后还有许多事要做，但这毕竟也算是有了一个阶段性的收获。回首为了这一收获而付出劳动的漫长过程，我要深深地感谢给予我们这项工作以诸多帮助、支持的人们。

多次太源之行，我们有幸结识了许多朋友。雷申有先生一家，是我们作田野调查的“堡垒户”，虽说只是工作上的关系，但彼此之间的情谊，我想是会弥久而长存的。德荣毕业考公务员去了江苏一座城市的检察院系统工作，他与雷氏父子几年来还一直保持着联系。在太源以及相邻陈坊，因为是同行的缘故，除了雷化之外，我还认识了太源民族学校和陈坊中学、陈坊中心小学的几位领导和老师。他们对我们的工作也多有关注和支持。特别是太源民族学校的张涛老师（近日得知他刚调往汪二镇中心小学）还成为我的忘年交。平时他会经常与我联系，就工作、学习等方面交流信息，讨论一些问题，并在网上发来他的文章给我看。只是遗憾不能给这位渴望进步的山区青年教师有更多的切实的帮助，令我时时不安。

在铅山县委机关工作的丁方平同志，是我从前的学生。在我调研、写作有关铅山县语言的两本著作（拙著《铅山方言研究》已于2008年出版）的过程中，多年来也给了我各方面的诸多帮助。此外，我的工作也不时会得到一些其他旧时学生的关切。这都令从教多年的我增添了因职业缘故而带来的欣慰。

南昌大学的领导和同事，一直在工作上给以支持和配合；语言学界的前辈时贤，长期以来也在学术上多有关注和赐教。这些都是我得以顺利完成关于太源畲话这一研究任务的重要因素之一，在此谨致以谢忱。

中国社会科学出版社的任明先生，长期以来一直给我们的工作以大力支持。最近为本书的出版他更付出了辛勤的劳动。我再一次献上对他的谢意。

德荣在南昌大学攻读三年，作为在读研究生随我参加了太源畲话的项目研究，承担了相当部分的田野调查、资料整理和初稿撰写任务，并以太源畲话的动词体貌为题完成了学位论文。虽说他现在的工作与学术研究已经没有太大关系，但我想，调查研究的学习实践对他养成吃苦耐劳精神和文字写作能力应该是有很大帮助的。希望他现在的工作更加出色。今天是南昌大学2012级新生报到的日子，我也希望我所带的新一届研究生都能有像德荣一样的踏实求学的追求和韧性。

胡松柏

2012年9月8日晨6时

于南昌红谷滩江信国际花园家中